Fred Schwarz

# Züge auf falschem Gleis



Verlag der Apfel

3. Nachdruck 2000

Entwurf: Harry Hovács, Bratislava
Umschlag: M. Mössmer, 1090 Wien
Satz: C. & M. Mössmer Ges.m. b.H., 1090 Wien
ISBN 3-85450-038-6

Für Carry,
unsere Kinder
und Enkelkinder

Mit den Augen eines Menschenfreunds
*J. B. Priestley*

# Vorwort

Fred Schwarz und ich haben einander im Kamp Westerbork kennengelernt. Nicht im Konzentrationslager der schlimmen Jahre 1940 bis 1945, sondern 50 Jahre später, im nunmehrigen Gedenk-Lager, im Vorfeld der Feiern zur Erinnerung an das Ende des nationalsozialistischen Gewaltregimes.

Ich hatte gerade eine Ausstellung in den Räumen des Kamp Westerbork eröffnet: die Bilder, in denen der österreichische Roma Karl Stojka in seinem späteren Leben seine Eindrücke über das Leben eines Kindes in Auschwitz-Birkenau festhielt. Starke, unbarmherzige Bilder, die man nicht vergißt. Eine österreichische Ausstellung in dem ehemaligen niederländischen Konzentrationslager wäre noch vor wenigen Jahren kaum denkbar gewesen. Ich bin dankbar dafür, daß die Museumsleitung zu diesem gemeinsamen Projekt bereit war, denn dies war ein Zeichen des Vertrauens in eine neue österreichische Gesinnung.

Nach dem Rundgang durch die Ausstellung kam ein Mann neben mir zu stehen, der wie beiläufig etwa folgendes feststellte: „Ja, das habe ich auch alles hinter mir." Es war eine jener Äußerungen, auf die man schwer etwas erwidern konnte, ohne oberflächlich zu wirken.

Später hat mir Herr Schwarz das Manuskript zu diesem Buch geschickt und mich gefragt, ob ich das Vorwort für die deutsche Ausgabe schreiben würde. Ich entspreche dieser Bitte gern. Herr Schwarz dürfte der einzige Österreicher sein, der das Schicksal eines in Westerbork Internierten erfahren und diese Erfahrung literarisch dargestellt hat. Daß er zu schlechter Letzt auch einige der Vernichtungslager des Naziregimes erdulden mußte, erhöht seinen Anspruch, als Zeitzeuge gehört zu werden.

Der vorliegende Bericht schildert die Flucht des jungen Fred aus dem gerade von den Nationalsozialisten besetzten Wien nach Holland, die Internierung im Durchgangslager Westerbork, schließlich die Verschleppung in die Konzentrationslager Theresienstadt, Auschwitz und Meuselwitz, schließlich Flucht und Befreiung und die Rückkehr nach Holland. Es ist eigentlich der Lebensbericht eines Brüderpaares, denn wie durch ein Wunder sind Fred und der ältere Fritz während ihrer Fahrt durch die Todeslager der Nazis nie voneinander getrennt worden.

Fred Schwarz hat diesen Bericht im Alter von 70 Jahren geschrieben, also mit einem großen zeitlichen Abstand von den damaligen Ereignissen. Angesichts dieses Umstandes ist einiges an diesem Werk bemerkenswert. Da ist zunächst die durch das ganze Buch sich durchziehende Fülle an kleinsten Details, die für eine starke Beobachtungsgabe und für ein ebenso großes Gedächtnis sprechen. Die Schilderung gewinnt dadurch an Lebendigkeit und ermöglicht ein recht unmittelbares Nacherleben. In einem

Gespräch über sein Werk bestätigte der Autor, daß er bei der Wiedergabe seiner Erinnerungen keine Hilfsmittel in Anspruch genommen habe. Lediglich politische Zusammenhänge, soweit sie einem Lagerinsassen zur Zeit der geschilderten Erlebnisse nicht unmittelbar vertraut sein konnten, beruhen auf späteren Einsichten.

Am meisten überrascht das beinahe völlige Fehlen einer emotionellen Sprache. Manchmal erliegt man der Täuschung, der Autor erzähle aus der Perspektive eines außenstehenden Beobachters und die Ich-Form sei lediglich ein bewußt gewähltes Stilmittel. Das läßt einen beinahe vergessen, daß man es mit selbsterlebter Erfahrung zu tun hat. Leidenschaftliche Anteilnahme wird man also vermissen und damit einen Einblick in die Innenwelt einer absurden Außenwelt. Fred Schwarz hat sich, wie er mir gegenüber äußerte, bewußt auf die Darstellung von Tatsachen konzentriert.

Je weiter man in diese Lebensgeschichte eindringt, desto ungeduldiger liest man auf ihr Ende zu, was im nachhinein beweist, daß sie einen gepackt hat, ungeachtet der scheinbaren Zurückhaltung, mit der sie präsentiert wird.

Vielleicht erhöht die Beschränkung der Erzählung auf Fakten den erzieherischen Wert des Buches. Denn es ist meine Hoffnung, daß es möglichst viele junge Österreicher lesen mögen, Mitbürger, die vielleicht gerade das Alter haben, in dem der Wiener Fred Schwarz seine Jugendjahre in der Unfreiheit des nationalsozialistischen Regimes zubringen mußte. Es soll noch immer junge Menschen geben, die Zweifel haben, oder gar in Abrede stellen, was hier geschildert wird, könne wahr gewesen sein. Vielleicht haben die Zweifelnden Interesse daran und die Leugner den Mut dazu, mit Fred Schwarz über seine Erfahrungen zu sprechen. So wie ich ihn kenne, ist er gerne bereit dazu.

*Otto M. Maschke*
*Österreichischer Botschafter in den Niederlanden*

# Einige Rezensionen

"... Einen ungeheuer eindrücklichen Bericht liefert Fred Schwarz. In seiner unwiderstehlichen, zuweilen an Josef Roth erinnernden Sprache vermittelt er Angst und Hoffnung, Freude und Einsamkeit eines jungen Menschen, der brutalsten Mißhandlungen ausgesetzt ist. Dennoch verengt sich seine Wahrnehmung nie holzschnittartig zu Gut-Böse-Kategorien. Die Deutschen, die ihn von Kaldenkirchen aus über die Holländische Grenze lotsten, vergißt er ebensowenig wie Mitgefangene in den KZ, die um eigener Vorteile willen den Tod andrer in Kauf nehmen. So gelingt Schwarz etwas Unmögliches: der nüchterne, ja unparteiische und zutiefst erschütternde Bericht eines Menschen, der zum Opfer wurde - weil er Jude ist ..."

*Kölner Stadtanzeiger/Stefan Sauer*

"... ein erstaunlich vielsträngiges Buch, die Wiedergabe eines Lebensganzen, das auch unter widrigsten Umständen nicht zerbrochen ist, ein Buch, das der absurden Durchmischung, die das Leben ausmacht, Rechnung trägt. Es läßt sich als die Geschichte einer Jugend lesen, als die Geschichte einer politischen Katastrophe, vor allem aber als die Geschichte der Bewährung: Die - ebenfalls zurückhaltend geschilderte - Liebesgeschichte von Fred und Carry macht den beglückendsten Teil des Buches aus."

*Der Standard/Christoph Winder*

"... und dann ist da noch diese Liebesgeschichte. Ja zwei junge Menschen verlieben sich, in einer Zeit, da ringsum Hunger und Elend und Krankheit herrschen; in einem Lager, von dem aus zweimal wöchentlich die Deportationszüge nach Auschwitz abgehen. Nein, es gibt nicht Gutes im Falschen, und das Böse wird darum nicht gut, weil es das Wunder einer Liebe gab." *Süddeutsche Zeitung/Elisabeth Bauschmitt*

"... es ist die Gegenwart des besorgten Bruders und Sohnes, des heranwachsenden jungen Mannes, des Liebenden, es ist die Geschichte im Präsens des Erlebens, deren Zeugen wir sind ..." Ruth Klüger meint: ´Nur sagen, was ist, das genügt,´ Genau das ist hier geschehen." *Die Presse/Eva Geber*

"... über zwei Stunden schilderte der Zeitzeuge gestenreich und lebendig, wie er den Holocaust überlebte. Dabei berichtete er nicht nur von sadistischen SS-Schergen, wie er sie etwa in Auschwitz-Birkenau erlebte, sondern auch von Uniformträgern, denen er letzlich sein Leben zu verdanken hatte." *BT/ Rastatt/rw*

"... für den Leser ist es von Bedeutung, weil Schwarz es auf diese verblüffend einfache Weise gelingt, eine beklemmende Authentizität herzustellen. Schwarz richtet nicht, er berichtet. In einfachen Worten, in einfachen Sätzen. ´So wie sich die Ereignisse meiner Erinnerung stellten´, sagt Schwarz, erzählt er kühl, nüchtern, fast gleichmütig, und immer aus der sicheren Distanz des oftmals Erzählten, solcherart Wiedererlebten und autobiographisch Eingeordneten. Die Banalität des Bösen, das Grauen der Judenverfolgung, das Groteske des vorauseilenden Gehorsams nationalsozialistischer Schergen, das Verachtende der Vernichtungslager, das Mechanische des allgegenwärtigen Zynismus - kurz: das ungeheuerliche der deutschen Greueltaten wird von Schwarz so beiläufig, im Ton des unbeteiligten Chronisten vermerkt, daß einem das Blut in den Adern gefriert ..." *Rheinische Post/Dieter Schnaas*

## Auschwitz, Oktober 1944

Wir holpern über Weichen, dann steht der Zug still. Es ist dunkel draußen, nur ab und zu sind in der Ferne kleine glänzende Punkte zu sehen, die wie Irrlichter tanzen. Dazu Geräusche, wie grausige Musik. Die anderen hören es auch. Obwohl streng verboten, öffnen wir ein Fenster ganz wenig. Jetzt hören wir es besser: so wie die Irrlichter, so ist auch diese Musik: schauerlich. Es sind menschliche Stimmen, die jammern und klagen, heulen und schreien. Es läuft mir kalt den Rücken herunter. Ein Grüner kommt vorbei. Er trägt eine Laterne, und jetzt verstehe ich es: die Irrlichter sind Lampen von Wachmannschaften, die Züge begleiten. Also stehen wir hier auf einem riesigen Abstellplatz. Wir schließen das Fenster und merken erst jetzt, daß ein widerlicher Geruch von draußen hereingekommen ist. Die verzweifelten Stimmen klingen noch immer in unseren Ohren. Irgendwie haben wir das entsetzliche Gefühl, daß die jammernden Menschen hier schon sehr lange stehen. Wir brauchen nicht lange zu warten, unser Zug fährt wieder. Das heißt, wir werden jetzt geschoben, weg von den Irrlichtern und dem Gestank, wieder ins Dunkel. Ich merke, daß wir durch ein Tor fahren, und dann bin ich durch grelles Licht geblendet. Scheinwerfer beleuchten den Perron, parallel dazu sehen wir endlos viele Zäune mit elektrischem Stacheldraht, Wachtürme und unzählbare Holzbaracken. Dort sind auch Männer, in Fetzen gekleidet. Sie schleichen mehr, als sie gehen. Das Bild kommt mir bekannt vor. Aber woher? Plötzlich weiß ich es. So sahen die jüdischen Burschen aus, die vom holländischen KZ Amersfoort nach Westerbork überstellt wurden. Ich kann mich von dem Bild nicht losreißen und erschrecke, als der Zug jäh bremst. Was ich dann sehe, ist noch gräßlicher. Den ganzen Perron entlang steht eine Reihe SSler mit Peitsche und Knute, davor eine Kette von blau-weiß gestreiften Männern. Die reißen die Türen der Waggons auf, schreien, daß jeder sofort aussteigen muß. Keinerlei Gepäck darf mitgenommen werden. Es geht langsam, weil bei unseren Waggons an Kopf- und Stirnseite nur je eine Türe aufgeht. Die Blau-Weißen zerren an uns, damit es schneller geht. Die SSler hinter ihnen schreien und knallen mit den Peitschen. Dann schlagen sie wirklich drauf los. Einer wird immer getroffen, ein Blau-Weißer oder einer von uns. Manche Gestreifte haben auch Knüppel. Wir merken das erst, als jemand versucht, doch eine Tasche mitzunehmen. Der Knüppel saust auf seinen Arm. Wir hören es krachen. Dann sind wir weg vom Zug, mitten auf dem Perron. Antreten in Sechserreihen.

Fritz und ich stehen nebeneinander, mitten in der Reihe, nicht mehr in direkter Nähe der SSler, die nun Fußtritte austeilen, wenn es nicht vorwärts geht. Schneller, immer schneller. Wir gehen am Ende des Zuges vorbei. Ich kann jetzt nach links schauen, ein großes, dunkles Gebäude mit einem viereckigen rauchenden Schornstein. Das Kesselhaus, denke ich.

Zu zweit gehen wir weiter. Es gelingt uns, den Hieben der SS an der Stelle, wo es von Sechser- zu Zweierreihe geht, auszuweichen. Vorne steht ein SS-Offizier. Er fragt die Leute etwas und zeigt dann nach rechts oder links. Leo, der Silberschmied aus Westerbork, und sein Vater sind jetzt an der Reihe. Leo nach rechts, Vater nach links. Leo fragt, ob er bei seinem Vater bleiben könne. „Aber natürlich", sagt der OStuF (Obersturmführer) und lacht. Leo auch nach links. Fritz und ich beide nach rechts. Wieder antreten, jetzt zu viert. Die Marschordnung wird uns äußerst grob beigebracht. Rechts abbiegen und warten. Ich kann jetzt den Zug wieder sehen. Die Blau-Weißen werfen unser Gepäck durch die Fenster auf den Perron. Das geht nicht schnell genug. Die SS schlägt, Menschen schreien. Die teuflische SS, die kreischenden Wehrlosen, die rote Glut, die jetzt aus dem Schornstein kommt, die Baracken, der Stacheldraht und die in Lumpen gehüllten ausgemergelten Kreaturen. Nur Hieronymus Bosch könnte sich dieses Inferno ausgedacht haben.

Das Warten dauert endlos lang. Es müssen jetzt schon mehr als 36 Stunden vergangen sein, seit wir in Theresienstadt durch die Schleuse gingen. Wir sind erschöpft. Die SS wird abgelöst, wir müssen die ganze Zeit stramm stehen. Wach bleiben, nicht dösen, denn Wanken wird sofort mit einem Hieb oder Tritt bestraft. Die Teufel stehen jetzt auf beiden Seiten unserer Kolonne und warten nur auf die Gelegenheit. Wenn dich einmal eine Faust oder Stiefelspitze in der Seite getroffen hat, dann hütest du dich, dich noch einmal zu bewegen. Die Dämmerung kommt, wir können die trostlose Umgebung jetzt besser sehen: Aus dem Schornstein kommt immer mehr Rauch und Feuer. Ein merkwürdiges Kesselhaus, bei dem Feuer aus dem Rauchfang kommt. Und was bedeutet der penetrante Gestank?

Ein Unterscharführer, der schon die ganze Zeit ironisch grinsend zugeschaut hat, fragt auf gut wienerisch einen von uns, ob vielleicht ein Familienmitglied nach links gegangen sei. „Ja, mein Onkel", sagt der. „Wüllst wissen, wo der jetzt ist? Da oben schau' den Rauch", und zeigt auf den grauslichen schwarzen Qualm, der aus dem Schornstein kommt. „Das ist er, grad hat ma' ihn verbrannt." Und als er das Entsetzen auf unseren Gesichtern sieht, brüllt er: „Was soll man denn sonst machen mit euch drekkigen Saujudn?" und spaziert laut lachend weg. Für diejenigen, die diese Kultursprache nicht verstehen konnten, übersetzen wir, was dieser „Herr" gerade gesagt hat. Die SSler, die den Auftritt ihres ostmärkischen Kollegen lachend angehört haben, sind sehr zufrieden, als sie sehen, daß das Grauen bis in das hinterste Glied unserer Gruppe durchdringt. Ich probiere zu schätzen, wieviele von den 2000 Männern aus Theresienstadt übriggeblieben sind. Vielleicht nur ein paar hundert ...

*Fritz, Mutti und ich, 1924*

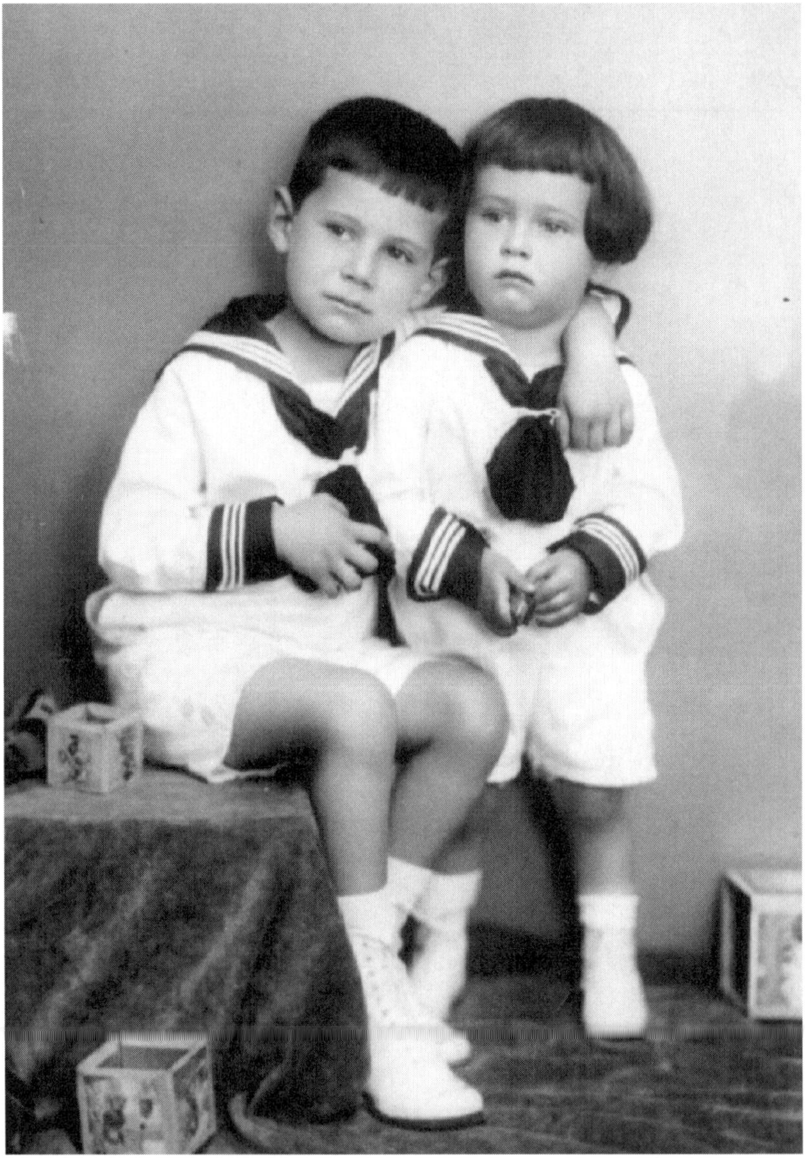

*Fritz und Fred, 1925*

*Fred und Fritz, 1925*

*Fritz und Fred, 1926*

*Mit Papa und Mutti in Bad Vöslau, 1928*

*Mit Papa vor dem Naturhistorischen Museum, 1928*

## Wien, November 1938

Wir, das heißt mein Vater, meine Mutter, mein Bruder und ich, wohnen schon lange nicht mehr in unserer schönen Wohnung in der Gonzagagasse, gegenüber dem „Hotel Metropol". Das Hotel wurde *Gestapo-Hauptquartier,* und Juden dürfen nicht in der Nähe wohnen. Also mußten auch wir unsere Wohnung verlassen und fanden Unterkunft in der Wohnung meiner Großmama Quittner im zweiten Bezirk. Es ist eine geräumige Wohnung, die sie mit ihrer Tochter, Tante Elsa und deren Mann, Onkel Oskar Ernst bewohnt. Im zweiten Bezirk wohnen viele Juden. Hier wurden Ende des 19. Jahrhunderts viele Straßen saniert. Daher gibt es auch bei meiner Großmama ein Treppenhaus im Rund, mit Marmor und vielen Verzierungen. Die Türen und Fenster, aber auch das Geländer sind reich im Jugendstil geschmückt, geschnitzte Pfosten, Blumen, luftig gekleidete Jungfern. Es wird wohl dieses Übermaß an Leichtigkeit und Fröhlichkeit sein, das mich dazu brachte, Jugendstil zu hassen. Aber die Wohnung an sich ist schön. Großmama ist ein richtiger Schatz, und Tante und Onkel sind sehr lieb zu uns.

Mutti ist 50 Jahre alt, eine schöne Frau und fürsorgliche Mutter mit sehr viel Energie und zwei goldenen Händen. Papa, 55, Rechtsanwalt im Zivilrecht, unterliegt seit Mai dieses Jahres, wie alle jüdischen Advokaten, dem Vertretungsverbot und mußte seine Kanzlei schließen. Seitdem läuft er für die ganze weitverzweigte Familie von Amt zu Instanz, von Konsulat zu Gesandtschaft oder Botschaft, immer auf der Suche nach einer Möglichkeit, durch die wir der grausamen Falle, die Wien nun für Juden ist, entrinnen können. Das ist nicht nur eine hoffnungslose, sondern auch besonders frustrierende Aufgabe. Niemand will uns aufnehmen oder auch nur helfen, und bei jedem Büro steht ein SA-Mann, der die Hilfesuchenden verhöhnt und auslacht. Mein Bruder Fritz, gerade 18 Jahre alt, hat im Sommer die Matura abgelegt. Eine besondere Leistung in dieser schrecklichen Zeit. Ich schließlich heiße Fredl, bin genau 15, das zweite Kind der Familie. Ich hatte eine herrliche Jugend, und bis das große Leiden über uns kam, gab es in meinem Leben nur eine Schattenseite: die Schule. Ich wunderte mich über jeden, der sich auf einen Schultag freute. Unser Klassenlehrer im Realgymnasium, der auch Mathematik unterrichtete, sagte zu meinem Vater: „Aber schaun S', Herr Doktor, jeder Jud braucht doch nicht zu studieren." Das war typisch für das Klima in der Schule.

In der Turnstunde hieß es: Die Großen vor, der kleine Jud hintendran. – Daß der von den Großen, die nach dem Anschluß auch bei der HJ ganz groß wurden, angestänkert und bedrängt wurde, ist dem Herrn Turnlehrer niemals aufgefallen. Übrigens trug dieser Lehrer hinter seinem Revers auch schon das Parteiabzeichen, wie hätte ihm also etwas auffallen sollen?

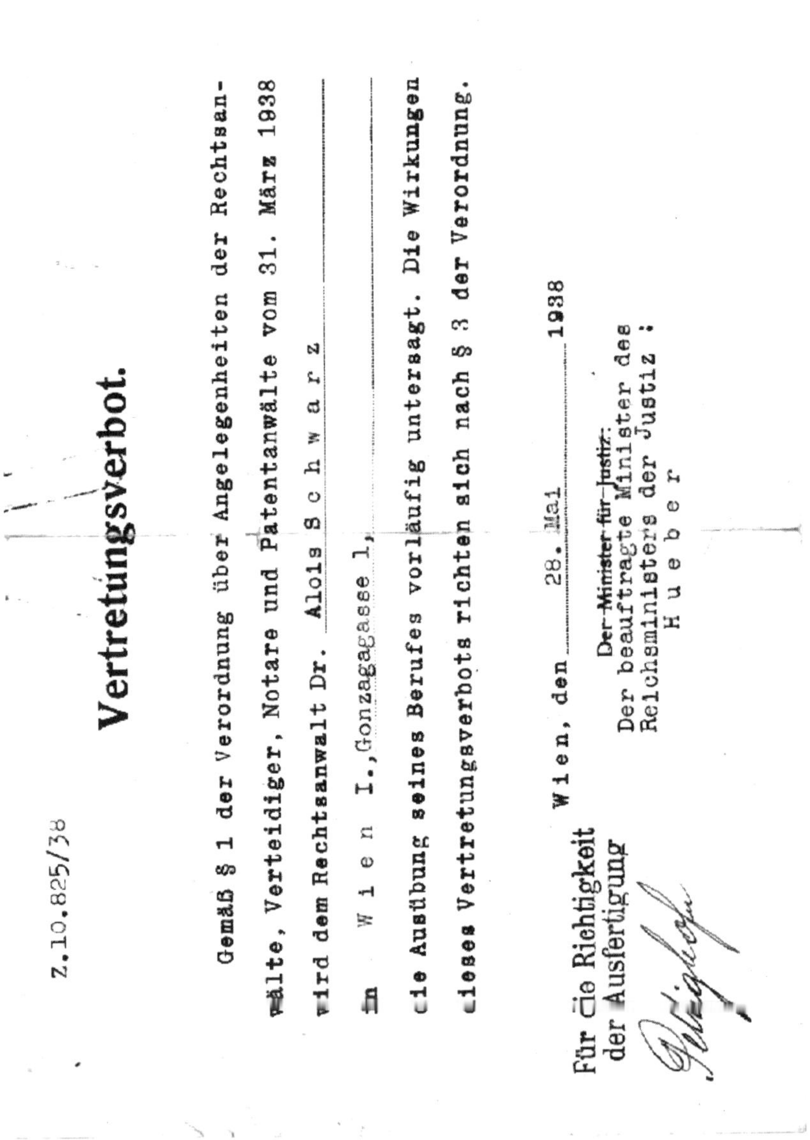
Z.10.825/38

**Vertretungsverbot.**

Gemäß § 1 der Verordnung über Angelegenheiten der Rechtsanwälte, Verteidiger, Notare und Patentanwälte vom 31. März 1938 wird dem Rechtsanwalt Dr. Alois S c h w a r z in W i e n I., Gonzagagasse 1, die Ausübung seines Berufes vorläufig untersagt. Die Wirkungen dieses Vertretungsverbots richten sich nach § 3 der Verordnung.

W i e n, den 28. Mai 1938

~~Der Minister für Justiz:~~
Der beauftragte Minister des Reichsministers der Justiz:
H u e b e r

Für die Richtigkeit der Ausfertigung

*Vertretungsverbot, 1938*

Auch Professor L. machte es während der Gesangs-Stunde niemals etwa aus, wenn die ganze Klasse bei der Textstelle der Bundeshymne „... unsres Volkes Juden werden ..." besonders grölte.

Ich war ein besonders schlechter, uninteressierter Schüler und nur allzu froh, daß ich das auf Grund schlechter Noten nicht weiter mitzumachen brauchte. Jüdische Mitschüler, die gute Zensuren hatten, mußten genauso leiden. Ich habe die Schulzeit – zum Verdruß meiner Eltern – ohne Abschluß beendet.

*Sommerfrische Piesting, Waldbad, um 1930*

Wirklich glücklich war ich in den Ferien. Die Sommermonate verbrachten wir in Piesting. Wir hatten eine Wohnung im Haus des Bürgermeisters Berghold. Er war Küfer und hatte seine Werkstätte unten im Gewölbe. Viele schöne Ferien verlebten wir dort; Schwimmen im Waldbad, unsere ersten Klettertouren auf der Hohen Wand und in der Ruine Starhemberg, Fußballspielen mit den Buben aus dem Dorf, mit denen wir all die Jahre befreundet waren. Überall im Dorf wohnten Verwandte oder Bekannte. Die Blumkas beim Greißler, Neffe Schorschi und seine Eltern bei der Zahnärztin Rado, Großmama Quittner im Gasthof Rankl, die Ujhelys und die Medaks beim Taus. Aber das ist vorbei. Am Bahnhof, wo wir jeden Freitagabend auf unsere Väter warteten, die mit dem Zug aus Wien zum Wochenende kamen, steht jetzt ein großes Schild *Juden unerwünscht.* Strengstens bewacht von denjenigen, die, bevor jemand ihnen eine Uniform anzog, unsere Freunde waren.

Glücklich war ich auch bei den Pfadfindern, denen ich meine ganze Begeisterung widmete. Wie konnte ich dann noch Zeit für Schularbeiten haben?

Jetzt ist alles anders. Die Medaks sind in Cochabamba, Schorschi ist nach Schanghai unterwegs, Blumkas haben ein amerikanisches Visum, und die Ujhelys hoffen auf ein Visum für irgendein Land in Südamerika. Großmama Quittner aber sitzt zu Hause und versteht die Welt nicht mehr, weil die Hausbesorgerin, die sie schon dreißig Jahre kennt, ihr die Tür vor der Nase zuschlägt, anstatt zu grüßen. Die Pfadfinder wurden sofort nach dem Anschluß verboten. Zum Teil liefen ganze Gruppen zur Hitlerjugend über. Wer ihnen begegnet und erkannt wird, wird rücksichtslos zusammengeschlagen. Jetzt ist er ja nur ein „Saujud" und kein Freund mehr. Es ist schwer, sich daran zu gewöhnen, daß es kaum noch Freunde gibt. Soweit sie – wie man jetzt sagt – „arisch" sind, muß man sich zumindest vor ihnen in acht nehmen. Die Unsrigen sind entweder ausgewandert, dabei abzureisen, oder stehen Schlange bei Nazibehörden und bei Konsulaten von Ländern, die uns nicht aufnehmen wollen. Jeden Tag hört man von anderen Staaten, wohin man vielleicht emigrieren kann. Wer hätte jemals daran gedacht, mit seiner Familie nach Madagaskar, Santo Domingo, Haiti, Kuba oder Togo auszuwandern? Heute ist jeder Konsulatsbeamte aus einem solchen Land, auch wenn man ihn nur vom Hörensagen kennt, eine wichtige Persönlichkeit, die man schmiert und hätschelt, bis man merkt, daß er entweder nichts zu entscheiden hat oder einfach ein Betrüger ist. Aber derjenige, der für viel Geld und unter den unerträglichsten Kriechereien ein Visum bekommt, auch wenn es für die Teufelsinsel ist, ist ein Glückskind. Vorausgesetzt, daß er alle Schindereien überlebt und ihm, nachdem er alle Abgaben und Steuern bezahlt hat, genug Geld bleibt, um die Fahrkarten zu kaufen.

Jeder, der zumindest zwei jüdische Großeltern hat, muß weg. Aber wohin? Wir hier in der *Ostmark,* wie immer mehr Menschen meine Heimat nennen, sind viel zu spät dran. Die Juden in Deutschland hatten während der letzten fünf Jahre die meisten Möglichkeiten ausgeschöpft. Wir sind zu spät dran, weil niemand geglaubt hat, daß so etwas in Österreich geschehen könnte, bevor die Nazis die traditionell antisemitische Bevölkerung zu einer unvorstellbar barbarischen (Juden-)Hetze aufpeitschten.

Die Verzweiflung, das Bewußtsein völliger Wehrlosigkeit, ist allgemein. Eines Tages liegt auf dem prachtvoll weißen Marmorboden in der Halle unseres Treppenhauses ein Toter in einer großen Blutlache. Vom vierten Stock heruntergesprungen. Es ist der erste Tote meines Lebens und nie wieder zu vergessen.

Die „Reichskristallnacht": der Racheakt der Nazis in ganz Deutschland für das Attentat eines Verrückten auf den deutschen Konsulatsbeamten vom Rath in Paris. Ein ebenso grauenhafter wie gut organisierter Ausbruch der Volkswut. Ganz in unserer Nähe stand eine der größten Synagogen Wiens, der Türkische Tempel. Erbaut von türkischen Juden, die sich hier vor Jahrhunderten niedergelassen hatten. Alle Pracht des Orients brannte wie eine Fackel. Und die ganze Bevölkerung sah zu, wie Gold, Silber, Edelsteine, reiche Gewebe und eine ganze unersetzliche Kunstsammlung verbrannten. Zur gleichen Zeit brannten alle Synagogen im Dritten Reich, vom kleinsten Flecken bis zur Hauptstadt Berlin. Aber auch jüdische Geschäfte, Hotels und öffentliche Gebäude wurden verwüstet, zahllose Juden auf der Straße erschlagen oder in Gefängnisse und Konzentrationslager verschleppt. Die Feuerwehr schaute zu. Sie hatte den Auftrag, nur einzugreifen, wenn „arisches" Eigentum in Gefahr war. Wer jetzt nicht wußte, was gespielt wurde, war nicht bei Sinnen. Auch in der freien Welt wußte man das, aber niemand reagierte. Die Situation wurde immer hoffnungsloser.

Auch bei uns spitzte sich die Lage immer mehr zu. Fritz war vor ein paar Monaten eines Abends nicht vor der Sperrzeit nach Hause gekommen. Papa fand ihn am nächsten Morgen auf einem Polizeirevier in der Nähe unserer Wohnung. „Aber schaun S' Herr Doktor", sagte der diensthabende Polizist, „wir können ja nix dafür. Gestern abend haben ein paar SA-Leute Ihren Sohn hierher gebracht und gesagt, daß er sitzen muß, bis Sie unterschrieben haben, daß Ihr Sohn vor dem 1. Dezember auswandern wird. Es war noch früh genug, daß er hätt' nach Haus gehen können. Aber das hat die Leute nicht interessiert." Da der Herr Inspektor nichts dafür konnte und Papa sowieso keine andere Wahl hatte, unterschrieb er und war froh, Fritz gleich mitnehmen zu können.

Die Zeit verstrich für Fritz. Onkel Hermann, ein Bruder von Großmama, der als junger Mann nach Sarajewo gegangen und dort im Holzhandel reich geworden war, bemühte sich sehr, uns zu helfen. Er fand für Fritz eine Stellung bei einem Freund in Messina. Zur Einreise nach Italien brauchte man mit deutschem Paß kein Visum. Jeder italienische Zöllner hatte jedoch das Recht, jemandem mit einem „J" im Paß die Einreise zu verweigern. Die einzige Möglichkeit war, nach Venedig zu fliegen. Dort würde der Zollinspektor Pozzi ihn durchlassen. Eine Verabredung wurde gemacht. Papa und ich brachten Fritz nach Aspern, er flog ab. Wir waren gerade wieder zu Hause, als Fritz aus Venedig anrief. Herr Pozzi war krank, die Einreise schiefgegangen. Also mußte er mit dem nächsten Zug wieder nach Hause fahren. Zur selben Zeit ging in Wien das Gerücht, daß man in Holland über die „Grüne Grenze" einreisen könne. In Köln gab es Leute, die dabei behilflich sein könnten. Es war die letzte Möglichkeit. Papa hatte zwar juristische Einwände, aber schließlich gab es keine Wahl.

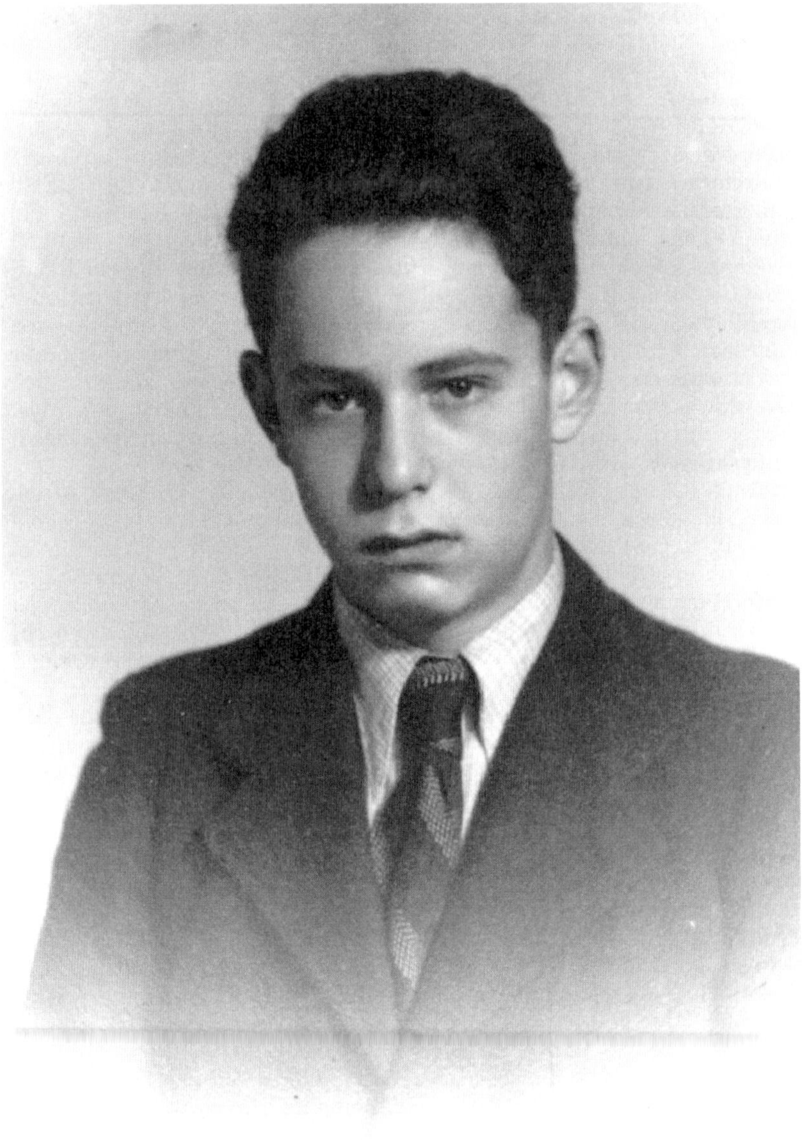

*November 1938, 14 Tage vor der Abreise aus Wien*

Fritz durfte losfahren. Ohne daß unsere Eltern es wußten, verabredeten wir, daß Fritz für mich postlagernd am Hauptbahnhof Köln eine Nachricht hinterlassen würde, damit ich den gleichen Weg gehen könne. Fritz fuhr am 18. November ab. In der endlos lange scheinenden Woche, die darauf folgte, erbettelte ich von den Eltern die Erlaubnis, auch fahren zu dürfen, wenn Fritz gut angekommen war. Eigentlich mißbrauchte ich die täglich steigende Verzweiflung. Aber schließlich sagten sie ja. Am Tag danach rief Fritz aus Amsterdam an. Er hatte es geschafft. Ich durfte unter der Voraussetzung auch fahren, daß zwei verläßliche Freunde mich begleiten würden. Sie waren schnell gefunden: Ernstl und Joschi, beide 17 Jahre alt. Am 30. November fährt Papa mit uns zum Westbahnhof. Er hat Tränen in den Augen. Ich fühle mich zu alt zum Weinen, aber ich weiß sicher, daß meine Jugend jetzt vorbei ist.

Ich lehne mich zum Fenster hinaus und winke. Papa wird immer kleiner. Das Letzte, was ich erkennen kann, ist, daß er sich mit seinem Taschentuch die Augen abwischt. Ich hab tiefes Mitleid mit ihm. Er muß zurück in das Elend, ich aber darf auf Reisen gehen. Reisen, das war immer das Schönste, was ich mir vorstellen konnte. Auf einem Bahnhof konnte ich mich stundenlang herumtreiben, Waggons ansehen, Lokomotiven und Züge, die in alle Welt gehen. Ich glaube, daß ich mich mit einem Kursbuch und einem Atlas tagelang beschäftigen könnte. Jetzt hat die große Reise also begonnen. Ich kuschele mich in eine Ecke und schaue zum Fenster hinaus; wenn es nur recht lange Licht bleibt! Meine beiden Freunde haben es schwerer. Ich merke, wie bedrückt sie sind. Der Zug ist nicht voll. Wir haben ganze Strecken das Abteil für uns alleine, können in der Nacht gut schlafen. Das Zugpersonal und die Mitreisenden sind nett zu uns, obwohl die meisten wohl ahnen, was mit uns los ist.

Köln, Hauptbahnhof; gleich zum Postamt. Da liegt tatsächlich ein Brief für mich. „Ausweis bitte." Ich zeige meinen Paß und erwarte einen Kommentar wegen dem „J". Der bleibt aus. Wir sind hier in einer anderen Welt, so scheint es. Im Brief steht, daß wir zum jüdischen Kaffeehaus gegenüber der ausgebrannten Synagoge in der Glockengasse gehen sollen. Dort würden wir Herrn Jacobse finden, unseren Kontaktmann. Der Kölner Dom. Erdrückend großartig, wenn man aus dem Bahnhof kommt. In der Schule haben wir gelernt, daß die Türme ein paar Meter höher sind als der Steffl. Aber sie wurden erst um 1850 vollendet.

Weniger schön ist es im jüdischen Kaffeehaus. Die Stimmung ist ähnlich der in Wien. Lauter Leute, die den Zug verpaßt haben und nicht mehr entrinnen können. Daß wir Herrn Jacobse sprechen wollen, löst Hohngelächter aus. Es ist wohl noch nicht bis Wien durchgedrungen, daß der Jacobse ein gewöhnlicher Betrüger ist. „Wir", sagt einer, „haben das immer schon gesagt, aber keiner wollt' es glauben. Jetzt sitzt er im Gefängnis, und ihr wäret besser gleich in Wien geblieben." Eine Dame erinnert sich an Fritz. „Der ist ja auch dem Jacobse auf den Leim gegangen", sagt sie, und niemand will glauben, daß er nun doch in Amsterdam ist. Ich stehe auf, ziehe meinen Mantel an und frage, ob denn wirklich niemand weiß, wie man nach Holland kommt. Stille. Irgend jemand murmelt, daß er, wenn er es wüßte, doch schon längst drüben wäre. Ich sehe Ernstl und Joschi zweifeln, also gehe ich zum Ausgang. Da sitzt ein rothaariger Bursche, etwa 18 Jahre alt. „Ich fahr mit dir", sagt er. Ernstl und Joschi kommen auch. Zu viert gehen wir zum Bahnhof. Von der Glockengasse kommend ist der Dom noch viel schöner. Eigentlich möchte ich gerne hineingehen. Wer weiß, wann ich wieder nach Köln komme? Aber ich traue mich nicht.

In der Bahnhofshalle beratschlagen wir uns. Nach Wien zurück? Keinesfalls. Aber wohin dann? Wir stehen vor einer Netzkarte und wählen den Ort, der am nächsten der Grenze liegt. Er heißt Kaldenkirchen. Auch unser neuer Freund, der Rudi aus Linz, ist einverstanden. Er ist schon drei Tage im Kaffee herumgesessen und war nahe daran zurückzufahren. Wir kaufen Fahrkarten nach Kaldenkirchen und warten oben auf dem Bahnsteig, bis unser Zug kommt.

Kaldenkirchen, Endstation. Es ist schon dunkel, als wir ziellos durch die Bahnhofsstraße gehen. Ernstl zeigt in eine Richtung. Wir sehen gleichzeitig das Schild *Zum Holländer,* so blank, wie wenn es frisch lackiert wäre. Es ist eine Gastwirtschaft. Wir gehen hinein und denken gar nicht daran, daß ein derartiges Lokal sicher für Juden verboten ist. Es ist leer. Der Wirt hinten an der Theke fragt, was wir wünschen. „Nach Holland", sagen wir im Chor.

Es klingt hohl in dem großen leeren Gastzimmer. Der Wirt antwortet nicht, sondern zeigt in eine Ecke, wo zwei Herren in grauen Mänteln an einem Tisch sitzen und Bier trinken. Wir hatten sie erst gar nicht bemerkt, aber jetzt scheint es, als ob sie auf uns gewartet hätten. Die beiden stehen auf und einer sagt: „Mitkommen." Wir sind verwirrt. Das haben wir nicht erwartet. Natürlich gehen wir mit. Was können wir sonst tun? Erst als wir beim Polizeiamt ankommen, sind wir sicher, daß es schiefgegangen ist. Der erste Graue öffnet die Türe, der zweite schließt sie hinter uns. Sie bringen uns in ein großes Zimmer, wo ein Polizeibeamter in Uniform hinter einem Schreibtisch sitzt. Das Verhör ist kurz. Er schaut sich unsere Fahrkarten an, weiß also, daß wir tatsächlich erst gestern aus Wien weggefahren sind. Ob wir Geld bei uns haben? „Ja." „Auf den Tisch legen!" Die anderen Sachen, die wir in den Taschen haben, auch. Er schaut sich alles flüchtig an, dann folgt eine Leibesvisitation. Nicht allzu genau, aber unsere Schuhe und Socken müssen wir ausziehen. Schließlich unser Gepäck. Viel haben wir ja nicht. Die Toilettentaschen werden genau durchsucht und vor allem der Proviant. Wurst wird durchgeschnitten, Bonbons werden aufgebrochen, um zu sehen, ob da nichts versteckt ist. „Die Sachen eßt ihr am besten gleich auf, bevor alles dreckig wird." Während wir essen, schaut er sich unsere Pässe an. Dann sagt er, daß wir versuchen können, nach Holland zu kommen. Ob es gelingt, ist fraglich. Seine Leute werden uns behilflich sein, aber erst müssen wir zum Postamt. Das Geld, das wir übrig haben, müssen wir nach Hause schicken. Wir dürfen es nicht mitnehmen. Das wäre ein Devisenvergehen. „Und versucht ja nicht, einem meiner Beamten was zu geben. Ein Deutscher nimmt von einem Juden kein Geld." Die zwei, die in dem Wirtshaus scheinbar auf uns gewartet haben, der Chef, der die Situation kannte. Offensichtlich suchen sie Schmuggler. Ob sie uns, da wir es nicht sind, laufen lassen? Ich brauche mir nicht länger den Kopf zu zerbrechen. Wir müssen jeder unser Geld einstecken, dann öffnet er eine Türe. „Die Treppe hinunter, da werdet ihr erwartet." So eine Stiege ist lang, wenn man nicht weiß, wie es unten aussieht. Jetzt erkenne ich, daß die beiden Beamten Ledermäntel tragen, sie haben jeder ein Motorrad mit Beiwagen. Joschi in den Beiwagen, ich auf den Sozius. Ernstl und Rudi fahren mit dem anderen.

Erst zum Postamt. Der Schalterbeamte ist gar nicht verwundert, daß die zwei Polizisten uns Geld nach Hause schicken lassen. Das scheint öfter zu passieren. Dann fahren wir weiter. Aus dem Ort raus geht es über Stock und über Stein. Aber mein Schutzengel sorgt dafür, daß wir uns keine Beine brechen. Absteigen. Wir sind am Waldrand, hier ist die Grenze. Wir gewöhnen uns an das Dunkel und sehen in der Ferne ein großes Gebäude. „Da dürft ihr keinesfalls hingehen. Dort wartet der holländische Grenzschutz schon drauf, euch zurückzuschicken. Die kriegen eine Prämie für jeden, den sie fangen, sagt man. Geht aber nicht zu viert weiter. Das fällt auf. Zwei und zwei, auf Abstand. Erst noch warten, bis wir weg sind. Die haben uns sicher schon gehört." Sie sind verschwunden. Plötzlich sehe ich eine große Figur. Ich halte die anderen zurück, nochmal schauen. Es ist ein Grenzstein. Wir sind also beinahe in Holland. Joschi und ich gehen nach links, durch Gestrüpp, kriechend unter Bäumen durch. Dann sehen wir zwei Schatten. Vielleicht sind das unsere Freunde, aber wir trauen uns nicht, sie anzusprechen. Wir ändern unsere Richtung ein bißchen, um mehr Abstand zu bekommen. Das Terrain wird immer schwieriger, das Gestrüpp zäher, aber dann sind wir raus. Wir stehen auf einem Hügel. In der Ferne sehen wir ein graues, etwas schillerndes Band. Das muß die Maas sein. Ich habe mir das gemerkt, als wir uns die Karte am Bahnhof in Köln angesehen haben. Unter uns scheint eine Straße zu sein. Ab und zu sehen wir ein Auto. Dorthin wollen wir. Aber dann merken wir, daß wir am Rand eines Steinbruches stehen. Nur ein Stacheldraht trennt uns vom Abgrund.

Wir sind in Piesting viel geklettert. Papa, der die Berge liebt wie wir, ermutigte uns immer. Aber er hätte niemals erlaubt, daß wir in einen Steinbruch klettern. „Das ist lebensgefährlich", sagte er immer. Außerdem weiß ich, daß Joschi noch nie geklettert ist. Im Dunkeln können wir nicht schätzen, wie tief es hier hinuntergeht. Wir folgen dem Zaun. Es geht ziemlich steil abwärts, aber Bäume und Sträucher geben uns Halt. Schließlich kommen wir an eine Stelle, wo das Gestrüpp bis über den Rand reicht. Hier können wir nicht mehr weiter. Zurück trauen wir uns nicht, wir haben keine Wahl. Inzwischen ist es aber etwas weniger dunkel. Ich kann von hier aus nicht sehen, ob der Mond uns zu Hilfe gekommen ist. Jedenfalls erkenne ich jetzt, daß an dieser Stelle ein Band schräg heraufkommt. Vielleicht war hier früher einmal ein Weg. Meine Augen haben sich jetzt auf das Dunkel eingestellt. Es ist, als ob das gelbe Gestein aufleuchtet. Wir entscheiden uns, da hinunterzugehen. Ich bitte Joschi flehentlich, genau hinter mir zu bleiben und keine Steine loszutreten. Vorsichtig folgen wir dem Pfad. Sehr tief kann es wohl nicht mehr sein, aber wenn es weniger steil wird, ist es auch feuchter und rutschig. Erst falle ich und dann vor Schreck auch Joschi. Aber wir bleiben unverletzt. Schließlich sind wir unten, stolpern über Geleise, zwischen Kipploren durch, bis wir zu einem verrosteten Eisentor gelangen, das weit offen ist.

Nur ein paar Schritte weiter ist eine Straße. Ein Auto nähert sich. Im Licht der Scheinwerfer sieht der Fahrer uns und hält an. Er fragt nichts, deutet, daß wir einsteigen sollen. Es ist ein Lastauto, wir sitzen zu dritt in der Kabine. „Venlo", sagt er und zeigt auf Lichter, die vor uns zu sehen sind. Dann sagt er auf Deutsch: „Ihr seid jetzt in Limburg. Das ist Holland." Wir sind überglücklich, es zu hören. „Wohin?" fragt er, und das erste, was mir einfällt, ist: „Jüdische Gemeinde." Er nickt und sagt weiter nichts, bis wir ins Zentrum des Städtchens kommen. Es ist schon spät am Abend, kaum noch Leute auf der Straße. Der Fahrer hält an, zeigt, daß wir warten sollen, steigt aus. Er verschwindet im Dunkel einer schmalen Gasse. Gerade als wir uns überlegen, daß es vielleicht doch besser ist zu verschwinden, geht dort eine Türe auf. Im Lichtkegel sehen wir, daß er mit jemandem spricht, sich verabschiedet und hierher kommt. Wir müssen aussteigen und schnell dorthin gehen. Er schüttelt uns die Hand, steigt ein und fährt weg. Wir überqueren die Straße und gehen zu dem Licht. Eine offene Türe, aber niemand zu sehen. Ich klopfe also an. Plötzlich steht ein Herr vor uns. Er schaut uns an, ohne etwas zu sagen. Ich seh' ihn mir auch an. Er ist vielleicht Mitte Vierzig, gut angezogen, aber für unsere Begriffe altmodisch. Ich sage: „Guten Abend", und Joschi sicherheitshalber, „Schalom." Der Mann schaut uns noch immer wortlos an. Jetzt merken wir erst, wie verdreckt wir sind. Dann sagt auch er: „Schalom." Das erleichtert uns. Er spricht gut deutsch. Er sagt, daß wir uns an einen Holztisch, wo auch drei Stühle stehen, setzen sollen. Dann geht er weg. Es dauert eine ganze Weile, uns scheint es eine Ewigkeit. Nebenan hören wir jetzt Geräusche, und es riecht nach Essen. Mein Magen reagiert sofort. Wir haben heute kaum gegessen. Eine Semmel im Zug, im Kaffeehaus in Köln hatten wir keine Muße, und bei der Polizei in Kaldenkirchen gab's nur die Reste der zerbröckelten Schokolade und Wurst. Die Tür geht auf, der Herr bringt jedem von uns Spiegeleier mit Brot und ein Glas Milch. In der Ecke ist eine Waschschüssel, auch Seife und ein Handtuch. Dort können wir unsere Hände waschen, bevor wir zu essen anfangen. Dann sagt er: „Le te'avon." Das heißt „Guten Appetit" auf hebräisch. Es schmeckt herrlich, die Spannung läßt nach. Ich habe das Gefühl, daß hier, wo die Menschen so freundlich sind und das Essen so gut ist, nichts schiefgehen kann.

Er läßt uns ruhig essen. Als wir fertig sind, fragt er, woher wir kommen. Wir erzählen von der Fahrt aus Wien nach Kaldenkirchen, von der unerwarteten Hilfe der deutschen Polizei und unserer Kletterpartie in dem Steinbruch. Er hört ruhig zu, sagt, daß wir nur dadurch der Marechaussee, das ist der Grenzschutz, entronnen sind. Wenn wir oben entlang gegangen wären, hätten sie uns sicher erwischt und gleich zurückgeschickt. Denn niemand darf hier bleiben. Der Fahrer, mit dem wir gekommen sind, hat ihm gesagt, daß er, bevor er uns mitgenommen hat, einer Polizeistreife begegnet ist. Es könnte sein, daß sie uns bereits suchen.

Jedenfalls muß uns klar sein, sagt er, daß wir hier nicht bleiben können. Die holländische Regierung hat entschieden, daß keine Flüchtlinge mehr hereingelassen werden. Wer dennoch Illegalen hilft, macht sich strafbar. Eine Ausnahme wird bis auf weiteres für diejenigen gemacht, die sich jetzt noch bei der Fremdenpolizei in Amsterdam anmelden. Das ist aber nur eine Augenauswischerei für die öffentliche Meinung, die über die Maßnahmen sehr empört ist. Denn de facto kann ein Flüchtling kaum noch von hier nach Amsterdam kommen. Auf den Brücken über die Flüsse Maas, Waal und Ijssel, die man überqueren muß, gibt es Kontrollposten, und in den Zügen sind Polizeistreifen. „Es bleibt euch also nichts anderes übrig, als hier zur Polizei zu gehen, aber die wird euch sicher zur Grenze abschieben. Ich bedauere das sehr, aber ich kann euch nicht helfen. Ich würde mich sonst strafbar machen", sagt er zum Schluß. Joschi und ich schauen einander an und stehen auf. „Wir wollen Sie wirklich nicht in Gefahr bringen und sind Ihnen sehr dankbar für Ihre Gastfreundschaft", sagt Joschi, und ich füge hinzu, daß wir uns unter keinen Umständen nach Deutschland zurückschicken lassen. Wir werden vergessen, daß wir bei ihm gewesen sind, jetzt im Dunkeln weggehen und unseren Weg alleine finden. Ich kann ihm ansehen, daß er nichts anderes erwartet hat. Er reagiert sofort: „Setzt euch wieder. Ich werde sehen, was ich machen kann." Das hört sich ganz anders an als die Rede, die er gerade gehalten hat. Wir trauen ihm. Er geht aus dem Zimmer, kommt kurz danach mit einem Eimer mit warmem Wasser und einer Bürste herein, damit wir unsere Kleidung sauber machen können, und geht wieder weg. Es dauert einige Zeit, wir werden wieder nervös. Aber gerade als wir wegschleichen wollen, kommt er zurück und sagt, daß eine Dame oder ein Herr uns abholen werden, und verschwindet. Wir haben ihn nicht wieder gesehen. Nicht lange danach kommt von der Straße eine Dame herein. Wortlos zeigt sie uns, daß wir mitkommen sollen. Ich überlege mir, daß selbst in Holland die Polizei nicht so aussehen kann. Sie ist sehr schick angezogen und riecht parfümiert. Sie geht uns vor, zur Straße hinaus. Dort steht ein großes Auto. Es muß ein amerikanischer Wagen sein. In Wien habe ich so einen Wagen einmal im Kino gesehen. Am Steuer sitzt ein Herr, der freundlich „Guten Abend" sagt. Die Dame setzt sich neben ihn, wir sitzen hinten. Er fährt schon, ohne daß wir es merken. Die Innenausstattung, das starke Parfüm, alles ist wie in „Tausend und eine Nacht". Es ist wie ein Traum. Aber nicht lange. Der Herr sagt: „Aufpassen! Es liegen Decken bei euren Füßen. Sobald wir auf die Brücke kommen, müßt ihr euch auf den Boden legen und zudecken. Was immer auch geschieht, keinen Laut!" Das klingt nicht märchenhaft. Dann ist es soweit. Kontrolle. Halt. Die Dame öffnet das Fenster. Ich kann mit einem Auge den Polizisten sehen, der sich hereinbeugt, aber offensichtlich mehr Interesse für das Parfüm der Dame hat als für alles andere. Wir fahren weiter, auf weiche Polster gebettet. Wir schlafen beide, als wir die zweite Sperre erreichen. Schnell unter die Decken. Auch hier wieder ein kurzes Gespräch zwischen der Dame und dem Polizisten. Dann höre ich etwas wie „Viel Plaisir" und weiter geht's. „Jetzt braucht ihr euch nicht mehr zu fürchten", sagt der Herr, „es ist gelungen. Meine Frau und ich machen diese Reise öfters, auch tagsüber. Aber dann mit einem anderen Auto, als Kaufleute getarnt."

Joschi schläft wieder. Ich versuche, etwas von der Landschaft zu sehen. Aber draußen ist alles dunkel. Nur wenn wir durch Ortschaften fahren, kann ich im Licht der Laternen etwas sehen. Freundliche Häuser. Am schönsten aber finde ich, daß überall auf den Türmen Uhren sind, bei denen nicht das Ziffernblatt beleuchtet ist, sondern es sind kleine Glühlampen für jede Ziffer und auf den Zeigern. Außerdem fällt mir die gelbe Straßenbeleuchtung in den Hauptstraßen auf. Unser Gastherr merkt, daß ich wach bin und mich für die Fahrt interessiere. Von ihm höre ich, daß diese gelbe Beleuchtung erst ganz neu ist. Philips hat das erfunden. Es ist billiger und gibt viel besseres Licht, vor allem bei Nebel. Wieder eine große Brücke. Ich greife schon zur Decke, aber der Herr sagt, daß das hier nicht mehr nötig ist. Hier gibt es keine Kontrollen. Wir fahren jetzt durch Vianen und werden bald in Utrecht sein. Da fahren wir quer durch die Stadt. Ich sehe einen großen, gotischen Kirchturm. Jetzt ist es nicht mehr weit nach Amsterdam. Ob ich dort jemanden kenne, fragt er. „Ja, mein Bruder wohnt in einem Logement in Rapenburg. Das ist mitten in der Altstadt, im Judenviertel." Es macht ihm nichts aus, uns dorthin zu bringen.

Es ist gegen drei Uhr nachts, als wir zum ersten Mal in unserem Leben einen Fuß auf Amsterdamer Boden setzen. Joschi findet, daß wir ein Dankgebet sagen sollten. Ich überlasse es ihm. Er ist frömmer erzogen als ich. Wir verabschieden uns von unseren Rettern. Der Wagen saust sofort weg. Der schicke Amerikaner paßte auch gar nicht in diese alte, ärmliche Gasse. Wir suchen eine Glocke, finden einen Türklopfer. Es scheint, als ob er durch die ganze Gasse dröhnt. Ein Mann macht auf. Wir kommen aus dem Dunkeln, aber hier drinnen ist es auch nicht viel heller. Eine elektrische Birne hängt an einem Draht mitten im Raum. Drunter beim Tisch sitzt ein Mann mit einem Heft und einem Bleistift vor sich. Rundherum sind Schiebetüren, eine ist offen. Zwei Betten übereinander mit Bettzeug sehe ich und einen Schrank. Joschi stößt mich an und sagt: „Hans Albers." Ich weiß sofort, was er meint. Eine Hafenbleibe für Matrosen, schon sehr veraltet. Heutzutage sind sie es besser gewöhnt, habe ich mir erzählen lassen. Der Mann fragt, was wir wollen. „Ich suche meinen Bruder, Fritz Schwarz. Der wohnt hier." Er blättert in seinem Heft und sagt: „Das klopt wohl, aber jetzt nicht hier." Er zeigt auf eine Holzbank, wir sollen warten. Er schenkt sich aus einer Tonflasche einen Schnaps ein, lehnt sich zurück und schnarcht. Ich bin entsetzt. Ich habe nicht erwartet, Fritz in einer solchen Umgebung wiederzufinden. Joschi grinst, und auf meine Frage, warum, sagt er: „Nur im Film gibt es sowas: im amerikanischen Luxusauto direkt in die Hafenkneipe. Nur schade, daß es kein Puff ist." Dann schlafen wir auch ein. Erst die weichen Polster im Auto, jetzt die harte Bank. Es macht nichts aus. Wir erschrecken, als mit viel Lärm vier oder fünf junge Männer hereinkommen. Sie wohnen alle hier. Das Flüchtlingskomitee hat dieses alte Hafenlogement gemietet und sie hier untergebracht. Von gestern abend bis jetzt haben sie kleine, orangefarbige Fähnchen auf Nadeln geklebt. Die werden heute bei einer großen Straßensammlung zu Gunsten des „Comité voor joodse Vluchtelingen" verkauft werden.

Man hofft auf einen großen Erfolg. Die Männer wären auch gerne mit einer Büchse sammeln gegangen. Aber das ist nicht erlaubt. Als illegaler Flüchtling darf man nicht arbeiten. Also ist auch unbezahlte Arbeit verboten.

Wo aber ist Fritz? Der war nicht mit. Keiner weiß eigentlich, warum nicht. Also schläft er noch, und zwar genau hinter der Schiebetür, vor der Joschi und ich auf der Bank geschlafen haben. Wir öffnen die Türe, Fritz schläft fest. Ich könnte schreien vor Freude. Ich ziehe an seiner Decke, bis er wach wird. Aber auch dann kann er nicht glauben, daß ich schon da bin. „Vor 36 Stunden warst du doch noch in Wien, hat Papa mir am Telephon gesagt." Große Freude. Noch ein paar Stunden schlafen, und dann zum Komitee und zur Fremdenpolizei, um uns zu melden, so wie der Herr in Venlo gesagt hat.

## Amsterdam, 2. Dezember 1938

Wir sind schon früh unterwegs. Wir hatten nicht die Ruhe, lang zu schlafen. Die Waschgelegenheit in dem alten Haus ist minimal, und das Frühstück kostete nicht viel Zeit. Erst zum Postamt, um nach Hause zu telephonieren. Es sind noch wenige Leute da. Das Fräulein am Schalter ist nett, also geht es schnell, obwohl es ein R-Gespräch ist. Papa glaubt, daß ich noch in Köln bin. Erst als auch Fritz sich meldet weiß er, daß es wirklich wahr ist. Auch Mutti kommt noch schnell ans Telephon. Sie kann aber kaum sprechen, so weint sie vor Freude. Es ist doch tragisch, daß man sich freuen muß, weil man zwei Kinder vielleicht auf Nimmerwiedersehen in eine andere, unbekannte Welt geschickt hat.

Wir gehen denselben Weg zurück. Das Büro des Komitees ist ganz in der Nähe von Rapenburg. Ein altes Schulgebäude, hohe Gänge, große Fenster, ein Ofen. Joschi und ich werden registriert und bekommen eine Bestätigung, daß man unseren Lebensunterhalt für unbegrenzte Zeit garantiert. Mit diesem Dokument und unserem Reisepaß gehen wir zur Fremdenpolizei, quer durch das Judenviertel. Durch schmale Straßen, über Brücken, zwischen vielen Radfahrern. Wir gönnen uns keine Zeit, uns wirklich umzuschauen. Erst muß alles in Ordnung sein. Der Beamte, ein auffallend dicker, unfreundlicher Herr, gibt uns deutlich zu verstehen, daß, wenn es nach ihm ginge, der Beschluß der Regierung, niemanden mehr hereinzulassen, auch für Amsterdam gelten würde. Er erinnert mich an Osmin aus Mozarts „Entführung", eine meiner Lieblingsopern. Die Bestätigung des Komitees behält er, wir kriegen dafür jeder eine Karte als Personalausweis. Die müssen wir zweimal pro Woche (ich Mittwoch und Samstag) abstempeln lassen. Dann folgen die Belehrungen: nicht arbeiten, nicht in die Schule, auch keine unbezahlte Arbeit, die Stadt Amsterdam nicht ohne Erlaubnis verlassen. Für alles gibt es nur eine Sanktion: Ausweisung nach Deutschland, ohne jeden Rechtsweg. Als wir weggehen, sehen wir viele Leute warten, um ihre Karte abstempeln zu lassen. „Der läßt sich immer sehr viel Zeit", sagt einer der Wartenden.

Wir haben es Schwarz auf Weiß, daß wir in Amsterdam bleiben dürfen! Wer hätte sich das vor einer Woche träumen lassen. Wieder zurück zum s'Gravenhekje, zum Komitee. Da beglückwünscht man uns. Es gelingt immer weniger Leuten, durch die Sperren zu kommen, die Maßnahmen der Regierung und die Einschüchterung der holländischen Grenzbevölkerung wirken. Während wir warten mussen, schaue ich zum Fenster hinaus. Nicht weit von hier liegt ein großer Überseedampfer. Brücke, Oberdeck und die zwei Schornsteine sind zu sehen. Jemand sagt mir, daß das Schiff die „Johan van Oldebarneveldt" ist, die nach Batavia fährt. Ich bin sprachlos und gerührt. Fritz sagt, daß ich auch noch Brücken sehen werde, die aufklappen, um Schiffe durchzulassen und noch viel mehr. Hier kann das Warten nicht lange genug dauern. Das Gebäude liegt an der Ecke der Oude Schans, einer alten Hafenanlage. Viele kleine Schiffe, sie werden geschleppt, gerudert oder mit langen Stangen gestoßen. Kähne mit einem flachen Deck, die voll beladen sind mit Kisten oder Ballen. Immer ist irgendwo etwas zu sehen.

Jetzt sind wir an der Reihe. Joschi und mir wird „Lohe's Lunchroom" in der van Woustraat als Pension zugewiesen. Das ist eine moderne Gegend im Süden von Amsterdam. Fritz darf, wenn er will, auch dorthin übersiedeln. Wir bekommen jeder einen Gutschein für Kleidung und Toilettenartikel, die wir uns in einem Geschäft in der Jodenbreestraat aussuchen können. Ausreichend für die Zeit, bis unsere Sachen aus Wien ankommen. Außerdem gibt man uns noch eine Karte für fünf Fahrten mit der Straßenbahn. Wie überall, sind auch die Leute in dem Geschäft riesig nett. Draußen fallen wir einander um den Hals. Schönes, aber sehr kaltes Wetter, in unserer Euphorie merken wir es kaum.

Zum ersten Mal fahren wir in Amsterdam mit der Straßenbahn. Die Wagen sind grau und blau. Jede Linie hat außer einer Nummer einen Farbkode. Die Linie 8, mit der wir jetzt fahren, hat gelb/grün. Der Kode ist auf einem Schild im Bügel schon von weitem zu erkennen. Die zweiachsigen Wagen sind altmodisch. Die Autos, die wir auf der Straße sehen, dagegen höchst modern. Wir fahren durch die van Woustraat, erst noch Altstadt, danach tatsächlich modern. Es ist eine Geschäftsstraße. Bei einer Haltestelle ist ein Laden, der ausschließlich Käse verkauft. So viele Sorten habe ich noch nie gesehen!

„Lohe's Lunchroom" ist, was man in Wien eine Auskocherei genannt hätte. Die Inhaber sind Herr Feilmann, ein großer Dicker, und Herr Lohe, klein und schlank, und ihre Gattinnen. Die Pensionsgäste, also auch wir, bekommen drei Mahlzeiten täglich, und Lohe mietet für jeden bei Privatleuten in der Nähe ein Zimmer. Die meisten Häuser hier sind neu, und viele Wohnungen sind noch nicht einmal vermietet. Daher sieht man überall Schilder „te huur" an den Fenstern. Das macht auf uns erst einen komischen Eindruck. Viele Leute können sich den hohen Zins in den modernen Wohnungen eigentlich nicht leisten und suchen daher Untermieter. Joschi und ich haben Zimmer nicht weit voneinander. Mein Zimmer, in der Rijnstraat, ist sehr hübsch. Alles, was ich brauche, ist da. Also lasse ich meine kleine Reisetasche gleich stehen und gehe mit Fritz wieder hinunter zu Lohe. Alles ist viel besser als in Rapenburg. Also verabredet er mit Herrn Feilmann, daß er sich morgen beim Komitee umschreiben lassen wird. Dann geht er weg, denn er muß zum Essen in Rapenburg sein. Joschi hat auch ein schönes Zimmer. Beide setzen wir uns zufrieden zu Tisch. Auch das Essen ist ausgezeichnet bei Lohe.

Fritz wohnt inzwischen auch hier. Zusammen sehen wir sehr viel von Amsterdam. Er zeigt mir einen Teil des alten Judenviertels, in dem schreckliche Armut herrscht. Die Leute sind, teilweise unter Zwang, in Neubauwohnungen in Amsterdam Ost eingezogen. Ich bewundere auch die drei prachtvollen Synagogen, Freitag abend strahlen sie im Kerzenlicht.

Joschi hat akute Blinddarmentzündung. Er wird in das Nederlands Israelitische Ziekenhuis gebracht, eines der drei jüdischen Krankenhäuser, die es in Amsterdam gibt. Er wird sofort operiert. Jetzt geht es ihm schon besser. Wir besuchen ihn regelmäßig, es ist nur eine halbe Stunde zu gehen. Nicht weit vom Krankenhaus befindet sich ein ganz modernes Gebäude aus weißem Stein, Stahl und Glas. Das ist das neue Jüdische Altersheim. Ich glaube, daß das jüdische Leben in Holland viel integrierter ist als in Wien. Übrigens hat die Sammlung für die Flüchtlinge nicht wie erhofft knapp eine Million, sondern ganze zwei Millionen Gulden gebracht. Sicherlich ist das ein Protest der Menschen gegen die Regierungspolitik, die die Aufnahme von Vertriebenen verhindert.

Dennoch gelingt es immer wieder Flüchtlingen, die Kette an der Grenze zu durchbrechen. Die meisten werden dann bei Lohe einquartiert. Zu unserer Freude ist unter ihnen auch Dan Kampelmacher. Unsere Familien sind befreundet, er ist so alt wie Fritz. Er hatte von unserer Flucht gehört und es auch versucht. Ihm ist es aber viel schlechter gegangen als uns. Er ist zweimal von der Grenzpolizei erwischt und zurückgeschickt worden. Erst das dritte Mal hat er Glück gehabt.

Weil Dan in der Wiener zionistischen Jugendbewegung sehr aktiv war, sucht und findet er Kontakt zu Maccabi, einer hiesigen jüdischen Jugendgruppe. Sie haben uns gleich eingeladen. Die Zusammenkünfte finden einmal pro Woche in einer Villa im Willemsparkviertel statt. Das prachtvolle Haus gehört dem Bankier Kramarsky, dessen Tochter Sonja auch Mitglied ist. Es ist ein gemütlicher Abend mit einer netten Gruppe junger Menschen. Ich bin einer der jüngsten.

Unsere Koffer sind angekommen, auch Post von zu Hause haben wir schon. Die ganze Familie ist glücklich, daß wir beide jetzt zusammen sind. Wider Erwarten haben sie das Geld aus Kaldenkirchen erhalten. Sonst gibt es nicht viele Neuigkeiten. Aber zwischen den Zeilen lesen wir, daß der Zustand in Wien immer schlechter wird. Jetzt gibt es sogar schon Schwierigkeiten mit Lebensmitteln, denn Juden dürfen nur mehr in jüdischen Geschäften einkaufen, und da gibt es viel weniger Waren als in anderen Läden. Mit jedem Tag wird die Angst größer. Jüdische Männer, die in Polen geboren sind, auch unser Onkel Glaser, sind abgeschoben worden. Die polnische Regierung läßt sie aber nicht über die Grenze, und die Deutschen lassen sie nicht mehr zurück. Also bleiben sie im Niemandsland, im Winter, im Freien. Greulich. Wer hilft den Armen? Niemand in der ganzen Welt.

Bei Lohe wohnt auch ein Ehepaar. Eigentlich sind sie das nicht. Sie durften in Deutschland nicht heiraten, weil sie wohl, er aber nicht

„arisch" ist. Gott sei Dank ist es ihnen gelungen, hierher zu kommen, denn sie erwartet ein Kind, und das ist „Rassenschande", gemäß den Nürnberger Gesetzen, also ein Verbrechen. Jetzt stellt sich aber heraus, daß sie hier auch nicht heiraten dürfen, weil die holländische Regierung diese Gesetze auch für Flüchtlinge als bindend anerkennt.

Jeden Tag wird es kälter. Die Grachten, so nennt man die vielen Kanäle in Amsterdam, sind zugefroren. Auf der „Singelgracht", einem alten Stadtwall, wird Schlittschuh gefahren. Vor allem abends ist es dort schön. Wir stehen auf einer Brücke, gar nicht weit von Lohe, und schauen zu. Hinter uns ist die große Bierbrauerei von Heineken, aus den hohen Fenstern fällt Licht auf das Eis. Die Leute fahren auf Schlittschuhen, die mit Riemen oder Bändern an Straßenschuhen festgemacht sind. Die meisten in gewöhnlicher Kleidung, Wintermänteln. Männer, wie wenn sie gerade vom Büro oder von der Arbeit kämen. Frauen, denen nur die Einkaufstasche fehlt. Wenn sie genug gefahren sind, binden sie einfach die „schaatsen" ab und gehen weg. Ich sehe, daß die Schlittschuhe aus Holz sind mit einer Eisenklinge. Auf dem Eis Buden, verziert mit Ballons und Fähnchen, beleuchtet mit Karbidlampen. Überall dampft und riecht es herrlich nach Anis. Die Leute trinken Anismilch und essen Kuchen. Bei Mutti in der Küche hat es so gerochen, wenn sie Kekse mit Anisglasur gebacken hat. Viele Kinder sind auf dem Eis. Manche sehe ich bei den Buden betteln. Sie sind schlecht angezogen. Es muß ihnen sehr kalt sein, aber sie scheinen es nicht zu merken. Ich kann nicht eislaufen, aber ich kann mir vorstellen, wie herrlich es sein muß, auf dem endlos scheinenden Kanal zu fahren zwischen all den Leuten, die so viel Spaß haben, und ab und zu bei einer Bude etwas zu trinken oder zu essen. Ich bekomme Bauchzwicken und habe Heimweh. Wir gehen wieder zu Lohe, wortlos. Manchmal ist es doch schwer. Aber wir sind wenigstens zusammen: mein großer Bruder und ich und unsere Freunde.

Wir brauchen einander sehr, denn wenn auch das Komitee dafür sorgt, daß wir uns um unseren Lebensunterhalt keine Sorgen zu machen brauchen, spüren wir doch, unerwünscht zu sein. Bei der Fremdenpolizei ist der Osmin jedesmal gleich unfreundlich. Er läßt die Menschen lange warten, und wenn jemand sagt, daß er Eile hat, kriegt er immer zu hören, daß wir doch nur herumlungern und froh sein müssen, hier sitzen zu dürfen. Oft warten so viele Leute, daß nicht genügend Sitzplätze da sind.

Soweit wir schon Zeitungen lesen können, spüren wir eine deutliche Tendenz, die Zustände in Deutschland zu bagatellisieren. Über die Judenverfolgungen wird schon lange nicht mehr geschrieben. Neutral bleiben, Hitler nicht verärgern, das scheint die Parole zu sein. Selbst diejenigen, die sich wohl dafür interessieren, sagen, daß es doch nicht gar so arg sein kann wie wir erzählen. Aber wenn jemand, der aus Dachau kommt, die Striemen von den Peitschenhieben zeigt, schweigt man.

Die es glauben, sind Einzelgänger und werden mundtot gemacht von denjenigen, die es auch wissen, aber nicht glauben wollen. Das Gros der Leute aber interessiert es nicht. Sie nehmen es nur allzugerne hin, wenn sie in Sicherheit gewogen werden. Auch in jüdischen Kreisen, wo man doch viel von Angehörigen aus Deutschland und Österreich gesehen und gehört hat, will man es einfach nicht wahrhaben. Außerdem schreiben alle Zeitungen ausführlich über das holländische Heer und die Inundationen, die „Waterlinie", die große Teile der Provinz Utrecht in Sumpfland verwandeln würde und wo die Deutschen keinesfalls durchkommen können. Wenn ich dann erzähle, daß ich in Wien die deutschen Tanks und Junkers-Flugzeuge gesehen habe, dann lachen sie mich aus. Das holländische Heer mit seiner Musikkapelle auf Fahrrädern und den Offizieren mit Wickelgamaschen? Vielleicht seh ich es falsch, ich bin ja erst 15.

An den Straßenecken stehen WA-Männer (das ist die holländische SA) und verkaufen die Zeitung der NSB (das ist die holländische NSDAP) „Volk en Vaderland". Sie tragen schwarze Uniformen, und obwohl sie von den Passanten ausgelacht werden, benehmen sie sich provozierend. Ich erkenne den Blick in ihren Augen und habe Angst.

Op de hoek van de straat
staat een nsb-er
't is geen man, 't is geen wijf
't is een farizeeër
met zijn krant in de hand
staat hij daar te venten
hij verkoopt zijn vaderland
voor vijf losse centen

an einer straßenecke
steht ein nsb-er
ist kein mann oder weib
ist ein pharisäer
mit der zeitung in der hand
geht er kolportieren
er verkauft sein vaterland
für ganze fünf cent.

Das singt man im Kabarett und auf der Straße, aber niemand nimmt es ernst.

Eine eisige Kälte herrscht hier. Die Leute sagen, daß der Winter noch nie so früh angefangen hat und daß es seit vielen Jahren nicht so kalt war. Die Häuser sind auch nicht danach gebaut. Doppelfenster kennt man nicht, auch in modernen Wohnungen gibt nur einen Ofen. Sie sehen sehr schön aus: der Kamin ist auf englische Art mit Marmorplatten und einem Sims ausgestattet. Wo in England das offene Feuer ist, wurde ein halbrunder Ofen eingebaut. Meine Hausfrau klagt darüber, daß sie soviel Kohle fressen. Daher muß sparsam geheizt werden. Ich glaube, daß die Dame es charmant findet, daß ein Bursch sich für diese Dinge interessiert. In der Küche steht neben dem Gasherd ein Petroleumkocher, der dauernd brennt. Erstens, um Gerichte darauf schmoren zu lassen und das teure Gas zu sparen, und zweitens, um die Küche warm zu halten, damit die Leitungen nicht einfrieren. Trotzdem muß aber bei dieser Kälte das Wasser in der ganzen Wohnung abends abgezapft werden. Leitungswasser ist hier auch sehr teuer. Daher darf man auf dem Klo die Wasserspülung nicht benützen, wenn man nur gepinkelt hat. Bei manchen Leuten liegt ein Ziegelstein im Spülkasten, damit weniger Wasser verbraucht wird. Schlafzimmer haben hier keine Heizung. Man hat viele Wolldecken und trägt Trikotunterwäsche unter dem Schlafanzug. Dieselbe wahrscheinlich, die man tagsüber getragen hat, denn auch Wäsche waschen ist hier teuer. In Wien dachte man immer, daß Holland ein reiches Land sei. Aber wenn ich sehe, wie sparsam (zuinig auf holländisch) die Leute sein müssen, ist mir klar, daß das doch nicht so ist. Unglaublich, daß wir hier auf Kosten dieser Leute leben dürfen. Das Jüdische Flüchtlingskomitee wird von den Bürgern und nicht vom Staat finanziert.

## Amsterdam, 19. Dezember 1938

Lohe ist unsere offizielle Adresse, also kommt auch die Post hierher. Beim Frühstück teilt Feilmann sie aus. Heute erhält jeder Mann eine Einladung, vormittags bei der Fremdenpolizei zu erscheinen. Nur ich nicht. Dafür gibt es nur eine Erklärung: ich bin der Jüngste, noch keine 16 Jahre alt. Da ich nicht vorgeladen bin und auch keine Lust habe, in der Kälte den langen Weg zu gehen, mache ich nicht mit. Anstelle dessen begebe ich mich in die Badeanstalt. Obgleich dieses Viertel ganz modern ist, hat man doch in vielen Wohnungen kein Badezimmer. Daher gibt es Städtische Volksbäder. Unseres ist ganz in der Nähe: es ist kreisrund, eine Art Jugendstil, nur ebenerdig, mit einem roten Ziegeldach und einem dampfenden Schornstein in der Mitte. Es sieht sehr freundlich aus. Ich gehe gerne hin. Das Waschbecken mit dem eiskalten Wasser in meinem unbeheizten Zimmer reizt nicht zu großer Wäsche. Als Flüchtling zahle ich nur zwei Cent. Man bekommt ein Handtuch, aber beim reduzierten Tarif muß man Seife selbst mitbringen. Hinter der Kasse gibt es zwei Türen: Männer rechts, Frauen links. Dann kommt man in einen Warteraum mit langen Holzbänken. Es ist schön warm, und wenn man während der Zeit hingehen kann wenn andere arbeiten, braucht man nicht lange zu warten. Ich liebe das Duschen. Das hatten wir zu Hause nicht, da gab es nur ein Wannenbad. Das gibt es hier auch, aber nicht zum niedrigen Tarif. Nach dem Bad gehe ich schnell hinauf in mein Zimmer. Seife zurückbringen, aufräumen. Das ist nicht meine starke Seite, aber die Hausfrau ist sehr lieb und hilft ein bißchen nach. Außerdem wäscht sie auch meine Sachen. Sie hat eine hölzerne Waschmaschine mit Motorantrieb, obendrauf eine Wringe mit einer großen Kurbel.

Zum Mittagessen bin ich wieder bei Lohe. Es fällt mir gleich auf, daß es so still ist. Nur ein paar Frauen sitzen hinten im Lokal. Sie sind schrecklich aufgeregt. Keiner der Männer ist bis jetzt von der Polizei zurückgekommen. Frau Kohn sagt, daß ihr Mann immer anruft, wenn er zu spät zum Essen kommt. Gerade als ich vorschlage hinzugehen, kommt eine Frau hereingerannt. Sie ist kreidebleich. Man kann sehen, daß sie geweint hat. Sie fällt auf einen Stuhl, schluchzt, sagt etwas, das niemand verstehen kann, weil die anderen Frauen gleichzeitig auf sie einreden. Feilmann, der vor Aufregung holländisch spricht, quatscht auch dazwischen. Schließlich brüllt er, daß jeder seinen Mund halten soll. Ich hole ein Glas Wasser hinter der Theke, die weinende Frau trinkt ein paar Schlucke. Jetzt ist es still. Sie erzählt, daß sie mit ihrem Mann nicht mit hinein durfte und daß es ihr verboten wurde, beim Tor zu warten. Dann hat sie sich an der anderen Seite der Gracht hingestellt und ist von einem Polizisten äußerst unfreundlich weggejagt worden, während Passanten ruhig stehenblieben und zuschauten. Aus der Ferne hat sie mit angesehen, daß immer mehr Männer im Gebäude verschwanden, niemand kam heraus. Auf dem Rückweg hat sie in einer Seitenstraße eine ganze Reihe Autobusse stehen sehen. „Versuch doch mal im Oosteinde, ob sie etwas wissen", sagt Lohe zu mir. Das Haus Oosteinde ist ein von gut situierten, legalen Flüchtlingsdamen geführtes Haus, wo „Illegale" sich tagsüber aufhalten können, ganz billig Kaffee und von den Damen selbst gebackenen Kuchen bekommen. Man kann dort Tischtennis spielen, Zeitungen lesen, und es werden auch Kurse gegeben. Wir sind oft dort gewesen. Es ist gemütlich, man trifft andere Leute. Die Leitung hat ein junger Mann. Er ist „legal" und bei der Fürsorge fest angestellt. Als ich, noch außer Atem vom Rennen, zu ihm komme, weiß er bereits, daß alle Männer über 16 mit Autobussen abtransportiert worden sind. Wohin? Auch das Komitee weiß von nichts. Die Polizei hat diese Razzia gründlich organisiert und strikt geheimgehalten.

Ratlos gehe ich zu Lohe zurück. Da ist man auch schon informiert. Ich gehe hinüber in mein Zimmer, lege mich ins Bett, kann aber nicht schlafen. Die Möglichkeit, daß man die Leute alle einfach wieder nach Deutschland abschiebt, spukt mir im Kopf herum. Ich schlafe erst ein, als mir einfällt, daß Fritz genau weiß, wie ich es in Kaldenkirchen gemacht habe, er kann mir also nachkommen. Dieser absurde Gedanke beruhigt mich so, daß mir beim Aufwachen gar nicht klar ist, in welcher verflixten Situation wir uns befinden.

Ich bin als einer der ersten Gäste bei Lohe. Feilmann hat bereits Neuigkeiten: in den Flüchtlingspensionen haben gestern alle jüdischen, illegalen Männer über 16 Jahre einen Aufruf vom Vreemdelingendienst bekommen. Keiner von denen, die sich gemeldet haben, ist zurückgekommen. Inzwischen steht fest, daß alle, die jünger sind als 30, nach Drenthe, die anderen nach Limburg gebracht wurden. Daß es ausgerechnet Drenthe und Limburg sind, beides Provinzen, die an Deutschland grenzen, macht uns stutzig. Umso mehr, als keine der Morgenzeitungen auch nur mit einem Wort von der Aktion berichtet. Die Behörden haben offensichtlich ein schlechtes Gewissen und fürchten die Publizität. Was, wenn die Autobusse in Drenthe und Limburg nur gehalten haben und dann doch weitergefahren sind? Um beschäftigt zu sein, gehe ich in Fritzens Zimmer, erkläre der Hausfrau, so gut ich es kann, was geschehen ist. Dabei kann ich aber das Gefühl nicht loswerden, daß sie mir nur die Hälfte glaubt. Die Polizei, meint sie, wird schon einen Grund haben, ihn einzusperren. Ich packe seine Sachen ein, lasse den Koffer aber stehen und sage, daß sie von Feilmann weiteres hören wird. Dasselbe wiederholt sich bei Joschis Gastfrau, nur hat die weniger Interesse dafür, was die Polizei gemacht hat, sondern wie das mit der Miete weitergeht.

Dann gehe ich wieder zu Lohe. Das Komitee kann noch immer keine Auskunft kriegen. Die Polizei beruft sich auf das Innenministerium, das wieder auf die Justizbehörde und die schließlich aufs Militär. Auch die Journalisten haben noch nichts herausgefunden, denn in den Abendzeitungen steht auch nichts. Mein Freund im Haus Oosteinde sagt, daß es unglaublich ist, daß am hellichten Tage in Amsterdam circa 500 Männer verschwinden können, ohne daß jemand es merkt oder, soweit es die Presse betrifft, merken will.

Heute früh endlich Post von Fritz. Eine vorgedruckte Karte, worauf steht, daß er sich in der Strafanstalt Norg in Veenhuizen befindet. Es geht ihm gut, er braucht seine Sachen nicht. Post darf er bekommen aber keine Pakete. Besuch ist nicht erlaubt. Mir läuft das Gruseln über den Rücken. In Wien bekamen die Angehörigen aus Dachau derartige Karten und kurz nachher die Mitteilung „auf der Flucht erschossen" oder „an Lungenentzündung gestorben". Bitte, lieber Gott, laß mich nicht daran denken! Die anderen haben alle auch Post bekommen, aus Reuver, aus Hoek von Holland. Überall sind es die gleichen Karten, der gleiche Text. Inzwischen ist das Flüchtlingskomitee informiert worden, aber eigentlich wissen die auch nicht mehr als wir. Es scheint, daß die ganze Operation vom Militär ausgeführt wurde. Die Jüdische Gemeinde hat den Oberrabbiner von Drenthe gebeten, sich um die Leute in Norg zu kümmern, aber ich weiß nicht, ob er schon dort gewesen ist.

Nach Wien will ich erst schreiben, wenn ich Genaueres weiß. Glücklicherweise hatten wir beide, gerade bevor Fritz eingesperrt wurde, einen Brief weggeschickt. Auf einer Landkarte habe ich Veenhuizen gefunden. Es liegt ganz im Norden, weit weg von hier. Ich weiß nicht, wie man dorthin kommen kann. Übrigens eine rein theoretische Frage, denn ich habe weder Geld noch Erlaubnis für eine solche Reise. Inzwischen gehen die Feiertage vorbei. Es fällt mir auf, daß es viel weniger Weihnachtsbäume gibt als in Wien. Man sagt, daß das hier nicht so eingebürgert ist. Viel Schnee gibt es nicht, aber es bleibt sehr kalt, feucht und windig. Das macht die Kälte noch unerträglicher.

Trotz der Kälte verbringe ich die Vormittage auf der Straße. Es gibt hier so viel zu sehen, daß es mich das Wetter vergessen läßt. Die Radfahrer zum Beispiel. Mütter mit einem Kind auf einem Sitz vorne am Steuer und einem anderen in einem Korb auf dem Gepäckträger hinten, an dem aber auch noch auf jeder Seite eine große Tasche hängt. Zwischen Straßenbahnen, Pferdewagen und Autos windet sich eine endlose Schlange. Sie könnten alle im Zirkus auftreten. Besonders die jungen Burschen, die ganze Lasten auf den Rädern vorne oder hinten mitschleppen. Was mir auch auffällt, ist, daß in einer Stadt, wo die Leute so sparsam sein müssen, vor jeder Haustüre Milchflaschen und auch Körbchen mit anderen Sachen stehen. Ich habe das beobachtet: der Milchmann kommt mit einer Handkarre, stellt seinen Wagen hin und läutet an. Wenn niemand zu Hause ist, stellt er Sachen hin. Wahrscheinlich weiß er genau, was die Leute brauchen. Offensichtlich hat niemand Angst, daß etwas gestohlen werden könnte. Auch die Haustore fallen mir auf. Es gibt, zumindest hier in dieser Gegend, kein gemeinsames Treppenhaus, sondern jede Wohnung hat ihre eigene Treppe, oder höchstens zwei oder drei Wohnungen haben eine zusammen. Dadurch sind die Stiegen viel schmäler und die Eingangstüren kaum größer als eine Wohnungstür. Meine Hausfrau hat mir erklärt, daß die großen Haken, die man draußen an jedem Haus sieht, beim Übersiedeln gebraucht werden, weil man über die schmalen Treppen keine Möbel transportieren kann. Ich habe einen ganz einfachen, glatten Schlüssel zu unserer Wohnung. Einen „Loper" nennt man den hier, er öffnet alle Wohnungen in der Gegend, und man kann ihn für fünf Cent in jeder Eisenwarenhandlung kaufen. „Bei uns in ...", wie die Flüchtlinge im Ooosteinde zu sagen pflegen, „bei uns in Wien hatten wir zwei Sicherheitsschlösser und Eisenstangen an der Eingangstür vom Treppenhaus zur Wohnung." Es gibt hier sehr viele Zigarettengeschäfte. Die Auslagen schaue ich mir gerne an. Viele Sorten, aus vielen Ländern. Tabak und Zigarren offensichtlich aus Indien. Plakate mit Landschaften, schönen Frauen und im Hintergrund oft ein großer Dampfer, so einer, wie ich ihn am ersten Tag aus dem Fenster vom Komitee gesehen habe.

Heute früh – große Aufregung bei Lohe. Feilmann liest aus der Zeitung vor und übersetzt gleich, daß in Norg jemand aus dem Fenster gesprungen ist und mit einem Wirbelsäulenschaden ins Krankenhaus gebracht wurde. In der Aufregung hat die Wachmannschaft versäumt, die Kleidung des Bewußtlosen zu durchsuchen. Daher fand man im Krankenhaus in seiner Tasche einen Brief, den die sozialistische Zeitung „Het Volk" jetzt publiziert hat. Daraus geht klipp und klar hervor, was sich in Norg abspielt. Norg war eine Strafkolonie für Landstreicher und Alkoholiker, die im Jahre 1823 erbaut und 1875 dem Zeitgeist angepaßt wurde. Dieses Regime haben die holländischen Offiziere, die die Leitung der Aktion haben, einfach fortgesetzt. Die Männer werden nachts jeder in einen Eisenkäfig gesperrt, haben eine Hängematte mit einem schmutzigen Strohsack und nur eine Decke. In einem großen, auch bei starker Kälte ungeheizten Saal. Die hygienischen Zustände sind unbeschreiblich. Die Frauen weinen und schreien, während Feilmann den Artikel vorliest. Mir läuft es kalt über den Rücken.

Unsere Verzweiflung hat nur ein paar Tage gedauert. Heute wurde dem Komitee mitgeteilt, daß die Männer aus Norg in Kürze nach Hellevoetsluis übersiedeln werden. Auf der Landkarte sehe ich, daß das in der Nähe von Rotterdam liegt, also nicht weit von hier. Gleichzeitig erscheint in der Zeitung eine Erklärung des Ministerpräsidenten Colijn, in der er die Bewohner der Grenzgebiete wiederum darauf aufmerksam macht, daß jede Hilfe für jüdische Flüchtlinge bei illegalem Grenzübertritt, Beherbergung und Verpflegung bestraft wird. Trotzdem kommen noch immer Flüchtlinge in Amsterdam an, denn die Bevölkerung hilft, wo sie kann, und die Polizei in Amsterdam registriert die Flüchtlinge noch immer.

Vom Komitee hören wir, daß einige gutsituierte jüdische Familien ihren Banken den Auftrag gegeben haben, „registrierten" illegalen Flüchtlingen einen Gulden pro Monat Unterstützung auszuzahlen. Ich kann also bei „Pierson & Co" und bei der „Amsterdamsche Bank" je einen Gulden bekommen. Das ist äußerst willkommen, denn ich möchte gerne so bald wie möglich nach Hellevoetsluis fahren, um Fritz zu besuchen. Das Taschengeld, das wir bekommen, würde nicht ausreichen. Per Autobus nach Rotterdam und zurück kostet nur 50 Cent. Nach Hellevoetsluis soll eine Dampftramway fahren, die auch billig ist.

Inzwischen habe ich nach Wien geschrieben, daß Fritz und die anderen interniert worden sind. Ich habe versprochen, sie auf dem laufenden zu halten und erzählt, was ich in Amsterdam mache. Die Folge davon ist, daß Papa und Mutti riesig aufgeregt sind. Was nun aus mir werden soll, ganz alleine in der Großstadt. Es ist mir klar, daß das für sie ein unerträglicher Gedanke ist, und ich weiß nicht recht, was ich darauf antworten soll. Aber was auch passiert, ich werde mich nicht unterkriegen lassen. Das probiere ich nun verbissen. Es ist nicht leicht, mit 15 Jahren schon erwachsen zu sein.

## Ganz alleine in Amsterdam, Januar 1939

Endlich ist Post aus Hellevoetsluis gekommen. Auch wieder zensuriert und daher lange unterwegs, aber Fritz schreibt, daß es ihnen gut geht. Sie dürfen zweimal pro Tag in der kleinen Festungsstadt spazierengehen. Den Rest der Zeit müssen sie im Gebäude verbringen. Er wohnt im „Debarkementsgebouw", wo früher die Besatzung der Kriegsschiffe abmusterte. Das Komitee wird dieser Tage die Koffer von allen Leuten abholen lassen. Die Frauen haben auch alle einen Brief bekommen. Jeder ist überglücklich.

Wenn ich sage, daß ich hinfahren will, schaut jeder mich mit großen Augen an. „Wer macht mit?" frage ich. Niemand traut sich.

Ich habe mich gut vorbereitet und am Mittwoch dem Osmin gesagt, daß ich nach Hellevoetsluis fahren will, um meinen Bruder zu besuchen. Er hat nur mit der Achsel gezuckt. Also sitze ich jetzt ganz früh morgens, in einem der billigen Autobusse auf dem Dam, gegenüber dem Königlichen Palast in Amsterdam. Draußen zanken sich die Fahrer um jeden Kunden. Es scheint eine starke Konkurrenz zu geben. Ich bin einer der ersten und habe einen Platz vorne bei der Eingangstür, sodaß niemand vor mir sitzen wird. Es ist noch stockdunkel, als wir abfahren. Wir fahren durch Amsterdam West, auch ein neues Stadtviertel. Am Stadtrand beginnt eine Autobahn, wie ich sie in Deutschland vom Zug aus gesehen habe. Also ist Hitler doch nicht der einzige, der Autobahnen baut. Am Flugfeld vorbei wird es langsam hell. Flachland mit großen Bauernhöfen. Die kleinen Kanäle zwischen den Feldern sind zugefroren. In der Ferne sind die Dünen zu sehen. Dann ist die Autobahn zu Ende, wir sind in Den Haag. Aber leider fahren wir nicht durch die Stadt, sondern nur durch Außenbezirke. Wieder an einem Flugfeld vorbei, rechts zwei prachtvolle Kirchen. „Delft", sagt der Chauffeur, der ab und zu mit mir spricht. Er auf holländisch, ich auf deutsch. Er hat mich gefragt, wo ich hinfahre und ich hab' es ihm erzählt. Er will gar nicht glauben, daß ich alleine in Amsterdam bin und schüttelt den Kopf, als ich erzähle, warum ich nach Hellevoetsluis will. Mitten in der Stadt hält der Bus auf einer großen Allee vor dem Rathaus. Der Fahrer schenkt mir einen Straßenbahnfahrschein. „Damit kannst du zum Stieltjesplein und zurück fahren. Von dort geht die „Stoomtram" nach Hellevoetsluis. Denk dran, um acht Uhr geht der letzte Bus", sagt er. „En pas goed op!" Ja, ich werde gut aufpassen. Was Fritz für Augen machen wird, wenn er mich sieht!

Mit der Straßenbahn also. Ich stehe vorne beim Fahrer und habe eine prachtvolle Aussicht von den großen Brücken auf die vielen Schiffe und die Ozeandampfer. Nach der zweiten Brücke sagt der Fahrer, daß das der Stijltjesplein ist. Ich sehe keinen Bahnhof, entdecke aber dann in einem Wohnhaus einen Eingang, den ich erst für ein Kino gehalten hatte. Drinnen riecht es nach Dampf und Rauch. Bei einem Schalter kaufe ich einen Rückfahrschein nach Hellevoetsluis. Weil ich noch keine 16 bin, bekomme ich eine Schülerkarte. Nur ein Perron. Es ist noch kein Zug da, er muß aber gleich kommen. Schmalspur, sehe ich. Dann kommt der Zug. Hölzerne Waggons, farblos lackiert, sodaß man das Holz erkennt. Alles, was Eisen ist, ist grün. Die Waggons haben sehr große Fenster und teilweise noch offene Balkons. Die Lokomotive sieht aus wie ein Waggon, in den man eine Dampfmaschine hineingestellt hat. Auch mit Holzverkleidung, auch schön lackiert. Ich habe natürlich wieder einen Fensterplatz, gute Aussicht. Der Waggon ist innen blitzblank, die Holzbänke schauen aus, als

*Jänner 1939, zwei Monate nach der Ankunft in Holland*

ob sie neu angestrichen wären. Erst fahren wir ein Stück durch die Stadt, einfach durch die Straßen, mit Haltestellen. Jetzt verstehe ich auch, warum es Tram heißt. Durch Flachland an Bauernhöfen entlang, mitten durch Dörfer. Schmale Straßen, durch die der Zug gerade noch fahren kann. Eine große Brücke, ein kleiner Bahnhof mit einer richtigen Halle. Wir fahren weiter, einen großen Kanal entlang. Dann hält der Zug wieder. „Uitstappen" ruft der Schaffner. Also steige ich aus und stehe vor einem großen Dampfer. Der Schaffner zeigt mir, daß ich nach rechts hinunter gehen soll. Das Schiff ist die Fähre nach Middelharnis. Rechts herum also, auf eine schmale Eisenbrücke über den Festungsgraben, die zu schwerem Mauerwerk führt. Nur ein enger Durchgang. Es ist hier kalt und neblig. Die wuchtigen Bastionen, die aus dem Wasser herausragen, enden in einem grauen Schleier. Hinter der Mauer komme ich in eine schmale Gasse und von dort auf einen Platz. Rechts steht eine Kirche. Vor mir ein breites Hafenbecken, eine Eisenbrücke führt auf die andere Seite. Dort sind lauter kleine, schmucke Häuser, dahinter ein großes Fort.

Jemand zeigt mir den Weg zum Debarkementsgebouw. Nicht weit weg, links den Kanal entlang. Leicht zu finden, es ist das letzte Gebäude. Dahinter verschwindet das Wasser im Nebel. Ein großes, sehr streng aussehendes Gebäude. Das Tor ist geschlossen, ich muß also läuten. Wie in einem Gruselfilm dröhnt die Glocke durch das Gewölbe. Ein unfreundlicher Mann macht auf. Ich sage, daß ich Fritz besuchen will, aber ich darf nicht hinein. In einer Stunde haben sie Ausgang. Solange werde ich doch wohl warten können. Vielleicht ist er so freundlich, Fritz zu sagen, daß sein Bruder hier ist, sonst kommt er bei diesem miesen Wetter gar nicht heraus. „Damit", sagt er, „kann ich mich leider nicht aufhalten." Und schlägt das Tor zu. Es dröhnt unheimlich.

Ich gehe den Kai entlang. An beiden Seiten des Kanals ist eine Hafenmole. Sie verschwinden im Nebel. Auf einer ist ein kleiner Leuchtturm, den kann ich gerade noch sehen. Die Mole ist aus Holz. Ich gehe ein Stückchen. Es ist totenstill, nur das Plätschern des Wassers ist zu hören. Ich schaue zurück. Das Debarkementsgebouw blickt mich mürrisch an. Der Schrei einer Möwe erschreckt mich, und ich beschließe, ins Städtchen zu gehen. Die Kirche und die anderen Gebäude sind sehr schön. Auf einem steht „Prinsehuis", das andere ist offensichtlich einmal ein Arsenal gewesen. Es ist kalt, aber ich habe mich warm angezogen, also stört es mich nicht. Ich gehe noch über die Brücke, um das Panorama von der anderen Seite zu sehen und schlendere dann wieder den Kai entlang, setze mich auf eine Steinmauer und warte. Drin läutet wieder die Glocke. Das Tor geht auf, der erste, der herauskommt, ist Fritz. Der mürrische Mann hat also doch ein gutes Herz. Er hat Fritz gesagt, daß ich da bin. Der wollte es erst gar nicht glauben, dachte an einen blöden Witz. Wir sind glücklich, einander wiederzusehen.

Fritz sieht sehr schlecht aus. Er will nicht darüber sprechen, was ihnen angetan worden ist. Er klagt auch nicht über die Zustände, die hier herrschen. Alles ist hier besser als in der Strafanstalt. Das besagt aber nicht viel. Die Tatsache, daß sie hier kaserniert sind, nur ganz beschränkt Ausgang haben und dabei bemerken müssen, daß bei allen Durchlässen in der Festungsmauer bewaffnete Wachtposten stehen, deprimiert sehr. Im Debarkementsgebouw kann man nicht einen Augenblick alleine sein. Wir gehen am Wasser entlang und dann hinaus auf die Mole. Es ist etwas heller geworden, aber in der Ferne ist alles neblig, und nirgends ist Land zu sehen. „Das ist der schönste Flecken von Hellevoetsluis", sagt Fritz. „Auch wenn es stürmt, selbst wenn die Wellen toben, ist es hier ruhig, verglichen mit den Schlafsälen, wo wir uns aufhalten müssen." Wie es mir geht, was ich mache, wie ich schon so schnell hierher kommen konnte. Alles will er wissen. Meine Antworten scheinen ihn zu befriedigen. Die Angst um mich, die aus seinen Fragen spricht, scheint zu weichen. Ich erzähle ihm ausführlich von Amsterdam, während wir langsam zurückgehen. Wir wollen zusammen einen Brief nach Hause schreiben, aber ich darf nicht ins Haus. Fritz holt also Papier und eine Füllfeder. Während ich draußen warte, kommen Leute vorbei, die mich noch aus Amsterdam kennen. Alle glauben erst, daß ich nun auch eingeliefert bin, und erst, als ich anbiete, ein paar Kassiber an ihre Frauen bei Lohe mitzunehmen, glauben sie mir. Dann gehe ich mit Fritz in die Stadt. Ein altes Matrosenheim soll jetzt auf Kosten der Rotterdamer jüdischen Gemeinde zu einem „Freizeitlokal" für die Internierten umgebaut werden. Der Anfang ist schon gemacht. Es gibt ein paar Tische, eine Theke, ein Tisch-Fußballspiel; Billard und Tischtennis wird man auch spielen können. Wir setzen uns an einen Tisch und schreiben zum ersten Mal seit einem Monat wieder zusammen nach Hause. Nicht hier in den Postkasten werfen. Das Postamt schickt ihn sicher zur Zensur ins Debarkementsgebouw zurück.

Die Zeit fliegt. Ich muß schon wieder weg. Fritz will mich zum Zug bringen, aber beim Durchlaß steht jetzt Militärpolizei, die ihn aufhält. So ist es nun: Fritz darf nicht heraus, ich darf nicht bleiben. Noch einmal Abschied nehmen. Auf der Brücke schau ich mich um, aber ich sehe nur mehr den Wachtposten. Es ist mir weh ums Herz, aber dennoch freue ich mich auf die Heimfahrt. Jetzt, wo ich nicht mehr so aufgeregt bin, genieße ich richtig die Fahrt durch die ungewohnte Landschaft. Ich sehe Schiffe, die, wie es scheint, durch die grüne Wiese fahren. Auf den Weiden stehen schwarz-weiße Kühe, prächtige Tiere. Ein Mann auf einem Fahrrad führt ein Pferd. Dauernd sehe ich Neues.

Rotterdam. Erst einen Postkasten suchen, damit der Brief nach Wien so schnell wie möglich weggeht. Dann entschließe ich mich, zu Fuß zum Coolsingel, wo die Autobusse abfahren, zu gehen. Es ist ganz einfach: über die großen Brücken und dann der Straßenbahn folgen. Gerade als ich zur ersten Brücke komme, schließen die Schranken. Ich muß also warten. Unglaublich, der ganze Brückenteil hebt sich beinahe um 90 Grad, samt den Schienen, der Oberleitung und den Laternen. Rechts von mir ist die Eisenbahnbrücke. Ein schöner grüner Stromlinienzug rast vorbei. Kaum ist er weg, geht das Mittelstück der Brücke waagrecht in die Höhe. Ich höre eine Dampfpfeife, und dann schiebt sich ein schmucker Seedampfer unter dem gehobenen Teil durch. Gleich darauf geht die Brücke wieder hinunter. Ganz sanft setzt das Teil auf den Pfeilern auf, und gleich danach donnert wieder ein Zug drüber hinweg. Ich bin so fasziniert, daß ich nicht einmal merke, daß mein Weg auch wieder frei ist. Über die Insel zur nächsten Brücke. Es ist kalt, und der Weg ist doch weiter, als ich gedacht habe. Außerdem knurrt mein Magen. Auf der Brücke steht ein Chinese. Er hat einen Bauchladen und ruft „Pindapinda, lekka, lekka!" Erst ein Stück kosten. Aschantinüsse in Karamel. Herrlich, ich kaufe noch eines.

Der Autobus wartet schon. Es ist derselbe Chauffeur wie bei der Hinfahrt. Ich will ihm die Straßenbahnkarte, die nur einmal geknipst ist, zurückgeben. Aber er sagt, ich soll sie mir für das nächste Mal aufheben. Der Fahrer spricht noch mit mir, aber ich bin eigentlich zu müde, um zu antworten, und schlafe ein. Als ich wach werde, sind wir schon in Amsterdam. Ich verabschiede mich beim Aussteigen von meinem neuen Freund. Es ist schon dunkel, und da ich sehr sparsam gewesen bin, leiste ich mir eine Straßenbahnfahrt zu Lohe. Man begrüßt mich wie den verlorenen Sohn. Jemand fragt spöttisch, wo ich denn so lange gewesen bin. Auch die anderen zweifeln, als ich sage, daß ich gerade aus Hellevoetsluis komme. Erst als ich die paar Kassiber austeile, die ich mitgenommen habe, werde ich zum Helden des Tages. Obwohl das Essen schon lange vorbei ist, bringt Feilmann mir eine Portion und als Ehrengabe einen doppelten Pudding. Inzwischen reden alle zugleich auf mich ein. Frauen, die keinen Brief bekommen haben, wollen wissen, warum nicht. Andere finden das Kassiber zu kurz. Warum ich nicht länger gewartet habe, damit ihr Mann einen richtigen Brief hätte schreiben können. Die meisten aber wollen wissen, wie es da aussieht und zugeht. Ich beschränke mich auf Äußerlichkeiten, weil ich tief in mir das Gefühl habe, daß es dort gar nicht so schön ist. Allen allzu peniblen Fragen kann ich ausweichen. Ich bin ja nur so kurz dort gewesen. Jeder will, daß ich noch ins Oosteinde mitgehe. Obwohl ich sehr müde bin, tue ich es. Vor allem, weil es mich reizt, auch dort der Held zu sein. So ist es auch: mein Ruhm scheint mir schon vorangegangen zu sein. Ich werde wie ein Marco Polo empfangen. Anstelle eines Lorbeerkranzes bekomme ich gratis ein Stück Topfenkuchen und einen Kaffee. Nachdem ich auch hier Fragen angehört habe, die ich eigentlich nicht beantworten kann oder will, nimmt mich der junge Mann von der Fürsorge mit in sein Büro. Er schenkt mir ein Glas Limonade ein. Die trägt den verführerischen Namen „Champagne Pils", schmeckt aber scheußlich. Da ich ja jetzt ein Sachverständiger bin, fragt er, was getan werden soll. „Autobusreisen für die Angehörigen veranstalten", sage ich. Er wird das morgen sofort beim Komitee besprechen.

Über Autobusreisen wird gesprochen. Nicht nur nach Hellevoetsluis, sondern auch nach Reuver bei Venlo und Hoek van Holland bei Rotterdam, wo auch Männer in Flüchtlingslagern sind. Aber es scheinen alle möglichen Instanzen zustimmen zu müssen. Mich braucht man nicht dazu. Also verbringe ich meine Tage wie immer. Ich gehe in Amsterdam spazieren und schaue mir die Stadt an.

Heute habe ich Glück. Das Wetter ist schön. Kalt wie immer, aber die Sonne scheint, und es ist windstill. Ich gehe zu Fuß bis zum Zentralbahnhof. Dazu brauche ich eine dreiviertel Stunde, quer durch die ganze Innenstadt. Ich habe gehört, daß hinter dem Bahnhof das IJ (als „ei" auszusprechen) liegt. Der alte Hafen von Amsterdam, ein Ausläufer der Zuiderzee. Man kann mit Fährschiffen gratis über das IJ in den nördlichen Stadtteil Amsterdams kommen. Hinter dem Bahnhof sind Anlegestellen für die Fähren. Eine kommt gerade an, vollgeladen mit Radfahrern, Autos und anderen Fahrzeugen. Sie legt an, das Vorderdeck rasselt herunter, und die Menschenmenge verläßt das Schiff. Dann gehe ich an Bord. Ein flaches Deck über die ganze Breite, an den beiden Seiten überdachte Streifen für Fußgänger. Darüber die Kommandobrücke, der Kapitän und der Steuermann können nach beiden Seiten sehen. Vom Deck aus habe ich einen herrlichen Ausblick auf das Getümmel. Seedampfer, Binnenschiffe und eine ganze Menge Schuten mit allerhand Waren an Bord, die von Bugsierern geschleppt werden. Weit hinten liegt ein großer Dampfer am Kai. „Der fährt nach Südamerika", sagt jemand. Ein großes Binnenschiff quert vor uns, es führt die Schweizer Flagge. Hintendrauf steht *Basel.* Dort gibt's Berge und es ist nicht so weit weg von Wien, denke ich und habe Heimweh.

Einer der „freiwilligen" Gäste von Lohe, nämlich einer, der selbst bezahlt und nur ab und zu zum Mittagessen kommt, hat mich gefragt, ob ich heute abend Zeit habe, ihm bei der Arbeit zu helfen. Näheres wollte er mir nicht sagen. Ich habe zugesagt und mir erst später überlegt, ob das vielleicht so eine Sache ist, über die Fritz und die Eltern sich solche Sorgen machen. Zurück konnte ich doch nicht mehr, und gereizt hatte es mich doch auch. Wir gehen also zusammen in eine Wohnung in der Maasstraat, nicht weit von hier. Es sind schon mehrere Männer da, sitzen an einem langen Tisch und packen etwas ein. Auch für mich ist ein Sessel frei, und jemand zeigt mir, was ich tun soll. Kleine Bürstchen mit einem doppelt gebogenen Eisendraht am Ende in Papier einwickeln und in eine kleine Dose schieben. Die Dinge sehen aus wie kleine Regenschirme. Auf den Döschen steht *Reon-Sieb.* Ich verstehe nicht, wozu die Schirme dienen, und vor allem nicht, warum ich so geheimnisvoll eingeladen worden bin.

Die kleinen Dosen werden in große Kartons verpackt, und alles muß gut verschnürt werden. Dann bekommen die Erwachsenen jeder ein Glas Bier, ich eine Limonade. Inzwischen erklärt mir jemand, daß diese kleinen Schirme Teesiebe sind. Man schiebt sie in den Auslauf einer Teekanne, dann ist es zugleich Sieb und Tropfenfänger. Eine Erfindung des Mannes, der hier mit am Tisch sitzt. Warum aber wurde ich so heimlich eingeladen. „Du darfst doch nicht arbeiten, du bist doch illegal!" sagt der Erfinder. Er drückt mir einen Gulden in die Hand, gibt mir meinen Mantel und schließt die Türe hinter mir. Ein Gulden ist viel Geld für mich. Daß es eine passende Bezahlung für vier Stunden Arbeit ist, bezweifle ich. Aber ich kann jeden Cent sehr gut brauchen. Ich spare für die nächste Reise zu Fritz, und ich möchte auch so gerne einmal ein Paket nach Wien schicken. Hier ist ja alles zu kaufen, was es dort für Juden nicht mehr gibt.

Wieder ein Brief aus Wien. Aus jeder Zeile spricht die Angst, die Papa und Mutti um mich haben. Papa fragt immer wieder, ob ich nicht irgendwie in ein Internat oder ein Heim kommen könnte. Mutti macht sich eigentlich am meisten Sorgen um mein leibliches Wohl. Diesmal schreiben sie, daß der ältere Bruder eines Freundes in Kürze nach Amsterdam kommen würde. Er hat eine Stelle an Bord eines norwegischen Öltankers bekommen und fährt jetzt in der Welt herum. Er darf nirgends an Land, weil er ein J in seinem Paß und kein Visum hat! Deswegen würde er sich freuen, wenn ich mal zu ihm an Bord käme. Er wird sich melden, wenn er da ist.

Gerade als ich dabei bin zu antworten, steht ein großer, breitschultriger Mann an der Theke bei Feilmann. Ich kenne das Gesicht, er hat eine auffallende Boxernase, niedrige Stirn und tiefliegende Augen. Dann sagt Feilmann laut: „Darf ich vorstellen: Herr Ignaz Feldmann aus Wien." Jetzt weiß ich auch, woher ich den Mann kenne. Feldmann war Fußballer bei der „Hakoah", einem der besten Fußballklubs von Wien, einem jüdischen Sportklub. Feldmann spielte sogar in der Nationalmannschaft, die man damals Wunderteam nannte. Ein richtiger Profifußballer. Ich habe endlich wieder etwas Neues zu schreiben. Richtig stolz bin ich, daß Feldmann hier bei uns wohnt. Und für die Eltern müßte das doch auch eine Beruhigung sein: wo so ein berühmter Mann ist, passiert doch nichts.

Feldmann ist natürlich auch illegal über die Grenze gekommen. Er will nicht erzählen, wie und wo, aber er hat lange gebraucht, weil er zweimal von der Marechaussee nach Deutschland zurückgeschickt wurde. Die Maßnahmen der Polizei sind sehr wirksam. Denn auch wenn es gelingt, den Grenzern zu entgehen, sind nur noch sehr wenige Leute zu finden, die einem weiterhelfen können. Jeder fürchtet die angedrohten Strafen. Glücklicherweise hat die Fremdenpolizei ihn noch registriert.

Papa hat sofort auf meinen Brief reagiert – ganz anders, als ich erwartet habe. Er schreibt, daß er weiß, daß Feldmann ein ausgezeichneter Fußballer ist. Aber er bittet mich, zu verstehen, daß Männer die ihr Brot beim Sport verdienen, gleichgültig ob bei Fußball, Boxen oder beim Totalisator, eine andere Mentalität haben, als wir zu Hause gewöhnt sind. Deshalb wünscht er, daß ich Herrn Feldmann aus dem Weg gehe. Der ist inzwischen in ein Lager gebracht worden, kein illegaler Mann darf in Freiheit bleiben.

Post nach und von Hellevoetsluis dauert sehr lange. Alles muß erst zur Zensur und dort liegen bleiben. Wahrscheinlich aus demselben Grund, warum der Mann bei der Fremdenpolizei einen unnötig warten läßt. In der Zeitung steht heute, daß der Minister Goseling das Lager Hoek van Holland besucht und Auftrag zu Verbesserungen gegeben hat. Also dürften auch dort schreckliche Zustände herrschen.

Zum ersten Mal bin ich jetzt mit einer vom Komitee organisierten Autobusreise nach Hellevoetsluis gefahren. Der Autobus fährt ganz in der Nähe von Lohe weg, einfacher geht es also nicht. Und weil ich keine Zeit mit Umsteigen in Rotterdam versäume, ist es auch viel schneller. Unangenehm sind die beinahe hysterischen Frauen, die ihre Männer schon zwei Monate nicht gesehen haben. Die kleinen Kinder sind womöglich noch aufgeregter. Auch die Rückreise ist kein Vergnügen. Fritz hat mit dem dortigen Fischhändler verabredet, daß ich das nächste Mal bei ihm übernachten darf. Dann kann ich länger dort bleiben.

Die Kälte hat nachgelassen. Heute werde ich mich im Osten, an der anderen Seite der Amstel, umschauen. Ich gehe erst zum Oosteinde, um zu hören, ob es Neuigkeiten gibt. Von dort ist es nur ein paar Schritte zu einer der großen Brücken. Die Amstel ist nicht breit, die Brücke aber imposant. Sie paßt genau zu dem im vorigen Jahrhundert gebauten Stadtteil. Am anderen Ufer steht ein großes Hotel, das äußerlich dem Hotel Metropol gleicht, das gegenüber unserer Wohnung war. Ich gehe vorbei und rieche, daß in der Nähe ein Bahnhof sein muß. Tatsächlich, schon bei der nächsten Seitenstraße komme ich auf einen Platz, an dem ein Kopfbahnhof steht. Die Halle ist ebenerdig und offen, man kann von hier aus die Züge und Lokomotiven stehen sehen. Ich renne hin. Das ist etwas ganz Neues für mich. Beim Zentralbahnhof hätte ich eine Perronkarte kaufen müssen. Es stinkt, es ist rauchig und schmutzig, aber schön. Ein Mann, der neben mir steht, sagt, daß das der Bahnhof „Weesperpoort" ist. Von hier gehen die Züge in den Süden. Aber in Kürze wird ein moderner Bahnhof gebaut werden. Ein Zug fährt ein. Es scheint, als ob die Lokomotive uns überfahren würde. In einer Wolke von Rauch und Dampf mit viel Lärm bleibt sie stehen. Als der Rauch weg ist, ist der Mann neben mir auch weg. Schade, vielleicht hätte er mir noch mehr erzählen können. An der Längsseite des Bahnhofs ist die Endstation einer Dampftramway. Auf einem Reklameschild sehe ich, daß man damit bis an die Zuiderzee fahren kann. „Bäderreisen" nennen sie das. Schade, daß ich kein Geld habe. Ich schaue mir die Lokomotive und die Wagen der Tram an und gehe die Bahn entlang, bis ich zu einem Übergang komme. Eine breite Straße mit viel Verkehr und Straßenbahngleisen überquert den Bahndamm, der hier noch ziemlich breit ist. Gerade als ich da bin, gehen die Schranken herunter. Für Fußgänger gibt es einen Übergang, die Radfahrer steigen ab und schieben das Rad auf einer Art Schiene hinauf. Ich stehe oben, gerade als der Zug passiert. Der Rauch weht zur Seite, also kann ich die Lok in voller Pracht sehen. Der Dampfdom und die Armaturen sind aus blinkend hell geputztem Messing, der Kessel ist grün gestrichen. Wie aus dem Spielzeugladen. Die Waggons sehen irgendwie englisch aus, mit Trittbrettern in der Längsrichtung und vielen Türen. So habe ich sie einmal auf einem Bild gesehen. Ich bleibe stehen. Von hier aus kann ich die Rangiergleise bis zum Bahnhof sehen.

Es ist eine trostlose Gegend. Die Bahn zwängt sich hier durch ein Wohnviertel. Alles ist schwarz: die Häuser, die Blätter an den wenigen Bäumen. Der Ruß ist überall, scheinbar auch auf den Menschen. Kaum ein Vogel ist zu sehen. Nicht einmal Möwen, die überall in der Stadt sind. Doch bleibe ich fasziniert stehen, weil mich all die Waggons und Lokomotiven auf den Rangiergleisen interessieren. Von hier ist es nicht weit zur Amstel. Die Brücke klappt gerade auf, um ein Schiff durchzulassen, also habe ich Zeit, die wunderbare Aussicht zur Innenstadt zu bewundern. Viele Türme und Kuppeln, zum Greifen nahe. Wenn die Brücke wieder zu ist, die Straßenbahn klingelt und vorbeifährt, ist es Zeit, zum Mittagessen zu gehen. Nur ein Haus hält mich noch auf: drei Stock hoch, mit einem Holzgiebel. Und auf den Tragbalken zwanzig, vielleicht dreißig Narrenfiguren aus Holz geschnitzt.

Den neuen Bahnhof hatte ich schon aus der Ferne gesehen, und heute habe ich ihn mir angeschaut. Er ist gar nicht weit von uns, ganz am Ende des Stadtviertels, in dem ich wohne. Eine breite Allee führt zu einer modernen Brücke über die Amstel. Sie heißt nach dem Mann, der diese ganze Gegend konzipiert hat, dem Architekten Berlage. Am anderen Ende steht der erste Wolkenkratzer von Amsterdam, vierzehn Stock hoch. Ich bin dort schon einmal gewesen und bin in die Halle gegangen. Ich habe mich aber nicht getraut, mit dem Lift hinaufzufahren.

Auch hier ist die Amstel schön. Bootshäuser der Studentenrudervereine, auf dem Wasser Rennboote. Über die alte Bahnstrecke, unter dem neuen Viadukt durch, komme ich zum Bahnhof „Amstelstation". Eine große Halle, die quer zum Bahndamm steht. Auch über die hochgelegenen Bahnsteige zieht sich die Stahlkonstruktion mit viel Glas. Alles ist beinahe fertig.

Ich gehe jetzt einmal in der Woche abends zu Maccabi. Es ist gemütlich, wir sind schon richtig Freunde. Wir tratschen, singen (in Iwrith) und diskutieren über alle möglichen Themen, trinken Limonade und naschen.

Oft gibt es tropische Nüsse, die ich noch nie gesehen habe. Das höchste der Gefühle: man macht einen Ausflug per Rad in die Umgebung, aber immer mit Sakko, Oberhemd und eventuell Krawatte. Ich kann nicht radfahren, also durfte ich bei jemandem auf dem Gepäckträger sitzen, was an sich schon eine Kunst ist. Ich freue mich immer sehr auf die Abende, aber es stört mich, daß niemand etwas davon hören will, was in Deutschland vor sich geht und das, obwohl doch viele Anwesende Kinder von Emigranten sind, die erst nach 1933 aus Deutschland kamen. Allerdings zu einer Zeit, als die Leute noch Geld, Einrichtungsgegenstände und Handelswaren mitnehmen konnten und daher jetzt hier im Wohlstand leben. Auch in Gesprächen mit deren Eltern merke ich keine Angst. Jeder ist davon überzeugt, daß es mit Hitler bald aus sein wird. Eigentlich müßten sie wissen, daß das nicht wahr ist. Aber dann säßen sie mit ihrem Geld doch schon lange in Südamerika. Also haben sie vielleicht doch recht, denke ich dann und vergesse für kurze Zeit die Zweifel, die an mir nagen.

Im Oosteinde habe ich Sally Stern kennengelernt. Er ist gleich alt wie ich und auch illegal hier. Wir spielen oft Tischtennis, er ist ein netter Kerl. Er hat zwei Neffen im Werkdorp Wieringen. Dort gibt es ein Berufsausbildungsprojekt für Palästina. Lauter junge jüdische Flüchtlinge. Sie arbeiten auf dem Land, in den Ställen, den Werkstätten oder in der Küche. Nach zwei Jahren Ausbildung müssen sie auswandern. Nur unter dieser Bedingung haben sie die Einreisebewilligung bekommen. Sally hat auch probiert, dort zugelassen zu werden. Er wurde aber abgelehnt, weil er illegal hierher gekommen ist. Beinahe gleichzeitig kommt uns die Idee, dorthin auf Besuch zu fahren. Sally schreibt einen Brief und fragt, ob wir kommen dürfen. Inzwischen machen wir schon Reisepläne.

Einmal in vierzehn Tagen bin ich am Freitagabend zum Essen bei der Familie Levy eingeladen. Sie wohnen in der Plantage, einem Viertel, wo die alteingesessene jüdische Elite lebt. Die Neureichen haben ihre Häuser schon längst beim Concertgebouw und am Vondelpark, die ganz Modernen in den Villenvierteln im neuen Süden. Die Plantage ist beim alten Judenviertel, ganz in der Nähe der großen Synagogen und eines offenen Marktes. Der heißt im Volksmund „Judenmarkt", weil er auch am Sonntag abgehalten wird. Dann verkaufen dort die Ärmsten der Armen was sie gerade haben, manchmal nur ein paar rostige Nägel, um etwas zu verdienen. In der Plantage aber wohnen noch gut situierte Leute in großen, alten Häusern. Ganz in der Nähe ist der Amsterdamer Zoo. Wenn es still ist, hört man die Tiere brüllen oder heulen.

Ich kenne Herrn Levy, weil er die Agentur für Holland der Kinderkonfektionsfirma unserer Familie übernehmen sollte. Das war gerade vor dem Anschluß. Als die Kollektion endlich bei ihm ankam, hatte die ganze Sache keinen Sinn mehr. Bei der Firma meines Großvaters, *Jacob Quittner's Erben,* war bereits ein Nazi-Verwalter angestellt, und der interessierte sich ausschließlich für die Kasse, und als die leer war, ließ er den Betrieb schließen.

Die Familie ist sehr nett zu mir. Die Tochter Rozijntje (Rosinchen) lacht mich immer an, sie ist erst zwei Jahre alt. Das Essen ist ausgezeichnet, die Konversation schwer, weil sie kein Wort Deutsch sprechen wollen und mir auch keine Hilfestellung leisten, wenn ich ein Wort nicht finden kann. Jedenfalls fördert das mein Holländisch. Ich erzähle von meinen Wanderungen durch Amsterdam und habe immer das Gefühl, daß sie das für nicht passend halten. Aber was ich stattdessen tun soll, dafür haben sie kein Rezept. Wenn ich hingehe, kaufe ich am Markt ab und zu Blumen für Frau Levy. Das habe ich zu Hause so gelernt.

Eine Tante aus Argentinien, die ich gar nicht kenne, hat mir auf Ersuchen von Papa einen Scheck geschickt. Den muß ich bei der „Nederlandse Handel Maatschappij" in der Vijzelstraat einlösen. Ich kenne das mächtige Gebäude nur von draußen, bin neugierig, wie es drinnen aussieht. Es ist, wenn man hineingeht, dunkel. Einen indischen Tempel habe ich mir so vorgestellt. Könnte stimmen. Ich habe gehört, daß sie das Geld auch dort gemacht haben. Ich kriege meine Gulden und fühle mich wie ein Krösus. Zuerst gehe ich einkaufen. Ich will ein Päckchen nach Wien schicken. Ich habe mich schon lange umgesehen, wo es am billigsten ist. Also gehe ich zu De Gruyter. Dort kaufe ich Kaffee und Kakao in schönen Metallbüchsen und für Mutti eine Schachtel Bonbons. In einer Tabak-Trafik kaufe ich eine Schachtel ägyptische Zigaretten für Papa. Ich bitte um einen Pappkarton – Papier und Schnur habe ich schon aufgehoben. Zu Hause packe ich alles gut ein, schreibe *Liebesgabe* drauf und bringe es zum Postamt.

Sonst kaufe ich nichts. Ich wundere mich über mich selbst. In Wien hatte ich ein Loch in der Hand, ich hatte niemals Geld. Bevor ich mein Taschengeld bekam, war es schon ausgegeben. Hier bin ich sparsam. Von dem bißchen Taschengeld, das wir hier vom Komitee bekommen, kann man sich nichts leisten. Porto, um nach Hause und an Fritz zu schreiben, mal einen Kaffee im Oosteinde, eine Straßenbahnfahrt nach einer langen Wanderung, und schon ist nichts mehr übrig. Dennoch kann ich etwas sparen. Wenn das Wetter schlecht ist, bin ich meistens im Oosteinde und spiele Tischtennis. Es macht Vergnügen, weil gute Gegner da sind. Es ist auch der einzige Sport, den ich das letzte Jahr betrieben habe, denn es gab ein Tischtennislokal für Juden. Wahrscheinlich hatte man vergessen, es zu schließen, denn in allen Schwimmbädern, Sportplätzen, Turnhallen etc. waren Juden schon längst unerwünscht.

Wenn ich spätabends vom Oosteinde zurückkomme, helfe ich bei Lohe noch Geschirrspülen. Als Belohnung bekomme ich dann einen Pudding, wenn einer übriggeblieben ist. Das ist nicht viel, aber ich brauche ihn mir wenigstens nicht zu kaufen.

Wieder nach Hellevoetsluis, wieder mit dem billigen Autobus, mit demselben Chauffeur, der übrigens auch der Eigentümer ist. Durch den Konkurrenzkampf der Autobusse untereinander und mit der Bahn bleibt keine Zeit für Reparaturen. Also sehe ich, daß jedes Mal irgendwo wieder etwas fehlt. Aber wir fahren noch, und es ist billig. In Rotterdam gehe ich jetzt immer zu Fuß. Diesmal bin ich früh dran und habe Zeit, einen Umweg zu machen. Ich gehe die Maas entlang, bis ich genau gegenüber dem Kai der Holland Amerika Linie bin. Da sollen immer große Schiffe liegen, hat man mir gesagt. Tatsächlich, da liegt ein mächtiger Dampfer: „Nieuw Amsterdam" lese ich. Seine zwei Schornsteine tragen ein grün-weiß-grünes Band. Ein schönes Schiff. Ich mag Seeschiffe. Das kommt vielleicht daher, weil ich als kleiner Bub mit Papa in der Urania einen Film über die MS Bremen gesehen habe, die damals den Blauen Wimpel gewonnen hatte. Die Fahrt mit der Tram nach Hellevoetsluis genieße ich wie immer. Der Zug hat Verspätung, die Ausgangszeit der Gefangenen hat bereits begonnen. Daher steht hinter der Brücke ein bewaffneter Posten. Jeder, der raus will, muß sich legitimieren. Da immer nur eine Person den Durchgang passieren kann, bedeutet das, daß wenn einer raus will, sein Dokument geprüft werden muß und daher niemand hereinkann. Hinter mir klagt eine Frau, daß das doch die reinste Schikane sei. Wenn sie dreimal am Tag durchgeht, muß dreimal ihr Ausweis studiert werden, auch wenn es derselbe Posten ist.

Fritz und die Freunde warten schon ungeduldig auf mich. Sie wußten nichts von der Verspätung, obwohl der Posten keine hundert Meter vom Bahnsteig entfernt ist, konnten sie es nicht erfahren. Der Posten wollte nicht nachsehen, er ließ aber auch keinen von den Burschen hinaus. Wir gehen zum Fischhändler am Markt, wo ich schlafen werde. Er verkauft frischen und gebackenen Seefisch und natürlich auch Matjesheringe. Die werden aus dem Faß genommen, abgespült, Kopf, Gräten und Innereien werden entfernt. Die Schwanzflosse bleibt. Dann nimmt man den Hering und läßt ihn in den Mund gleiten. Das erste Mal schmeckt es scheußlich, aber man scheint sich daran zu gewöhnen. Mein Gastherr offeriert jedem von uns einen, aber ein richtiger Genießer bin ich noch nicht.

Fritz und ich gehen spazieren, hinaus auf die Mole. Selbst bei schönem Wetter, wie heute, ist es verhältnismäßig still da draußen. Es scheint, als ob wir auf die offene See schauen, kein Land ist zu sehen. Es herrscht noch Ebbe, aber die Flut kommt. Das ist für eine Landratte selbst an einem ruhigen Tag sehr spannend. Fritz hat gehört, daß jeder, der jünger ist als 18 Jahre, in ein Heim in Eindhoven kommen soll. Wenn es dort gut ist, sollten wir vielleicht probieren, ob ich nicht auch dorthin kommen kann. Um die Zeit nicht völlig zu vergeuden, hat er dem Zahnarzt angeboten, ihm zu helfen. Die Hilfe besteht darin, daß er, wie ein Pferd in der Tretmühle, den Bohrer antreten muß. Das habe ich noch nie gehört. Noch nicht einmal einen elektrischen Bohrer hat man hier. Er hat wieder einen Brief aus Wien bekommen. Papa und Mutti sind sehr besorgt um den kleinen Fredl, der so ganz alleine in Amsterdam ist. Er ist es übrigens auch. Ich erzähle ihm ausführlich, was ich die ganze Zeit tue, so, wie ich ihm das bei jedem Besuch und in jedem Brief erkläre. Über das nagende Heimweh spreche ich nicht. Er kann mir doch nicht helfen. Ich erzähle ihm, daß Sally und ich zusammen nach Wieringen gehen wollen. Ich muß ihm versprechen, es nur zu tun, wenn ich die Zustimmung von der Fremdenpolizei habe. Auch in Hellevoetsluis ist zur Genüge bekannt, daß das Justizministerium den kleinsten Fehltritt zum Anlaß nimmt, um Leute zurückzuschicken. Wir sprechen auch darüber, daß in Drenthe ein Familienlager errichtet werden soll. Vielleicht können wir beide dorthin.

Nachmittags spielt Fritz in einem Fußballmatch zweier Mannschaften von Gefangenen. Mit bewaffneter Polizeieskorte marschieren sie zum Sportplatz außerhalb der Festung. Kein Gefangener darf als Zuschauer mit. Ich bin also der einzige Anhänger.

Das Abendessen, gebackene Scholle und Kartoffeln, hat gut geschmeckt. Der Mann ist ziemlich einsilbig. Es fällt mir auf, daß er eigentlich nur mit seiner Flasche konversiert. Er hat mir ein Gläschen angeboten, aber ich traue mich nicht, das zu trinken. Dann fragt er immer wieder „mußt du noch Kaffee" oder „mußt du noch Tee." Ich muß gar nichts. Ich möchte nur ins Bett und schlafen. Das Schlafen ist aber eine eitle Hoffnung. Mein Bett ist eine Art Liegestuhl, der in einem Lagerraum hinter dem Geschäft steht. Die zwei Decken und das Kissen stinken nach Fisch, und der Geruch hält mich die ganze Nacht wach.

Der Morgen versöhnt mit allem. Ich bin früh wach. Er hat frischen Kaffee gekocht. Ich merke jetzt, daß er mit „mußt du" „möchtest du" sagen wollte. Das liegt am Holländischen. Ja, ich möchte gerne etwas essen. Er bringt frisches Brot und macht ein Glas Marmelade auf, das er sicher nur für mich gekauft hat. Sich selbst hat er inzwischen schon wieder ein Gläschen zu Gemüte geführt.

Lange bevor Fritz wieder herausdarf, bin ich schon unterwegs. Ich gehe über die Brücke auf die andere Seite der Stadt. Genau wie vom Bahnsteig geht auch hier eine schnurgerade Gasse auf die Bastei zu. Nur ist diese hier von vielen Kasematten umgeben. Sie sind verlassen, ich kann also ruhig spazieren gehen. Etwas weiter weg steht eine Windmühle, oben auf dem Wall, um viel Wind zu fangen. Ich gehe hin, setze mich auf die Stufen zum Eingang und schaue über das Wasser hinweg. Endlos weit kann man sehen. Nur ein Streifen am Horizont gibt an, daß dort Land ist. Wenn ich über das Städtchen zurückblicke, sehe ich in der Ferne das Schiff aus Middelharnis kommen. Ich weiß, daß es drüben anlegen wird. Dann gehe ich zurück. Ein verlassener Weg von einer Kasematte führt zum Kai gegenüber dem Debarkementsgebouw. Alles ist so schön, daß ich mir vornehme, nachher mit Fritz hierher zu gehen. Bei den ersten Häusern steht jetzt aber ein Wachposten. Hier endet also die Bewegungsfreiheit, wenn die Männer Ausgang haben.

Der Tag vergeht schnell. Ich lerne immer mehr „Freunde" von Fritz kennen. Alle wollen sie, daß ich einen Brief nach Amsterdam mitnehme. Fritz verbietet das. Durch Indiskretion kann es entdeckt werden, und man würde mir dann jeden weiteren Besuch verbieten. So etwas scheint schon einmal passiert zu sein. Wir schreiben zusammen wieder einen Brief nach Hause. Dann hole ich meine Tasche beim Fischhändler. Ich zahle ihm wie vereinbart 50 Cent, bedanke mich bei ihm. Beim Schranken vor der Brücke schaut sich die Wache meine Karte von der Fremdenpolizei argwöhnisch an. Die Lokomotive pfeift, endlich läßt er mich durch. Mit einem Spurt erreiche ich den abfahrenden Zug.

## Ein riskanter Ausflug, April 1939

Sally hat die Nachricht bekommen, daß wir in Wieringen willkommen sind. Also gehen wir zur Fremdenpolizei und erbitten bei Osmin die Erlaubnis, am kommenden Samstag nicht stempeln zu müssen, weil wir nach Wieringen auf Besuch fahren wollen. Sally zeigt ihm den Brief mit der Einladung. Osmin fragt weiter nichts, sagt nur, daß wir nächstes Mal nicht zu kommen brauchen. Er hat auch nichts dagegen, daß uns vorgeschlagen wird, aus Amsterdam Nord per Anhalter zu fahren. Trampen nennt man das.

Also stehen wir heute schon früh auf der Pont, der Fähre vom Zentralbahnhof zur Hauptstraße nach dem Norden. Wir haben Glück. Kaum stehen wir dort, hält ein Lastauto. Der Fahrer fragt, wohin wir wollen. Zum Werkdorp Wieringen. „Einsteigen", sagt er, „ich fahre nach Wieringerwerf. Von dort könnt ihr zu Fuß gehen."

Bei schönem Wetter fahren wir durch Nordholland, sehen alte Städtchen wie Edam und Hoorn. Gerade als wir von den vielen Eindrücken müde werden, fährt er zu einer Garage, um zu tanken. Dann geht er noch in eine Bäckerei und bringt uns „Krentebollen", das sind weiße Brötchen mit Korinthen. Er hat erraten, daß wir Hunger haben. Nicht lange danach halten wir auf einem hohen Deich. Wir steigen mit ihm aus. „Hier vor uns war früher das Meer, die Zuiderzee", sagt er und zeigt mit seiner Hand auf grüne Weiden mit vereinzelten großen Bauernhäusern mit roten Dächern. „Das ist der Wieringermeerpolder, trockengelegtes Land, wo früher das Meer war." Also stehen wir jetzt auf dem alten Seedeich. So wird, wenn alles gutgeht, in Zukunft der größte Teil der Zuiderzee aussehen. Wir steigen wieder ein und fahren weiter. Unterwegs erzählt er uns vom „Afsluitdijk", der vor ungefähr fünf Jahren fertiggestellt wurde und nun die Zuiderzee von der Nordsee abschließt, sodaß diese langsam ein Süßwasserbecken wird. „Den großen Damm müßt ihr euch ansehen, wenn ihr Zeit habt. Es ist nicht weit von hier", sagt er, als wir aussteigen und uns von ihm verabschieden. Er zeigt uns noch den Weg. Immer geradeaus der Landstraße nach, wir können ihn nicht verfehlen.

Das „Neue Land", wie er es nannte, sieht ganz anders aus als das Flachland in Südholland. Hier ist alles wie mit dem Lineal gezeichnet. Die Wassergräben zwischen den Feldern sind schnurgerade. Es scheint, als ob die Bauernhöfe in gleichem Abstand voneinander stünden. Alle sehen gleich aus, nach einem Bauplan, zur selben Zeit gebaut. Was für Bauernhöfe! Ein nach der Straße offener Hof mit großen Scheunen und einem Wohnhaus, das wie eine Villa aussieht. Davor ein schön angelegter Garten. Vor einem der Häuser steht eine Dame, sieht ganz städtisch aus. Wir gehen hin und ersuchen, ob wir ein Glas Wasser bekommen können. Die Frau lacht und fragt, ob es auch was anderes sein darf. Frische Buttermilch vielleicht? Sie geht weg und kommt mit zwei großen Gläsern zurück. Es schmeckt herrlich, nicht nur, weil wir Durst haben. Die Dame, sie ist die Bäuerin, fragt, ob wir zum Werkdorp gehen. Irgendwie hat sie uns gleich erkannt. Sie kennt es, es ist nicht mehr weit weg von hier. Wir bedanken uns herzlich und gehen weg. So einen sauberen Bauernhof haben wir noch nie gesehen. In Österreich schienen die Bäuerinnen immer alt zu sein. Hier ist alles anders als in Österreich. Diese Bauernhöfe sind erst ein paar Jahre alt, gebaut nach den modernsten Ideen und sicher ausgerüstet mit den neuesten Maschinen.

Im „Werkdorp voor opleiding van Palestinapioniers" werden wir herzlich empfangen. Lauter jüdische Flüchtlinge aus Deutschland, die eine landwirtschaftliche Ausbildung bekommen, um dann nach Palästina auszuwandern. Stolz zeigt man uns alles. Die Ställe, Scheunen und die Werkstätten sehen wirklich prima aus. Die Baracken sind einfach, ich möchte sagen spartanisch eingerichtet. „Aber", so sagt der Madriech (Lagerführer), „unten in Erez Israel werden wir es auch nicht besser haben."

Der Abend ist gemütlich, die dicke Bohnensuppe schmeckt gut. Wir spielen und singen. Aber dann kommt die Frage: „Was macht ihr morgen?" Worauf wir antworten, daß wir mit aufs Land gehen möchten. So einen Tag helfen würde uns gut gefallen. Aber das geht nicht. Es ist ausdrücklich verboten, andere Leute mitarbeiten zu lassen. Das hat nichts mit uns zu tun, sagt der vom Ministerium angestellte Aufseher. Im Erlaß für das Werkdorp heißt es ausdrücklich, daß Kontakt mit Dritten zu vermeiden ist. Der Umgang mit holländischen Mädchen ist strafbar. Er zeigt uns, daß diese Verordnung im Aufenthaltsraum hängt. „Dann möchte ich gerne den Afsluitdijk sehen", sage ich. „Ist der weit weg?" „Nein. Er liegt in der Nähe. Einer von seiner Kegelrunde dort fährt zum Amstelmoor fischen. Vielleicht kann er euch mitnehmen?" Telephon ist hier nicht, also fährt er gleich per Rad zu ihm. Ja, wir können mitfahren. Der Kegelfreund wird uns abholen.

Wir kommen zum Amstelmeer, ein kleiner Meerbusen, durch einen riesigen Damm von der See getrennt. „Ist das der berühmte Afsluitdijk?" frage ich. „Nein. Das ist nur ein Probestück, das man gebaut hat, um Erfahrung zu sammeln und gleichzeitig diese Schnellstraße bauen zu können. Die führt vom Flottenstützpunkt Den Helder, der nordwestlich von uns liegt, über den Afsluitdijk bis nach Friesland und Groningen." Wir fragen, wie weit es bis nach Friesland ist. „Zehn Kilometer bis zur Zuiderzee und dann dreißig Kilometer über den Damm", sagt unser Fischer. Er bringt uns bis zur Straße. In der Ferne kommt ein Auto. Wir verabschieden uns schnell und haben Glück: der Wagen hält. Wir dürfen bis nach Harlingen mitfahren. Unterwegs erklärt der Fahrer uns die Schleusen. Dann merkt er, daß wir enttäuscht sind, die Nordsee nicht sehen zu können, weil an dieser Stelle der Damm viel höher ist. „Zum Schutz der Straße bei Sturm und hoher See", sagt er. Wir müssen uns also damit begnügen, daß wir einen wunderbaren Ausblick auf die endlose Weite der Zuiderzee haben und vor uns den Deich wie eine Schnur im Wasser versinken sehen. Dann kommt Friesland in Sicht, man sieht es aus dem Wasser aufsteigen. Erst wieder Schleusen, beschützt von einem trutzigen Fort, dann noch ein Stückchen Damm, und wir sind auf dem Festland. Unterwegs ist uns die Idee gekommen, an der Ostseite der Zuiderzee nach Amsterdam zurückzufahren. Beim Abschied fragen wir den Fahrer, wie wir das am besten machen können. „Erst über Franeker nach Leeuwarden und von dort Richtung Zwolle. Wird euch schon gelingen", sagt er und lacht. Harlingen ist eine alte Hafenstadt, aber wir gönnen uns keine Zeit. Wir wollen weiter. Also auf nach Franeker. Ein Bauer nimmt uns auf seinem Pferdewagen mit.

Franeker ist klein. Doch muß hier eine Universität gewesen sein, wie Sally und ich mühsam aus einer lateinischen Inschrift an einem Gebäude entziffern. Dann sehen wir eine Papier- und Buchhandlung. Wir gehen hinein und fragen nach einer Landkarte, das würde es für uns leichter machen. Ein junger Mann zeigt uns einen Taschenatlas von Holland. Bildschön. Alles steht drin, was für unseren Reiseplan wichtig ist. Aber leider ist er viel zu teuer. Wir bedanken uns und gehen weg. Quer durch Franeker, mit vielen alten, interessanten Giebeln. Am Ortsende warten wir auf ein Auto Richtung Leeuwarden. Da holt uns der Buchhändler ein. Er ist uns auf dem Rad nachgefahren. „Meine Mutter glaubt, daß ihr jüdische Flüchtlinge seid. Stimmt das?" Wir bejahen, worauf er den kleinen Atlas aus der Tasche zieht und ihn Sally in die Hand drückt. „Den soll ich euch schenken." „Gute Reise!" ruft er noch, während wir verblüfft, wie angewurzelt dastehen. „Heute muß ein Glückstag sein", denken wir, als uns kurz danach ein Auto bis nach Leeuwarten mitnimmt und dort bei einem Markt im Zentrum aussteigen läßt.

Wir spazieren gemächlich über den Markt und überlegen uns, was wir am billigsten zu essen kaufen könnten. Wir merken gar nicht, daß ein Polizist uns fixiert. Wir erschrecken, als er uns barsch fragt, was wir hier tun. „Also jüdische Flüchtlinge. Dann kommt mal mit ins Revier." Während wir einen Schritt vor dem Polizisten zur Wache gehen, wird mir plötzlich klar, daß wir hier in einem Gebiet sind, in dem jede höhere Instanz das Recht oder vielleicht sogar die Pflicht hat, uns nach Deutschland abzuschieben, und dafür jedenfalls gelobt werden würde.

Das Verhör im Büro läßt uns das Schlimmste ahnen. Der Kommissar sagt klipp und klar, daß er mit der Fremdenpolizei in Amsterdam nichts zu tun hat. Nur seine eigene Verantwortung zählt. Außerdem, so sagt er, hätten wir heute in Amsterdam sein müssen, um unsere Karten abstempeln zu lassen. Jetzt erst fällt mir ein, wie dumm es war, den Osmin nicht zu bitten, einzutragen, daß wir heute nicht zu kommen brauchen. Also muß der Beamte wohl glauben, daß wir lügen. Man setzt uns auf eine Bank in der Ecke der Wachstube, sicherheitshalber weit weg vom Eingang entfernt.

Wir sitzen auf der Bank und warten. Die Polizisten essen ihr Mittagsbrot, trinken Kaffee, wir bekommen nichts. Niemand reagiert, als wir fragen, ob wir Wasser trinken dürfen. Unsere Angst wird immer großer. Ich möchte auf die Toilette. Erst nachdem ich zum dritten Mal darum gebeten habe, steht ein Beamter von seinem Schreibtisch auf und geht mir vor, macht die Türe zum WC auf. Ich gehe hinein, er folgt mir, stellt sich aber mit dem Rücken zu mir auf. Die Zeit vergeht, keine Ahnung, was mit uns geschehen wird. Auf Fragen gibt es keine Antwort.

Zwei Herren in Zivil, mit Regenmänteln und Hüten, kommen herein, vergleichen unsere Namen mit einem Dokument und sagen, daß wir mitgehen müssen. Zwischen den beiden gehen wir durch die Stadt zum Bahnhof. Unser Zug fährt nach Stavoren, keine Ahnung wo das liegt. Sally traut sich nicht, den Altlas herauszuholen. Die Herren schweigen. Wir bekommen die Fensterplätze, die beiden Herren sitzen neben uns. An der Sonne kann ich sehen, daß wir jedenfalls nicht nach dem Osten fahren, das ist schon eine Erleichterung. Wie immer genieße ich auch jetzt die Fahrt mit dem Zug. Viele Wälder, Wiesen, viel Wasser, Sneek, ein Städtchen, sieht hübsch aus. Viele Segelboote sehen wir, dann sind wir in Stavoren. Der Zug hält. An der anderen Seite des Bahnsteigs liegt ein Passagierschiff, genau wie in Hellevoetsluis. Wir müssen sitzen bleiben. Alle Passagiere sind bereits an Bord gegangen. Dann kommt ein Matrose und gibt unseren Begleitern ein Zeichen. Jetzt kommen wir dran. Auf dem Laufsteg geht ein Herr vor, wir zwei folgen, der andere schließt die Reihe. Wir werden in ein separates Abteil gebracht. Die zwei Herren sitzen bei der Türe. Bis jetzt haben sie nur das Notwendigste zu uns gesagt. Das Schiff stößt vom Ufer ab. Die zwei stehen auf und fragen, ob wir an Deck schauen wollen. Natürlich wollen wir das. Es ist herrlich. Wir sehen, wie der Hafen und das grüne Land im Wasser verschwinden. Aber es ist zu kühl, um draußen zu bleiben. Ein Ober kommt, die Herren bestellen Kaffee, für uns Kakao. „Habt ihr im Revier was zu essen bekommen?" fragt einer. „Noch nicht einmal einen Schluck Wasser", sage ich. Der Mann sagt etwas, was sich wie ein Fluch anhört und bestellt für uns jeden ein Brötchen mit Krokette. Plötzlich ist das Eis gebrochen. Es fällt mir auf, daß, während sie in der Bahn und im Zug keine Karten, sondern ein Formular vorzeigten, sie unseren Kakao und die Brötchen aus eigener Tasche bezahlen. Wir hören von ihnen, daß das Schiff nach Enkhuizen fährt. Von dort geht's mit der Bahn nach Amsterdam. Was weiter mit uns geschieht, wissen sie nicht. Unsere Geschichte interessiert sie. Sie schauen sich unsere Karten von der Fremdenpolizei an. „Eigentlich haben wir noch nie mit jüdischen Flüchtlingen etwas zu tun gehabt", sagt einer. „Bei uns im Norden sieht man sie kaum. Es ist Zeit, wieder an Deck zu gehen. In der Ferne können wir schon einen Strich grünes Land sehen. Dann steigt Enkhuizen aus dem Wasser empor, Kirchen im Hintergrund, vorne ein wuchtiger Festungsturm. Der steht am Kai und bewacht ein Stadttor. Unser Schiff fährt knapp an ihm vorbei und legt beim Bahnhof an. Der Zug nach Amsterdam steht schon bereit. Jetzt brauchen wir nicht mehr zu warten, bis alle Passagiere von Bord gegangen sind. Unsere Begleiter wissen jetzt, daß sie es nicht mit Kriminellen zu tun haben. Im Zug sitzen wir wieder beim Fenster. Der Zug hält in Hoorn, da sind wir auf der Hinfahrt auch gewesen. In der Dämmerung sehe ich die Dächer und Türme. Sie gleißen im letzten Licht der Sonne. Dann kommt Zaandamt. Da spielt „Zar und Zimmermann". Wir fahren über eine Brücke, dann sind wir in Amsterdam. Jetzt müssen wir wieder warten. Es erscheinen zwei Polizisten. Aussteigen, ein Revers wird unterzeichnet. Unsere Begleiter gehen weg, ohne uns zu grüßen. Als sie noch mit uns alleine waren, hatten sie uns schon viel Glück für die Zukunft gewünscht. Eine Seitentreppe hinunter. Der erste Polizist klopft an eine Türe, die sofort aufgeht. Vor mir steht ein Grüner Heinrich. Rein in eine Zelle, Sally in die nächste. Beide werden wir eingesperrt, ab geht es.

Die Fahrt mit dem Arrestantenwagen scheint endlos zu sein. Für jeden Gefangenen eine eigene Zelle mit Entlüftungsklappe und Fenster mit Mattglas. Ich versuche, die Kurven, und wie oft der Wagen halten muß, zu zählen. Aber ich kann mich nicht orientieren. Also gebe ich es auf. Als wir schließlich stehenbleiben, bin ich davon überzeugt, daß wir nicht mehr in Amsterdam sind. Der Riegel von meiner Zellentür wird weggeschoben, aussteigen. Es ist dunkel draußen. Ich kann nicht erkennen, wo wir sind.

Durch eine Türe in einen langen Gang. Plötzlich stehe ich in einem hell beleuchteten Zimmer. Drei Herren sitzen an einem Tisch. Einer davon ist

Osmin. Als unsere Blicke sich kreuzen, dreht er den Kopf weg. Wir sind also doch noch in Amsterdam, bei der Fremdenpolizei. Sobald Sally auch im Zimmer ist, beginnt einer der drei mit einer eiskalten Stimme zu sprechen. Das Gruseln läuft mir über den Rücken, als er sagt, daß wir andere Menschen in Gefahr gebracht haben, daß wir heute hier hätten sein müssen, um unsere Karten abstempeln zu lassen und daß wir uns in verbotenes Gebiet begeben haben. Vor allem aber müßten wir dankbar sein für alles, was für uns getan wird. Ich erwarte, daß Osmin etwas sagen wird wegen des Stempelns. Aber er schweigt. Deswegen möchte ich etwas sagen. Aber der dritte Mann spricht. Im Gegensatz zum ersten hat er eine freundliche Stimme. Er sagt, daß wir einsehen müssen, daß es falsch war, nach Leeuwarden zu gehen, statt von Wieringen wieder nach Amsterdam zu kommen. Wie leicht hätte das schiefgehen können. Deswegen will er es bei einer Verwarnung belassen. Aber wenn wir uns noch einmal etwas zu Schulden kommen lassen, wird man uns sicher sofort nach Deutschland zurückschicken. Dann dürfen wir gehen. Mit schlotternden Knien stehen wir auf der Straße. Es ist dunkel, kalt und es nieselt. Das paßt gut zu unserer Stimmung. Wir machen uns auf den Weg zu Lohe. Böse auf uns selbst, weil wir uns so etwas eingebrockt haben, aber auch enttäuscht, weil wir unseren Plan, bis nach Amsterdam zu trampen, nicht ausführen konnten. Schließlich sagt Sally: „Was soll's, wir haben doch ein riesiges Abenteuer erlebt und viel gesehen!" Er hat recht. Plötzlich sind wir wieder gut gelaunt.

Unser Ausflug hat sowohl bei Lohe als im Oosteinde die Leute in zwei Lager geteilt. Bei beiden ist die eine Hälfte böse auf uns, weil wir ein so großes Risiko eingegangen sind, die andere Hälfte ist erbost über das Verhalten der Polizei. Gut ist jedenfalls, daß der Osmin heute, also drei Tage nach dem „Richtspruch", als wir wieder zum Stempeln kommen, ostentativ zwei Stempel auf jede Karte drückt und „Schwamm darüber" sagt.

Eine Woche ist seit dem Ausflug vergangen. Niemand spricht mehr davon. Nur ich träume noch manchmal von dem Polizisten in Leeuwarden. Beim Frühstück gibt Feilmann mir einen Zettel mit einer Telephonnummer, ein englisch sprechender Herr will etwas mit mir verabreden. Ich werde also ein englisches Telephongespräch führen müssen und bin sehr nervös. Aber meine Sprachkenntnisse sind besser, als die Schulzeugnisse erwarten ließen. Ich verstehe, daß der Tanker, auf dem Grünfeld arbeitet, im Petroleumhafen liegt. Der Herr fährt heute abend hinaus, um seine Arbeiter abzuholen, und ich darf mit ihm mitfahren. So sitze ich also in einem alten, nach Öl stinkenden Bus. Wir sprechen ein Gemisch von Deutsch und Holländisch. Seine Firma reinigt die Öltanks. Denn damit das Schiff nicht leer zurückfahren muß, nehmen Tanker, die aus Curacao kommen, auf der Rückfahrt Wasser mit. Das wird dort filtriert, sodaß es als Trinkwasser verwendet werden kann. Die Arbeiter sind schon dabei, alles aufzuräumen. Als Meister wird er circa eine Stunde brauchen, um mit dem Steuermann alles zu kontrollieren. So lange kann ich bei Grünfeld sein. Ich kenne ihn kaum. Sein Bruder war Führer bei den Pfadfindern. Dadurch kamen wir oft in die Imbißstube seiner Mutter. Dort saß er immer in einer Ecke und studierte. Als er schließlich Dr. jur. Grünfeld war, kam gerade der Anschluß, und ihm blieb nichts anderes übrig, als sich auf diesem Schiff lebend zu begraben.

Kontrolle bei der Einfahrt zum Hafen. Um nicht noch einmal in Schwierigkeiten zu kommen, zeige ich meine Karte. Der Zöllner sagt, daß ich jedenfalls vor 10 Uhr zurück sein muß, denn dann hat er Schichtwechsel. Der Bus hält bei der Gangway, von drinnen kann ich nicht sehen, wo sie endet. Erst als ich draußen stehe, sehe ich, wie hoch so ein Schiff wirklich ist. Wir gehen hinauf. Wenn man schwindelfrei ist, ist es schön, wie in den Bergen. Von oben ist die Aussicht prachtvoll. Überall sieht man die Kräne mit ihren Scheinwerfern, und ganz in der Ferne liegt die Stadt.

Der Meister sagt dem Bootsmann, daß er mich zu Herrn Grünfeld bringen soll. Alleine würde ich das nie finden. Mitten im Schiff klopft er an eine Türe in der eisernen Wand. Ich erkenne Grünfeld gleich, obwohl er abgemagert und blaß aussieht. Dadurch fällt es noch mehr auf, daß er ganz dünnes, flachsblondes Haar hat. Er sieht alt aus, obzwar er doch nicht mehr als 30 Jahre alt sein wird. Er begrüßt mich herzlich. Ich muß mich auf den Hocker setzen. Er sitzt auf seinem Bett, ein zweiter Sitzplatz ist nicht da. Es wäre auch nicht möglich. Die Kabine ist noch kleiner als jene Zellen der Mönche, die ich einmal in einem Kloster gesehen habe. Beim Fußende der Koje befindet sich ein Kasten. An der anderen Seite, neben der Türe, ein Tisch und der Schemel, auf dem ich sitze. Alles ist im Boden festgeschraubt, alles ist gelb lackiertes Metall. Toilette und Waschraum sind irgendwo auf dem Gang. Es ist eine Innenkabine. Die Lüftung erfolgt durch zwei große Rohre, die auch noch Lärm machen. Eine Glühlampe ist die einzige Beleuchtung. Das macht alles noch unfreundlicher. In dieser Umgebung verbringt er seine Tage, wenn er keine Arbeit hat. Deswegen macht er so viele Überstunden wie möglich. Geld kann er kaum ausgeben, denn er darf nirgends an Land gehen. Sogar in Norwegen nicht, obwohl er doch ganz offiziell auf einem norwegischen Schiff angeheuert hat. Gesprächspartner hat er auch keine. Die Herren Offiziere sieht er nie. Er weiß nicht einmal, ob er überhaupt in deren Quartiere kommen darf. Die übrige Besatzung sind Ostasiaten, besonders freundlich und hilfsbereit, aber kaum zu verstehen. Das Essen ist gut und reichlich, aber wenn er von der Arbeit zurückkommt, hat er kaum Hunger. Seine Aufgabe ist, die Lager, die noch nicht an eine automatische Schmierung angeschlossen sind, zu ölen. Meistens ist es dort heiß, und man kann nur gebückt gehen. Er hat viele Bücher, läßt sich in jedem Hafen neue bringen. Ich frage, wie es seiner Mutter geht. Er bekommt regelmäßig Post von ihr. Seit in der

„Kristallnacht" ihre Imbißstube kurz und klein geschlagen wurde, ist sie ein menschliches Wrack. Wie soll sie aus Wien wegkommen? Sie haben keine Verwandten in der Welt. Wenn er nur irgendwo an Land bleiben könnte, dann gäbe es vielleicht eine Möglichkeit, denn durch die vielen Überstunden hat er sich schon einiges erspart. Geld für die Fahrkarte könnte er ihr schicken, wenn sie nur ein Visum bekommen würde. Aber welches Land nimmt eine alte, gebrechliche Frau auf? Wir gehen hinaus, stellen uns bei der Gangway auf, denn meine Zeit ist bald zu Ende. „Ich stehe hier oft, wenn wir in einem Hafen liegen. Einmal muß es mir doch gelingen, an Land gehen zu dürfen", sagt er. Dann kommt der Meister. Ich stelle Grünfeld vor. Der erklärt ihm auf englisch, gespickt mit Fachausdrücken, was er hier an Bord macht. Der Meister sagt nichts, erst als er hört, daß Grünfeld meistens doppelte Schichten dreht, aus Langeweile und um Geld für später zu verdienen, schüttelt er den Kopf. Dann nehmen wir Abschied. Ich verspreche, wieder an Bord zu kommen, wenn er mich wissen läßt, daß er da ist.

Der Meister und ich gehen die Gangway hinunter. Oben steht Grünfeld und schaut uns nach. Ich kann mir den trostlosen Blick in seinen Augen genau vorstellen. Als wir alle im Bus sitzen, sagt der Meister zu mir: „Der arme Kerl. Meine Jungs hier, die könnten sowas aushalten, aber er?" Ich hab' mir das auch gedacht, aber der Meister sagt's.

In Oosteinde werden Kurse gegeben. Einer hat den malerischen Namen „Die Axt im Haus erspart den Zimmermann". Da ich in absehbarer Zeit wohl kein Haus besitzen werde, reizt mich das nicht. Aber ein Maler- und Anstreicherkurs ist vielleicht etwas für mich. Mit viel Eifer fange ich an und scheine sogar eine gewisse Begabung zu haben, um Holzmaserung zu malen. Das ist das einzige, was ich gut mache. Sonst klebt bei mir mehr Farbe an den Händen und am Arbeitskittel als auf meiner Arbeit. Der Lehrer hat gehört, daß wir vielleicht im neuen Zentralflüchtlingslager, das in Kürze in Westerbork gebaut werden wird, auch anstreichen dürfen oder müssen. Westerbork, das liegt in der Provinz Drente, südöstlich von Leeuwarden und viel näher zur deutschen Grenze. Wenn Fritz auch dorthin kommen soll, bin ich gerne bereit, auch hinzugehen. Aber ohne ihn würde ich es nicht tun.

Schlechte Nachrichten aus Wien. Großmama Quittner, Muttis Mutter, ist, während Papa ihr wie jeden Abend vorlas, ganz ruhig für immer eingeschlafen. Sie ist 80 Jahre alt geworden. Hoffentlich ist sie nun erlöst von ihrer ewigen Angst um ihre beiden Enkel Fritz und Fredl, die im fernen Ausland sind. Sie war schon besorgt genug, als wir noch jeden Sonntag mit den Pfadfindern im Wienerwald waren. Ich werde mich immer an sie erinnern, an die liebe, alte Dame mit schneeweißem Haar, immer gut versorgt, immer gut gekleidet. Sie muß früher eine schöne Frau gewesen sein. Am Zentralfriedhof ist sie begraben. Ich wollte, daß ich Erde auf ihr Grab hätte schaufeln können, so wie sich das gehört. Die allgemeine Situation wird immer ärger. Langsam, aber sicher wird der ganzen Bevölkerung von Wien klar, daß die Juden wehrlose Opfer sind, die nicht einmal mehr weglaufen können, und man benimmt sich dementsprechend.

Ich bin übersiedelt, wohne jetzt bei einem älteren Ehepaar in der Smaragdstraat. Das ganze Viertel ist vor vielleicht 15 Jahren von einer sozialistischen Gewerkschaft, in der viele Juden Mitglied sind, gebaut worden. Es sind hübsche Wohnungen. Die Zimmer sind klein, und die einzige Waschgelegenheit ist in der Küche. Jedenfalls ist das Badehaus hier schräg gegenüber. Von hier aus kann ich das Amstelufer entlang zum Oosteinde gehen. Die Bootshäuser hatte ich schon von der Brücke gesehen, aber jetzt sehe ich auch die Rennboote trainieren. Am besten gefällt mir ein ganz langes, schlankes Schiff mit acht Ruderern und einem Steuermann. Das ist meistens ein Bursche. Ich würde was dafür geben, wenn ich auch einmal in so einem Boot sitzen und steuern könnte.

Im Oosteinde lasse ich mich für die nächste Autobusfahrt nach Hellevoetsluis einschreiben. Ich bin gerne dort, zusammen mit Fritz und seinen Freunden. Aber auch wenn sie eingesperrt sind, langweile ich mich nicht. In dem alten Städtchen ist immer etwas zu entdecken. So scheint es, im noch von der Marine bewachten Teil der Festung, ein im 18. Jahrhundert gebautes Trockendock zu geben. Ganz etwas Besonderes. Hoffentlich gelingt es mir, bei der nächsten Reise dort hineinzukommen.

Heute haben mich Bekannte zu einer Bar Mitzwah in der neuen Synagoge in der Lekstraat mitgenommen. Ganz bei uns in der Nähe. Für mich ist es beinahe zweieinhalb Jahre her, daß ich meinen 13. Geburtstag in der großen Synagoge in der Seitenstettengasse in Wien feierte. Ich schaue auf die Armbanduhr, die ich damals bekommen habe, und versuche vergebens, das Heimweh von mir abzuschütteln. Dem Gottesdienst kann ich nicht folgen. Der Ritus ist hier anders als bei uns. Deswegen bewundere ich das Gebäude. Lichtes Holz, prachtvoll verarbeitet, das rituelle Silber strahlt im hellen Licht, das durch die großen Fenster hereinfällt. Der Tempel wurde also in einer Zeit gebaut, als die Juden in Deutschland schon rechtlos waren. In einem Land, wo das möglich ist, kann es Juden doch nicht schlecht gehen.

Da ich nichts zu versäumen habe, bin ich früh beim Autobus. Also kann ich wieder vorne beim Fahrer sitzen und mit ihm quatschen. Ich kenne ihn schon von früheren Reisen, und da er den ganzen Tag in Hellevoetsluis warten muß, sind wir oft zusammen spazierengegangen, als Fritz noch eingesperrt war. Er weiß also auch vom Dock. Als wir durch das Stadttor fahren, zeigt er mir, daß rechts neben der Straße die Böschung steil hinaufgeht. „Dahinter liegt das Trockendock. Man hat es erst gemauert und dann mit Erde abgedeckt", sagt er. Hingehen können wir aber nicht. Auch mein Freund, der Fischhändler, kann mir da nicht helfen.

Seit Anfang des 17. Jahrhunderts war Hellevoetsluis einer der wichtigsten Marinehäfen der Niederlande, bis vor circa acht Jahren die gesamte Kriegsmarine nach Den Helder übersiedelte. Seitdem ist das Städtchen völlig verarmt. Der Bürgermeister scheint versucht zu haben, jüdische Flüchtlinge aus Deutschland und Österreich hier ansiedeln zu lassen. Aber die Regierung hat das nicht erlaubt. Fritz und ich setzen uns am äußersten Ende der Mole in die Sonne und lassen unsere Füße über dem Wasser baumeln. Heute entdecke ich zum ersten Mal, daß man deutlich den Streifen Land an der anderen Seite des Haringvliets sehen kann. Dieses Gewässer ist ein Arm des Rheindeltas. Wir hätten also von Köln aus direkt hierher schwimmen können, stellen wir fest.

Sosehr wir uns auch den Kopf zerbrechen, für Papa und Mutti gibt es keine Lösung. Es gibt zwar jetzt ein Affidavit für uns alle. Eine mir unbekannte Amerikanerin hat es ausgestellt. Aber das hilft nichts, weil die österreichische Quote schon für viele Jahre im voraus ausgebucht ist. Onkel Hermann versucht noch immer, die Eltern über die Grüne Grenze nach Jugoslawien zu holen. Aber das verlangt eine perfekte Organisation. Das kostet viel Zeit, und die haben sie in Wien eigentlich nicht. Jetzt,

*Dommelhuis, Eindhoven*

mehr als ein Jahr nach dem Anschluß, ist es der Stolz jedes Bürgermeisters oder Gauleiters, sein Gebiet oder seine Gemeinde judenrein gemacht zu haben. Die angewandten Mittel spielen keine Rolle, und daher werden die offiziellen sowie die inoffiziellen Schikanen Tag für Tag ärger.

Aber auch Fritz hat Sorgen, allerdings um mich. Nach meinem Ausflug und der Verwarnung durch die Fremdenpolizei findet er, daß ich so schnell wie möglich irgendwo unterkommen sollte. Jedenfalls soll ich nicht mehr alleine in Amsterdam herumlaufen. Eindhoven wäre wohl am besten für mich. Die Burschen, die dorthin gegangen sind, scheinen es sehr gut zu haben. Fritz wird ein Gesuch an den Justizminister richten. Er findet es besser, daß ich das nicht selbst tue.

Ich merke selbst auch, daß das ziellose Leben in der Stadt mich unruhiger macht. In Amsterdam ist natürlich noch viel zu sehen, aber tagein tagaus macht das auch keinen Spaß mehr. Manchmal gibt's noch interessante Dinge zu unternehmen so wie heute: mit der Pont nach Amsterdam Nord und dort ein ganzes Stück zu Fuß gegangen. Bis zu einem Flecken, von wo ich die „Oranje", das neue Flaggschiff der Reederei, die nach Batavia fährt, gut sehen konnte. Sie ist schon bald fertig, wird in Kürze die Jungfernfahrt machen. Scheint mir auch schön, nach Holländisch-Indien zu ziehen. Aber auch da wollen sie keine Juden haben. Auch wenn es uns hier gutgeht, es wird immer trauriger, weil es keine Chance gibt wegzukommen. Im Oosteinde, beim Komitee, bei der Fremdenpolizei, überall trifft man Leute, die fragen, ob man nicht einen Ausweg sieht. Die Frauen mit den kleinen Kindern, deren Männer und Väter in Hellevoetsluis und den anderen Lagern sitzen, die wenigen neu Angekommenen, die bangen müssen, doch zurückgeschickt zu werden. Jeder hat Angst.

Jetzt gibt es noch eine neue Gruppe: die Leute, die bei ihrer Ankunft in Rotterdam merken, daß ihre Visa oder ihre Tickets für die Schiffsreise nach Übersee ungültig sind. Auch Leuten, die Betrügern in die Hände gefallen sind, droht, nach Deutschland abgeschoben zu werden. Sie alle wollen weg, aber wohin? Es wird immer trostloser.

Aber an denselben Stellen, bei den gleichen Instanzen begegne ich Leuten, die doch noch ein gültiges Visum haben, die sich doch morgen oder in absehbarer Zeit einschiffen, um in eine neue Zukunft zu fahren. So wie der Bursche, der morgen nach Cochabamba fährt. Sein Vater hat entdeckt, daß dort ein Onkel wohnt, von dem in der ganzen Familie noch niemand gehört hatte. Aber der hat ein gültiges Visum und ein echtes Ticket geschickt. Morgen schifft er sich ein. So fahren Leute nach Sierra Leone, nach Haiti oder Santo Domingo. Niemand weiß, was einen da erwartet, aber: „Schlechter kann es doch nicht werden!" sagt jeder.

Für mich wird es besser werden. Heute früh habe ich einen Brief aus Eindhoven bekommen. Eine Frau Verwey-Jonker schreibt, daß Fritz im „Dommelhuis" angekommen ist und dort bleiben darf. Also schickt sie mir eine Eisenbahnfahrkarte, um auch nach Eindhoven zu kommen und zu schauen, ob es mir auch gefällt. Am besten wäre es, wenn ich schon morgen kommen würde. Sie nennt mir sogar den Zug. Ich mache einen Indianertanz um meinen Stuhl. Die anderen glauben, daß ich plötzlich verrückt geworden bin. Fritz ist in Eindhoven, und ich darf auch dorthin. Jeder muß den Brief lesen, jeder darf die Fahrkarte sehen.

Bei Lohe habe ich mir einen kleinen Koffer geliehen und sorgfältig ausgesucht, was ich mir für die ersten Tage mitnehmen will und was ich morgen anziehen werde. Ich will dort gut, aber nicht auffällig angezogen ankommen. Alles übrige packe ich schon ein. Ich werde es in ein paar Tagen abholen. So lange bleibt das Zimmer ja für mich gemietet. Damit keine Mißverständnisse entstehen, lasse ich die alten Leute den Brief von Frau Verwey lesen. Sie gratulieren mir. Sie haben sich auch Sorgen um mich gemacht. Lohe hat versprochen, daß, wenn ich weg bin, er ihnen einen anderen Mieter schickt. Das ist sehr wichtig für sie, denn es gibt Zimmer im Überfluß, aber kaum Mieter. Wenn ich zurückkomme, werde ich Blumen oder Bonbons für sie mitbringen.

Zeitig gefrühstückt bei Lohe. Verabredet, daß ich vorläufig dort eingeschrieben bleibe, dann können sie mein Zimmer noch bezahlen. In ein bis zwei Tagen bin ich wieder zurück. Dann gehe ich weg. Ich habe Zeit genug, um zu Fuß zu gehen. Van Woustraat, dann durch die Galerie vom Westeinde zur Sarphatistraat. Beim Oosteinde steht der Malermeister vor der Türe. Ich sage ihm, daß ich nach Eindhoven fahre und wahrscheinlich nicht zurückkommen werde. Das bedauert er sehr. Ich war sein jüngster Lehrling. Die anderen sind alle Erwachsene, und ich habe sicher Talent. Ich habe keine Zeit, mir das schwarz auf weiß geben zu lassen.

Von der Amstelbrücke schaue ich hinüber zum Amstelhotel, das dem Hotel Metropol in Wien so gleicht. Gegenüber haben wir gewohnt. Möge dem Amstelhotel sein Los erspart bleiben. Weiter durch die Sarphatistraat. An der Ecke beim Café „De Poort van Weesp" erkenne ich schon den verwahrlosten, rußigen Giebel und die offene Halle des Bahnhofs. Centraalstation hier. Auch die Bahnhöfe in Wien, alle zeigen sie die Macht und Glorie der Eisenbahn. Dieser aber zeigt Ruß und Gestank, wo ein Triumphbogen hätte sein sollen. Der Eingang ist an der Seite, wo auch die Stoomtram ihre Endstation hat. Bei der Sperre zeige ich stolz meine Fahrkarte. Ich habe noch beinahe eine halbe Stunde Zeit, also kann ich mich umschauen. Ein grüner Stromlinienzug fährt ein, einen Diesel nennt man den. Das ist das Modernste, was es hier gibt. Mit diesem Zug darf ich fahren, es ist der Zug nach Eindhoven.

## Eindhoven, Mai 1939

Ich bin von hinten nach vorne und von vorne nach hinten gegangen. Zeit habe ich und will mir alles genau anschauen, bevor Passagiere einsteigen. Keine Lokomotive, keine Waggons, sondern ein Fünfwagenzug. An beiden Enden eine Kabine für den Maschinisten. Richtig aufregend, daß ich mit diesem Zug mitfahren darf. Die dritte Klasse ist auch elegant. Kein Holz, sondern Stahlrohrmöbel mit Lederbänken. Es gibt Wagen mit Abteilen und solche mit einem Gang in der Mitte. Ich wähle ein Abteil. Das gleicht mehr einem D-Zug. Ich habe am Bahnhof gesehen, daß es keinen Preisunterschied gibt zwischen Bummelzug und Schnellzug. Dies ist jedenfalls ein Schnellzug. Nicht viele Passagiere, ich bin allein. Ich merke gar nicht, daß der Zug schon fährt. Erst als wir über die vielen Weichen auf dem Rangiergelände fahren, fühle ich es. Die Fußgängerbrücke erkenne ich, und dann sind wir beinahe aus der Stadt weg. Links sind die Bauten zur Verbindung mit der Amstelstation, rechts die Amstel mit dem Bezirk, wo ich ein halbes Jahr gelebt habe. Dörfer und Städtchen fliegen vorbei. Einmal bremst der Diesel in einer kleinen Station ab. Da kommt gerade ein altmodischer Zug mit einer kleinen Dampflokomotive an. *Nieuwersluis* ... kann ich gerade noch lesen.

Beinahe lautlos bleibt der Zug in Utrecht stehen. Ein großer Bahnhof, es steigen Leute ein, aber voll werden die Abteile nicht. Der Zug macht wieder Tempo. Ich stehe auf und stelle mich im Gang an das Fenster. So ist die Aussicht noch schöner. In der Ferne sehe ich eine große Brücke. Der Zug macht jetzt einen Riesenlärm. Auf dem Wasser sehe ich Frachtschiffe. Der erste Fluß, den wir überqueren, die Lek. Das weiß ich noch. Da war keine Polizeisperre im Dezember. Der Zug hält in Culemborg nur kurz. Die Landschaft wird schöner. Tausende blühende Obstbäume, ein weiß-rosa Willkommen für mich!

In Culemborg sind Leute eingestiegen. Bei mir im Abteil sitzt eine Frau mit einem kleinen Buben. Die nächste Brücke, die Waal. „Schau", sagt die Frau zu dem Buben, „der Kirchturm von Zaltbommel." Der Bub schaut nicht, aber ich. Während der Zug stehenbleibt, bewundere ich das Filigran des gotischen Turmes, umgeben von weißen Blüten. Weiter geht die Fahrt, mein lieber grüner Drache fühlt, daß ich ungeduldig werde. Die Landschaft ist abwechslungsreich: Felder, kleine Wäldchen, Viehweiden. Noch ein Fluß, die Maas, der letzte von den dreien, und wieder ein großer Bahnhof, „s'Hertogenbosch" lese ich. Bitte weiter, es ist nicht mehr weit nach Eindhoven.

Die Landschaft ist jetzt richtig arm. Kleine Bauernhöfe, teilweise mit Stroh gedeckt, manchmal noch Brunnen wie in der Puszta. Die Felder sind klein, es ist wenig Vieh zu sehen. Einmal bremst der Zug und fährt im Schritt über eine Brücke, die wahrscheinlich in Reparatur ist. Ich sehe große, weiße Fabriksgebäude und ein richtiges Dorf von kleinen, weißen Häuschen. *Batadorp* steht auf einem Schild. Ich habe einmal gelesen, daß der Schuhfabrikant Bata bei all seinen Fabriken eigene Dörfer für die Arbeiter hat bauen lassen. Wir sind jetzt beinahe in Eindhoven. Das erste, was ich sehe, sind riesige Fabriksgebäude, überall steht *Philips* drauf und eine Jahreszahl. Das muß das Baujahr sein. Dann bremst der Zug, es ist für mich das letzte Mal auf dieser Reise.

*Eindhoven.* Ein paar Bahnsteige und ein Tunnel, sonst nichts. Aber auf diesem Bahnsteig stehen Fritz, Joschi Frisch und viele andere, die ich nicht kenne. Wir rufen und lachen und fallen einander um den Hals. Die Sonne scheint, die Leute im abfahrenden Zug lachen auch. Jeder ist froh. Sechs Monate Einsamkeit in Amsterdam gleiten mir von den Schultern. Wir gehen zum Dommelhuis. Wenn man aus Amsterdam kommt, ist Eindhoven nicht gerade imposant. Aber deswegen bin ich ja nicht hierher gekommen. Nur ein richtiges Wunder hat Fritz und mich hier zusammenbringen können.

An der St. Catharinenkirche, einem neugotischen Bau mit zwei Türmen, einer kleinen Synagoge und ein paar Kinos vorbei, sind wir schon bald aus der Innenstadt heraus. Da doch nichts Besonderes zu sehen ist, erzählt Fritz mir, daß er auf die Eingabe beim Ministerium nichts gehört hat, bis ihm vorige Woche im Debarkementsgebouw mitgeteilt wurde, daß er am nächsten Tag nach Eindhoven gebracht wird. Er hat mir sofort einen Brief geschrieben, aber der liegt wahrscheinlich noch bei der Zensur. Der eskortierende Polizist hat ihn im Dommelhuis abgeliefert. Von Frau Verwey-Jonker, der Sekretärin des Kinderkomitees, hat er gehört, daß das Dommelhuis nur Jugendliche unter 18 Jahren aufnehmen darf. Da er nun schon einmal mit dem Segen vom Ministerium hier ist, darf er aber bleiben. „Sehr schön", sagte Fritz, „ich hab' es aber gar nicht für mich selbst, sondern für meinen kleinen Bruder beantragt." Das hat Frau Verwey besonders interessiert: ein kleiner Bruder, der alleine in Amsterdam herumläuft? Das darf doch wohl nicht wahr sein! Sie hat mich sofort kommen und hier registrieren lassen. Am nächsten Tag hat sie zu Fritz gesagt, daß sie mir eine Fahrkarte geschickt hat und er mich am Mittwoch um halb 12 Uhr vom Bahnhof abholen kann.

Wir gehen durch ein Villenviertel, alles ziemlich neue Häuser. Dann steht das Dommelhuis vor mir. Ein großes Haus, zwei Stock hoch. Roter Backstein, ein schwarzes Ziegeldach. In der Mitte, über dem Haupteingang, eine über das Dach hinausragende Spitze, ebenfalls aus Backstein. Das Haus sieht freundlich und einladend aus. Beim Eingang begrüßt mich der Direktor, der hier, wie das bei den Pfadfindern üblich ist, mit „Hopman" angesprochen wird. Hopman kommt übrigens aus dem Südafrikanischen und bedeutet Häuptling. Eine ganze Burschen-Gruppe begleitet mich zu dem Zimmer, wo für mich ein Bett reserviert ist. Fritz und zwei andere wohnen auch da, zwei Stapelbetten, zwei Hochbetten. Im Zimmer ist außerdem ein Waschbecken, das in einen Holzkasten eingebaut ist, sodaß es auch als Tisch gebraucht werden kann. Ein Einbaukasten und Bücherbretter, auf den Betten freundliche, färbige Wolldecken komplettieren die Einrichtung. Wir haben auch einen Balkon mit Aussicht auf eine Wiese und ein Flüßchen, die Dommel. Ich fühle mich hier zu Hause.

Am Nachmittag kommt Frau Verwey. Eine kleine, schlanke Frau, auf dem Fahrrad. Sie macht sofort großen Eindruck auf mich. Die Burschen haben mir bereits erzählt, daß sie nach der Ankunft der ersten Gruppe eine Rede gehalten hat, daß wir nun alles vergessen müßten, was von den Nazis über und zu uns gesagt worden ist. Hier sind wir in einem freien Land, wo jeder alles tun wird, um uns weiterzuhelfen. Danach hat sie sofort alles getan, um für jeden herauszufinden, was seine besten Möglichkeiten sind. Emigrieren, also nur auf Durchreise, das muß vorangetrieben werden. Länger hierbleiben – was dann? Schule oder Ausbildung? So macht sie das für jeden der hundert Burschen.

So auch mit mir. Über die Emigrationsmöglichkeiten hat sie ja schon mit Fritz gesprochen. Es ist ihr klar, daß wir keine Chance haben. Für Fritz hat sie einen Platz auf der Radiotechnischen Schule gefunden. Für mich hat sie an eine Berufsausbildung in der Tricotagefabrik „Tweka" in Geldrop gedacht. Der Besitzer ist auch Mitglied des Kinderkomitees. Er hat einen Platz frei, aber es hängt ganz vom Eindruck ab, den ich auf ihn mache. Er verlangt Interesse für das Fach und Freude an der Arbeit. Sie wird ihn bitten, mich zu empfangen. Das wäre was. Tweka, die Marke habe ich schon öfters in einer Auslage gesehen: Badeanzüge, Pullover und derartiges. Ich bin gespannt, ob es gelingt.

Das Dommelhuis, ursprünglich gebaut als Gästehaus für Ausländer, hat keine eigene Küche. Das warme Essen kommt, soweit es koscher sein muß, aus der jüdischen Abteilung der Irrenanstalt, für die anderen aus der Arbeitslosenküche, die Philips betreibt. Für das Frühstück und die Brotmahlzeiten sorgen der Hausmeister und seine Frau.

Der Speisesaal ist gleich hinter der Halle. Rechts sitzt die orthodoxe Gruppe, die koscheres Essen bekommt. Links sitzen wir an drei Tischen, alle mit Holzbänken. Unser Essen kommt, wie gesagt, aus der Philipsküche. Es gibt Reis mit Currysoße, sieht sehr schön aus. Der Reis ist blendend weiß und die Soße ein leuchtendes Gelb. Ich habe Hunger, und es ist gemütlich mit so vielen Burschen beieinander, so wie früher bei den Pfadfindern. Ich merke gar nicht, daß alle Augen auf mich gerichtet sind, als ich den ersten Löffel in den Mund schiebe. Aber ich kann nicht schlukken. Der Geschmack der Soße, unerwartet scharf und vollkommen unbekannt, scheint meine Speiseröhre zu lähmen. Der Reis klebt an meinem Gaumen. Schließlich gelingt es, zu schlucken. Die anderen schauen schon wieder auf ihre eigenen Teller. Ich will nicht verwöhnt erscheinen und esse soviel wie möglich Reis ohne Soße. Mein Nachbar sagt, daß wir einmal in der Woche den Reis mit einer roten Soße bekommen. „Das heißt Reis mit Beerensoße. Wir glauben allerdings, daß es das rote Zeug ist, das man bei Philips als Antirostmittel verwendet. Aber die Soße ist wenigstens süß", fügt er tröstend hinzu.

Im Parterre gibt es auch einen Tischtennisraum, ein paar Zimmer, wo studiert werden kann, eine Bibliothek und das Büro für die Direktion und Buchhaltung. Oben sind auf jedem Gang Toiletten und Duschen. Im ersten Stock sind außerdem ein Krankenzimmer und ein Ordinationszimmer für die Krankenpflegerin, die, wie man sagt, gerade aus Spanien zurückgekommen ist, wo sie im Bürgerkrieg als Schwester gearbeitet hat. Außerdem kommt regelmäßig ein Arzt und hält Sprechstunde. Es ist für alles gesorgt. Diejenigen, die aufs Gymnasium oder in die Realschule gehen, können wenn nötig Nachhilfestunden bekommen. Für die orthodoxen Burschen gibt es einen eigenen Leiter, für die Kleinsten eine Lehrerin. Der Hausmeister und seine Frau haben eine Dienstwohnung bei der Garage, hinter der kalten Küche.

Ich bin nun schon den dritten Tag hier und bin sehr zufrieden. Das wird belohnt. Frau Verwey kommt mit zwei guten Neuigkeiten. Erstens: ich bin ab heute kein illegaler Flüchtling mehr. Fritz und ich wurden als legal eingeschrieben. Wir haben nichts mehr mit der Fremdenpolizei zu tun, zumindest solange wir unseren Wohnsitz in Eindhoven haben. Zweitens: heute abend soll ich mich bei Herrn de Heer, dem Besitzer der Tweka, vorstellen. Er wohnt in einer Villa ganz in der Nähe von hier.

Ich habe also noch Zeit, mir etwas von der Umgebung zeigen zu lassen. Vor dem Dommelhuis ist die große Wiese, die wir von unserem Balkon aus sehen. Da wird Fußball gespielt, oder der Hopmann macht Gymnastik oder Leichtathletik mit uns. An beiden Seiten des Dommelhuis führen Querstraßen vorbei, an denen Villen stehen. Alle ungefähr im gleichen Stil, ich schätze fünf bis zehn Jahre alt. Sie haben einen Garten rundherum, und alle haben sie Fenster ohne Vorhänge, sodaß man auch abends, wenn Licht brennt, alles gut sehen kann. Sie sind gut eingerichtet. Am auffallendsten ist überall ein schönes, großes Radio, viel moderner, als wir oder unsere Verwandten eines hatten. Wird wohl an Philips liegen. An der nächsten Kreuzung liegt noch ein Gästehaus, das aber noch als solches funktioniert. Auf der anderen Straßenseite ist der Stadtpark mit einem großen Denkmal zur Erinnerung an das erste Radiotelephongespräch der Königin Wilhelmina mit Holländisch-Indien.

Nicht weit von hier ist auch ein ganz modernes Hallenbad, wo wir Dommelhäusler regelmäßig schwimmen dürfen. Noch mehr Gutes: wir können zu äußerst reduzierten Preisen die Nachmittagsvorstellungen in den Kinos besuchen. Im Haus werden regelmäßig Freikarten für alle möglichen kulturellen Veranstaltungen ausgeteilt, alles immer unter der Voraussetzung, daß der Betreffende zu dem Zeitpunkt keine andere Aufgabe oder Arbeit hat. Eine neue Welt öffnet sich für mich.

Immer wieder schaue ich auf die Uhr, ob es nicht langsam Zeit wird, zu Herrn de Heer zu gehen. Erst kommt noch das Abendessen. Heute gibt es Stamppot. Als Hitler nach Österreich kam, wurde auch da der Begriff „Eintopfgericht" eingeführt. Die Holländer kannten den schon seit eh und je: Stamppot. Den kann man aus jedem Gemüse, gemischt mit Kartoffeln, machen. Heute gibt's ihn aus Rotkohl, schmeckt ausgezeichnet. Dann ist es endlich Zeit zu gehen. Nochmal schnell hinauf ins Zimmer, Haare kämmen, Krawatte, Sakko abbürsten. Jetzt sehe ich aus, so wie Mutti es verlangt hätte, wenn ich mich irgendwo vorstellen muß, denk ich mir.

Der Kies auf dem Pfad vom Gehsteig zum Haus knirscht unter meinen Schuhen. Ich versuche, weniger Lärm zu machen, aber das geht einfach nicht. Der Eingang ist an der Seite, neben der Garage, die angebaut ist. Ich stehe vor einer Türe aus geschliffenem Mattglas und läute. In der Halle wird Licht gemacht, die Türe geht auf. Vor mir steht ein Mann, klein, mit einem freundlichen Gesicht und begrüßt mich herzlich. Ich folge ihm in ein Zimmer, das durch eine Schiebetüre mit buntem Glas in Bleifassung von anderen Räumen getrennt ist. Offensichtlich sein Arbeitszimmer. Ein Schreibtisch, Bücherkasten und eine Sitzgarnitur. Ich darf mich in einen Polstersessel setzen, er nimmt mir gegenüber Platz. Ich bekomme Tee mit Zucker und etwas Milch. Er trinkt Kaffee, dazu gibt es Plätzchen und kleine Waffeln.

Ich soll ihm von zu Hause erzählen und wie es mir später ergangen ist. Ich versuche holländisch zu sprechen, und er nickt anerkennend. Von Papa und Mutti, von Fritz, dem es gelungen ist, mich hierher zu bringen. Aber auch von meiner schlechten Schulzeit und schließlich von meinem Großvater, der 1910 nach rund dreißig Dienstjahren als Prokurist bei einer Großbank gekündigt hat, um mit der Abfertigung ein Geschäft für Baby- und Kinderkleidung zu eröffnen. Von meiner Mutti, die in der Firma immer die Modelle gemacht hat, und vom Aufschwung zu einem Unternehmen mit eigenem Atelier und Strickwarenabteilung. Leider hat Hitler dann alles zerstört. Sonst wäre meine Zukunft, als einziger interessierter männlicher Erbfolger, sicher dort gewesen. Herr de Heer hört mir zu, stellt ab und zu ein paar Fragen. Vor allem, als ich vom letzten Jahr auf der Textilschule und dem Unterricht, den ich bei unserem Strickwarenlieferanten hatte, erzähle. Ob es mir im Dommelhuis gefällt? Das bejahe ich natürlich und füge stolz hinzu, daß Frau Verwey Fritz und mich inzwischen legalisiert hat, sodaß ich hier bleiben darf. Dann erzählt er von der Tweka, Produzent von Strick- und Wirkwaren, feiner Unterwäsche aus Seidentrikot, Badeanzügen, Pullovern und Sportkleidung. Ob ich mich für Fußball interessiere? „Natürlich", sage ich, „aber ich habe hier noch kein Match gesehen." „Wenn du mal hingehst, dann siehst du Tweka", sagt Herr de

Heer. Auf meine Frage, ob es da Reklame gibt, sagt er lachend, daß das hier strengstens verboten ist. Was er meint, ist, daß alle großen Fußballklubs in Holland, in Hemden, Hosen und Strümpfen von Tweka spielen. Er hat gerade eine ganz moderne Jacquardmaschine bekommen, sie wird jetzt eingefahren. Ob ich weiß, was Jacquard ist. Sicher weiß ich das, und da ich so sicher bin, muß ich es auch erklären. Er klopft mir auf die Schulter. „Ich werde mit Frau Verwey sprechen", sagt er, „und werde ihr sagen, daß es mir viel Vergnügen gemacht hat, mit dir zu plaudern. Alles weitere hörst du dann noch."

Auf dem Rückweg probiere ich den letzten Satz zu deuten, aber im Dommelhuis ist es mir unmöglich, Fritz zu erklären, ob es ja oder nein ist. Beim Einschlafen sehe ich das freundliche Gesicht von Herrn de Heer in dem Wölkchen Milch in meiner Tasse Tee.

Da ich nun definitiv im Dommelhuis bleiben darf, bin ich heute früh nach Amsterdam gefahren, um meine Sachen abzuholen. Ich habe bei Lohe von allen Abschied genommen. Dann bin ich in mein Quartier gegangen und habe den lieben alten Leuten adieu gesagt. Sie waren sehr froh, daß ich jetzt wieder ein geregeltes Leben werde führen können. Offensichtlich haben auch sie sich um mich gesorgt. Feilmann hat mir ausdrücklich versichert, daß er gleich einen neuen Mieter schicken wird. Die beiden sind schrecklich froh darüber. Die Miete ist eine wichtige Einnahme für sie in dieser Zeit der Armut. Dann gehe ich noch ins Oosteinde, um Sally zu erzählen, daß er auch ins Dommelhuis kommen darf. „Sehr gerne", sagt er. Ich werde es Frau Verwey ausrichten.

Am Bahnhof in Eindhoven werde ich von Fritz abgeholt. Auch der Bub, der mit dem Lastfahrrad immer das koschere Essen abholt, ist samt Dreirad da.

Also brauche ich meinen Koffer nicht quer durch Eindhoven zu schleppen. Unterwegs erzählt Fritz, daß schon ein Brief von Papa und Mutti angekommen ist. Sie sind überglücklich, daß wir beide wieder zusammen sind, und sicher auch darüber, daß ich nicht mehr im großen Amsterdam bin. Dann berichten sie über Bekannte, die abgereist sind. Aber sie schreiben auch von anderen, die für ihr letztes Geld ein Visum gekauft haben und dann feststellen mußten, daß es falsch ist. Nichts Neues für mich. Im Oosteinde hörten wir das tagtäglich. Zweifellos, die Situation für Juden in Wien ist hoffnungslos, umsomehr als die Welt gelassen zuschaut und nichts tut. Um nicht weiter über den Zustand in Wien zu grübeln, habe ich, im Dommelhuis angekommen, meinen Koffer gleich ausgepackt. Alles hängt und liegt nun fein säuberlich auf seinem Platz im Kasten.

Frau Verwey ist heute früh hiergewesen. Herr de Heer hat ihr gesagt, daß er dafür sorgen wird, daß ich bei ihm in der Fabrik eine vielseitige Ausbildung bekomme. Einzelheiten sind noch zu besprechen, aber jedenfalls habe ich einen guten Eindruck gemacht, und das ist das wichtigste.

Die Fabrik ist in Geldrop, circa fünf Kilometer von hier entfernt. Ich soll mal rausfahren, um mir alles anzusehen. Näheres höre ich noch. Ich jauchze, dennoch fürchte ich mich. Es wird nicht leicht sein. Fabriken arbeiten hier von 8 Uhr morgens bis halb 6 Uhr und am Samstag bis 1 Uhr. Ob ich das leisten kann? Fritz muntert mich auf. „Wenn du den ganzen Tag in Amsterdam herumstrolchen konntest, kannst du auch arbeiten. Das weiß ich sicher", sagt er.

Am Nachmittag war der Hopman mit allen, die keine Arbeit hatten oder nicht zu lernen brauchten, auf der Heide, nicht weit weg von hier. Ein welliges Gelände, teilweise mit Sträuchern oder Bäumen bewachsen. Sehr geeignet für Indianerspiele und derartiges. Ich habe in Amsterdam einmal gehört, daß im Süden von Holland Hügel sind. Aber das Land ist hier beinahe genauso flach wie die Polder. Also bin ich mit der Heide auch zufrieden, obzwar die Berge mir doch sehr fehlen. Aber warum soll ich klagen? Morgen darf ich mit dem Autobus nach Geldrop fahren. Herr de Heer will mir die Fabrik zeigen.

Ich bin erst seit einer Woche in Eindhoven und habe schon eine Stellung. Alles ist wie ein Traum. Herr de Heer führt mich, als ob ich ein Erwachsener wäre, durch die ganze Fabrik. Schließlich kommen wir in ein ganz neues Gebäude. Das ist sein Stolz: zwischen weißen Betonträgern stehen hier die modernsten Wirkstühle und die große Jacquardstrickmaschine, von der er mir erzählt hat. Im ersten Stock ist schließlich das Musterzimmer. Dort darf ich mir die Kollektion anschauen. Am meisten imponieren mir die Trikots von all den bekannten Fußballklubs. Das amüsiert ihn offensichtlich. Zurück im Büro, läßt er den Werkmeister kommen. Bei ihm muß ich mich morgen melden. Dann kommt ein junger Mann von der Buchhaltung. Er soll von mir Deutsch und ich von ihm Holländisch lernen. Daher wird er mit mir zusammen mit dem Autobus hin- und zurückfahren, und er wird auch mit mir zusammen in der Kantine das Mittagessen einnehmen.

Ich bin der einzige, der so früh zur Arbeit geht. Daher macht die Frau des Hausmeisters mir das Frühstück in der Küche. Sie hat auch Essen zum Mitnehmen vorbereitet. Das Brot, das hier ins Haus geliefert wird, ist in sehr dicke Scheiben geschnitten, also passen die vier Schnitten Brot nicht in die kleinen Jausenbüchsen, die jeder hat. Ich bekomme also meinen Lunch in einer großen, viereckigen Blechdose, in der früher einmal Kekse drin waren. Den Weg zum Autobus kenne ich schon von gestern. Bei einer großen Kirche kreuze ich eine breite Straße, gehe quer durch eine endlose Schlange Radfahrer, die sicher alle zu einer der vielen Philipsfabriken fahren. Der Autobus kommt. Mein Reisegefährte sitzt vorne und hat einen Platz für mich freigehalten. Schon von weitem kann man Geldrop erkennen. Die neugotische Kirche dominiert mit einer großen Kuppel und zwei sehr schlanken Türmen. Bei der Tweka steigen wir aus. Er wird mich zur

Brotzeit holen kommen, aber er weiß noch nicht genau, wann das sein wird.

Ich melde mich beim Pförtner. Er kennt mich entweder noch von gestern, oder er ist informiert worden. Er schickt einen Buben im Overall mit mir zum Magazin. Dort schreit er schon in der Tür irgendwas, das klingt wie „Do ist er." Der Mann hinter der Theke hat es aber verstanden. Ob ich aus dem Dommelhuis komme, fragt er und läßt mich auf einer Karteikarte meinen Namen und mein Geburtsdatum ausfüllen. Dann holt er einen Overall und ein Paar Schuhe, beides nagelneu. Sie passen ausgezeichnet. Er gibt mir einen Schlüssel. Auf dem Anhänger steht „A 145". Diese Nummer sowie die Ausgabe von Overall und Schuhen schreibt er auf meine Karte und läßt mich unterzeichnen. „Umkleideraum A", sagt er und geht in sein Büro. Wie gerufen erscheint der Bub wieder und bringt mich bis zu einer Türe, auf der „Hal A" steht. Lauter numerierte Schränke. Es sieht aus wie die Wechselkabinen im Schwimmbad. Im Kästchen „A 145" verstaue ich mein Sakko und meine Schuhe. Dann gehen wir in die Halle.

Es saust und braust. Antriebswellen an der Decke, die durch Lederriemen mit Treibrädern verbunden sind, machen ein monotones Geräusch. Die vielen Strickmaschinen klappern in allen Tonarten. Ab und zu brummt irgendwo ein Apparat. Es klingt wie eine Jazzband. In der Mitte bei einem Tisch wartet der Werkmeister schon auf mich. Gestern konnte ich ihn mir nicht so genau ansehen. Rotes Haar, groß, schlank und lachende blaue Augen. Overall und Arbeitsschuhe trägt er, wie alle. Er spricht etwas Deutsch und ist froh, daß ich ihn und er mich verstehen kann. Er bringt mich zu einem Arbeiter, der bei zwei Strickmaschinen steht. Zwischen den Maschinen ist ein Kästchen, darüber hängen Laufzettel. Der Mann heißt Bert, mein zukünftiger Lehrmeister, vielleicht 25 Jahre alt. Er schüttelt mir die Hand, nimmt meine Brotdose und legt sie in den Kasten. Der Meister ist inzwischen schon verschwunden. Bert probiert, deutsch mit mir zu sprechen. Aber das geht kaum. Also sage ich zu ihm, daß er es auf holländisch sagen soll, aber langsam bitte. Kein Problem. Unsere Konversation fängt unter einem guten Stern an. Ich sage, daß ich aus Wien komme. Darauf sagt er: „Johann Strauß." Kurz und gut, er spielt im Harmonieorchester der Tweka, die haben oft Wiener Musik im Programm. Unsere Freundschaft ist also besiegelt. Er ist verantwortlich für diese zwei Maschinen und soll mich anlernen, sodaß er noch eine dritte übernehmen kann. Ich kenne das Modell, aber lange nicht so modern. Meine erste Arbeit ist Nadeln putzen, schlechte aussortieren. Bert zeigt mir, worum es geht. Die Geräusche der Maschinen, das Summen der Antriebsräder, Bert, der ab und zu ein Wort mit mir wechselt, geben mir ein Glücksgefühl. Ich werde dieses typische Aroma einer Mischung von Öl, Metall und Garn wohl nie mehr vergessen.

Zur Mittagspause holt Guus, mein Reisegefährte, mich ab. Wir gehen nicht in die Kantine für Arbeiter, sondern in den Speiseraum für Angestellte; die kommen eine halbe Stunde später. „Ruhe ist gut für den Konversationsunterricht", hat Herr de Heer gesagt.

Wir sitzen an einem Tisch in der Ecke. Eine Dame, offensichtlich die Chefin der Kantine, schaut erstaunt zu, wie ich meine Riesendose öffne und die dicken Brote herausnehme. Sie geht weg und bringt mit ein Glas Buttermilch und eine prachtvoll schöne Tomate. Das wird sie jeden Tag für mich vorbereiten, wenn's mir recht ist. „Natürlich", sage ich und bedanke mich herzlich. Die Menschen hier sind wirklich alle reizend.

Der Nachmittag geht schnell vorbei. Ich merke, daß ich mehr von der Materie weiß, als ich geglaubt habe. Vor allem weil die technischen Unterschiede zwischen den Handmaschinen, die ich kenne, und diesen motorisierten Riesen im wesentlichen gar nicht so groß sind. Es macht Bert Spaß, mich zu unterrichten, und ich bin von Anfang an ein sehr interessierter Lehrbub. Zehn Minuten vor Arbeitsschluß ertönt eine Sirene. Dann werden die Maschinen gestoppt und danach auch die Antriebswellen. Plötzlich ist es still in der großen Halle. Man hört nur das Geräusch der Besen. Jeder muß seinen eigenen Platz saubermachen. Den Rest erledigt die Reinigungskolonne.

Bert und ich gehen zusammen zum Umkleideraum. Erst Hände waschen. Bert zeigt mir, daß ich dreckige Finger habe, während seine sauber sind. „Du mußt", sagt er, „immer genug Putzlappen in der Tasche haben und dauernd deine Hände sauber machen. Dann dringt das Öl nicht in die Poren ein. Mit schmutzigen Händen darfst du das Garn oder das Produkt nicht anrühren." Meinen Overall und die Schuhe schließe ich in den Schrank, den Schlüssel hänge ich beim Pförtner auf. Dort wartet ein kleiner, dicker Mann auf mich. Wieso er mich erkannt hat, weiß ich nicht. Die Hauptsache ist, daß er Auftrag hat, für mich ein Fahrrad zu kaufen. Ob es mir morgen abend paßt, fragt er. Als ich mich von der Überraschung erholt habe, sage ich ja und erkläre ihm, wie er das Dommelhuis finden kann. Er wird mich um acht Uhr abholen.

Zusammen mit Guus warte ich auf den Autobus. Ich sehe die Leute weggehen. Nicht nur im Speisesaal, nein, auch auf der Straße bleibt der Abstand gewahrt. Die Arbeiter fahren miteinander mit dem Rad weg. Die Beamten tun es auch, aber mit deutlichem Abstand. Auch bei denjenigen, die mit den Autobussen nach Helmond oder Eindhoven fahren, ist der Standesunterschied deutlich zu merken. „So gehört sich das auch", sagt Guus und fragt, ob das in Österreich anders war. Ich denke nach und muß ihm die Antwort schuldig bleiben. Ich habe damit noch nie etwas zu tun gehabt. Dann steige ich aus. Das letzte Stück zu Fuß glaube ich, daß ich schwebe. Vor Glück oder vor Müdigkeit, ich weiß es nicht. Im Dommelhuis geht man gerade zum Essen. Noch schnell meine Hände waschen, ich habe einen Riesenhunger. Heute würde ich sogar Currysauce liebend gerne essen. Aber als Belohnung für soviel Mut gibt es Stamppot, ich esse zwei Portionen.

Fritz und ich setzen uns nach dem Essen in eine Ecke, und ich erzähle ihm ausführlich, wie es mir an meinem ersten Tag ergangen ist. Vor allem natürlich von dem Fahrrad, das ich bekommen soll. Dann gehe ich schlafen und werde nicht einmal wach, als die anderen ins Zimmer kommen.

Ich träume von meinem Fahrrad, eigentlich mehr von einem „Fietsplaatje". In Amsterdam hat jemand mir erklärt, daß, wer mit einem Rad fahren will, Steuer zahlen muß. Beim Postamt kauft man für Fl. 2,50 eine Plakette aus Bronze (das „Fietsplaatje"), auf der das Kalenderjahr, wofür sie gilt, eingeprägt ist. Man kann sie an der Lenkstange befestigen oder mit einer Sicherheitsnadel an der Kleidung tragen. Hauptsache, die Plakette ist immer sichtbar. Jeder muß bezahlen, nur die Ärmsten nicht. Die bekommen das „Fietsplaatje" von der Fürsorge. Aber, um Mißbrauch zu vermeiden, ist in diese Wohltat ein großes Loch gestanzt, sodaß jedermann sehen kann, daß man auf Kosten der Fürsorge auf dem Rad sitzt. Ich träume, daß ich eine Streiterei mit einem Polizisten habe (war es der aus Leeuwarden?), ob ich eine Plakette mit oder ohne Loch haben muß.

Heute, Samstag nachmittag, bekomme ich endlich mein Fahrrad. Es hat mehr als 14 Tage gedauert, weil ich ein kleineres Modell brauche. Die Holländer haben lange Beine und daher hohe Fahrräder. Ich brauche eines mit einem kleineren Raddurchmesser, erklärt mir der Arbeiter, der wie verabredet mit mir das „Fiets" abholt. Wir fahren in ein kleines Dorf außerhalb von Eindhoven. Ich sitze hinten auf seinem Gepäckträger. Gut, daß ich das in Amsterdam bei Maccabi gelernt habe. Er heißt Janus und erzählt mir, daß Herr de Heer ihm den Auftrag gegeben hat, für mich ein gutes, gebrauchtes Rad zu kaufen. Im Dorf steigen wir bei einer Schenke ab und gehen hinein. Seit Kaldenkirchen bin ich nicht mehr in so einer Gelegenheit gewesen, fällt mir ein. Mein Kollege bestellt ein Bier, ich bekomme einen Apfelsaft. Schmeckt gut, aber ich glaube doch nicht, daß es beim Gastwirt Fahrräder gibt. Janus quatscht in einem Dialekt, der für mich unverständlich ist, mit dem Wirt. Sicher ist nur, daß das Wort „Fiets" oder „Rijwiel" in der Konversation nicht vorkommt. Endlich ist er mit seinem Bier fertig. Dann geht der Wirt uns vor durch eine Türe hinter der Theke. Wir stehen in einer Werkstatt. Hauptsächlich Rennräder stehen da oder hängen an der Wand. In verständlichem Holländisch erklärt mir der Wirt, daß sein Lokal das Klubhaus des örtlichen Radsportvereines ist. Dies ist die Werkstatt. Jeder bastelt hier an seinem Rad, und alle zusammen reparieren und renovieren sie auch Räder, um Geld für den Klub zu verdienen. Dann zeigt er mir ganz stolz ein Rad. Ich muß mich draufsetzen, schauen, ob es paßt. Der Sattel wird noch richtig eingestellt, dann gehört es mir. Funkelnagelneu, so sieht es aus. „Ist es auch beinahe", sagt

*In Eindhoven lerne ich radfahren, Sommer 1939*

der Wirt und zeigt mir alle Teile, die erneuert sind. Diejenigen aber, die nicht erneuert werden mußten, sind blitzblank geputzt oder neu gestrichen. Auch das „Fietsplaatje" vorne am Steuer glänzt. Es hat kein Loch. Janus zeigt auf das Schild: *Servo*. „Das ist 'ne gute Marke", sagt er.

In der strahlenden Sonne fahren wir nach Eindhoven zurück. Ich habe die zwei Wochen gut ausgenützt und bin jeden Abend, auch wenn ich noch so müde war, eine halbe Stunde auf einem Rad gefahren. Jetzt geht es schon gut. Beim Dommelhuis nehmen wir Abschied. Auf der stillen Straße vor dem Haus entsteht ein Auflauf. Jeder drängt sich, um mein neues Eigentum zu bewundern. Mein Ansehen steigt deutlich. Der Hausmeister muß das Rad natürlich auch sehen und nimmt es gleich in seine Obhut. In der Garage im hinteren Trakt des Hauses ist Platz. Dort kann ich das Rad abstellen.

Zum Abschluß dieses wunderbaren Tages gehen wir ins Philipstheater. Es gibt immer einige Freikarten für die Dommelhuisler, und wer will, kann sich vormerken lassen. Heute abend tritt die französische Sängerin Lys Gouty auf. Sie singt Chansons. Ich freue mich schon drauf, auch wenn ich kein Wort Französisch verstehe. Das „Philips Ontspannings Gebouw" liegt neben dem Philips Sportplatz, ich habe es vom Zug aus gesehen. Wir gehen zu fünft hin. Zum ersten Mal seit langer Zeit wieder in einem Theater. Das ist ein Meilenstein, genau wie meine Anstellung und heute vormittag mein Fahrrad. Und die Sängerin gefällt mir sehr. Ab und zu kann ich ein Wort verstehen. Manche Lieder sind im Programm auch ins Holländische übersetzt. Da wir aber zu fünft nur ein Programm haben, hilft das kaum. Das Dommelhuis ist weit weg, daher nehmen wir zurück zu fünft ein Taxi. Das kostet nur ein paar Cent pro Person.

Das Wochenende bringt noch einen Höhepunkt. Jüdische und nichtjüdische Familien laden jeden Samstag (die frommen) und sonntags (die anderen) Burschen aus dem Dommelhuis zum „Lunch" und Abendessen ein. Das Komitee sorgt dafür, daß keiner zu Hause zu bleiben braucht. Fritz, zwei andere Wiener Burschen und ich sind bei Familie Hass eingeladen. Das sind Wiener. Sie wollen Kinder aus der Heimat auf Besuch haben. Also gibt es die herrlichsten Kuchen und Mehlspeisen, wie Mutti sie auch zu Hause immer machte. Herr und Frau Hass sind schon lange in Holland. Nichte Lia erst ein halbes Jahr.

Zum erstenmal mit dem Rad zur Arbeit fahren. Um 7 Uhr 15 klemme ich meine hübsche kleine Brotdose, die vorige Woche beim Mittagessen in der Kantine neben meinem Teller lag, unter die Gummibänder an meinem Gepäckträger und fahre los. Am Geldropseweg wartet Guus schon auf mich. Er fährt jetzt, so wie er es früher immer tat, wieder mit dem Rad. Auch er bewundert mein Fahrrad und weiß auch, wo es gekauft wurde. „Verläßliche Leute", sagt er. Nebeneinander fahren, das habe ich noch nicht geübt, aber es macht keine Schwierigkeiten. Vor allem, weil neben der Straße ein Betonweg für Radfahrer ist. Guus liegt wie ein Rennfahrer auf der Lenkstange. Er sagt, das kostet weniger Energie. Ich bleibe vorläufig schön gerade sitzen und passe gut auf, denn das Rad will schneller fahren als ich. Im Ort Geldrop wird es schwieriger, aber da wir mit einer ganzen Horde in der gleichen Richtung fahren, geht auch das gut. Guus erzählt mir, daß in drei Wochen in Geldrop Kirmes ist und die Fabrik dann drei Tage schließt. Er hat dann auch Ferien, aber leider ist in seinem Dorf, Gestel, erst später Kirmes. Dann hat dort jeder frei, er muß aber arbeiten. Auf dem Werksgelände zeigt Guus mir einen numerierten Abstellplatz für mein Rad. Ich muß ihn mir gut merken, denn all die Fahräder ähneln einander sehr. Holländische „Fietsen" sind beinahe alle schwarz und haben wenig Verzierungen. Mit der Brotdose unter dem Arm hole ich mir beim Pförtner meinen Schlüssel und gehe mich umziehen. Es ist schon Routine.

Während der Arbeit zerbreche ich mir den Kopf, wie ich mich bei Herrn de Heer für das Fahrrad bedanken kann. Er kommt öfters am Tage durch die Halle, aber es ist nicht gebräuchlich, ihn anzusprechen. Aber andererseits darf ich auch nicht in sein Büro gehen. Die Arbeiter sagen hier: „Man geht nur ins Büro, wenn man gerufen wird. Wenn man aber gerufen wird, ist es meistens nichts Gutes." Das Problem löst sich von selbst. Als ich vom Mittagessen aus der Kantine zurückkomme, steht „Meneer" (wie er hier betitelt und auch angesprochen wird) beim Werkmeister. Bert wird auch dazugerufen. Die Maschinen laufen, keinerlei Probleme. Ich sehe Meneer weggehen, hinüber zu den Wirkmaschinen. Bert kommt zurück, sagt nichts, aber an seinen Augen sehe ich, daß es nichts Schlechtes ist. Später kommt der Werkmeister und geht mit mir zu einer Maschine, die abgedeckt neben uns steht. Er zieht die Plane weg. Man kann sehen, daß die Maschine schon lange nicht gearbeitet hat. „Wir werden diese Maschine wieder in Betrieb setzen. Meneer will, daß du sie gut saubermachst. Das ist gar nicht so leicht, aber Bert oder ich werden dir dabei helfen, wenn es nötig ist", sagt er. „Du kannst gleich anfangen, aber es hat keine Eile. Wenn Bert dich braucht, so geht das vor."

Während ich in dem Eisenschrank, in dem alle zur Maschine gehörenden Utensilien sein sollen, suche, steht Meneer plötzlich neben mir. Ich erröte und stammle ein Dankwort für das Fahrrad. „Höchst überflüssig", sagt er. „Du brauchst das Rad doch, um zur Arbeit zu kommen. Oder glaubst du, daß ich ewig die Buskarte zahlen werde?" Er lacht und sagt dann, daß ich diese Maschine zerlegen, gründlich reinigen und dann wieder betriebsfertig machen soll. Wenn das gelungen ist, soll ich an dieser Maschine arbeiten. Dann will er noch wissen, ob ich Neuigkeiten von den Eltern habe, und geht weg. Ein ganz besonderer Mann.

Als ich nach Hause komme, ist Sally da. Er ist froh, im Dommelhuis zu sein und hofft, daß Frau Verwey ihn auch legalisieren kann, sodaß er ins

Werkdorp nach Wieringen kommen kann. Es sind noch einige hier, die das gerne möchten, aber bis jetzt hat der Amtsschimmel es noch verhindert. Keine Neuigkeiten aus Amsterdam. Es geht das Gerücht, daß Ehepaare, wo der Mann in Hellevoetsluis eingesperrt ist und die Frau in Amsterdam wohnt, eine der vielen leerstehenden Wohnungen in Hellevoetsluis beziehen dürfen. Bürgermeister und Gemeinderat sind einverstanden, der Minister ist dagegen.

Es ist Kirmes in Geldrop, also habe ich Ferien bis Donnerstag. Zeit, mich mal wieder gut auszuruhen. Das brauche ich wirklich. Mehr als acht Stunden pro Tag arbeiten und dazu noch zweimal eine halbe Stunde radfahren, das bin ich noch nicht gewöhnt. Viel Gesellschaft habe ich nicht. Jeder hat seine eigene Beschäftigung. Fritz geht mit viel Vergnügen in die Radiotechnische Schule. Er findet es sehr interessant. Und wo könnte man so etwas besser lernen als in Eindhoven, der Philips-Stadt. Ich gehe alleine in die Stadt und langweile mich. Ich kann mir nicht mehr vorstellen, wie ich das in Amsterdam sechs Monate ausgehalten habe. Also setze ich mich auf unseren Balkon und lese.

Nachmittags gehe ich mit ein paar Burschen, die auch frei haben, schwimmen. Das Schwimmbad ist ein kleiner See, der entstanden ist, als man Sand ausgebaggert hat, der zum Eisenbahnbau benötigt wurde. Er heißt „Der Eiserne Mann", nicht wie ich dachte nach irgendeinem Ritter, sondern nach der Art Bagger, die verwendet wurde. Zum ersten Mal ein öffentliches Bad, in dem Männer und Frauen nicht zusammen schwimmen dürfen. Im Wasser sind Netze gespannt. Männer links, Frauen rechts. Am Strand darf man aber zusammensein. Jemand erzählt uns, daß es in Vught, dreißig Kilometer von hier, genau so einen See gibt, der übrigens auch „Der Eiserne Mann" heißt. Der Unterschied aber ist, daß dort ein Gitter am Strand ist, Herren links, Damen rechts, aber schwimmen darf man zusammen. Man sagt, daß die Entscheidung den örtlichen Pfarrern obliegt.

Am letzten Tag habe ich mit Salo, einem jüdischen Burschen, der in Eindhoven wohnt, oft ins Dommelhuis kommt und der etwas älter ist als ich, eine Radtour gemacht. Wir sind über die Heide nach Oirschot gefahren, circa zwanzig Kilometer. Schönes Wetter, es war herrlich. Ganz kleine Dörfer, niedrige Häuser mit Strohdächern. Wie aus einem Märchen, aber sehr ärmlich. Hie und da ein Ziehbrunnen, kleine Stückchen Ackerland zwischen Heide und Sanddünen. Auf einer Bank, vor einer kleinen Wirtschaft, spendiert Salo mir ein Fläschchen eines neuen Getränks. Cassis van Hero, schmeckte wunderbar. Auf der Rückfahrt kommen wir an der Batafabrik vorbei. Die hatte ich schon aus dem Zug gesehen. Die Siedlung mit den schmucken weißen Häusern ist hübsch. Ich weiß aber nicht, ob es angenehm ist, immer mit den Arbeitskollegen zusammen zu wohnen. Salo sagt, daß er Familien mit vielen Kindern in der Umgebung von Eindhoven kennt, wo alle Kinder auf dem Dachboden schlafen, nur durch einen Vorhang getrennt. Mädchen links, Buben rechts. Viele Kinder haben sie alle. Das liegt auch am Pfarrer, sagt Salo. Das verstehe ich nicht. Und Salo erklärt, daß, „wenn zwei im Dorf verheiratet sind und sie kriegen nicht bald Kinder, dann geht der Pfarrer hin und fragt, ob er vielleicht helfen kann." Das verstehe ich immer noch nicht, wie kann denn ein Geistlicher ... Salo fällt beinahe vom Rad vor Lachen. „Du bist aber dämlich", sagt er und fährt schnell davon.

Als ich ihn eingeholt habe, denke ich schon wieder an etwas anderes. Bei Halfweg, zwischen Eindhoven und Geldrop, baut man einen eigenartigen Graben. Zivilisten schaufeln, Sodaten sind dabei und lassen niemanden stehenbleiben oder zuschauen. Salo scheint alles zu wissen. „Die bauen eine Schanze, um Eindhoven zu verteidigen", sagt er. Das gehört zur Peelstellung, die die deutschen Truppen aufhalten muß, wenn es denen gelingt, über die Maas zu kommen. Damit soll Zeit gewonnen werden, um die „Waterlinie" zu überschwemmen. Durch den Sumpf wird kein Deutscher kommen. Als er die Zweifel in meinen Augen sieht, lacht er und sagt: „Genau wie im vorigen Krieg werden sie sich auch jetzt nicht trauen, uns anzugreifen. Königin Wilhelmina läßt sich sowas nicht gefallen!" „Dein Mund an Gottes Ohr", sage ich, so wie meine Großmutter zu sagen pflegte. Aber es überzeugt mich nicht. Selbst wenn uns hier nichts geschehen würde, was muß aus Papa und Mutti und den anderen werden, die noch in Wien sind? Hitler hat die Welt deutlich wissen lassen, welches Los die Juden erwartet, wenn es zum Krieg kommt.

## Krieg, September 1939

Es ist nun doch passiert. Wir fürchteten den Krieg. Aber trotz Angst und Beben erhofften wir es auch, weil Krieg die einzige Möglichkeit zu sein scheint, Hitler endgültig loszuwerden. Das Nachgeben von Daladier und Chamberlain hat nichts geholfen. Die deutschen Truppen sind in Polen eingerückt, die Engländer und Franzosen haben Berlin sofort den Krieg erklärt. Merkwürdig ist, daß Stalin inzwischen einen Pakt mit Deutschland geschlossen hat. Die beiden teilen sich nun Polen. Jeder hofft hier, daß den Kommunisten in unserem Teil der Welt die Augen aufgehen werden. Wenn die Alliierten nur schnelll im Westen angreifen!

Die holländische Regierung hat offiziell die völlige Neutralität verkündet. Heer und Flotte sind mobilisiert. Die Küstenverteidigung (gegen England) und die Grenzbewachung (gegen Deutschland) sind sorgfältig im Gleichgewicht gehalten. Niemand glaubt zwar, daß die Engländer uns angreifen würden, aber durch unsere Aufrüstung kann Hitler sich bedroht fühlen, und das wird unserer Neutralität schaden.

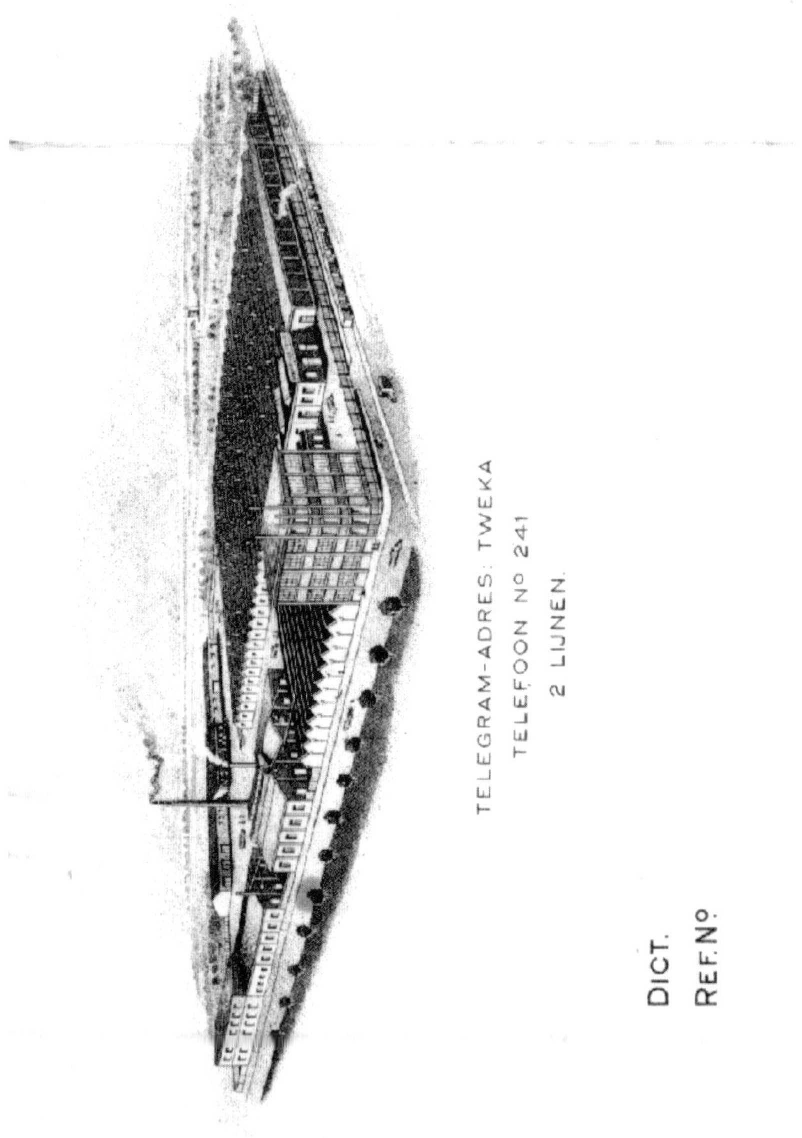


*N.V. TWEKA Tricotfabrik, Briefkopf um 1940*

Viele meiner Kollegen bei der Tweka sind zum Heer einberufen worden. Deswegen wird die „Bemannung" der Maschinen neu eingeteilt, und ich merke zu meiner Freude, daß auch ich mitmische. Meine eigene Maschine habe ich schon seit den Ferien, und ich brauche auch fast keine Hilfe mehr von den Kollegen. Die Schwerpunkte sind verlegt. Statt Bade- und Sportkleidung muß nun dicke Unterwäsche mit langen Unterhosen fürs Militär gemacht werden. Auch Wickelgamaschen werden fabriziert. Ich arbeite jetzt zusammen mit Jacq an zwei gigantisch großen Wirkstühlen, die immer kreisrund drehen und dadurch einen großen, endlosen Schlauch schweren Trikots produzieren. Der Schlauch wird danach aufgeschnitten, gewalzt, gerauht und schließlich als Stoff konfektioniert. Ich lerne jetzt ein ganz neues Fach dazu.

Um einen Aggressor irrezuführen, hat man bei wichtigen Kreuzungen die Wegweiser abmontiert und teilweise durch falsche ersetzt. Man sagt, daß auch auf Bahnhöfen falsche Namen montiert sind. Das scheint mir aber allzu blöde.

Der Graben bei Halfweg ist nun eine richtige Stellung geworden, ein Erdwall mit Schlafplätzen in einer Holzverkleidung. Die Bäume an der Straße und dem Radweg tragen Munitionsgürtel. Man wird sie sprengen, um den feindlichen Aufmarsch zu stören. Inzwischen fahren Autobusse, Autos und Radfahrer ruhig vorbei, und die Fußgänger bleiben stehen, um sich die Stellung anzusehen. Jeder Spion kann den Deutschen von dieser Trutzburg berichten. Ich aber denke an die Fotos vom bombardierten Warschau, die gestern in der Zeitung zu sehen waren, und das Grausen kommt mir.

Bitte nur keinen Krieg, bitte lasse Holland neutral bleiben. Was aber wird diese holländische Regierung, die die deutschen Juden nur allzu gerne loswerden will tun, wenn die Nazis im Zuge der Neutralität Auslieferung verlangen? Ich erschrecke so bei dem Gedanken, daß ich die Zange, die ich gerade in der Hand hatte, fallen lasse. Der Aufprall knallt wie ein Schuß durch die Halle. Die Kollegen sind aufgeschreckt, aber froh, daß nichts passiert ist. Ich stehe da mit einem schamroten Kopf. Wie kann ich erklären, was los ist?

Papa schreibt, daß seit Kriegsausbruch der Druck auf die Juden etwas nachgelassen hat. Möglicherweise ist das eine Schockreaktion, weil wirklich niemand wieder einen Krieg wollte. Sie wollten Hitler und seine Autobahnen, seine Uniformen und seine Fahnen. Sie wollten nur allzugerne Juden quälen, sie rausschmeißen und ihnen ihr Eigentum stehlen. Aber die wenigsten wollten Krieg.

Sosehr ich mich auf meine Arbeit konzentriere, so gut es uns auch im Dommelhuis geht, der politischen Wirklichkeit können wir nicht ausweichen. Stalin und Hitler haben „nur" Polen verteilt, weiter ist nichts geschehen. Die Welt hat wieder einmal erleichtert aufgeatmet. Im Westen ist kein Schuß gefallen. Die Alliierten haben ihren Bundesgenossen im Stich gelassen. Aber das müssen die Polen für den Weltfrieden übrig haben, genau wie die Tschechen, die von Daladier und Chamberlain verkauft wurden. Was aber mit den Millionen polnischer Juden inmitten einer aggressiven, antisemitischen Bevölkerung geschehen wird, ist nicht schwer zu erraten. Gott schütze uns alle vor deren Los.

Aus Wien gibt es eine gute Nachricht. Onkel Hermann hat die Zusage bekommen, daß sie in Agram als Flüchtlinge registriert werden können. Die einzige Schwierigkeit ist jetzt nur noch, dorthin zu kommen. Sie brauchen ein Visum, aber der jugoslawische Konsul in Wien darf es nicht in einen Paß mit J stempeln. Also sind sie in derselben Situation, in der wir waren. Sie müssen über die Grüne Grenze. Sie sollen sich zur Abreise bereithalten, schreibt Onkel Hermann, weitere Instruktionen werden folgen. Zu fünft werden sie fahren, Papa, Mutti, Onkel Oskar (der jüngere Bruder von Mutti), Tante Irma und Tochter Susi, kaum acht Jahre alt. So eine Gesellschaft kann man nicht über Stock und Stein klettern lassen, so wie wir das gemacht haben.

Die Leitung unserer Abteilung im Dommelhuis hat Fräulein Sussmann, eine jüdische Krankenschwester aus Wien, die schon lange in Holland wohnt. Sie ist sehr gescheit, und wir haben alle das Gefühl, daß sie uns versteht. Wir lassen sie den Brief lesen, und sie sagt sofort: „Die deutschen Zöllner werden keine Schwierigkeiten machen, und einen Jugoslawen zu finden, der einen hereinläßt, dürfte wohl nicht schwer sein." Onkel Hermann weiß das sicher, hoffen wir.

In Kürze müssen Fritz und ich mit zwei anderen Buben zum amerikanischen Konsulat in Rotterdam. Obzwar im Augenblick keine Chance besteht, ein Visum zu bekommen, hat man Frau Verwey ausdrücklich geraten, uns dennoch registrieren zu lassen. Weil man hofft, daß in den USA, im Hinblick auf die Situation in Europa, die Einreisebedingungen erleichtert werden. Ich habe auf der Karte nachgesehen: wir fahren über Tilburg und Breda und überqueren das Hollands Diep auf der längsten Eisenbahnbrücke Europas. Ich freue mich schon auf die Fahrt und auch darauf, wieder einmal in Rotterdam zu sein. Hoffentlich habe ich Gelegenheit, Fritz die prachtvollen Überseedampfer zu zeigen.

Diesen Sonntag gehen wir nicht zu Familie Hass. Stattdessen fahren wir mit ein paar Freunden nach Valkenswaard, nicht weit von Eindhoven. Eine schöne, ruhige Straße durch Dörfer wie Waalre und Aalst; früher klein, heute mit prachtvollen Villenvierteln ausgestattet. Wer bei Philips etwas erreicht hat oder erreichen will, glaubt, hier wohnen zu müssen. Valkenswaard ist ein hübscher Ort, mit einem richtigen großen Marktplatz an der Kirche; sieht nicht so richtig holländisch aus. Vielleicht ist das belgisch, liegt nicht weit von der Grenze. Ein Waldweg führt uns in zwei kleine Grenzdörfer, Borkel und Schaft. Von meinen Kollegen habe ich während der Pause schon einmal gehört, daß an der Grenze viel geschmuggelt wird. Schmuggeln ist hier aber ein ehrenwerter Beruf. Es ist nichts Außergewöhnliches, wenn Schmuggler und Zöllner abends beim Stammtisch zusammensitzen. Unser Weg endet bei einer Barriere. Ein belgischer Soldat sitzt daneben auf einem Baumstrunk und sichert die Grenze. Wir fahren zurück, setzen uns auf dem Marktplatz in Valkenswaard auf eine Bank. Als wir wegfahren wollen, fragt jemand, ob wir die Wachablöse bei den Belgiern gesehen haben. Nein? Wie schade: die haben nämlich zu zweit nur ein Gewehr. Der eine übergibt es dem anderen.

Unser Freund Dan ist auch in Eindhoven erschienen. Im Zuge der Mobilmachung wurde Hellevoetsluis wieder zur Garnisonsstadt. Also mußten die Flüchtlinge weg. Wohin? In das überfüllte Lager in Hoek van Holland. Ein schmutziges Lager mit Stacheldrahtzaun. Sogar den Kontakt mit Bürgern, den man in Hellevoetsluis in den paar Stunden Ausgang hatte, gibt es dort nicht. Wie es ihm gelungen ist, jetzt nach Eindhoven zu kommen, weiß ich noch nicht. Frau Verwey hat es jedenfalls wieder geschafft, daß er bleiben darf. Er könnte eine Lehrstelle bei einem Bauern antreten, vermittelt durch den „Verein zur Schulung von Palästinapionieren in Deventer". Auch das ist eine holländische Privatinitiative. Der Arbeitsplatz ist da, die Finanzierung ist gesichert. Aber das Ministerium hat bis jetzt nein gesagt, weil Dan ja illegaler Flüchtling ist. Vielleicht wird sich das jetzt ändern.

Aus Wien wieder schlechte Nachrichten. Onkel Hermann scheint noch keinen Weg gefunden zu haben. Die Situation für Juden ist aber wieder schlechter geworden, da der Krieg in Polen kaum Opfer gekostet hat und an der Westfront nichts passiert ist. Hitler hat also recht. Die Alliierten trauen sich doch nicht.

Für mich sind die letzten Monate zufriedenstellend vergangen. Ich bin glücklich mit meinem Arbeitsplatz und lerne jeden Tag dazu. Meine Kollegen sind zwar älter, aber richtige Freunde für mich. Zumindest, solange wir hier in der Fabrik sind. An der Pforte hört der Kontakt auf. Noch nie hat einer mich eingeladen, einmal mit nach Hause zu gehen. Die Barriere ist doch zu groß. Vielleicht kommt es auch daher, weil ich in deren Augen der Schützling von „Meneer" bin.

Im Dommelhuis bin ich zufrieden. Die sechs Monate, die ich schon hier bin, sind verflogen. Amsterdam ist wie ein dunkler Schatten ganz weit weg. Aber es gehen Gerüchte, daß wir alle aus Sicherheitsgründen hinter die Wasserlinie gebracht werden sollen. Ich hoffe, daß das nicht wahr ist. Ich möchte so gerne hierbleiben. Zufall oder nicht, Herr de Heer bleibt auf seiner Runde bei mir stehen und fragt, ob es mir gutgeht. Ich erzähle ihm von den Gerüchten, aber er sagt, daß ich mir nur keine Sorgen machen soll. „Brauchst du irgendwas?" fragt er noch, und ich antworte, daß, wenn wir übersiedeln müßten, ich bessere Koffer oder vielleicht eine Kiste haben möchte. Er wird sich etwas einfallen lassen, sagt er und geht weg.

Keine Stunde später kommt der Lohnbuchhalter zu mir. Ich kenne ihn, denn er bringt jeden Freitag die Lohntüten für die Arbeiter zum Werkmeister, der sie dann in der Kaffeepause austeilt. Ein kleiner, schmächtiger Mann mit Brille, im für die Buchhaltung obligaten, beigen Arbeitskittel. Erst glaube ich, daß er nur zu mir kommt, um, wie er das öfters tut, weise Ratschläge zu erteilen, während hinter seinem Rücken Jacq und die anderen blöde Grimassen schneiden. Um nicht zu lachen, höre ich ihm dann kaum zu und arbeite ruhig weiter. So auch jetzt: er sagt, daß er alles genau aufgeschrieben hat, jede Stunde weiß er. Er zeigt auf eine Liste, die er in der Hand hat, mich aber nicht sehen läßt. Die hat er Meneer gezeigt, und der hat „ja" gesagt. Jetzt ist es mir klar: er hat genau ausgerechnet, wieviel Geld ich bis jetzt verdient habe, und das bekomme ich jetzt. Ist das richtig? „Jawohl", sagt er und gibt mir auch so eine braune Tüte, wie sie die anderen immer bekommen. ‚M. Schwarz' steht drauf und auch die Funktion: ‚Lehrling'. Das bin ich, und ich bin dankbar, daß ich es hier sein darf.

Es ist Samstag, nur ein halber Arbeitstag. Während die letzten Stunden vorbeifliegen, nehme ich mir vor, nachmittags mit Fritz einen Wintermantel zu kaufen, er hat keinen. Ich habe schon früher einen von Meneer bekommen. Dann können wir auch gleich ein Paket nach Wien schicken, es ist dringend notwendig. Da ich nun wöchentlich meinen Lohn bekomme, werden wir das jede Woche tun, wenn ich das Geld behalten darf.

Wir gehen also in die Stadt, um Einkäufe zu machen. Bei C & A, wo einer der Prokuristen von der Tweka für mich einen Mantel gekauft hat, finden wir nichts, aber bei Peek & Cloppenburg haben wir Erfolg. Fritz sucht sich einen schönen Tweed-Mantel aus, der ihm ausgezeichnet paßt. Er kostet nur 12 Gulden. Wenn man das in Reichsmark umrechnet, ist es ein lächerlich niedriger Preis. Vor allem wenn man, so wie ich, ein halbes Jahr Lohn auf einmal ausgezahlt bekommt. Dann kaufen wir Kaffee, Kakao und Tee. Vor allem aber Mehl, denn Mutti hat letztens geschrieben, daß man in den Geschäften, wo sie noch einkaufen darf, kaum noch anständiges Mehl bekommt. Was tut eine Wiener Hausfrau, wenn sie nicht mehr backen kann? Wir kaufen auch Schokolade-Katzenzungen für unsere Cousine Susi. Hoffentlich kommt es schnell an.

Der Wintermantel war kein Luxus, denn jetzt, Mitte November, fängt es schon an, richtig kalt zu werden. Vor allem morgens beim Radfahren ist es unangenehm, die Finger werden steif. Guus sagt, daß ich die Lenkstange noch zu verkrampft festhalte, weil ich noch immer Angst habe beim Fahren. Er macht mir vor, daß er freihändig fahren kann. Jetzt kitzelt mich der Teufel, ich mache es ihm nach, und es geht! Ein zweites Mal traue ich mich nicht mehr. Beim Mittagstisch sagt Guus, daß er Auftrag bekommen hat, für uns beide wieder eine Autobuskarte zu kaufen. Ab kommendem Montag brauchen wir also nicht mehr mit dem Rad zu fahren. Meneer denkt eben an alles. Auch daran, mit dem Komitee zu verabreden, daß ich bis auf weiteres meinen Lohn behalten darf.

Ende November, wir haben schon vierzehn Tage nichts aus Wien gehört. In den Alpen muß jetzt schon Schnee liegen. Wie können sie dann noch aus Wien nach Agram kommen, wenn man nicht über gebahnte Wege gehen kann? Mit einem Kopf voll Sorgen gehen wir mit Joschi und Dan zu einem Orgelkonzert in eine ganz moderne Kirche. Ein junger Organist, Feike Asma, spielt himmlisch schön. Wir vergessen unsere Sorgen und erschrecken, als im Dommelhuis ein Telegramm auf uns wartet. Aber der Inhalt besagt, daß alle fünf gesund in Agram angekommen sind! Fritz und ich fallen einander um den Hals, Joschi und Dan, die die fünf ja auch sehr gut kennen, jauchzen mit.

Wir haben sie zum ersten Mal in Freiheit am Telephon gesprochen. Die Verbindung war zu schlecht für so ein emotionelles Gespräch. Wir hören, daß Tante Elsa und ihr Mann, weil sie keinen anderen Ausweg mehr sahen, zu Verwandten in die Slowakei gefahren sind. Wir fürchten, daß ihnen das nicht helfen wird. Die Slowakei ist seit dem Ende der Tschechoslowakischen Republik ein „autonomer Staat" unter deutschem Schutz.

Der erste Brief aus Jugoslawien ist angekommen. Es ist ein Abenteuerroman. Sie hatten genaueste Instruktionen von Onkel Hermann bekommen: mit dem Zug von Wien nach Villach fahren, umsteigen nach Rosenbach. Deutsche Zollkontrolle. Bummelzug nach Laibach. In das letzte Abteil des letzten Waggons einsteigen. Soweit stimmt alles, nur hatten sie keine Fahrkarten bekommen, und kaufen konnten sie sie wegen der Devisenbestimmungen nicht. Im letzten Abteil des letzten Waggons brennt kein Licht. Sie steigen doch ein. Gerade vor der Abfahrt kommt der Schaffner und gibt ihnen wortlos die Fahrscheine. Er verschließt die Türe und verschwindet. Der Zug fährt in den Tunnel. Stockdunkel, ab und zu fliegen Funken vorbei, es stinkt nach Rauch und Ruß. Alle haben Angst. Auch Papa ist bange. Nicht wegen des Dunkels und weil es hier höllisch stinkt. Nein, er fürchtet die jugoslawischen Zöllner, die jetzt gleich kommen werden. Ausfahrt aus dem Tunnel, aber es ist noch dunkel draußen. Keuchend hält der Zug an einem schlecht beleuchteten Perron in Jesenice, der Grenzstation. Erst ist es still. Dann hören sie Türen auf- und zuschlagen, Leute rufen, man verlangt Pässe. Jetzt sind sie schon beim letzten Waggon. Dann sagt eine Stimme auf slowenisch: „Da hinten ist es finster, da ist niemand mehr". Der Zug fährt ab. Sie sehen die Zöllner auf dem Perron stehen.

Während der Zug ächzend und krächzend weiterfährt, wird ihnen langsam klar, daß der schwerste Teil hinter ihnen liegt. Alles hat Onkel Hermann arrangiert. Den genauen Fahrplan, das Abteil ohne Licht, den Schaffner mit den Fahrscheinen, die Zollbeamten, die vor dem letzten

*„Sehr zufrieden im Dommelhuis", 2. Jänner 1940,*

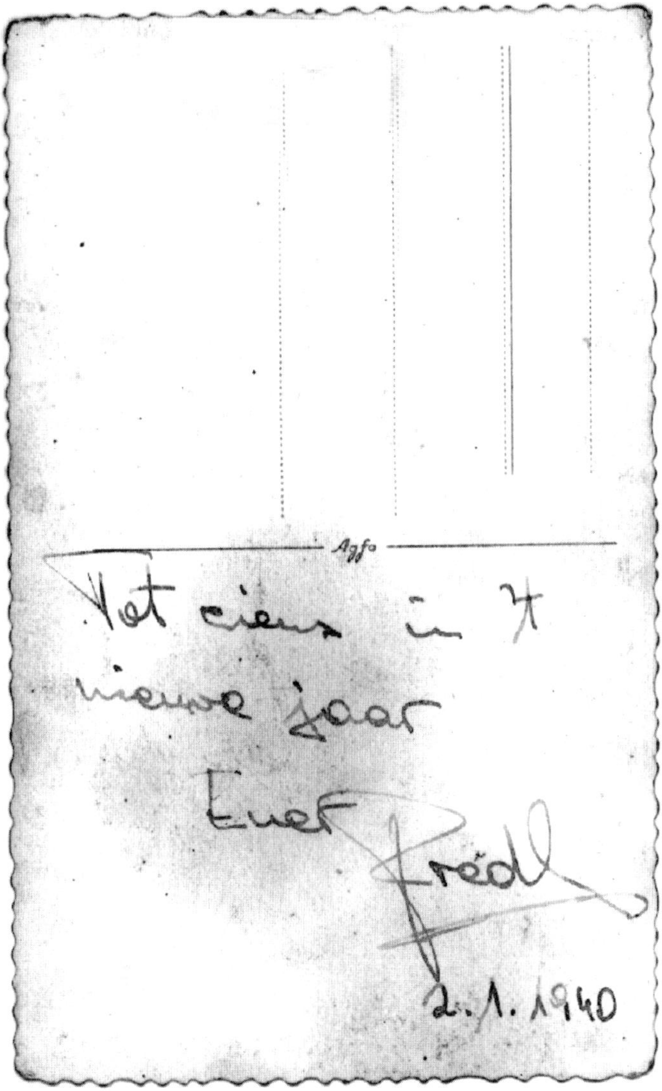


*Auf die Rückseite dieses Photos schrieb ich – schon auf holländisch – nach Wien: „Auf Wiedersehen im Neuen Jahr!"*

*Fritz im neuen Wintermantel, Winter 1939/40*

Abteil kehrtmachten. All das hat der liebe, alte Onkel organisiert, und deshalb dauerte es Monate, bis alles perfekt in Ordnung war.

Sie haben Fahrkarten bis Agram. In Laibach müssen sie drei Stunden warten. Sie sitzen in einem kalten, dreckigen Wartesaal, übermüdet und noch immer verängstigt. Ein Häufchen Elend: vier Erwachsene und ein Kind, gut gekleidet, aber schmutzig von der Reise, Rußflecken auf den Gesichtern, blaß von der durchwachten Nacht und Spannung. Ein Mann kommt in den Warteraum. Er trägt einen blauen Arbeitsanzug, verschlissen und voller Ölflecken. Ein alter Rucksack hängt an seiner Schulter. Er schaut sie an und sagt: „Juden?" Bevor sie wissen, ob sie ja, nein oder gar nicht antworten sollen, sagt er: „Hitler nix gut", nimmt aus dem Rucksack eine alte Feldflasche und einen Emailbecher. Er gibt ihnen einen Becher Kaffee und zeigt, daß sie trinken sollen. Ein Becher zu fünft ist nicht viel, aber es ist, als ob unendlich viel darin wäre. Becher und Feldflasche packt er wieder ein, setzt sich auf eine Bank, und bevor sie ihm richtig danken können, schläft er schon. Er schnarcht, bis die Türe aufgemacht wird. Der erste Zug nach Agram ist zur Abreise bereit. Dort werden sie am Bahnhof abgeholt. Auch dafür hat Onkel Hermann gesorgt.

Wir lesen den Brief immer und immer wieder. Wir zeigen ihn Fräulein Sussmann, die recht gehabt hat, und unseren Freunden. Nur in einem Roman gibt es so etwas, und doch haben nüchterne, verängstigte Menschen es wirklich erlebt.

Manche werden bleiben dürfen. Das macht mir große Sorgen. Ich nehme an, daß de Heer dafür sorgen kann, daß ich bleibe. Aber Fritz? Ich will nicht, daß wir wieder getrennt werden. Was aber, wenn ich (unter 18) in ein Jugendheim muß und Fritz (über 18) in das neue Zentral Flüchtlingslager Westerbork geschickt wird?

Ja, das „Kamp Westerbork", wie wir es nennen, spukt immer in unseren Köpfen herum. Seit einigen Monaten ist es bewohnt. Ab und zu kriegen manche hier, die in Hellevoetsluis oder Hoek van Holland waren, Post von früheren Kollegen. Abgesehen davon, daß dort die Familien vereinigt sind, ist es wahrlich nicht angenehm dort. Vor allem im Winter, wo die Schnee- und Sandstürme über die dürre, kahle Heide pfeifen und die Junggesellen in kaum geheizten Baracken wohnen. Eine unwirtliche Gegend, endlos weit weg von den nächsten menschlichen Behausungen. Lieber nicht dorthin.

Unser Wunsch wird erhört: wir beide brauchen nicht weg. Fritz wird bei der Familie Verwey und ich bei der Familie Hass in Pension sein. Besser kann man es wohl nicht treffen. Noch drei Burschen dürfen bleiben: die Brüder Schlachter und Rolf Barasch. Alle drei gehen in die Textilschule. Rolf wird bei einem Philipsingenieur in Waalre wohnen, wo die beiden Brüder Schlachter wohnen, weiß ich noch nicht. Ich bin sehr froh, daß Rolf auch bleiben darf. Er ist ein Jahr jünger als ich, ein sehr netter Kerl. Er kommt aus Dresden. Sein Vater war Arzt und ist vor zwei Jahren nach Amerika gegangen. Seither versucht er verbissen, aber vergebens, seine Familie nachkommen zu lassen. Rolfs drei Jahre älterer Bruder ist vor etwa einem Jahr in Dresden von einer SA-Streife mitgenommen worden. Danach hat man nichts mehr von ihm gehört. Rolf konnte gleich nach der „Kristallnacht" mit einem Kindertransport nach Holland flüchten. Nun ist seine Mutter ganz alleine in Dresden, keine Chance wegzukommen.

Unsere Eltern mußten Agram verlassen. Einer ganzen Gruppe jüdischer Flüchtlinge wurde Samobor als Aufenthaltsort zugewiesen. Eine Sommerfrische, circa 60 Kilometer von Agram entfernt, wo jetzt im Winter viele Ferienwohnungen und Zimmer leerstehen. Mutti, aktiv wie immer, hat eine Wohnung gefunden: ein Zimmer und eine geräumige Küche mit einem riesigen Herd. Mutti kocht für die Leute, die nicht selbst kochen wollen oder können. Papa verdient etwas mit Englisch-Stunden und hackt Holz für die Küche. Jeder von der Gruppe bekommt eine kleine Unterstützung vom Komitee, und manche haben Geld oder bekommen es aus dem Ausland geschickt. Also entwickelt sich in Samobor ein eigenes ökonomisches System, in dem Muttis Kochkunst eine nicht unwesentliche Rolle spielt. Sie sind zufrieden.

Das Dommelhuis ist geschlossen. Die grandiose Arbeit, die ein Team von Freiwilligen geleistet hat, ist durch einen Federstrich von einem Minister in Den Haag vernichtet worden.

Wie hat der Minister auch wieder gesagt: „Es soll den Flüchtlingen nicht zu gut gehen, sonst bleiben sie zu lange hier!" De Heer, der, wie ich gehört habe, es finanziell möglich gemacht hat, daß ich bei Hass wohnen kann, steht bei mir an der Maschine und sagt kopfschüttelnd, daß er nicht versteht, warum man das getan hat.

Ich wohne also bei Hass. In einem modernen Wohnhaus, eine Flat nennt man das hier. Im dritten Stock im letzten Haus an der Eisenbahnlinie nach Amsterdam. Neben uns ist das Stadion vom Philips Sport Verein (PSV) und dann das Philips Kultur-Zentrum, der einzige Konzert- und Theatersaal von Eindhoven. Die Aussicht über das Bahngelände finde ich herrlich, ich liebe die Eisenbahn und alles, was damit zu tun hat.

Die Familie Hass hat mich herzlich empfangen. Ich habe ein schön eingerichtetes Zimmer mit einem ledernen Sessel beim Fenster. Unten im Haus ist eine „Fietsenstalling", wo mein Rad sicher aufgehoben ist. Jetzt, wo sonntags keine Burschen vom Dommelhuis mehr kommen, konzentriert sich die ganze Güte der Familie auf mich. Wie ein Prinz werde ich behandelt. Auch Fritz geht es bei Verwey gut. Er hat jetzt auch ein Fahrrad, also treffen wir einander oft. Zur Tweka brauche ich ungefähr gleich lange, nur muß ich quer durch die Innenstadt radeln. Vor einem halben Jahr hätte ich mich das nicht getraut. Heute schlängle ich mich fröhlich pfeifend durch den Verkehr.

## Noordwijk, April/Mai 1940

Familie Verwey hat mich zum Abendessen am Sonntag eingeladen. Sie tun es öfters, es ist immer sehr gemütlich. Herr Verwey, Chemiker bei Philips, ist ein blonder, gutmütiger Riese, immer zu einem Spaß aufgelegt. Die zwei Buben, Maarten und Ejo, sind sieben und fünf Jahre alt. Ich kann sie beide gut leiden. Nachdem die Buben schlafen gegangen sind, merke ich, daß die Einladung heute einen besonderen Grund hat.

Herr Verwey erzählt uns unter dem Siegel der Verschwiegenheit, daß Philips hinter der Wasserlinie ein Duplikatlaboratorium eingerichtet hat, sodaß im Notfall die Forschungen fortgesetzt werden können, auch wenn Eindhoven von den Deutschen erobert werden würde. Das Gremium der Chemiker, zu denen auch Herr Verwey gehört, muß nach einer geheimen Vorwarnung sofort in eine der Küstenprovinzen reisen und dort Weiteres abwarten. Das Sommerhaus „Blonde Duinen" in Noordwijk ist Eigentum von Frau Verweys Mutter. Es steht jetzt leer, und die Familie kann es benützen. Wenn wir wollen, können wir mit ihnen mitfahren. Natürlich sagen wir ja, aber alle sind wir uns klar, daß das keine Vergnügungsreise werden wird. Obgleich es noch reine Theorie ist, bedrückt es uns doch alle.

Nur ein paar Tage später ist es soweit. Am 7. April 1940 stehen Fritz und ich abends zum ersten Mal an der Nordseeküste. Auf der Terrasse vor dem norwegischen Fischerhaus, das jemand einmal auf einer holländischen Düne hat wiederaufbauen lassen und das jetzt „Blonde Duinen" heißt. Es ist schon dunkel. Das Licht des nahegelegenen Leuchtturmes streift immer wieder über uns. In der Ferne sehen wir die Lichter der Küste. Es ist traumhaft schön, der Boulevard unter uns, der Schaum der Brandung, der ab und zu in den Lichtkreis kommt. Beim Frühstück gibt es keine schlechten Nachrichten, also gehen wir ins Dorf. Große Hotels, eine Strandpromenade: so etwas kennen wir nur vom Kino. Wir wandern hinauf zum berühmten Hotel „Huis ter Duin". Bevor der Krieg ausbrach, traf sich hier die Hautevolée, jetzt ist alles leer. Den alten Chique sehen wir an den Möbeln und den Kristallustern drinnen, als wir unsere Nasen an die Fenster drücken. Nachmittags baue ich mit den beiden Buben in den Dünen eine Sandburg. An die See können wir nicht gehen. Der Strand ist mit Stacheldraht, Schützengräben und Maschinengewehrposten abgeriegelt. Die Engländer könnten doch kommen.

Montag früh ist klar, daß nicht wir, sondern daß Dänemark und Norwegen das Ziel des Angriffs waren. Die Dänen haben kapituliert, die Norweger kämpfen noch. Jeder ist froh, die Neutralitätspolitik der Regierung hat doch geholfen. Also fahren wir wieder nach Eindhoven zurück. Morgens stehe ich wieder an meiner Maschine bei der Tweka. Jacq, der Witzbold unter den Kollegen, sagt, daß sie sich schon Sorgen gemacht haben, was sie wohl ohne Dolmetsch hätten tun können, wenn die Deutschen gekommen wären.

Die Ruhe und das normale Leben dauern nicht einmal einen Monat. Heute, am 8. Mai, bekomme ich frühmorgens die Nachricht, daß wir nachmittags abreisen werden. Wieder dieselbe Prozedur: die Koffer packen, Abschied nehmen von Familie Hass, mit dem Zug nach Leiden, Straßenbahn nach Noordwijk. Es ist dunkel, als wir ankommen, dunkler als es das letzte Mal war. Es fällt uns allen auf, aber wir können es nicht deuten. Erst als wir oben auf der Düne vor dem Haus stehen, sehen wir es. Die See ist schwarz, alles ist dunkel: die Richtfeuer der Leuchttürme, die wir an der Küste entlang sehen konnten, brennen nicht. Auch die Straßenbeleuchtung am Boulevard ist ausgeschaltet. Ein kalter Wind weht vom Meer herauf. Beim Erwachen sehen wir in den Stellungen am Strand auffallend viele Offiziere und Soldaten. Aber die Nachrichten bringen keinen Grund zur Aufregung. Die Sonne scheint, das Meer ist jetzt blau. Es ist so friedlich. Laß es doch so bleiben, lieber Gott.

Im Halbschlaf höre ich *Flak*. Gestern abend hat das Radio noch gemeldet, daß unsere Luftabwehr auf unbekannte Flugzeuge geschossen hat. Sie treffen nie, das ist schlecht für unsere Neutralität. Wird jetzt wohl auch so etwas sein, denke ich und drehe mich nochmal um. Aber plötzlich bin ich wach. Ich höre Flugzeugmotoren, die ich kenne, Junkers, und die haben nur die Deutschen. Vom Mansardenfenster aus sehe ich die graugrünen Maschinen mit dem Kreuz. Ich schlüpfe in meine Hose und renne hinunter. Die anderen haben es auch gehört. Es ist klar: der Krieg hat uns auch erwischt. Von der Terrasse aus sehen wir in der Ferne Fallschirmjäger abspringen, aus den Schützengräben wird geschossen. Das Radio meldet, daß die deutschen Truppen heute, am Freitag den 10. Mai 1940, ohne Kriegserklärung Holland angegriffen haben. Fallschirmspringer sind als Briefträger, Polizisten und Straßenbahner verkleidet, zwischen Den Haag und Rotterdam gelandet. Die Luftlandetruppen in der Umgebung von Den Haag haben ihr Ziel, die Königliche Familie gefangenzunehmen, nicht erreicht. Königin Wilhelmina, Prinzessin Juliana, Prinz Bernhard und die beiden kleinen Prinzessinnen sind nach England entkommen. Das holländische Heer kämpft mit seinen Gewehren aus 1895 und Kanonen aus dem ersten Weltkrieg einen aussichtslosen Kampf. Die Inundierungen sind nur teilweise zustandegekommen. Dennoch gelingt es einer kleinen Truppe schlecht bewaffneter Soldaten am Grebbeberg, den Deutschen den Weg nach Utrecht zu versperren. Bei Kornwerderzand sind sie auf breiter Front im Vormarsch nach Rotterdam.

Drei Tage gehen vorbei. Wir auf unserer Düne hören den Krieg nur ganz weit weg: ab und zu Flugzeuge, manchmal Schießen, aber dauernd die Berichte im Radio: Kornwerderzand hält noch immer stand, die Deutschen haben Rotterdam aus dem Süden erreicht, es gelingt ihnen aber nicht, die Brücken über die Maas zu erobern. Die holländischen Marinesoldaten verteidigen sich wie Löwen. Auf dem Flugplatz Ypenburg bei Den Haag hat eine kleine Einheit unzählige Fallschirmjäger aus der Luft geschossen und Junkers-Transportflugzeuge bei der Landung vernichtet. Aber am Pfingstmontag ist es wohl klar, daß es ein ungleicher Kampf ist. Dienstag morgen bekommt Herr Verwey den Auftrag, sich mit seiner Familie nach London zu begeben. Wie, das wissen sie noch nicht, aber es ist sicher, daß Fritz und ich nicht mitfahren können. Sie finden einen Platz für uns bei einer jüdischen Familie, die eine Villa in Noordwijk hat, ganz in der Nähe. Aber wir sind jetzt gefährliche Feinde und dürfen nicht aus dem Haus. Also bittet Frau Verwey die Polizei um freies Geleit für uns beide. Wir packen ein und fangen an, Abschied zu nehmen. Wir wissen, daß die Reise nach England gefährlich ist und wir sie sicher lange Zeit nicht mehr sehen werden. Sie aber wissen, daß uns jetzt, wo wir den Nazis wieder in die Hände gefallen sind, nur ein Wunder wird retten können.

Ein Militärauto kommt: Ja, er weiß, daß uns freies Geleit zur Villa Materna zugesichert ist. Der Soldat ist sogar so freundlich, unsere Koffer hinunterzutragen, stellt sie ins Auto, und wir fahren ab. Nicht zur Villa, sondern in den Ort. Er hält in einer Seitengasse, macht ein Tor auf und schiebt uns und unser Gepäck hinein. Ein Saal voll Männern mit Polizeibewachung. Es sind verhaftete NSBer, holländische Nazis, aus Angst vor Kollaborateuren eingesperrt.

Wir versuchen den Polizisten klarzumachen, daß wir nicht dazugehören, aber unser deutscher Akzent macht es noch ärger. Wieder sind wir Gefangene der holländischen Polizei. Ich kriege fast einen hysterischen Anfall, als mir klar wird, daß, falls die holländische Verteidigung standhalten sollte und die Verweys nach England entkommen können, wir wieder illegal sind, weil niemand unsere Geschichte bezeugen kann. Es fängt gut an: alle müssen wir in einen Autobus einsteigen. Ein Soldat mit einem Gewehr steht auf dem Trittbrett, Schutz gegen Fallschirmjäger?

Alle Männer in dem Autobus gehören zur örtlichen Schickeria der NSB. Die meisten sitzen schon seit Freitag, also schon den fünften Tag, ungewaschen, unrasiert, aber frohen Mutes, denn Hitlers Sieg ist sicher. Neben mir sitzt aber einer, der hat schon zehnmal gesagt, daß er nur Parteimitglied ist, weil sein Chef ihn dazu gezwungen hat. Schließlich antworte ich, daß wir aus Wien geflüchtet sind, weil sein Chef uns dazu gezwungen hat. Ich glaube nicht, daß er mir zuhört. Wir fahren quer durch die Blumenfelder. Tulpen und Hyazinthen blühen, daß es eine Lust ist. Der Himmel ist blau und die Sonne scheint. Wenn am fernen Horizont nicht Rauchwolken zu sehen wären, wenn der Autobus nicht voller Landesverräter wäre und wenn ich nicht wüßte, was ich weiß, würde ich glauben, daß der Friede so aussehen muß: blühende Blumen in der Sonne. Der Soldat auf dem Trittbrett sagt, daß heute vormittag hier noch Heckenschützen waren, jetzt ist nichts mehr zu sehen. Wir fahren durch Haarlem, ich sehe die große Kirche mit dem prachtvollen hohen Schiff und einem mit goldenen Glocken gekrönten Reiterturm. Zu schnell ist das vorbei. Vor uns liegt ein Gebäudekomplex, „Ripperda Kazerne" lese ich. Der Bus stoppt, eine Ordonnanz ruft, daß wir hinüber zu den Ställen fahren sollen. Dort hält der Autobus, bewaffnete Soldaten umzingeln uns, als wir aussteigen. Eine Schiebetüre geht auf: ein großer Raum, links liegt Stroh auf dem Boden, rechts an der Wand sind lange Wassertröge. Es sind noch viel mehr Gefangene in dem Raum. Wir entdecken auch, daß wir nicht die einzigen Juden sind. Die Polizei hat, vor allem in Amsterdam und Umgebung, viele deutsche Juden verhaftet, auch wenn sie den Flüchtlingsstatus nachweisen konnten.

Es wird Essen gebracht. Jeder bekommt eine große Schüssel und einen Löffel. Es gibt Rotkrautstamppot. Er schmeckt wunderbar, viel besser als bei Philips, wo ich neun Monate Stammkunde war. Fritz ißt beinahe nichts. Für ihn muß das alles ein Riesenschock sein. Er hat es schon einmal mitgemacht, in Norg.

Angezogen, so wie wir sind, schlafen wir auf dem Stroh ein. Ich muß ganz weit weg gewesen sein, denn ich merke nur langsam, daß die Lampen brennen und die meisten Leute stehen. Aber ich bin wach, als ein Offizier auf eine Kiste steigt und auf Holländisch sagt, daß der Oberbefehlshaber der niederländischen Truppen, nach einem barbarischen Bombenangriff auf Rotterdam, wobei die ganze Innenstadt verwüstet wurde, und der Drohung, daß Utrecht ebenfalls zerstört werden kann, kapituliert hat. Es herrscht Todesstille. Auch die NSBer, die jetzt doch die Sieger sind, schweigen. Also fährt der Offizier fort: „Sie werden jetzt freigelassen. Ich ersuche aber die Herren NSBer, die hier auch anwesenden deutschen Juden, die jetzt zugleich mit ihnen gehen werden, bei Begegnungen mit den aufrückenden deutschen Truppen zu schützen."

Es ist Mittwoch, 15. Mai 1940, 6 Uhr morgens, als wir mit unseren Koffern in der Kennemerstraat in Haarlem stehen. Fritz will nach Ijmuiden, vielleicht können wir noch entkommen. Ich läute bei dem Haus, wo wir gerade stehen. Eine Frau macht auf. „Bitte", sage ich, „wir wollen von Ijmuiden nach England, dürfen wir unsere Koffer bei Ihnen stehen lassen? Wenn wir nicht zurückkommen, dürfen Sie alles behalten." Die Frau stimmt zu, wir stellen die Koffer in den Gang. Von der Autobusfahrt weiß ich, daß der Bahnhof nicht weit weg sein kann. Das stimmt, auch der Fahrplan stimmt, sogar noch am sechsten Kriegstag und nach der Kapitulation. Um halb sieben fährt ein Zug nach Ijmuiden – wirklich auf die Minute genau. Wir sind die ersten, die aus dem Zug springen. Jede Minute kann wichtig sein. Aber wir sind doch zu spät dran. Am Kai stehen viele enttäuschte Leute, die es auch nicht mehr geschafft haben. Zwischen den beiden Molen hat man, um die Einfahrt in den Noordzeekanaal zu sperren, einen Seedampfer versenkt. „Jan Pietersz. Coen" kann man gerade noch lesen. Den kenne ich noch aus Amsterdam. Ein Schiff mit Kindern aus dem jüdischen Waisenhaus konnte noch abfahren. Sind auch Dommelhuiskinder dabei?

Es ist sinnlos hierzubleiben, wir haben keine Chance mehr zu flüchten. Also mit dem nächsten Zug wieder zurück nach Harlem. So sind wir viel schneller wieder in der Kennemerstraat, als wir erwartet haben. Die Dame hat die Koffer noch nicht angerührt. Wir bedanken uns und nehmen sie wieder mit. Jemand hat in Ijmuiden gesagt, daß die Straßenbahn billiger ist als der Zug, und so sitzen wir nicht lang danach in einer Schmalspurbahn, die der „Badner Elektrischen" von Wien nach Baden sehr ähnelt. An einem Schild sehe ich, daß die Waggons in Budapest gebaut sind. Äußerst komfortabel, gepolstert, ziemlich hoch. Das gibt eine wunderbare Aussicht über das Land. Beim Petroleumhafen sehe ich eine Rauchwolke, sonst sieht es friedlich aus. Kaum zu glauben, was passiert ist.

Das Flüchtlingskomitee schickt uns wieder zu Lohe, die Fremdenpolizei interessiert sich nicht mehr für uns. Wir rufen in Eindhoven an und hören, daß die Familie Verwey auch wieder zurück ist. Familie Hass erwartet mich. Nach ein paar Tagen fahren wir also wieder nach Eindhoven. Das ist gar nicht so einfach. Die Eisenbahnverbindungen im Süden sind unregelmäßg, weil die Brücken bei Zaltbommel und Culemborg gesprengt worden sind. Also müssen wir einen großen Teil der Strecke mit Autobussen und auf Lastwagen reisen. Dabei sehen wir, daß im Land kaum etwas geschehen ist. Der Schwerpunkt liegt eben an der Grebbelinie und vor allem in Rotterdam. Dort ist tatsächlich die gesamte Innenstadt verwüstet und das ärgste ist, daß die Deutschen die Stadt bombardiert haben, nachdem Holland bereits kapituliert hatte. In Boxtel sehen wir am Bahnhof zum ersten Mal verwüstete Häuser. Jetzt hat der Krieg auch für uns ein makabres Gesicht bekommen.

In Eindhoven werden wir herzlich empfangen. Ich gehe wieder zur Familie Hass. Es ist besser, daß Fritz jetzt nicht bei Verwey wohnt. Also zieht er zu Familie Mogendorff, deren Sohn Hans wir von Maccabi kennen. Bei der Tweka darf ich leider nicht mehr arbeiten, aber ich habe einen anderen Posten. Ich werde Fahrer bei Herrn Hass. Er verkauft Papier- und Schreibwaren. Seine Hauptkundschaft sind die Gemeindeämter der vielen kleinen Orte, die rings um Eindhoven liegen. Er hat sie immer per Autobus oder auch noch mit der Dampftramway besucht. Jetzt fahren beide nicht mehr und radfahren kann er nicht. Die ideale Lösung ist also ein Tandem, ein Fahrrad für zwei. Wir mieten eines. Ich sitze vorne und lenke. So radeln wir bei schönem Wetter durch das freundliche Brabantse Land. Oft gehe ich mit in so ein kleines Rathaus, wo es scheint, daß die Zeit vor 50 Jahren stehengeblieben ist. Herr Hass wird immer herzlich begrüßt. Er ist nicht nur ein guter Mensch, er ist auch ein geschätzter Lieferant. Ich bin stolz auf ihn und freue mich, daß ich mich endlich ein bißchen revanchieren kann für alles, was er und seine Frau für mich tun.

Zwischendurch habe ich Zeit genug, um mit Sally in der Gegend herumzufahren und um uns die Stellung Halfweg anzusehen. Die ist jetzt gratis zu besichtigen, es ist kein Schuß gefallen. Die schönen Bäume der Allee sind wohl gesprengt worden, aber das war vergebene Mühe. Nicht nur weil keine Deutschen kamen, sondern auch weil die Bäume nicht auf die Straße, sondern auf die Radwege gefallen sind. „Vielleicht", sagt Sally, „hat der Kompaniekommandant gedacht, daß die Nazis per Fahrrad kommen. Hätte ja auch sein können."

Die Nachrichten, die wir aus Jugoslawien bekommen, sind gut. Die Eltern haben große Angst um uns gehabt. Vor allem, weil sie am Tag nach der Kapitulation Verwey angerufen haben und keine Antwort bekamen. Wegen der Schweigepflicht konnten wir nicht über die geplante Reise nach Noordwijk schreiben, sodaß sie natürlich sehr besorgt waren. Glücklicherweise haben wir sie aus Amsterdam gleich angerufen.

Ich bin Mitglied des Fußballklubs PSV und spiele in einer der Jugendmannschaften. Das Stadion ist neben unserem Haus. Abends, wenn ich zum Training gehe, ist das sehr angenehm. Ich muß nur eine Straße überqueren und bin schon da. Ich spiele wahnsinnig gern, bin aber viel zu faul zum Trainieren, also werde ich es sicher nicht weit bringen.

Die Tweka fehlt mir. Sonst ist das Leben recht angenehm, aber wir machen uns große Sorgen um unsere Zukunft. Nach der Kapitulation der Franzosen und der, wie man sagt erfolgreichen, Evakuierung der englischen Truppen vom Strand von Dünkirchen, ist alle Hoffnung auf ein schnelles und vor allem unblutiges Ende der Naziherrschaft verflogen. Es geht eher schief, es ist wie ein Alptraum. Die holländischen Generalsekretäre der verschiedenen Ministerien, die auch die nach London geflüchtete Regierung vertreten, entscheiden, daß alle deutsch-jüdischen Flüchtlinge in das Lager Westerbork übersiedeln müssen. Befristete Aufenthaltsgenehmigungen, so wie wir sie haben, werden also ungültig.

Erst verstehen wir gar nicht, daß das auch für uns zutrifft. Bis am 3. Juli Rabbiner Frank, der jetzt auch das Flüchtlingskomitee vertritt, zu Hass kommt und mir den Bescheid (samt Fahrkarte und Fahrplan) bringt, daß wir am 5. Juli nach Westerbork reisen müssen. Fritz und die Schlachters hat er schon gesprochen, nur Rolf muß er noch erreichen. Er wird versuchen anzurufen, denn es fährt kein Autobus nach Waalre. Hass bietet ihm seinen Platz auf „unserem" Tandem an, aber er fährt lieber auf seinem eigenen Fahrrad. Er trinkt noch eine Tasse Kaffee. Frau Hass ist sehr geehrt durch seinen Besuch, was mir ein bißchen altmodisch vorkommt.

Wir sind alle bestürzt, und das wird nicht besser, als Fritz kommt und erzählt, daß er schon mit Frau Verwey gesprochen hat, die auch nichts mehr für uns tun kann. Es ist klar, daß einige Beamte vom Justizmininsterium nun das „Flüchtlingsproblem" auf ihre Art lösen und es niemanden mehr gibt, der sie daran hindern kann. Für Frau Verwey ist das besonders hart. Es trifft nicht nur uns, sondern auch die vielleicht hundert anderen, die sie versorgt hat. Übrigens ist die Knabenanstalt am Westersingel in Rotterdam von einer Brandbombe getroffen worden, aber Gott sei Dank ist niemandem etwas geschehen. Abends fahren wir zusammen zu Verwey, um Abschied zu nehmen. Wir versuchen, ihr zu sagen, wie wichtig das Dommelhuis für uns alle war. Natürlich werden wir schreiben, und wir geben ihr vorsichtshalber die Adresse von Papa und Mutti in Samobor. Es könnte doch sein, daß wir eines Tages in Westerbork keinen Kontakt mehr mit dem Ausland haben dürfen. Ein schwerer Abschied von ihr und ihm, glücklicherweise schlafen die Buben schon.

Am 5. Juli bin ich schon früh wach, sehe mein Gepäck und flehe um ein Wunder. Aber das kommt nicht. Also stehe ich auf und halte meinen Kopf unter das kalte Wasser. Im Wohnzimmer steht ein wunderbares Frühstück. „Ich weiß halt nicht, wann ihr wieder was zu essen bekommt", sagt die liebe Frau Hass, die nach zehn Jahren ein herziges holländisches Wienerisch spricht. Außerdem hat sie zum Mitnehmen einen Gugelhupf gebacken. Herr Hass, der still und etwas verlegen im Hintergrund steht, pfeift: „Daß d'ma net verhungern tuast auf der Fahrt nach ..." und unterbricht plötzlich. Nach Wien fahren wollen wir doch sicher nicht, zumindest nicht unter diesen Umständen. Laß doch bitte das Wunder kommen. Wenn schon nicht für uns, dann doch für diese lieben Leute!

Der Zug fährt an der Wohnung von Hass vorbei. Hier habe ich immer auf die Bahn heruntergeschaut. Nicht hinschauen, habe ich mir vorgenommen, aber ich tue es doch. Ich winke sogar. Aber Gott sei Dank stehen sie nicht am Fenster. Zu fünft sitzen wir mißmutig im Abteil. Sogar die Eisenbahnfahrt ermuntert mich nicht. Obzwar die Reise doch viel zu bieten hat: eine ganz andere Landschaft und eine imposante Eisenbahnbrücke bei Zwolle. Dann sind wir in Beilen. Hier soll ein Dienstauto aus dem Lager uns abholen.

## Westerbork, Juli 1940

Beilen, ein kleiner Bahnhof, ein kleiner Ort. Tatsächlich steht vor dem Stationsgebäude ein Lastauto, den Fahrer Siegfried kennen wir noch aus Hellevoetsluis. Viel spannender ist aber, daß zugleich mit uns zwei Mädchen angekommen sind, die auch ins Lager fahren. Siegfried offeriert den Damen einen Platz vorne in der Kabine. Die beiden ziehen es aber vor, bei uns hinten auf dem offenen Wagen zu sitzen. Das freut uns, mich besonders. Die Jüngere, ungefähr so alt wie ich, ist blond, hübsch und hat blaue

Augen. Die Ältere ist unauffällig und trägt eine Brille. Die Eltern und der jüngere Bruder sind schon in Westerbork. Der Vater ist in Hoek van Holland gewesen, Mutter und Sohn in Amsterdam, aber leider kenne ich sie nicht. Die Mädchen waren in einem Internat, irgendwo in Brabant. Die Anwesenheit des blonden Mädchens muntert mich auf, und als sie sagt, daß sie aus Wien kommen, erzähle ich Graf Bobby-Witze. Wir lachen alle und merken gar nicht, wie trostlos die Landschaft wird. Ackerland und Wald sind verschwunden. Wir fahren auf einer staubigen Straße durch endlose Heidefelder, braun, vertrocknet, staubig. Ringsum ist nichts anderes zu sehen. Nur vor uns, ganz weit weg, ein Schornstein und drei weiße Dächer. Von der vielbesungenen Schönheit der Heide kann ich hier nichts merken, keine Blume, kein Stückchen Grün, nicht einmal ein Baum ist zu finden. Als wir näherkommen, sehen wir ein kleines Dorf. Braune Häuschen, die um die großen weißen Dächer zusammenhocken. Dahinter, wie ein schlechtes Dekor für einen billigen Film, wiederholt sich endlos die eintönige Heide.

Wir klettern vom Lastwagen und sehen die Häuschen vor uns, freundlich mit rot-weißen Gardinen und weißen Dächern. Die zwei Mädchen werden von den Eltern abgeholt. Auf uns wartet niemand. Im Büro nimmt man unsere Dokumente in Empfang und sagt, daß wir in die Baracke acht

*Die trostlose Heide in Westerbork*

gehen und uns dort beim Barackenleiter melden sollen. Draußen steht eine Karre. Wir stellen unsere Koffer drauf und gehen los. Die freundlichen Häuschen sind lange Baracken, die in Wohnungen eingeteilt sind. Wir schauen in eine leere Wohnung: Ein WC beim Eingang, daneben eine Abwasch, ein nett eingerichtetes Wohnzimmer mit einem Aufklappbett für zwei Personen und Zentralheizung, dahinter noch ein Schlafzimmer mit zwei Betten. Keine Kochgelegenheit und kein Waschtisch außer der Abwasch im Gang. In der Mitte der Baracke ist ein Speisesaal mit einer Servierküche. Hingegen schaut die Baracke, zu der wir uns begeben, sehr unfreundlich aus. Die Straßenfront hat nur eine Reihe länglicher Fenster knapp unter dem Dach. Der Eingang ist ausgebaut, an jeder Seite drei unangenehm riechende WCs. Dann kommen wir in einen langen Gang. An der Außenwand ein Wasserleitungsrohr mit Hähnen, darunter ein Trog in der ganzen Länge des Ganges. Die Waschgelegenheit also. Aber es gibt keinen Spiegel und auch kein Brett, um etwas abzustellen. Der Kohlenofen wird Toiletten und die Waschgelegenheit wohl nicht vor Frost schützen können. Von diesem Gang aus geht es in zwei Schlafsäle mit je zwanzig Betten. Jeder hat einen eigenen Kasten. Es gibt keine Heizung. Zwischen den Schlafräumen ist ein Zimmer für den Barackenleiter. Dann kommen wir in den Aufenthaltsraum, da stehen achtzig Stühle um einen U-förmigen Tisch. In der Mitte steht ein großer Kohlenofen. Auch hier eine Servierküche. Auf der anderen Seite des Saales sind auch zwei Schlafsäle, Toiletten usw. Alles ist lieblos und unfreundlich.

Wir finden Herrn Gelb, den Barackenleiter. Er spricht deutsch, das ist hier die Umgangssprache. Wo soll man denn Holländisch gelernt haben? Alle sind sie doch sofort nach Ankunft eingesperrt worden. Gelb weist jedem von uns ein Bett im Schlafsaal zwei zu. „Die Leute sind alle zur Arbeit", sagt er, „aber hier sind noch ein paar Betten frei."

Wir gehen in den Speisesaal. Das Essen wird auf einem Wagen mit Gummirädern von der Zentralküche geholt, und alle speisen hier zusammen. Freiwillige spülen das Geschirr.

Gelb scheint ein netter Kerl zu sein. Er sieht, daß wir uns darüber wundern, daß, während die meisten Betten doch belegt sind, es aussieht, als ob sie nicht gebraucht werden. „Das ist eine lange Geschichte", sagt Gelb. „Früher hatten wir einen Direktor und eine Zivilverwaltung. Da ging alles normal und geräuschlos. Nun haben wir seit 14 Tagen einen Kommandanten, Hauptmann Schol, der in Holländisch-Indien gedient hat. Herr Schol will nun hier ein Militärregime einführen. Dazu gehört auch, daß die Decken, Bettücher und das Kissen zu einem festen Block zusammengefaltet werden müssen. So macht man das auch beim holländischen Heer. Die roten Streifen der weißen Wolldecken müssen genau gerade an der Vorderseite zu sehen sein. Alle Winkel 90 Grad. Herr de Rade, der Adlatus von Schol, kommt mit einem Maßstock nachmessen. Schlecht gebaut bedeutet Strafarbeit oder verminderte Essensration. Wir glauben an einen Scherz, aber er zeigt uns, daß es in den anderen Sälen auch so ist. Hauptmann Schol hat noch mehr getan: er hat den „Appell" eingeführt, er hat die Bewegungsfreiheit beschränkt. Bis jetzt konnte jeder gehen und stehen, wo er wollte. Jetzt stehen in kurzem Abstand von den Baracken Schilder: „Kampgrens, das Überschreiten der Lagergrenze ist verboten." Die Wiese, wo immer Fußball gespielt wurde, liegt gerade an der anderen Seite eines Schildes. Sie darf nicht mehr betreten werden. Der Weg vor Schols Villa ist für uns gesperrt. Auch Postzensur hat er eingeführt und verschärfte Kontrolle (durch de Rade) in den Schlafsälen, „wegen der Sittlichkeit." Bauen Herr Schol oder seine Auftraggeber hier ein Konzentrationslager? Mußten wir deswegen alle hierher?

Wir packen unsere Sachen aus und studieren den Deckenbau. Gelb kommt wieder herein. Ob die Fenster nicht aufgemacht werden können, es ist zum Ersticken hier in dem Saal. „Paßt mal auf!" sagt Gelb und öffnet ein Fenster, das man nur ein kleines bißchen herunterklappen kann. Sofort kommt ein Wirbel Sand herein. Er schließt das Fenster sofort wieder. „Dabei ist heute verhältnismäßig wenig Wind. Es weht hier immer. Wenn es trocken ist, gibt es Sandsturm, im Winter Schneesturm. Es gibt kaum normales Wetter. Weil die Fenster geschlossen bleiben müssen, sind durch Kondensierung die Decken morgens obenauf klitschnaß, darauf müßt ihr aufpassen, wenn ihr aufsteht." Wir gehen raus. In der Ferne sehen wir Männer in Overalls eiserne Kippwagen schieben. Da wird Heide urbar gemacht, sagt Gelb. Erst Heideboden abstechen, dann wird Torf gewonnen, und darunter kommt gelber Sand frei, damit wird egalisiert. Der Sand staubt besonders. Wo wir die Männer arbeiten sehen, hängt ein gelber Nebel.

Zur Arbeitszuteilung müssen wir wieder zur Verwaltung. Eigentlich eine Farce, denn jeder Neuangekommene muß in den Außendienst, bis er beweisen kann, daß er entweder nicht imstande ist, die Arbeit zu leisten, oder durch Beziehungen ein anderes Pöstchen bekommt. Fritz geht also in den Außendienst, Rolf und ich in den Jugendaußendienst. Was ist der Unterschied? Die Erwachsenen müssen ein den Normen der Nederlandse Heide Mij (N.H.M. AG) entsprechendes Pensum an Kubikmetern Erdreich pro Tag schaffen. Die Jugend braucht das nicht. Das Pensum ist nicht wichtig. Man muß nur den ganzen Tag durcharbeiten. Das bedeutet, daß, wenn Herr de Rade einen erwischt, der sich gerade ausruht, er schon wieder etwas hat, um es Herrn Schol zu rapportieren. Die Oberaufsicht hat Herr Huisman, der selbst von der N.H.M. (Staatsunternehmen zur Urbarmachung von Brachland) kommt. Auch er ist ein „guter" Holländer, sagt Gelb ironisch.

Beim Abendessen finden wir alte Bekannte wieder, Leute, die wir aus Hellevoetsluis oder Amsterdam kannten. Auch einzelne, die kurz im Dommelhuis gewesen sind und das Regime dort zu streng fanden (Rauchverbot unter anderem). Der Stamppot, ich hab' wieder einmal Glück, schmeckt gut. Weil ich beim Geschirrspülen helfe, bekomme ich eine zweite Portion. Gekocht wird in der Zentralküche.

Nach dem Essen gehen wir spazieren. Alte Freunde zeigen uns das Lager. Die Zentralküche dominiert. Da wird nicht nur gekocht, sondern hier ist auch das Magazin, sowohl für Lebensmittel als auch für Gebrauchsartikel. Gegenüber ist der große Saal mit einer kleinen Bühne und sogar einer (nicht eingerichteten) Projektionskabine. Anschließend kommt man in den kleinen Saal. Der wird als Bibliothek, Synagoge und Kirche für katholische und evangelische Gottesdienste verwendet. Neben der

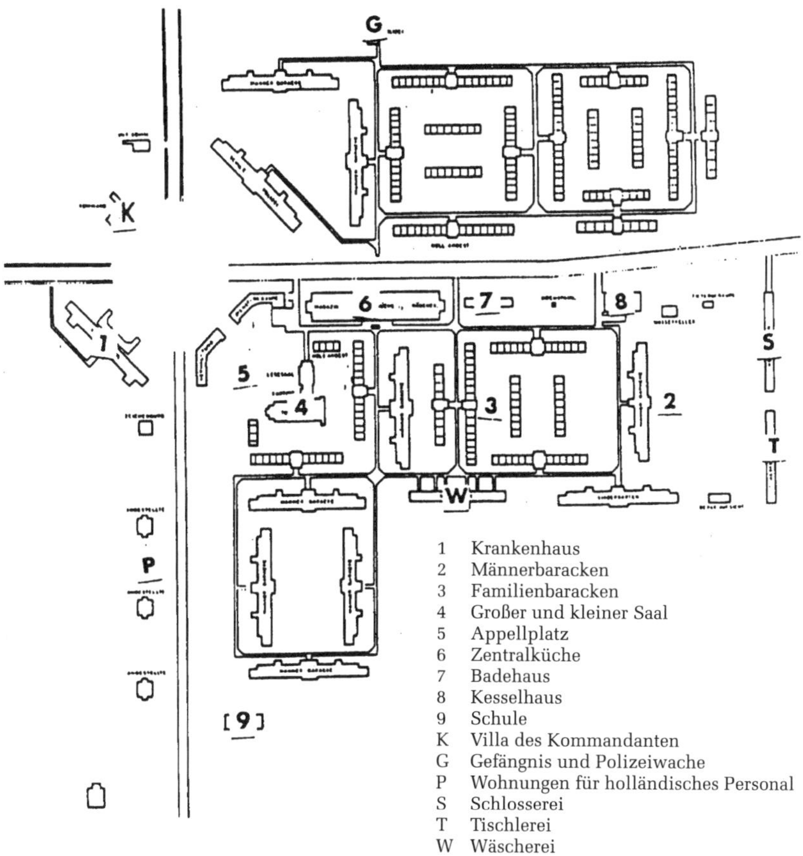


*Zentral Flüchtlingslager Westerbork, September 1939 bis Juli 1942*

Küche ist die Badeanstalt, da dürfen wir einmal in der Woche duschen. Auch ein Friseur ist da. Dann folgt das Kesselhaus mit dem Kohlenlager. In den letzten zwei Baracken sind die Schlosserei, die Tischlerei, Schneiderei und der Schuhmacher. Alles gibt es hier also, nur keine Freiheit, sagt einer unserer Bekannten.

Übermüdet von der Reise und allen Eindrücken, habe ich die erste Nacht gut geschlafen. Das Waschen in dem zugigen Gang ist kein Vergnügen. Danach müssen wir die Decken und Bettwäsche laut Vorschrift zusammenbauen. Auch mit viel Hilfe gelingt es mehr schlecht als recht. Vor dem Appell müssen wir noch zum Magazin, um uns die Arbeitskleidung zu holen. Wir bekommen einen Overall und Arbeitsstiefel. Die ziehen wir gleich an und rennen zurück zur Baracke, um unsere guten Kleider aufzuräumen. De Rade hat heute nicht kontrolliert, höre ich. Glück gehabt.

Arbeitszeit ist von acht Uhr bis ein Uhr und von zwei Uhr bis fünf Uhr dreißig. Der Appell findet eine Viertelstunde vor Arbeitsanfang statt. Die Dampfpfeife kündet Appell und Arbeitsschluß an. Zum ersten Mal stehe ich also beim Appell. Es ist ein hübscher dreieckiger Platz. Hinter uns der große Saal, vor uns die Büros, Garage und die Praxis des Zahnarztes. Fritz sehe ich drüben bei einer Gruppe Erwachsener stehen. Ich bin bei den Jugendlichen. In der Mitte beim Fahnenmast stehen einige Männer. „Der kleine dicke, mit Regenmantel und Hut, als Detektiv verkleidet, das ist de Rade", sagt mein Nachbar zu mir. Daneben steht in einem Manchesteranzug Snater, der Gemüsegärtner. Der nächste, groß und blond, ist Massier, der Koch und weitaus größer als alle anderen in einem braunen Ledermantel und mit einer Schirmmütze, Huisman, der Allmächtige des Außendienstes. Dann erscheint Hauptmann Schol, mit Reitpeitsche und einem schönen schwarzen Hund. Er mustert seine Truppen und stellt fest, daß es noch viel Mühe kosten wird, da richtige Soldaten draus zu machen. Daher schnauzt er einen Befehl, den niemand versteht. Die Gruppenleiter müssen vortreten. Huisman nimmt die Arbeitsbücher in Empfang. Wir können abmarschieren. Im Gleichschritt, solange Schol und de Rade uns sehen, dann lässig weiter.

Auf einem Sandweg, an der Lagergrenze vorbei, kommen wir zu unserem Arbeitsplatz. Tiefe Furchen sind hier in das Land geschnitten, es sieht aus wie eine offene Wunde. Hinten stehen Stapel braun-schwarzer Ziegel, das ist Torf. Daneben liegen abgestochene Heidesoden, die nachher als Abdeckung auf das umgewühlte Land gelegt werden. Aber erst muß der gelbe Sand egalisiert werden. Die Erwachsenen machen das mit Kippkarren auf einem Schmalspurgleis. Wir müssen den Sand mit Schubkarren an die Stellen fahren, wo die Bahn nicht hinkommen kann. Ob ich schon mal Schubkarren gefahren habe, fragt Gert, unser Gruppenleiter. Da mir das Fahren mit einer Karre schöner scheint als das Vollschippen, sage ich ja.

Eine Karre wird vollgeladen. Dann muß ich die zwei Handgriffe anheben. Es ist schwer, aber ich schaffe es. Immer geradeaus also; aber so einfach ist das nicht. Die volle Schubkarre über schmale Planken, die oft auch noch ungleich liegen, zu fahren ist keine Kleinigkeit. Das Laufbrett ist schmal, ich halte die Karre nicht im Gleichgewicht. Gerade als ich glaube, daß es gutgeht, schließt die nächste Planke nicht gut an und die Karre steht im Sand. Gert hilft. Mit ein paar Bewegungen steht die Schubkarre wieder auf dem Brett. „Wann hast du das zuletzt gemacht?" fragt er. „Als Kind, im Sandkasten", sage ich. Gert lacht. Ich nehme einen Spaten und gehe aufladen.

In den zehn Minuten Pause, die wir im Schatten eines tragbaren Holzschuppens verbringen, setzt Gert sich zu mir. Er erklärt mir, daß wir sehr aufpassen müssen, daß Huisman oder einer der anderen Aufseher es nicht sieht, wenn wir stillstehen. Ausruhen, auch nur eine Minute, nennen sie faulenzen. Es ist nicht wichtig, ob wir schnell arbeiten. Wir müssen einfach immer in Bewegung sein. Dasselbe gilt, wenn es regnet. Wir dürfen uns dann in diesen Holzschuppen setzen, aber nur wenn es „richtig" regnet. Huisman nennt es meistens nur „nasser Wind" und dann muß gearbeitet werden. Die Großen haben es besser als wir. Die müssen eben ein Pensum schaffen, und wenn sie das tun, dann können sie zwischendurch ruhig Skat spielen. „Schade", sage ich, „ich arbeite gerne schnell und ruhe mich dann aus". Das soll ich nicht probieren, wenn Huisman in der Nähe ist. Das könnte mich einen Teil der Brotration kosten, meint Gert. Dennoch probiere ich es nach der Pause wieder mit der Schubkarre. Wenn ich ganz langsam und vorsichtig fahre und man nicht zuviel Sand aufgeladen hat, geht es. Die anderen sind zufrieden. Denn wenn ich langsam bin, brauchen sie nicht schnell zu arbeiten. Es dauert aber nicht lange. Huisman kommt, sieht meine Zirkusnummer mit der Schubkarre. Nur weil ich neu bin, kriege ich keine Strafe, sondern muß einfach wieder zum Schippen gehen.

Hundsmüde bin ich, als wir nach Hause kommen. Wir putzen uns den Sand aus den Augen, Ohren und dem Mund. Unsere Gesichter sind gelb vom Schweiß und dem gelben Sand. Heute gibt es Stamppot aus Schnittbohnen. Das nennt man hier Stacheldraht, weil die Fisolen zwar geschnitten, aber nicht erst abgezogen sind. Selbst ein Nachschlag kann mich heute nicht dazu verführen, beim Abwaschen mitzuhelfen.

Unsere Mitbewohner im Schlafsaal sind in allen Altersklassen und aus allen Gegenden Deutschlands und Österreichs. Einer kommt aus Gutenstein, das ist ganz nahe bei Piesting. Die meisten sind verheiratet oder es gewesen. Tragische Geschichten: eine Frau, die nach Jahren glücklicher Ehe es unter dem Druck der Nazis nicht aushalten konnte und ihren Mann weggejagt hat; eine Frau, die sich auf dem Dachboden aufgehängt hat, weil sie Angst hatte, der Propaganda nicht länger Widerstand leisten zu können. Aber auch die, die es nicht mehr vertragen konnte, daß die Nachbarinnen, die immer zum Kaffeeklatsch kamen, sie nicht mehr grüßten. Aber wir haben auch zwei alte Männer hier im Saal. Sie hatten früher einmal einen Bauernhof ganz in der Nähe der holländischen Grenze bei Nordhorn. Den Hof sind sie schon längst los. Jetzt arbeiten sie hier auf dem Bauernhof, der zum Lager gehört. Sie versorgen das Vieh, melken die Kühe. Deswegen müssen sie jeden Tag sehr früh aufstehen und kommen erst spät abends zurück. Sie tun niemandem etwas zuleide, aber im Schlafsaal sind sie die Parias, weil sie früh aufstehen und weil sie stinken. Was können die beiden aber daran ändern? Duschen dürfen sie nur einmal in der Woche, viel Wäsche zum Wechseln gibt es auch nicht. Bevor Schol kam, hatten sie ein Zimmer auf dem Dachboden im Bauernhof. Jetzt mußten auch sie ins Lager zurück. Ein Gesuch, ihnen eine Wohnung zuzuweisen, ist nicht bewilligt worden. Zwei Männer in einer Wohnung, das geht doch nicht.

Heute hat es zum ersten Mal richtig geregnet. Wir durften also die Arbeit unterbrechen und in den Schuppen flüchten. Eine großartige Erfindung: drei Holzwände mit einem schiefen Dach. An den zwei Längsseiten eine lange Stange, sodaß vorne und hinten je zwei Männer sie tragen können. Die Vorderseite ist offen und wird zur windstillen Seite gedreht. Drinnen sind an den drei Seiten Planken zum Sitzen. Der Regen prasselt auf das Dach. Wir sitzen beschützt und hoffen, daß es noch lange so bleibt. Aufhören soll es erst, wenn wir wieder ins Lager zurückgehen müssen, denn wir haben keinen Regenschutz, und da in den Baracken noch keine Öfen brennen, können wir die nasse Kleidung nicht trocknen.

## Westerbork, Herbst 1940

Die äußeren Umstände werden hier jeden Tag unfreundlicher. Jedes bißchen Wind ist tatsächlich ein Sandsturm, jeder Regenschauer eine Sintflut. Merkwürdig ist, daß selbst nach einem heftigen Regen der Sand einem doch wieder um die Ohren pfeift. Nur selten ist es sonnig, Nebel bleibt den ganzen Tag hängen. Das Problem der nassen Kleidung, die wir kaum trocknen können, wird jeden Tag größer. Gert hat sich darüber bei Huisman beklagt, der beim Appell mit Schol gesprochen hat. Kurz danach kam de Rade zu uns, um sich davon zu überzeugen, ob wir wirklich so naß sind.

Es hat Erfolg gehabt, denn jeder konnte im Magazin eine wunderbare Jacke aus blauem Duffle abholen. Schön warm, mit großen viereckigen Taschen, wo man die Hände reinstecken kann. Zum Arbeiten sind sie eigentlich zu schwer. Aber man gewöhnt sich daran, und außerdem kann man die Jacke ja ablegen, wenn es nicht regnet. Wir werden auch Handschuhe bekommen. Darauf freue ich mich besonders, denn ich habe oft kalte Hände. Schließlich bleiben dann noch die Füße. Wenn man in der Früh in die feuchten Schuhe steigt und danach noch eine Viertelstunde beim Appell stillstehen muß, werden die Füße den ganzen Tag nicht mehr warm.

Die Duffle-Jacke trage ich auch, wenn ich am Sonntag mit Rolf spazierengehe. Wir haben entdeckt, daß in der Südostecke innerhalb der „kampgrens" ein Stückchen Natur für uns übriggeblieben ist. Ein Hügel und dahinter Moor mit einem Tümpel, in dem auf kleinen Inseln Vögel Nester gebaut haben. Vom Hügel kann man sehr weit über die flache, kahle Heide schauen. Man sieht den Bauernhof, der zum Lager gehört, die roten Dachziegel, sogar die grüne Stalltüre und ein paar Kühe. Rolf hat gehört, daß eine Jugendgruppe da auch schon einmal gearbeitet hat. Wir gehen am Rand des Moores entlang, bis wir zu einem Stück kommen, wo mitten im Wasser des Tümpels das Schild „Kampgrens" steht. Wer wohl den Pfahl mitten ins Wasser geschlagen hat? Huisman mit Schaftstiefeln? „Nee, das wird wohl einer von uns gewesen sein, aber der hat keine Gummistiefel gekriegt." Wir lachen und springen von Insel zu Insel, bis wir trockenen Fußes wieder das Ufer erreicht haben, ohne die Lagergrenze zu überschreiten. Wir sind jetzt am Weg, der vom Lager zum Bauernhof führt. Es ist auch der direkte Weg in die Gemeinde Westerbork, zu der das Lager gehört, obwohl sie fünf Kilometer weit weg liegt. Wir folgen demselben Weg zurück zum Lager. Links von uns sind die Gemüsegärten von Herrn Snater. Wir haben im Sommer da oft gearbeitet. Unkraut gejätet, in der prallen Sonne. Snater gefällt mir, er ist ein netter Kerl. Er konnte nicht begreifen, daß wir ihn wirklich nicht auf den Arm nehmen wollten, wenn wir seine Aufträge nicht verstanden und die Saat anstelle des Unkrauts herausrissen.

Neben den Gemüsegärten liegt die Kläranlage: einige offene Betongräben mit schmutzigem Wasser, angeschlossen an zwei große runde Betonbunker mit einem Rührwerk. An der anderen Seite fließt klares Wasser zu den Gemüsefeldern. Dann kommen wir zu den drei Zweifamilienwohnungen, in denen das nichtjüdische Personal wohnt. Hübsche Häuser, genau wie unsere Baracken aus braunem Holz mit weißem Dach. Auch die große Villa von Schol, mit Erkern und Balkon ist genau so gebaut. Auch die kleinere Villa seines Stellvertreters, die etwas weiter weg liegt. Aber soweit dürfen wir nicht gehen, denn hier steht wieder ein Schild.

Die Abende verbringen wir im Aufenthaltsraum, spielen Monopoly und derartiges, versuchen zu lesen oder plaudern miteinander. Manchmal spielen wir Bridge. Aber genau wie zum Schachspielen ist es hier viel zu unruhig. Außerdem stehen immer Kiebitze herum, die ihren Mund nicht halten können. Es gibt hier keinen Flecken, wo man Ruhe haben oder alleine sein kann. Im Bett lesen ist unmöglich, dazu ist das Licht zu schlecht. In Kürze sollen aber im kleinen Saal Kurse gegeben werden, zum Beispiel Kunstgeschichte durch Herrn Lenz, einen Mitbewohner. Auch munkelt man, daß für Jugendliche anstelle des Außendienstes Fachkurse kommen sollen. Schön wär's.

Der Kommandant hat erlaubt, daß am kommenden Sonntag ein Fußballmatch gespielt werden darf. Auch Zuschauer dürfen dabei sein, obwohl auf der Wiese, die gerade außerhalb der Lagergrenze liegt, gespielt wird. Es gibt keine Torpfosten, es gibt keine Eckfahnen, es gibt keine Kalklinien, es gibt nichts. Nur einen Ball, einen einzigen. Deutschland-Österreich. Ich darf nicht mitspielen. Ein Länderspiel ist eine seriöse Angelegenheit, und dafür kommen nur erfahrene Spieler in Betracht. Feldmann, den ich hier zum ersten Mal wiedersehe, ist der Kapitän der Österreicher. Dennoch bleibt es bei einem 1:1, für beide Parteien enttäuschend. Das Spiel und der Schiedsrichter werden wohl noch lange kritisiert werden.

Es fängt an, kälter zu werden. Der Ofen im Aufenthaltsraum brennt, die beiden Öfen, die die Waschräume und Toiletten heizen müssen, dürfen aber noch nicht angezündet werden. Also ist es in den Schlafsälen und auf den Gängen eiskalt. Wir können uns vorstellen, wie das im Winter sein wird. Die Tage werden schnell kürzer, das bedeutet: noch länger im vollen Aufenthaltsraum sitzen. Eine andere Möglichkeit gibt es nicht. Dadurch entsteht oft Streit, woran auch die Tatsache, daß Alt und Jung einander auf die Nerven geht, schuld ist. Als wir heute früh zum Appell gehen, ist der Boden leicht gefroren. Auf den eisernen Kippkarren liegt Eis. Huisman teilt Handschuhe aus. Das macht das Leben wieder leichter, und als die Sonne höher am Himmel steht, wird es ein wirklich schöner Tag. Es ist sogar windstill. Ich habe mich an die Arbeit in der frischen Luft schon gewöhnt. Solange das Wetter nicht allzu schlecht ist, gefällt es mir.

## Westerbork, Winter 1940/41

Ich kann mir kaum noch vorstellen, wie es jetzt in der „zivilisierten" Welt aussieht. Hier ist es wie im Alptraum. Der Schneesturm rast um die Baracken, lange Eiszapfen hängen an den Dachrinnen. Der Ofen im Waschlokal ist nicht ausreichend, also sind die Waschtröge und die Wasserspülung in den Toiletten unbrauchbar. Offensichtlich wurde der Architekt dieses Lagers durch Einsparungen gezwungen, so billig wie möglich zu bauen. Das gilt auch für die Zentralheizung, die mit einer unterirdischen Ringleitung vom Kesselhaus die Familienbaracken und alle öffentlichen Gebäude mit Dampf und heißem Wasser bedient. Es gibt dauernd Störungen. Edo, Schweißlehrling, schläft bei uns im Saal. Er hat mir erzählt, daß man im Rohrsystem keine Expansionsbögen angebracht hat, sodaß sehr oft Rohrbrüche, meistens bei Abzweigungen, auftreten. Diese sind aber nicht eingemauert, sondern liegen im Sand, sie müssen dann immer erst aufgegraben werden. Edo wird also oft durch seine Kollegen aufgeweckt. Die Leute vom technischen Dienst sind ein rauhes Volk, und da Edo der Jüngste ist, weckt man ihn nicht mit Umsicht, sondern mit viel Lärm. Die Mitbewohner werden wach, und jedesmal gibt es einen Riesenkrach. Das gehört zur Folklore, denn an sich ist der technische Dienst immer nett und hilfsbereit.

Wenn Edo aber von der Nachtarbeit in den Schlafsaal kommt, dann glaubt er seinem Image als rauher Handwerksmann verpflichtet zu sein. Er vergißt aber dabei, daß die anderen sich von ihm weniger gefallen lassen als von seinen älteren Kollegen, die man für eine Privatarbeit brauchen könnte. Edo kriegt also Schuhe an den Kopf geschmissen und zieht sich schleunigst in sein Bett zurück. Edo ist ein sehr netter Bub, etwas älter als ich. Er muß als jüngster Stift für die anderen alle unangenehmen Arbeiten machen, aber das gehört zur Hierarchie. Ich beneide ihn, er arbeitet wenigstens in einem Fach, auch wenn es hauptsächlich daraus besteht zu schaufeln, Material und Werkzeug zu schleppen und sich ab und zu vom Meister in den Hintern treten zu lassen.

Ich habe die letzten Wochen dauernd Magenschmerzen. Der Lagerarzt, Dr. Spanier, hat mir Tabletten verschrieben und angeraten, vorsichtiger zu essen. Das ist eine gute Idee, aber er hätte doch wissen können, daß wir keine Wahl haben. In einer Familienbaracke können sich die Leute noch selbst etwas zubereiten. Die meisten haben eine Kochplatte, was streng verboten war. Unsere einzige Möglichkeit ist der Ofen. Aber mehr als eine Scheibe Brot rösten ist nicht möglich. Ich will nicht krankgeschrieben werden. Was soll ich den ganzen Tag in der Baracke anfangen? Außerdem würde ich meinen Außendienstzuschlag, ein Stückchen Margarine und Käse pro Tag, verlieren. Schonkost gibt es auch nicht. Die Alternative ist Krankenhausaufnahme.

Eis und Schnee haben auch eine Versorgungskrise gebracht. Offensichtlich hat die Lagerleitung nicht mit Schnee gerechnet. Vermutlich hat Hauptmann Schol es unter seiner Würde gefunden, die Berichte seines Vorgängers zu lesen. Sonst hätte er gewußt, daß vorigen Winter alle Kampinsassen wochenlang einen Kampf gegen die Schneeverwehungen geführt haben. Auch jetzt ist der schmale Weg quer durch die Heide, der das Lager mit der Außenwelt verbindet, wieder eingeschneit. Einen Schneepflug haben wir immer noch nicht. Jetzt ist es noch nicht so arg. Aber ein Tag ohne Lieferungen ist gleich am Essen zu merken. Steckrüben, die hier aus der Kuhle kommen, gibt es genug, manchmal leicht angefroren. Böse Zungen sagen, daß auch der Kaffee aus Steckrüben gemacht wird. Andere sagen, daß dies eine Beleidigung für die Rüben ist. Meine Magenschmerzen werden dadurch nicht besser.

Also liege ich jetzt im Krankenhaus. Genau so eine Baracke wie die anderen, aber von innen anders eingeteilt: schöne, gute Betten, gutes Bettzeug. Es liegt beim Eingang des Lagers, schräg gegenüber der Villa von Schol. Nach dem Aufenthalt in einer großen Baracke fällt einem als erstes die Ruhe auf, die hier herrscht. Auch das Essen soll besser sein, aber ich habe noch nichts bekommen. Fritz, der mich besuchen kommt und großes Interesse für Medizin hat, sagt, daß ich wohl eine Milchdiät bekommen werde. Das schreckt mich nicht, ich liebe Milchspeisen jeder Art.

Tatsächlich: zwei Wochen Bettruhe und Milchspeisen. Herrlich, zwei Wochen lang dreimal täglich einen großen Teller Milchbrei, ohne Zucker zwar, aber eine Wohltat nach den Steckrüben. Das Schlaraffenland habe ich mir so vorgestellt: draußen Schneesturm, Eiszapfen im WC, Steckrüben mit gefrorenen Kartoffeln und viel Lärm. Hier: Stille, ein schönes, warmes Bett, Licht zum Lesen, nette Pflegerinnen. Ein ruhiges Zimmer zu viert. Die Freunde kommen auf Besuch, also höre ich alles Neue und auch alle Unannehmlichkeiten. Wenn sie weg sind, krieche ich unter die Decke und danke meinen Magenschmerzen, die übrigens noch immer anhalten. Das Frühstück besteht aus Haferflocken, die in Magermilch gargekocht wurden. Die Engländer nennen das Porridge. Ich nehme mir vor, wenn ich später groß bin und es mir leisten kann, jeden Morgen Porridge oder irgendeinen Milchbrei zum Frühstück zu essen.

Nach dem Fiebermessen und Waschen bin ich wieder eingeschlafen. Dr. Spanier weckt mich auf und sagt, daß ich ins Laboratorium am Ende des Ganges zu einer Untersuchung gehen soll. Nichts Besonderes, meint er. Es wird einfach ein Schlauch durch die Nase bis in die Galle geschoben, weiter geht alles von selbst. Ich brauche mich nicht anzuziehen, bekomme einen Bademantel und verstehe, daß es auch im Schlaraffenland nichts umsonst gibt. Die Assistentin ist nett, beruhigt mich, und während ich mich entspanne, verschwindet immer mehr von dem Schlauch in meinem Inneren. Es tut nicht weh, ich merke es kaum. Dann muß ich eine halbe Stunde auf der Seite liegen. Die einzige Gesellschaft sind Instrumente, die mich an unseren Chemiesaal in der Schule erinnern, und etwas unheimliche medizinische Apparate. Ich wünsche mir, daß die Assistentin zurückkäme. Sie war eine nette Gesellschaft. Sie kommt tatsächlich, aber nicht, um es mir gemütlich zu machen, so wie das im Kino mit jungen hübschen Patienten geschieht. Nein, wortlos zieht sie den Schlauch aus meiner Nase. Es riecht und schmeckt scheußlich, aber das stört sie nicht. Ich darf mir den Mund spülen. Sie putzt mir die Nase und sagt, daß ich wieder ins Bett gehen darf und nachher mein Mittagessen bekomme.

Die Milchkur hat nicht geholfen, und das Resultat aller Untersuchungen ist, daß Dr. Spanier dem Kommandanten vorschlagen wird, mich nächste Woche mit einigen anderen Patienten zur Untersuchung ins Universitätskrankenhaus Groningen zu schicken. Er selbst darf das nicht entscheiden. Inzwischen brauche ich aber nicht im Krankenhaus zu bleiben. Ich „darf" in meine Baracke zurück, soll aber noch nicht arbeiten. Also helfe ich Herrn Gelb beim Esssenausteilen, beim Saubermachen und was sonst noch zu tun ist. Vom Milchbrei komme ich also wieder zu den Steckrüben und glasigen Pellkartoffeln.

Hauptmann Schol hat vier Tage zu seiner Entscheidung gebraucht, aber gestern habe ich gehört, daß ich mitfahren darf. Also stehe ich jetzt, um fünf Uhr früh, nüchtern wegen der Untersuchung, bei Siegfried. Er war früher Fahrer. Jetzt sitzt er auf dem Bock einer kleinen Kutsche mit einem Pferd, die uns nach Hooghalen bringen soll. Ein Gendarm setzt sich zu Siegfried auf den Bock. Die vier Patienten, Frau Roth, Simon, Jonas und ich, sitzen in der Kabine. Simon und Jonas kenne ich vom Außendienst, die Dame ist mir unbekannt. Erst wird über Krankheiten gesprochen, nachher über Neuigkeiten. Alle deutschen Juden müssen aus der Provinz nach Amsterdam übersiedeln. Das Asterdorp in Amsterdam-Nord ist unbewohnt, da wird man sie unterbringen. Jonas hat auch gehört, daß alle Juden nach Amsterdam kommen müssen, um sich bei der Zentralstelle für Jüdische Auswanderung registrieren zu lassen. Vielleicht dürfen wir auch nach Amsterdam. Wenn es dann nur nicht so kalt ist wie jetzt. Wir sind viel zu früh in Hooghalen. Erst in einer halben Stunde kommt der Autobus nach Groningen. Der Gendarm schaut sich um, ob es nicht eine Kneipe gibt. Nicht in der Nähe jedenfalls. Uns tut das nicht leid, wir hätten doch nicht mitgehen dürfen. Also versuchen wir durch Bewegungen, das Blut durch Hände und Füße strömen zu lassen. Das gelingt kaum. Im Autobus ist es auch kalt. Jedenfalls ist es drinnen besser. Kaum Verkehr auf der Straße, erst in der Umgebung von Groningen wird es etwas lebhafter. Leute auf dem Rad, die zur Arbeit fahren, Brotdose auf dem Gepäckträger. Es scheint endlos lange her, seit ich so gefahren bin. Der Autobus hält an der Endstation in Groningen. Jetzt hat der Gendarm ein großes Problem: vier Patienten, jeder muß zu einer anderen Abteilung. Wie kann er uns alle bewachen? Er faßt einen mutigen Entschluß: wir dürfen alle vier alleine zum Krankenhaus gehen unter der Bedingung, daß wir spätestens um drei Uhr wieder beim Autobus zurück sind. „Wenn nicht", sagt er, „würdet ihr mich in große Schwierigkeiten bringen." Jonas sagt auf deutsch: „Die Frage ist, ob seine Probleme größer sein würden als die, die wir schon haben?" Der Gendarm versteht ihn nicht. Wir grüßen freundlich und verschwinden schnell.

Wir gehen durch das Judenviertel. Der großen Synagoge gegenüber ist ein Kaffeehaus. In einer Vitrine liegen „Gemberbolussen". Das ist ein Gebäck, gefüllt mit glasiertem, frischem Ingwer. Eine Spezialität von jüdischen Bäckern. Ich habe sie noch nie gegessen. In Amsterdam konnte ich es mir nicht leisten, in Eindhoven gab es sie nicht. Das Kaffeehaus ist noch geschlossen, aber am Rückweg werde ich mir ein Gemberbolus kaufen. Wir schauen uns Geschäfte an. Man merkt, daß nach zehn Monaten deutscher Besetzung das Warenangebot wesentlich reduziert ist. In einer Auslage sehe ich die „Deutsche Zeitung" mit einem sehr scharfen Artikel gegen Jugoslawien. Ob die Deutschen auch dort einmarschieren wollen? Wenn ich an Papa und Mutti denke, wird mir weh ums Herz.

Im Krankenhaus nehmen wir Abschied voneinander. Wir werden einander um drei Uhr beim Autobus wiedersehen. Aber nicht weglaufen, damit der arme Gendarm keine Schwierigkeiten bekommt. Auf der „internen" Abteilung werde ich gleich in ein Zimmer gebracht. Ein Arzt und eine Krankenschwester stellen erst ein paar Fragen über Westerbork. Es ist keine 50 Kilometer von hier entfernt, aber beide haben noch nie davon gehört. Der Doktor erklärt mir, was man machen wird: ich bekomme eine Injektion, wodurch die Muskeln in der Speiseröhre gelähmt werden. Dann wird ein biegsames Rohr bis in meinen Magen geschoben. Durch das Rohr wird er aufgepumpt. Im Rohr sind eine Lampe, ein drehbarer Spiegel und ein Periskop, sodaß der Magen von innen betrachtet werden kann. Eine Schwester setzt mich in eine Art Zahnarztstuhl, man verabreicht mir die Injektionen. Dann sagt der Doktor, daß ich unter keinen Umständen vor drei Uhr etwas essen oder trinken darf, da die Speiseröhre solange gelähmt ist. Wenn ich mich nicht daran halte, droht akute Erstickungsgefahr. Von der Untersuchung merke ich nichts. Ich bin ausgeruht und mir ist warm. Ich verabschiede mich vom Arzt und den Schwestern. Der Arzt ermahnt mich noch einmal, beim Essen vorsichtig zu sein. Im Gang sehe ich auf einer großen Uhr, daß es zwei Uhr fünfzehn ist, in einer Dreiviertelstunde muß ich beim Autobus sein. Ich beeile mich. Vielleicht kann ich noch irgendwo etwas kaufen und mitnehmen. Wie von einem Magneten angezogen stehe ich plötzlich vor der Vitrine mit den Gemberbolussen. Ich gehe in das Kaffeehaus, bestelle Kaffee und einen Gemberbolus. Ich zahle gleich, damit ich später keinen Aufenthalt habe. Der Bolus riecht wunderbar, sieht einladend aus. In zwanzig Minuten muß ich beim Autobus sein. Einen Schluck Kaffee erst. Ich glaube zu ersticken, alles dreht sich um mich. Ich renne hinaus. Auf der Straße gelingt es mir, den Kaffee loszuwerden und wieder Atem zu holen. Erst als ich wieder beim Autobus bin, fällt mir ein, daß ich den Bolus liegengelassen habe. Schade, ich werde nie wissen, wie gut er geschmeckt hätte.

Meine Magenschmerzen verschwinden. Ob es daran liegt, daß ich nun doch eine Diätzulage – einen Becher Magermilch täglich – bekomme, weiß ich nicht. Ich arbeite wieder im Außendienst, ich esse wie jeder. Inzwischen ist der Winter vorbei, aber das Frühjahr bringt noch nicht viel Schönes. Es bleibt feucht in den Baracken, die warme Sonne, die alles trocknen kann, fehlt.

Während der letzten Monate sind viele neue Bewohner gekommen. Meistens legale Flüchtlinge, die schon viele Jahre in den kleinen Städten in der Provinz wohnen und jetzt hier konzentriert werden. Die Absonderung der jüdischen Emigranten nimmt immer strengere Formen an. Nicht so wie es in Wien war, wo alle Juden vom Anschluß an vogelfrei waren. Hier geht es Schritt für Schritt, jeden Tag etwas Neues, jeden Tag wird es schlechter. Was uns auch beunruhigt, ist, daß der größte Teil der deutschen Zivilverwaltung von Seyss-Inquart aus Österreichern besteht, und die sind nicht von der feinsten Sorte. Rauter, Kaltenbrunner und viele andere haben bei der Niederschlagung des Februaraufstandes in Amsterdam ihr wahres Gesicht gezeigt.

## Westerbork, Frühjahr 1941

Für uns ist es angenehm, daß neue Leute kommen. Es ist eine Wohltat, einmal andere Gesichter zu sehen. Vor allem Mädchen in unserem Alter. Die „Alteingesessenen" sind schon lange vergeben. Das Lager ist noch groß genug, um die Neuen unterzubringen. Unter den Neulingen ist auch ein persönlicher Freund von Hauptmann Schol und seiner Frau. Es geht das Gerücht, daß er in einem Gespräch mit Frau Schol gesagt hat, daß es nicht angeht, daß junge Burschen und Erwachsene zusammen in Schlafsälen wohnen und daß es für die Burschen keine Berufsausbildung gibt. Frau Schol ist interessiert, wir werden in Kürze weiteres hören.

Heute nacht ist in unserem Schlafsaal etwas Schreckliches passiert. Norbert und Walter, seit Jahren dicke Freunde, haben ihre Betten nebeneinander. Wie überall ist ein Kasten dazwischen, und schon immer steht ein Wecker darauf. Er gehört Norbert und immer wieder pflanzt Walter ihn, weil der Wecker so einen Lärm macht. Das hören wir schon, seitdem wir hier sind. Aber heute wird eine Grenze überschritten, und bevor jemand sich einmischen kann, ist eine Rauferei um den Wecker entstanden. Dann hören wir einen Schrei, einen Aufprall, fallende Glassplitter. Norbert hat ein blutiges Gesicht, sein linkes Auge sieht schrecklich aus. Zwei Männer bringen Norbert zum Krankenhaus, einer geht zur Wohnung von Dr. Spanier. Walter rennt wie in Trance hinterher. Gelb bringt frische Leintücher, damit das blutige Zeug weggeräumt werden kann. Den Wecker und die Glassplitter lassen wir zwischen den Betten liegen.

Wir haben die Nacht kaum noch geschlafen. Die beiden kommen vom Krankenhaus zurück. Dr. Spanier kann nicht helfen, ein Glassplitter steckt tief im Augapfel. Ein Krankenwagen wird Norbert in die U.K. Groningen bringen. Aber wo ist Walter? Niemand hat ihn mehr gesehen, seit er aus der Baracke gegangen ist. Noch bevor wir zum Appell gehen, hören wir, daß Dr. Spanier, der nach Groningen mitgefahren ist, noch nicht zurück ist. Walter ist noch in der Nacht direkt zur Gendarmerie gegangen und ist als erster Gefangener in die Zelle des kleinen Polizeipostens im Lager eingeschlossen worden.

Schol hat der Gendarmerie Auftrag gegeben, ein Protokoll zu machen. Wir werden auch verhört werden. Aber wer kann etwas Relevantes dazu sagen? Vielleicht ist es wichtig, daß einige gehört haben, daß Walter rief: „Ich schmeiß' ihn aus dem Fenster", als er die Uhr packte, und daß der Kampf begann, als Norbert das verhindern wollte. Aus Groningen hört man, daß die Operation vergebens war. Norbert bleibt blind auf seinem linken Auge.

Walter ist unter Arrest gestellt und in ein Untersuchungsgefängnis überführt worden. Niemand von uns ist verhört worden. De Rade hat den Wecker und die Glassplitter auf seiner Runde mitgenommen.

Wir werden aufgemuntert, als wir eine Woche später hören, daß die Gerüchte um die Berufsausbildung richtig waren. Herr Heinz Grün wird Leiter einer Baracke für Burschen bis 18 Jahre. Das wird die Baracke 22 sein, die jetzt leersteht. Heute nachmittag treffen wir uns alle dort im Aufenthaltsraum mit unserem neuen Chef. Er ist jung, nett und hat große Pläne, die, wie er sagt, auch tatsächlich ausgeführt werden können. Kurzfristig kommt eine Berufsschulung für folgende Sparten: Schlosser, Elektriker, Tischler und vielleicht auch Schneider. Ganztägig, teilweise Theorie, aber viel Facharbeit in den im Lager tätigen Betrieben. Kein Außendienst oder andere Arbeiten mehr. Wer sich bei Snater im Gartenbau betätigen will, kann da auch ganztägig arbeiten. Eine theoretische Schulung ist noch nicht sicher. Wir haben einen ganzen Tag Zeit, darüber nachzudenken. Morgen müssen wir uns anmelden. Grün scheint ein energischer Kerl zu sein, der offensichtlich von Frau Schol unterstützt wird. Ist sie vielleicht das gute Gewissen des Herrn Hauptmann?

Ich melde mich zur Ausbildung als Elektriker an. Grün sagt, daß wir bald übersiedeln werden. Frau Schol will für uns in ihrem Bekanntenkreis Leute suchen, die mit uns korrespondieren wollen. Hat jemand Interesse? Rolf und ich melden uns. Schade ist, daß durch die neue Jugendbaracke Fritz und ich nicht mehr zusammen wohnen können. Aber so weit werden wir ja nicht voneinander entfernt sein.

Tatsächlich dauert es nicht lange. Heute, eine Woche später, können wir schon umziehen. Wir haben sogar frei vom Außendienst, müssen aber helfen, die Baracke bewohnbar zu machen. Wir „organisieren" – Lagersprache für Ausborgen, ohne zu fragen – einen Essenwagen. Wenn man vorsichtig ist, können da sechs Deckenpakete drauf. Dann tragen wir unsere Sachen aus den Kästen hinüber. Am Abend ist alles fertig.

Es ist sehr angenehm in der Jugendbaracke. Jetzt erst merken wir, daß uns die älteren Herren sehr auf die Nerven gegangen sind. Jetzt werden Probleme viel leichter gelöst, weil wir untereinander sind und uns nicht immer nach den Wünschen der Erwachsenen richten müssen. Ich bin zum

Elektrikerkurs zugelassen. Allerdings wird der anfangs zusammen mit dem Schlosserkurs gemacht. In der Schlosserei, wo auch eine Schmiede ist und die Installateure arbeiten, kann ich viel lernen. Von Frau Schol habe ich die Adresse von Frau Jaffé-Pierson bekommen, der ich über mich und mein Leben schreiben darf. Das werde ich sofort tun. Von Herrn de Heer habe ich vor ein paar Monaten Bücher über die Trikotageindustrie bekommen, in denen ich eifrig lese. Jetzt schreibt Frau Verwey, daß er verhaftet wurde und im ärgsten Gestapogefängnis Hollands in Haft ist. Ich bin tief traurig.

Norbert ist wieder zurück aus dem Krankenhaus. Das linke Auge war nicht zu retten. Über Walter weiß man nichts. Wir verstehen das nicht. Wenn man ihn einsperren will, muß man ihm doch einen Prozeß machen. Zu einem Prozeß gehören aber Zeugen. Oder ist das mit Juden nicht mehr üblich?

## Westerbork, Sommer 1941

Ich arbeite jetzt schon drei Monate in der Schlosserei, es gefällt mir sehr gut. Die Resultate sind unterschiedlich. Einfache Arbeiten auf der Drehbank beherrsche ich sehr gut, Montage (Elektra) sehr gut, Löten gut, Sägen und Feilen sehr schlecht. Da geht buchstäblich alles schief. Ich kann nicht gerade sägen. Ein Eisenblöckchen an allen Seiten sowohl horizontal als auch vertikal geradezufeilen ist mir unmöglich. Also werde ich nie ein echter Maschinenschlosser werden, wenn man bis dahin nicht Maschinen für diese Arbeit erfunden hat. Aber als Elektriker geht es gut, sagt Herr Löwy, mein Chef. Der Meister heißt Hofmann, kein angenehmer Zeitgenosse, aber ich habe mit ihm kaum etwas zu tun. Singer, der die Materialausgabe verwaltet, ist ein sehr liebenswürdiger Mann. Über uns allen steht Herr Türkl, der für den ganzen technischen Dienst verantwortlich ist. Der Geruch von Maschinen, Dampf und Schmieröl erinnert mich immer an die Tweka und gibt mir ein heimisches Gefühl.

Tatsächlich kommen jetzt Aufrufe, zur Zentralstelle für Jüdische Auswanderung nach Amsterdam zu kommen. Unverständlich, denn diejenigen, die schon dort gewesen sind, erzählen, daß man nur ein Formular ausfüllen und unterschreiben, aber sehr lange Schlange stehen muß. Warum schicken sie die Formulare nicht hierher? Für uns ist es jedenfalls eine einzigartige Gelegenheit, Urlaub zu bekommen. Drei Tage, einschließlich Hin- und Rückfahrt. Wenn man jüdische Freunde oder Bekannte hat, darf man dort wohnen, wenn nicht, wird einem eine Bleibe zugewiesen. Fritz und ich dürfen leider nicht zugleich fahren, auch Ehepaare nicht. Fluchtgefahr?

Ich brauche nicht in ein Quartier vom „Joodsche Raad" (Judenrat, inzwischen von den Deutschen als Zentralorgan für alle Juden in Holland beauftragt), wenn ich morgen nach Amsterdam fahre, denn Frau Jaffé hat für mich eine passende jüdische Familie gefunden, wo ich wohnen kann. Es ist Familie Stein.

Wieder mit der Kutsche nach Hooghalen. Diesmal ist es nicht kalt, und ich habe gefrühstückt. Sehr ausgiebig sogar, denn ich bin heute zu Mittag ja schon in Amsterdam, also brauche ich mir kein Brot zum Mittagessen aufzuheben. Von Hooghalen wieder mit dem Autobus, diesmal in südlicher Richtung nach Beilen, dann mit dem Zug nach Amsterdam. Der Zug ist nicht voll. Von meinen Mitreisenden aus Westerbork kenne ich niemanden. Ich bin gespannt, ob Amsterdam mir jetzt gefallen wird. Aber es ist nicht so. Ich bin vom Bahnhof zu Fuß gegangen, vielleicht machte das den Eindruck noch schlechter. Viele Geschäfte, wo der Name des jüdischen Inhabers übermalt oder entfernt ist. Viele Kaffeehäuser, wo ein Schild „Joden ongewenst" hängt. Wohnungstüren, wo jüdische Namen durchgestrichen oder weggekratzt wurden. Parkanlagen und Kinos sind für Juden verboten. Obwohl schönes, warmes Sommerwetter ist, fröstelt mich. Ganz anders ist es in der Richard Holstraat. Bei einem stillen Platz, schöne Wohnhäuser neben einer großen im Jugendstil gebauten Synagoge. Drüben das nobelste der ehemaligen drei jüdischen Krankenhäuser Amsterdams.

Familie Stein wohnt auf Nummer 4. Frau Stein empfängt mich herzlichst. Ich komme rechtzeitig zum Lunch. Der Tisch ist auf der Terrasse gedeckt, mit der Aussicht auf einen schönen Garten. Die Sonne scheint. Ich erinnere mich an lang vergangene Sommerferien. Sie stellt mich ihrem Mann Dr. Fritz Stein vor, und dann begrüßen mich die drei Buben. Sie sind etwa zwischen zehn und zwölf Jahre alt. Natürlich muß ich mitessen. Sie haben von Frau Jaffé schon über mich gehört, sie war dazu eigens aus Huizen nach Amsterdam gekommen. Die Buben haben eine unbekümmerte Jugend. Die Familie Stein ist offensichtlich noch im richtigen Augenblick geflüchtet. Als die Buben wieder in der Schule sind, wird die Stimmung ernster. Die Maßnahmen gegen Juden lassen jemanden, der das genau verfolgt und auch die Entwicklung in Deutschland kennt, nur Böses erwarten. Sie sind beide sehr interessiert, Näheres über Westerbork zu erfahren. Sie wissen kaum etwas. Erst seit immer mehr deutsche Juden aus ihrem Bekanntenkreis dorthin geschickt werden, ist das Lager in ihr Blickfeld gekommen.

Sie zeigen mir das Gastezimmer, hübsch eingerichtet. Aussicht auf den Platz vor dem Tempel. Komisch, ich wohne erst ein Jahr in einer Baracke, und doch ist es schon eine Sensation, aus einem Fenster im ersten Stock zu schauen. Sie fragen nach meinem Programm für morgen. Das ist einfach, ich brauche nur bei der Zentralstelle zu sein. „Ganz einfach", wiederholt Frau Stein nachdenklich. Das stimmt, es ist nur zehn Minuten von hier entfernt. „Aber es kann dich den ganzen Tag und sehr viel Ärger kosten, wenn es denen gelingt, dich zu reizen. Immer mit der Ruhe, das mußt du dir vorhalten", sagt sie mit einem reizenden Berliner Akzent. Ob ich noch Bekannte habe in Amsterdam? Da fällt mir nur Lore ein, ein Mädchen von Maccabi, mit dem ich damals öfter zusammen war. Aber das ist schon zwei Jahre her. Aber ich weiß auch den Familiennamen, der zwar nicht genau stimmt, aber Frau Stein jedenfalls auf die gute Spur setzt. Sofort anrufen: es stimmt, Lore erinnert sich noch an mich. Ihre Eltern haben für morgen abend zwei Plätze im Jüdischen Theater, die kann sie kriegen. Ob ich Lust habe, mit ihr dorthin zu gehen. Und ob. Ich bin schon mehr als drei Jahre nicht mehr im Theater gewesen, und dann noch mit Lore! Frau Stein übernimmt jetzt das Gespräch, sie regelt alles. Ihr Mann schaut ihr schmunzelnd zu und sagt zu mir, daß mein Los in guten Händen ist.

Abends sprechen wir noch lange miteinander. Auch über meine Eltern und Fritz. Er ist natürlich herzlich eingeladen, bei ihnen zu wohnen, wenn er nach Amsterdam kommt. Sie wollen die Adresse von Papa und Mutti haben, um ihnen von meinem Besuch zu berichten. Sie können sich so gut vorstellen, was es für Eltern bedeuten muß, Kinder alleine unter der Naziherrschaft zu wissen. Es ist spät, als ich in mein Zimmer gehe. Badezimmer, ein herrliches Bett, Ruhe, keinen Lärm wie im Schlafsaal.

Ich werde erst wach, als Frau Stein an die Türe klopft und sagt, daß es Zeit zum Aufstehen ist. Lange unter der Dusche, herrlich viel heißes Wasser. In Westerbork darf man insgesamt nur vier Minuten unter die Dusche. Nach zwei Minuten ruft der Bademeister Japhet, ein reizender älterer Herr „noch zwo Minuten". Ein Slogan, mit dem er inzwischen berühmt geworden ist. Hier gibt es das alles nicht, und ich genieße jede Minute. Ich bin rechtzeitig beim Frühstück mit lauter Herrlichkeiten. Jetzt habe ich Zeit, die drei Buben zu beobachten. Der Jüngste ist ein regelrechter Clown, der Älteste ernst und still, der zweite aber ist einfach ein netter Bursche.

Dann gehe ich weg. Es dauert tatsächlich nur fünf Minuten, bis ich an eine Straßenkreuzung komme. „Euterpestraat" lese ich, hier muß es sein. Ich sehe eine ganze Schlange Menschen stehen, genau wie bei den Ämtern in Wien. Nervöse Männer und Frauen, die in Wien von SA, hier aber von holländischer Polizei bewacht werden. Die Hälfte des Gehsteiges muß freibleiben für Fußgänger. Aber es fällt keinem Holländer ein, bei einer SS-Dienststelle vorbeizugehen, wenn es nicht unbedingt sein muß. Übrigens gibt es zwei Reihen: eine für Leute mit Aufruf, so wie ich einen habe, und eine für Vorgeladene. Aber niemand weiß eigentlich, welche Reihe es ist. Das weiß nur der SSler, der beim Eingang steht und sagt: „Gehn S' zruck. Sie stehn in der falschen Reih!" Und der Arme muß sich dann wieder ganz hinten anstellen, denn niemand läßt ihn dazwischen. Wenn man Glück hat und durchkommt, dann sieht man, daß beide Reihen in derselben Halle enden und es gar keinen Unterschied macht. Jeder muß zu einer der drei Frauen, die hinter einem Tisch sitzen und einen weiterschicken. Schalter eins im ersten Stock. Dann Schalter zwei, wieder im Parterre. Da werden die Personalien kontrolliert. Von Schalter zu Schalter, Stockwerke auf und ab. Überall warten, überall sind auch Sitzgelegenheiten, aber Niedersetzen ist strengstens verboten. Genauso wie es verboten ist, den Kopf bedeckt zu haben. Ein älterer Herr wird zusammengeschlagen, weil er als frommer Jude ein kleines Käppel aufbehalten hat. Natürlich gibt es auch einen Fahrstuhl. Aber wie in jedem öffentlichen Gebäude ist auch hier die Benutzung des Liftes Juden strengstens untersagt.

Es ist schon spät am Nachmittag, als ich beim letzten Schalter, wieder im Parterre, meine vollgestempelte Karte in Empfang nehme. Zum Ausgang muß man sich wieder anstellen. Ein langer Gang voll mit Menschen, die jetzt schon einen ganzen Tag von einem Schalter zum anderen gejagt worden sind. Wir alle wissen, daß am Ende dieser Reihe wieder ein paar SSler stehen, die die Karte, die wir gerade bekommen haben, peinlichst genau kontrollieren und mit dem Personalausweis vergleichen. Wenn etwas nicht stimmt, wird man, obgleich völlig unschuldig, schrecklich beschimpft und zurückgeschickt. Meistens geschieht das den Alten, Wehrlosen und den Behinderten, auf die das Vokabular der SS besonders gut paßt. Ich habe Glück, bei mir stimmt alles, und ich atme auf, als ich wieder draußen bin. Ich weiß, daß diejenigen, die am Abend noch nicht alle Stempel zusammenhaben, am nächsten Tag wieder in der Reihe stehen müssen. Es ist himmelschreiend. Genau vor drei Jahren habe ich dasselbe in Wien mitgemacht, als ich meinen neuen Paß mit J und zusätzlichem Vornamen *Israel* abholen mußte.

Mein Schädel brummt, als ich in der Richard Holstraat bin. Aber Lore ist schon da. Frau Stein hat Kaffee und Kuchen vorbereitet. Das Leben ist doch gut!

Frau Stein hat für uns belegte Brötchen vorbereitet, die haben wir unterwegs aufgegessen. Wir gehen zu Fuß zum Jüdischen Theater in der Plantage Middenlaan. Ganz in der Nähe wohnt Familie Levy mit dem Töchterchen Rosinchen, wo ich früher oft war, daher kenne ich die Gegend. Lore erzählt von Mitgliedern von Maccabi, die noch zeitgerecht emigrieren konnten. Aber viele Leute sind auch hier steckengeblieben. Verwandte von Lore sollten am 10. Mai 1940 mit der „Statendam" aus Rotterdam nach New York fahren. Stattdessen kam der Krieg und die „Statendam" ist beim deutschen Luftangriff verbrannt. Genau wie die anderen Schiffe der Handelsflotte, die im Heimathafen Rotterdam waren. Das Theaterstück, eine Doktorsromanze, sagte mir nichts. Aber es ist schön, wieder einmal in einem Theater zu sein. Ich versuche, Lore unser Leben in Westerbork zu erklären, aber das ist schwierig. Wenn ich auf die Heide schimpfe, versteht sie es nicht. Denn Heide ist für sie ein Synonym für Ferien, und in den Ferien gibt es keine Sandstürme und keinen Hunger. Schlafsäle, jawohl, die gab es auf Schulausflügen mit Polsterschlachten. Sie versteht es also nicht. Freunde von ihnen sind vor ein paar Monaten in die Schweiz geflohen. Aber das können nur wenige, denn man muß Beziehungen und sehr viel Geld haben. Trotzdem gelingt es manchen. Dann kommt eine Ansichtskarte mit Bergen, See und Sonne. Lore wohnt ganz nahe bei Steins. Ich bringe sie nach Hause, danke für den schönen Abend. Wir werden einander schreiben. „Aber komm bitte nicht nach Westerbork", sage ich beim Abschied, „die Heide ist wirklich nicht schön".

Nach dem Frühstück verabschiede ich mich. Frau Stein gibt mir Brötchen, einen Apfel und Schokolade als Reiseproviant. Außerdem bekomme ich ein ganzes Paket mit Seife, Marmelade, Süßigkeiten und andere Sachen, die wir schon lange nicht mehr kennen, zum Mitnehmen. Jetzt sitze ich im Zug und versuche, alle Eindrücke zu sortieren. Die langen Gespräche an den beiden Abenden mit Herrn und Frau Stein haben mir klargemacht, daß wir in der Einsamkeit von Westerbork nur einen kleinen Teil von der jüdischen Tragödie kennen, die sich jetzt abspielt. Und es wird weitergehen: unbarmherzig, jeden Tag einen Schritt ärger. Lore erzählte mir, daß sie von der Schule wegmußte, der Hockeyklub hatte sie ausgeschlossen. Für Juden wurden eigene Schulen eröffnet. Das wußten wir in Westerbork nicht. Dort gibt es eine Schule für die untersten sechs Klassen. Fünf Burschen durften das Realgymnasium in Assen besuchen, aber seit Hauptmann Schol hier ist, ist das verboten. Alle Verordnungen bezüglich Vermögen gegen Geschäfte und Berufe tangieren uns nicht. Aber Dr. Stein durchschaut den Zusammenhang der deutschen Maßnahmen und sieht dieselbe Struktur, die in Deutschland schließlich zur völligen Rechtlosigkeit der Juden geführt hat.

Ich habe Lore gefragt, ob ihre nichtjüdischen Klassenkameraden und Freundinnen sie noch besuchen. Eigentlich wollte sie nicht darüber sprechen, aber es wurde mir doch klar, daß es für sie immer schwieriger wird, wirklichen Kontakt untereinander zu haben. Sie kann sich vorstellen warum: man spricht schließlich über zwei verschiedene Welten. Die einen schämen sich eigentlich, über Ausflüge und Tanzabende zu sprechen oder zu erzählen, daß die neue Torfrau in der Hockeyelf sehr gut ist, sodaß man sie, Lore, gar nicht mehr vermißt. „Und ich", sagt Lore, „habe kaum noch etwas zu erzählen, und darüber klagen, was mir alles fehlt, will ich nicht. Es ist wie ein Besuch bei einem Patienten, der schon sehr lange im Krankenhaus liegt."

Viel ist passiert, was uns nicht betrifft: Radios abgeben, jüdische Ärzte und Advokaten nur noch für Juden; Schwimmbäder, Theater, Konzerte, Sportvereine und noch vieles andere für Juden verboten. Schauspieler, Musiker, Artisten von der Kulturkammer ausgeschlossen. Nochmals denke ich an das Gespräch mit Dr. Stein. Es stimmt genau: was ich gehört habe, haben wir in Wien auch erlebt, oder Papa und Mutti haben es geschrieben.

Im Zug treffe ich Leidensgenossen, die auch nach Westerbork zurückfahren. Einer davon fragt, ob ich nicht einmal nach Wieringen wollte, jemand hat so etwas erzählt. „Ich habe nur einmal dort übernachtet. Die Geschichte hast du wahrscheinlich gehört", sage ich. „Dann hast du aber Schwein gehabt!" antwortet er und erzählt mir, daß man im Frühjahr das Werkdorp geräumt und alle Burschen nach Amsterdam gebracht hat. Im Juni aber hat der SDler Barbie sie wieder aufrufen lassen, weil sie ins Werkdorp zurück durften. Beinahe alle haben sich gemeldet. Ein paar, die zu jung waren, durften nach Hause gehen. Alle übrigen wurden sofort ins KZ Mauthausen gebracht. Die meisten sind kurz nach Ankunft gestorben. „Auf der Flucht erschossen", „Lungenentzündung", heißt es in den Berichten, die in Amsterdam ankommen. Ob Sally überlebt hat? Er war so gerne dort.

Nur die Tatsache, daß Hitler nun auch mit den Russen im Krieg ist, läßt selbst die Pessimisten, wie ich einer bin, noch hoffen. Doch jetzt, wo die Deutschen auch im Osten mit einer Art Blitzkrieg schon in Richtung Moskau und Leningrad vorstoßen, habe ich so meine Zweifel. Zeitungen sind Mangelware in Westerbork. Wir müßten doch versuchen, ob wir nicht mit ein paar Burschen zusammen ein Abonnement nehmen können.

Ich muß ein bißchen eingeschlafen sein, erschrecke, als der Zug über eine Brücke donnert und dann stehenbleibt. Zwolle. Wir fahren schon wieder. Von der Stadt ist nicht viel zu sehen, nur der Kirchturm mit einer Kuppel wie ein Zuckerstreuer fällt auf. Hier wohnen sicher auch jüdische Familien mit Kindern. Buben und Mädchen, die nicht mehr in die Schule gehen und auch nicht mehr im Park spielen dürfen.

Im Lager hat Fritz eine gute Nachricht: er ist nicht mehr im Außendienst, sondern Lehrer in der Volksschule geworden. Er ist so froh und ich mit ihm, daß ich ihm die gute Laune nicht mit allen Hiobsbotschaften verderben will. Also erzähle ich nur, daß er bei Stein herzlich eingeladen ist, und als Kostprobe serviere ich Herrlichkeiten aus Amsterdam. Fritz hat noch eine gute Nachricht. Endlich ist wieder Post von Papa und Mutti gekommen. Eine Postkarte, die beinahe zwei Monate unterwegs war; noch aus Samobor, aber schon mit einem Aufdruck „Hrvatska" (Kroatien) versehen. Sie schreiben verklausuliert, daß sie von dort wegmüssen. Aber Genaues wissen sie noch nicht. Also sind sie, genau wie wir, auch wieder in die Falle geraten.

Die Schule, in der Fritz jetzt Lehrer ist, liegt an derselben Straße wie unsere Baracke. Dazwischen steht nur die Wäscherei. Beide sind größere Baracken, im gleichen Stil aus braunem Holz mit weißem Eternitdach gebaut. Die Schule sieht sehr freundlich aus, große Fenster, die obligaten rot-weißen Vorhänge. Die Wäscherei ist kühl-sachlich: an der einen Seite die Annahme, an der anderen die Ausgabe. Wir dürfen einmal in 14 Tagen Wäsche bringen und erhalten sie drei Tage später wieder zurück. Zwei Leintücher, ein Kissenbezug und ein blau-weißes Handtuch teilt der Barackenleiter aus. Die schmutzigen Wäschestücke gehen direkt an die Wäscherei.

Löwy hat für seine Elektriker-Lehrbuben einen schönen Auftrag bekommen. Durch den großen Zuwachs von deutschen Juden aus der Umgebung von Hilversum, dem Radiozentrum Hollands, sind viele Berufskünstler ins Lager gekommen. Weil der Außendienst nicht, die Kultur aber wohl lockt, haben sie sich zusammengetan und wollen den „Sommernachtstraum" von Shakespeare mit Mendelssohns Musik aufführen. Dr. Schliesser, der, wie man sagt, in Berlin ein bekannter Regisseur war, hat zusammen mit seinem Freund, der ein bekannter Bühnenbildner gewesen sein soll, die Leitung. Die zwei nun haben Löwy die Beleuchtung anvertraut. Interessante Arbeit für uns, seine „Lehrbuben". Die technische Ausstattung der Bühne besteht zur Zeit aus drei Glühlampen, sonst nichts. Als erstes werden wir einen Wasserwiderstand als Helligkeitsregler bauen, sagt Löwy.

## Westerbork, Herbst 1941

Der „Sommernachtstraum" hat das Volk hier geteilt. Die eine Hälfte findet es schön, daß einmal etwas Kulturelles getan wird. Die anderen finden, daß man mit all der Mühe doch wenigstens etwas Leichtes, Lustiges spielen sollte. Wie dem auch sei. Für diejenigen, die mitmachen, ist es eine wunderbare Gelegenheit, alle Unannehmlichkeiten, die der Herbst uns bringt, zu vergessen. Der Wind peitscht den dauernden Regen zwischen den Baracken durch. Alles ist feucht und kalt. Einen Schritt entfernt von den schmalen, gepflasterten Wegen steht man knöcheltief im Schlamm. Wir bekommen noch keine Kohle für unsere Öfen. „Es ist noch viel zu früh", sagt die Lagerleitung, und selbst Grün, mit seinen guten Beziehungen, kann daran nichts ändern.

Wir haben beide Glück: Fritz, weil er jetzt als Lehrer arbeitet, und ich, weil in der Schlosserei das Schmiedefeuer jeden Tag brennt, und es also schön warm ist. Außerdem ist die Arbeit interessant. Jeden Tag lerne ich etwas dazu. Einen Großteil unserer Arbeitszeit verbringen wir jetzt im großen Saal, wo wir die neuen elektrischen Leitungen auf der Bühne anlegen. Dadurch sehe ich auch, wie mit ganz einfachem Material die Dekorationen gemacht werden. Die zwei Berliner sind richtige Künstler. Es wird auch fleißig geprobt, meist abends, weil die Leute ja tagsüber arbeiten müssen. Fritz spielt den Demetrius, eine der Hauptrollen. Ich bin sehr stolz auf ihn. Mir ist es gelungen, auch eine Rolle zu bekommen. Ich spiele den Hofmarschall des Königs. Im letzten Akt geleite ich den Hochzeitszug auf die Bühne. Zu sagen brauche ich nichts, sondern nur dreimal mit meinem Stab auf den Boden zu stampfen. Das ist die richtige Rolle für mich. Ich bekomme eine prachtvolle Uniform, brauche aber keine Rolle auswendig zu lernen. Frauen machen die Kostüme in der Nähstube, zum großen Teil aus alten Fetzen, die Frau Schol von einem Theater bekommen hat. Das Orchester hat wenige Instrumente, aber eine Dorfkapelle in der Nähe ist bereit, Instrumente auszuleihen. Unsere Leute haben jahrelang kaum mehr gespielt, aber jeder gibt sich große Mühe, und ich finde, daß es schon sehr schön klingt. Jeder plagt sich, aber die Schwierigkeiten sind groß.

Die Mitwirkenden können nur sehr selten zum Proben frei bekommen. Die Musiker, die tagsüber im Außendienst gearbeitet haben, sind nicht in bester Kondition. Aber Huisman fürchtet Schwierigkeiten mit den anderen, wenn er Leute früher von der Arbeit weggehen läßt. Vor allem, weil das Pensum, das ja heilig ist, pro Gruppe berechnet wird und nicht reduziert werden darf. Diejenigen, die nicht weggehen dürfen, müßten also für die anderen arbeiten.

Rolf arbeitet auch in der Schlosserei. Er hat es in sich, einmal ein richtiger Schlosser zu werden, denn er sägt und feilt sehr gut. Leo, der bei uns im Saal wohnt, wird zum Installateur ausgebildet. Das System ist gut, weil im Lager dauernd Reparaturen gemacht werden müssen und die Fachleute dabei die Lehrlinge einschalten können.

Fritz ist inzwischen in Amsterdam gewesen. Er ist von Familie Stein wunderbar empfangen worden. Aber auch er ist mit düsteren Gefühlen zurückgekommen. Bei der Zentralstelle hat man ein paar neue Schikanen erfunden, zum Beispiel, daß die Juden mit dem Gesicht zur Wand stehen müssen, wenn ein Uniformierter passiert. Schließlich gibt es doch nichts Schöneres, als einen alten Juden einmal kräftig in den Hintern zu treten, weil er sich nicht schnell genug an die Wand gedrückt hat, als der Herr Unterscharführer vorbei kam. Das ist aber unwichtig im Vergleich zu den allgemeinen Maßnahmen, die jetzt täglich zunehmen. Die holländischen Instanzen haben Anweisung bekommen, die wichtigsten Berufsgruppen von Juden zu säubern: zuerst Textil. Ungefähr 1600 jüdischen Händlern hat man den Gewerbeschein entzogen und deren Vorräte beschlagnahmt. Von einem Tag auf den anderen sind tausende Familien am Bettelstab. Der Joodsche Raad muß immer mehr Leute unterstützen, wo das Geld herkommen soll, interessiert die Nazis nicht.

Jemand hat zur Diskussion gestellt, ob wir den „Sommernachtstraum" überhaupt aufführen können. Mendelssohn ist Jude, den dürfen wir spielen. Aber Shakespeare ist vermutlich kein Jude, aber sicher ein Engländer, den zu spielen ist nicht erlaubt. Nicht darüber sprechen, sicher nicht mit Schol. Der kriegt sonst Angst und verbietet es.

Die Generalprobe wird ein Riesenerfolg. Das Bühnenbild ist grandios, die Lichteffekte haben wesentlich dazu beigetragen. Wir, Löwys Lehrlinge, haben das geschafft! Musik und Spiel sind gut aufeinander abgestimmt. Alle Mitwirkenden sind stolz. Doch bedrückt uns eine große Angst. Ein eiskalter Saal, während die Außentemperatur sich dem Gefrierpunkt nähert. Da der Kohlenbunker aber beinahe leer ist, kann die Heizung nur mehr die wichtigsten Gebäude, zu denen der große Saal nicht gehört, heizen. Wenn das bis Sonntag nicht besser wird, können wir nur eine Eisrevue spielen lassen.

Einmal ist uns das Wetter aber gut gesinnt. Am Sonntag sitzen wir im Sonnenschein hinter unserer Baracke. Die Sessel schräg mit der Rücklehne an die Südwand gelehnt, fühlen wir uns wie am Strand. Vor uns die endlose, jetzt graubraune Heide. Ganz in der Ferne kann man mit einiger Fantasie den Waldrand und das Dach des Bauernhofes erkennen. Weil es die letzten Tage nicht kälter wurde, hat v. d. Sluis, der Chef des Kesselhauses, erlaubt, daß der Saal heute abend geheizt wird. Also freuen wir uns auf den heutigen Abend, auf die Premiere. Ob die Aufführung prolongiert wird (höchstens noch eine Vorstellung), steht noch nicht fest.

Abends, mit circa 500 Menschen, ist es im Saal behaglich. Da ich erst in der Pause vor dem dritten Akt geschminkt werde, stehe ich hinten beim Saaleingang und schaue zu. Die Musik klingt wunderbar, es wird gut gespielt, alles klappt genau. Das Ballett der Elfen Titanias, von kleinen Mäderln getanzt, ist reizend. Beim tollen Tanz der drei Handwerker lacht das Publikum Tränen. Ein schier endloser Applaus ist der Dank von Menschen, die schon jahrelang nicht mehr ins Theater oder in die Oper gehen konnten.

Die Nachrichten, die wir von „draußen" bekommen, zeigen uns, daß wir hier ein ruhiges Leben führen. Unsere Qualen und Ängste sind jeden Tag dieselben: Kälte, Nässe, Hunger. Aber daran sind wir schon gewöhnt. Jetzt kommt aber eine ganz neue Drohung: nicht nur die Lebensmittelvorräte sind knapp geworden. Der Kohlenbunker ist beinahe leer. Das bedeutet in Kürze wirklichen Hunger und keine Heizung mehr.

Es ist Sonntag. Wie immer „wandern" Rolf und ich durch die Heide. Oben auf dem Hügel sehen wir die Heide ringsum weiß vom Reif. Auf dem Tümpel liegt eine dünne Schicht Eis. Der Winter kommt unerbittlich. Die Aussicht ist heute besonders schön. Ein Ferienort – wenn man nur nicht jahrelang hier wohnen müßte. Gasthof „Zur schönen Aussicht", sage ich, aber Rolf findet „Hotel Bellevue" besser. „Wenn's französisch ist, zahlen die Leute mehr", sagt er. Zahlen ist das Stichwort. Im Lager kommt, je knapper alles wird, immer mehr Tauschhandel zustande. Wer ein Fach hat, wie zum Beispiel Schneider, der kann leicht ein paar Brotrationen dazuverdienen. Was könnten wir machen, um etwas zu verdienen, in Naturalien oder Geld? Wir überlegen uns, was andere machen. Die größten Artikel sind Laubsägearbeiten: Broschen, Anstecknadeln, Anhänger, Herzen usw. aus Kupfer- oder Messingblech. Das benötigte Material wird aus der Werkstatt organisiert, und diejenigen, die aus der Schlosserei die Blechabfälle mitgehen lassen, haben ein Monopol. Ich habe letztens eine Barke als Anstecknadel gekauft und Frau Jaffé geschickt. Die hat sich sehr darüber gefreut. Sehr einträglich ist auch die Reparatur von Elektrokochern und Heizelementen, die hat fast jeder, der in einer Familienbaracke wohnt. Sie werden intensiv verwendet und sind daher reparaturanfällig. Das ist ein gutes Geschäft, aber wir dürfen es nicht abwickeln. Türkel würde uns sofort aus dem technischen Dienst rausschmeißen. Denn er weiß genau, wer die Dinger repariert, und die beschützt er.

## Westerbork, Winter 1941/42

Als Gegenleistung für die Nadel, die ich Frau Jaffé geschickt habe, repariere ich eine mechanische Taschenlampe. Dafür interessiert sich eigentlich noch niemand im Lager. Die Reparatur gelingt. Rolf und ich haben zugleich dieselbe Idee. Das ist etwas für uns. Türkel, Löwy und auch die Gesellen in der Schlosserei werden nichts dagegen haben. Wir beide werden es gemeinsam tun. Da die Einnahmen teils Lebensmittel und teils Geld sein werden, werden wir von nun an alles, was wir bekommen, teilen. Das ist am einfachsten. Die Taschenlampe ist ein Philipsprodukt. Sie paßt genau in eine Faust. Drinnen ist ein Dynamo, der durch Fingerdruck angetrieben wird. Dabei quietscht die Mechanik, und daher heißen die Dinger im Volksmund „Knijpkat", so etwas wie Kneifkatze. Das Geschäft fängt gleich zu blühen an. Der Bursche, der die Broschen macht, hat noch eine Lampe, die repariert werden muß. Aber ich brauche keine Nadel mehr. Wir haben auch niemanden, dem wir ein Herz schenken wollen, oder die es von uns annehmen würde. Also entweder Geld oder Fressen. Er bietet eine schöne Portion Käserinde. Einverstanden.

Wer Beziehungen zur Zentralküche hat, kann dort Käserinden bekommen. Die werden beim Portionieren der großen Käseziegel abgeschnitten. Wenn man ein Stückchen Rinde auf einen heißen Ofen legt, dann schwillt sie und schmeckt herrlich. „Wie gebackener Bacon", sagt Rolf. „Stimmt", sage ich. Wir haben beide noch nie Bacon, also englischen Speck, gegessen. Auch die zweite Reparatur geht einfach, und es kommen noch mehr Kunden. Wir machen die Arbeit meistens in der Baracke, irgendwo in einer Ecke, schwierigere Sachen während der Pause in der Werkstatt. Es gibt immer mehr von diesen Lampen im Lager. Jeder Neuangekommene bringt welche mit. Durch die Verdunkelung ist es hier wirklich stockfinster, zumindest wenn der Mond nicht scheint. Philips hat eine Riesenproduktion, und die Katzen sind ohne Zuteilung in den Geschäften zu kaufen. Wir wissen jetzt auch, welche Einzelteile am schnellsten kaputt werden. Rolf schreibt an einen Bekannten von Philips und bittet, ob er vielleicht Ersatzteile für uns besorgen kann. Das tut der gute Mann. Wir sind jetzt Spezialisten und können wählen, was wir als Gegenleistung verlangen. Übrigens ist Geld natürlich auch interessant, denn ab und zu kommen Bauern ins Lager, die ein paar Eier oder ein Roggenbrot verkaufen wollen. Das ist streng verboten. Aber weder Schol noch de Rade haben jemals einen Bauern weggejagt. Die Leute sind unverschämt teuer, aber es wäre doch schön, wieder einmal ein Ei essen zu können.

Endlich haben Fritz und ich wieder einen Brief aus Jugoslawien bekommen. Der Absender ist unleserlich, der Poststempel nicht zu entziffern. Also wissen wir nicht einmal, wo sie sind. Das wäre auch nur eine Momentaufnahme, denn Papa schreibt, daß sie alle wohlauf und gesund sind, aber von einem Ort zum anderen gejagt werden. Manchmal von der Ustascha, der SS von Kroatien, manchmal von der Polizei. Aber immer in der Spur der unwahrscheinlichsten Bestialitäten. Sie sind jetzt in einem Kloster hoch in den Bergen von Serbien, wo vor kurzem noch Mönche lebten, die jetzt aber im Abgrund liegen. Sie haben viel Glück, daß die Ustascha noch genug anderes „Spielzeug" hat und daher die fünfzig Juden, so wie eine Katze ihre noch lebende Beute, mitschleppen. Ein mutiger Brief, von einer noch mutigeren Person zur Post gebracht.

Gerade jetzt bekommen wir von einer uns unbekannten Verwandten aus Ungarn ein Paket mit einer geräucherten Gänsebrust. Sie schreibt, daß sie von Mutti eine Karte bekommen hat, mit der Bitte, uns Lebensmittel zu schicken. Das einzige, das eine lange Reise durchhalten kann, dachte die Dame, ist Gänsebrust. Aber die gibt es jetzt sehr selten, daher hat es lange gedauert. Sehr lieb von ihr, und es schmeckt herrlich. Aber wir fürchten, daß Papa und Mutti jetzt viel nötiger als wir etwas zu essen brauchen.

In Amsterdam sollen arbeitslose Juden zum Arbeitseinsatz in Lagern der N.H.M. aufgerufen werden. In diesen „Werkkampen" werden seit der Wirtschaftskrise in den Dreißiger Jahren Arbeitslose eingesetzt. Die Lager sind aber gemäß Huisman (der es wissen kann, da er ja auch von der N.H.M. kommt) im Winter nicht bewohnbar. Die N.H.M. scheint aber jetzt einen Kontrakt mit den Deutschen gemacht zu haben, wonach Juden auch im Winter zum Arbeitseinsatz kommen können. Wir hoffen, daß die Lager zum Verbleib im Winter angepaßt werden.

Es ist beinahe Weihnachten. Im kleinen Saal werden evangelische und katholische Gottesdienste abgehalten. An Silvester- oder Neujahrsfeiern hat niemand Interesse. Vor allem, weil die Baracken schlecht geheizt sind. Es wäre eine Qual, lange herumzusitzen. Seit Tagen friert es, und der Schnee, der jetzt fällt, könnte liegenbleiben.

Die Feiertage sind vorbei, die Kälte nimmt zu. Um mit den letzten Kohlen so sparsam wie nur möglich zu sein, soll der Müll vom Abladeplatz zum Kesselhaus transportiert und gemischt mit Kohlen verbrannt werden. Dazu müssen der gesamte Außendienst, aber auch wir von der Berufsschulung antreten. Also habe ich heute früh der schönen warmen Schmiede „Auf Wiedersehen" gesagt und mich mit Schubkarre und Schaufel bei Herrn Huisman gemeldet. Seine Reaktion auf unsere Klagen über die Kälte „Wenn ihr tüchtig arbeitet, wird euch schon warm", und wegen Hunger „Wenn ihr tüchtig arbeitet merkt ihr den Hunger nicht", sind typisch für ihn. Ein paar starke Leute brechen mit einer Spitzhacke den Berg auf, andere schippen die Karren voll. Wir arbeiten ohne Mittagspause, denn etwas zu essen gibt es doch nicht. Feierabend, wir dürfen duschen gehen. Das ist auch notwendig, denn Schmutz und Staub kleben überall.

Unter dem Einfluß des heißen Wassers und der guten Akustik in solch einem Gebäude ruft jemand, daß die Jugendbaracke heute einen Protestmarsch gegen den Hunger durch das Lager machen wird. Jeder ist damit einverstanden, um so mehr als Frau Schol, die Schirmherrin der Jugendbaracke, von Herrn Grün unterrichtet worden ist.

Ein bunter Aufzug zieht durch das Lager, mit Ohrwärmern, Mützen und Kappen, denn es ist sehr kalt. Hans, der Trompeter, an der Spitze, andere bewaffnet mit Deckeln, Schöpflöffeln und allen möglichen Sachen, womit man Lärm machen kann. In der Mitte ein Essenswagen mit zwei leeren Essenskübeln und einem großen Schild „Die Jugendbaracke hat Hunger."

Wir singen einschlägige Lieder, deren Texte nicht ganz stubenrein sind. Vor allen Wohnungen und auch den Junggesellenbaracken stehen die Bewohner und lachen. Die Hausfrauen haben Mitleid mit uns. Brot, viel Brot und hie und da auch ein Stückchen Käse oder Margarine verschwinden in den Essenskübeln. Bei der Zentralküche steht Massier, der holländische Koch, ein sehr netter Herr, und sagt zu David, seinem jüdischen Kollegen, daß er uns Brot geben soll. Wir bekommen vier ganze Brote. Der Zug geht weiter zum Badehaus. Dort geben wir dem Bademeister Japhet ein Stück Brot, weil wir heute extra duschen durften. Er bedankt sich mit seinem Ausruf „noch zwo Minuten", und der Aufzug zieht weiter. Immer mehr kommt in den Kübel. Schließlich sind wir wieder bei unserer Baracke. Der Marsch ist ein großer Erfolg. Wir haben unsere Mitbewohner und vor allem uns selbst amüsiert. Es ist uns nicht mehr kalt. In der Küche wird alles ausgepackt, um verteilt zu werden. Dabei stellt sich heraus, daß es viel mehr ist, als wir erwartet haben. Deswegen bringen wir einen Teil ins Waisenhaus, wo jetzt fünfzig Kinder untergebracht sind. Dann kommt Türkel, sonst ein Brummbär. Es gibt morgen keinen Kaffee von der Küche, daher bringt er uns einen großen Tauchsieder und Teesurrogat.

Es geschehen noch Zeichen und Wunder. Ganz früh wurde heute eine Gruppe vom Außendienst geweckt. In Beilen muß ein Waggon Kohle auf

*Kohlen löschen in Beilen, Winter 1941/42*

Lastwagen zum Transport ins Lager umgeladen werden. Das ist wirklich Rettung in letzter Minute. Der Zustand ist so kritisch, daß wir auch jetzt, während die Autos bald kommen müssen, noch immer den Müll zum Kesselhaus fahren. Der wird direkt von der Schubkarre in den Kessel geschüttet, nur um das Feuer nicht ausgehen zu lassen. Morgen wird alles besser sein. Dann kriegen wir auch wieder Kohle, um unsere Öfen zu heizen. Wir können die Wasserspülung der Toiletten gebrauchen und uns wieder waschen und rasieren. Übrigens dürfen die Öfen nur angezündet werden, wenn ein Installateur dabei ist, um die eingefrorenen Leitungen mit einem Brenner langsam aufzutauen.

Es kommen immer mehr Leute. Gestern hundert aus Zaandam, die wurden dort erst aus ganz Nord-Holland versammelt. Hundertvierzig kommen aus der Umgebung von Hilversum, und so geht es weiter. Die planmäßige Bettenzahl im Lager ist erreicht, jetzt muß Platz geschaffen werden. Die Aufenthaltsräume von allen Baracken werden mit Stockbetten belegt. In den Familienbaracken werden alle Zimmer mit zwei Personen belegt. Das heißt, daß Familien Untermieter zugeteilt bekommen. In den Junggesellenbaracken bekommen die Schlafsäle Stockbetten. Außerdem bekommt jeder Saal einen eigenen Ofen und Tische zwischen den Betten. Der Aufenthaltsraum wird auch zum Schlafsaal mit Doppelstockbetten.

Als ob es nicht genug Aufregung im Lager gäbe, hat Schol einen neuen Spleen: die Sittlichkeit. Also schleicht er durch Schlafsäle, bewaffnet mit einer Laterne und schaut, ob tatsächlich immer nur ein Mann in einem Bett liegt. Er macht das alleine. Selbst de Rade traut sich das nicht zu. Hugo, einer der Älteren, hat sich schrecklich darüber aufgeregt. Vielleicht hat er das sogar provoziert. Jedenfalls, als Schol tatsächlich in seinen Schlafsal kommt, scheint es, als ob Hugo nicht alleine im Bett läge. Der tapfere Hauptmann Schol reißt die Decke weg: Hugo erschrickt und gibt ihm einen linken Haken genau aufs Auge. Schol verschwindet wortlos aus dem Schlafsaal.

Wie ein Lauffeuer verbreitet sich die Geschichte durchs Lager. Jeder lacht über Schol, fürchtet aber Schols Rache. Den Morgenappell hält Huisman. Schol erscheint später in seinem Büro mit einem prachtvollen blauen Auge. Er schreibt ein Zirkular, worin er die Leiter der jüdischen, evangelischen und katholischen Gemeinschaft auf die sittlichen Gefahren einer Männergemeinschaft hinweist. Schol hat, so sagt man, in diesem Schreiben die Gefahren nicht genauer umschrieben. Zu schade!

Aber es droht nun wirklich Gefahr. Eine Gruppe SD-Offiziere ist im Lager. Zum ersten Mal sehen wir deutsche Uniformen hier, und dann noch mit einem Totenkopf. Das hat uns gerade noch gefehlt. Die ganze Infrastruktur interessiert sie, vor allem Küche und Kesselhaus, Wasserleitung, Elektroinstallation, Kanalisation und derartiges. Offensichtlich auch das blaue Auge von Herrn Schol. Sie haben ihn gezwungen zu sagen, wer der Täter ist, hat er nachher seinen Mitarbeitern erzählt. Jedenfalls ist nachmittags die SS gekommen und hat Hugo mitgenommen.

Er ist nicht zurückgekommen. Jetzt, vier Wochen später, haben wir noch immer nichts von Hugo gehört. Auch Schol behauptet, nicht zu wissen, was mit ihm geschehen ist. Inzwischen wird die interne Organisation im Lager verändert. Die Feuerwehr wird zu einem Ordnungsdienst (OD) ausgebaut. Pisk, ein Wiener, wird Leiter des OD. Zusammen mit seiner Frau erinnern sie mich an Familie Hass. Nette, freundliche Leute. Die verschiedenen Arbeitsgruppen werden in Dienstbereiche eingeteilt. Oberdienstleiter wird Schlesinger. Alles ist nur ein Auftakt zu viel größeren Veränderungen. Feldmesser vermessen das Land. Überall stecken kleine Pfähle im Boden. Wenn man genau hinschaut, kann man erkennen, was gebaut werden wird: große Baracken und Nebengebäude. Beim Appell hat Schol eine kurze Ansprache gehalten. Das Lager wird erweitert, die neuen Baracken werden von holländischen Unternehmern gebaut, die auch ihr eigenes Personal mitbringen. Nur in Einzelfällen wird Hilfe von Lagerbetrieben nötig sein. Da die Neubauten und eine Vergrößerung der Infrastruktur des Lagers aber Mitte Juli fertiggestellt sein wird, ist die neue Organisation, die gestern bereits angekündigt wurde, notwendig.

Überall wird gegraben, also staubt es noch mehr als sonst. Die Etagebetten haben wir inzwischen selbst montiert. Sie kommen aus der Maginotlinie, haben keine Spiralen oder Federn, sondern Stahlbänder, die in beiden Richtungen gespannt sind. Die Matratze liegt ganz flach und hart. Ich schlafe sehr gut darauf. Damit nachher keine Fremden zu uns in den Saal kommen, machen wir aus den vier Sälen der Jugendbaracke zwei Säle. Der Aufenthaltsraum und die andere Hälfte ist für die Neuen. Konsequenz ist, daß wir die Betten neu verteilen müssen und in Zukunft nur zu zweit einen Kasten haben werden. Das geht alles problemlos. Ich habe ein Oberbett in der Ecke beim Fenster. Erwin, der jetzt Ordonnanz im Lagerbüro ist, schläft unter mir. Rolf oben neben mir. Rolf und ich haben zusammen einen Kasten. Wir bekommen dieser Tage auch Tische und Bänke mit mehr als vierzig Plätzen. Löwy hat uns stärkere Birnen versprochen. Wir haben schon alles ausgemessen. Mit gutem Willen und viel Humor wird es hier „gemütlich" werden.

Es ist nun deutlich zu sehen: es werden vierundzwanzig neue Baracken gebaut, die um das Lager gruppiert sind. Bei je drei der Baracken wird ein tief unterkellertes Fundament für ein Haus oder eine kleine Baracke gebaut. Alles geht schnell. Man merkt, daß die Bauunternehmer aus dem vollen schöpfen können. Material, Maschinen und Arbeiter sind im Überfluß da. Da wir bereits an die neue Saaleinteilung gewöhnt sind, ändert sich eigentlich nichts für uns. Von Frau Jaffé habe ich „How green was my valley" von Richard Llewellyn in einer neuen holländischen Übersetzung geschickt bekommen. Reizend von ihr, ihre Briefe zeigen auch viel Interesse. Fritz korrespondiert mit Frau van Dorp, der Schwester von Frau Jaffé, Rolf mit einer Nichte von ihr. Der Glückspilz hat als einziger ein Mädchen getroffen. Er hat sogar schon ein Foto von ihr bekommen. Sie schreibt, daß sie auf der Eem segelt. Die Eem ist ein kleiner Fluß, der in die ehemalige Zuiderzee mündet.

Die Ausstattung unserer Schlafsäle ist jetzt komplett. Wir haben auch einen funkelnagelneuen Ofen mitten im Saal stehen. Wir organisieren Holz, was auf den Baustellen nicht schwer ist, und heizen unseren Ofen, sodaß wir Brot oder Käserinde darauf rösten können. Wer kochen will, muß Holz mitnehmen, so lautet ein ungeschriebenes Gesetz. Aus Utrecht sind zweihundert Menschen angekommen. Ein Teil davon ist in unserer Baracke einquartiert worden. Auch aus anderen Provinzen werden deutsche Juden erwartet.

Man kann jetzt auch schon die Einteilung der Baracken erkennen, denn einige sind im Rohbau fertig. Am Kopf- und Fußende ist offensichtlich ein Waschlokal. Durchgesägte, also halbe glasierte Tonrohre ruhen nebeneinander auf Mauern, mitten im Raum. Einen halben Meter drüber liegt ein Eisenrohr, mit Wasserhähnen an beiden Seiten. Das ist wohl klar. Warum aber in einer Ecke, ohne jede Abschirmung, ein WC mit Wasserspülung steht, ist unverständlich. Dann folgt ein mehr als dreißig Meter langer Saal, zehn Fenster an jeder Seite, schließlich eine Wand mit zwei Türen. Dann der Mittelgang der Baracke, circa drei Meter breit, an jeder Seite eine Doppeltür nach draußen, offensichtlich der Haupteingang. An der anderen Seite wiederholt sich alles, die Baracke ist symmetrisch. Im Vergleich zu den riesigen Schlafsälen sind die beiden Waschräume klein und je ein WC, absolut unverständlich. Ob die Fundamente mit den Kellern, die hinter den Baracken gebaut werden, damit etwas zu tun haben?

Als Antwort auf den „Sommernachtstraum" wird jetzt ein Bunter Abend gebracht. Die Texte und die Regie sind von einem sich Dr. S. nennenden Berliner Komiker, der vor kurzem hier eingetroffen ist. Ich mache auch mit. In einer Ensembleszene trete ich als Dr. S. auf, der ein Loblied auf sich selbst geschrieben hat. Ich singe es aber nicht, das bleibt dem Publikum wenigstens erspart. Jedenfalls werde ich geschminkt, habe einen Regenmantel an und einen Hut auf. Ich schau ihm wirklich ähnlich, nur bin ich nicht so dick. Hans, Trompeter und ausgezeichneter Zauberer, Teddy ein geborener Komiker und Fritz mit Vorträgen werden die Achse sein, um die sich alles dreht.

Die jüdischen Ehepartner von Mischehen, die sich in Westerbork befinden, müssen sich auch bei der Zentralstelle in Amsterdam melden, weil über deren Zukunft noch Unsicherheit besteht. Der Chef von der Materialausgabe in der Schlosserei ist so ein Fall. Er ist schrecklich nervös, und weil wir Jüngeren ihn als einen liebenswerten Mann kennen, würden wir ihm gerne helfen. Er hat es auch nicht leicht gehabt, ist in allen möglichen Lagern gewesen. Schließlich in Sluis, an der holländisch-belgischen Grenze, mit Frau und Kind vereinigt. Beim deutschen Einmarsch ist er zwischen die sich zurückziehenden Franzosen und Deutschen gekommen. Alles überlebt, dann Westerbork und jetzt kommt das. Die Arbeit, die er hier machen muß, fällt ihm auch schwer: er hat die Fachkenntnis und die Akkuratesse, aber der Meister Hofmann ist ein unangenehmer Mensch und quält ihn, wo er nur kann. Deswegen glauben die anderen, daß jeder mit Herrn Singer so umgehen muß. Aber das verdient er nicht.

Papa und Mutti haben wieder eine Adresse. Ein Postfach in Caplijna in der Herzegowina. Ich finde es im Atlas in der Bibliothek: auf einer Anhöhe über der Neretva, circa 30 km von Mostar, in der Nähe der dalmatinischen Küste. Ein hauptsächlich von Islamiten bewohntes Städtchen. Die Gruppe ist dort bei Bürgern einquartiert worden. Onkel Oskar, Tanta Irma und Susi sind auch dort. Alle haben es körperlich gut überstanden. Monatelang von Deutschen, von der Ustascha, von Polizei und selbst von Partisanen durchs Land gejagt werden, muß aber psychische Folgen haben, fürchte ich. Ihr Glück ist, daß Dalmatien von den Italienern besetzt ist, und die sorgen jetzt dafür, daß ihnen nichts geschieht. Jetzt, wo die Flüchtlinge in Ruhe gelassen werden, ergibt sich wieder dasselbe Bild: Mutti kocht und hat viele Kostgänger. Papa gibt Englischstunden und hackt Holz. Es ist eine richtige Karstlandschaft, aber nun im April ist sie wunderschön. Viel Obst, wie z. B. Feigen, auch wildwachsende. Die Einheimischen sind nett und hilfsbereit. Man erholt sich von den Strapazen und fühlt sich wohl. Wenn's nicht Katastrophen gibt wie diese: von einem Fischer hat Mutti einen prachtvollen Karpfen gekauft. Wie sich das so gehört, hat der Fischer den Karpfen mit einem Schlag auf den Kopf getötet. Weiter muß Mutti alles selbst tun. Entschuppen, den Fisch aufschneiden, saubermachen, portionieren und nach altem Familienrezept mit Zwiebeln, Pfefferkörnern, Kräutern und etwas geschnittenen Mohrrüben sieden, bis der Fisch vollkommen gar ist. Dann die Portionen auf einer großen Schüssel garnieren (Kopf dazugeben, der schmeckt am besten, sagt mein Vater immer) und den gesamten Sud darübergießen. Kalt stehen lassen, bis Fisch und Sud eine schmackhafte Sulz werden, ohne daß Gelatine verwendet wird. Wo hat Mutti aber einen kühlen Platz? Nur auf dem kleinen Balkon, wo das Haus über dem reißenden Bergbach hängt. Dort stellt sie die große, flache Emaillepfanne hin. Als sie am nächsten Morgen ganz früh nachschauen will, ob die Sulz schön geworden ist, sieht sie das Unglück: einer Katze hat der Fisch geschmeckt, nur die Sulz hat sie übriggelassen. Mutti ist ratlos, die Hauptmahlzeit für fünfzehn Kostgänger ist verschwunden. Wie kann sie den Leuten Essen geben, wenn das Betriebskapital von einer Katze aufgefressen wurde? Wie es ausgegangen ist, meldet der Brief nicht.

Im Lager gibt es ein Gerücht, daß bei den Neubauten ein deutscher Architekt führend tätig ist. Bis jetzt schien alles eine rein holländische Angelegenheit zu sein. Man sagt, daß Haan, der Stellvertreter von Schol, weggeht oder vielleicht sogar schon weg ist. Wir haben nicht viel mit ihm zu tun gehabt. Selbst wenn er Schol vertreten mußte, trat er nie in den Vordergrund. Der Architekt soll nun in seiner Villa wohnen. Wenn das wahr ist, haben wir zum ersten Mal einen „richtigen" Deutschen in unserer direkten Umgebung. Was das bedeuten soll?

Der bunte Abend war ein Erfolg. Die Leute waren sehr froh, daß es wieder einmal etwas zum Lachen gab. Es wurden auch Fotos gemacht. Auf einem bin ich als Dr. S. sehr gut getroffen. Wir haben es schon nach Caplijna geschickt. Die werden sich sicher darüber freuen.

Löwy sagte heute zu mir, daß in der Nähstube eine Maschine repariert werden muß. Ich soll es mir einmal ansehen. Wenn es etwas Elektrisches ist, muß ich ihn holen. Der Motor von der Nähmaschine und die Anschlüsse sind in Ordnung. Also muß die Störung im mechanischen Teil sein. Vorsichtig fange ich an, ein paar Teile abzuschrauben. So wie ich es bei der Tweka gelernt habe, merke ich mir genau, wo alles hingehört. Es geht gut. Nach einer halben Stunde Suchen, Putzen, Montieren und ein paar Tropfen Öl bewegt sich alles wieder. Ich bitte die Dame, die an der Nähmaschine arbeiten soll, es einmal zu probieren. „Ausgezeichnet", sagt sie, und ich gehe stolz in die Werkstatt zurück. Zu Löwy sage ich nur, daß seine Hilfe nicht nötig war. Er fragt auch nichts, schade.

Unsere Kneifkatzen sind liebe Tiere. Viele kommen jetzt zu uns, weil wir im Augenblick noch die einzigen sind, die sie reparieren können. Es gibt auch immer mehr im Lager. Jeder, der neu ankommt, bringt mehrere mit, denn Batterien für Taschenlampen sind, zumindest hier, nicht zu bekommen. Aber die meisten sind schon ein paar Jahre alt, und da geht schon mal etwas kaputt. So kam heute jemand mit zwei Katzen und sagte, daß wir eine behalten dürfen, wenn wir die andere reparieren können. Das ging problemlos, sodaß wir die zweite zerlegen und als Ersatzteile aufheben können.

Heute, ein paar Tage nach der Nähmaschinenreparatur, läßt Hofmann mich rufen. Das bedeutet meistens nichts Gutes. „Schwarz", sagt er, „wieso verstehst du was von Nähmaschinen?" Ich bin davon überzeugt, daß es um das „Katzengeschäft" geht, daß ich ihn erst nicht einmal verstehe. Dann begreife ich es doch und sage ganz leger: „Das habe ich bei der Tweka gelernt." Tweka sagt ihm nichts, wie soll es auch, er hat in Holland nur in Lagern gesessen. Er macht sich aber nichts daraus. Es stellt sich heraus, daß die Dame in der Nähstube seine Frau ist, die ihm von der Reparatur erzählt hat. Ich gehe wieder an die Arbeit, höre aber Hofmann später zu Löwy sagen, daß „der Schwarz", wenn nötig, die Reparaturen an den Nähmaschinen machen soll.

Trotz des Frühjahrs wird unser Menü nicht freundlicher. Noch immer Steckrüben oder gesalzene Fisolen. Solange es Stamppot ist, geht das ja noch. Manchmal glaubt man sogar, ein Stückchen Fleisch zu finden. Aber das ist Selbstbetrug. Viel ärger aber ist es, wenn es Pellkartoffeln gibt. Die werden nämlich so gekocht, wie sie vom Land kommen, sodaß man teilweise halb- oder ganz faule Kartoffeln auf dem Teller hat. Die in der Küche sagen, daß niemand Zeit und Gelegenheit hat, um die Erdäpfel zu sortieren. Und außerdem gehören die Faulen auch zur Ration.

In den Neubauplänen steht auch ein gemauerter Kartoffelkeller außerhalb des Lagers auf dem Weg nach Amen. Das hat Erwin mir erzählt. Er mußte als Ordonnanz etwas zum Baubüro bringen und hat den Plan zufällig gesehen. Vielleicht werden die Erdäpfel dann besser sein als jetzt, wo sie direkt aus der Miete kommen (eine mit Erde abgedeckte Grube, in der Feldfrüchte eingelagert werden).

Beim Appell liest Schol die Mitteilung vom „Joodsche Raad" vor, daß ab übermorgen, Sonntag den 3. Mai 1942, alle Juden einen Judenstern tragen müssen. Schol ist gerührt, wir sind sprachlos. Dann sagt er, daß es noch nicht sicher ist, daß wir auch hier im Lager den Stern tragen müssen, denn die Verordnung spricht von „öffentlich". Aber der Sicherheit halber soll jeder schon beginnen, die Sterne links auf Brusthöhe anzunähen. Wir können sie gratis bei der Nähstube in Empfang nehmen.

Kurt, Schneiderlehrling, hat in der Schneiderei Nähnadeln, Fingerhüte und Garn organisiert, außerdem gibt er guten Rat. Schließlich fangen wir doch an, darüber zu reden, was das zu bedeuten hat. Im Lager wird es nichts ausmachen, aber für die Juden draußen umsomehr. Jeder denkt an den Judenhut, den man auf so vielen Kupferstichen aus dem Mittelalter sieht, und weiß auch, daß die Juden dadurch zum Ziel für Spott, Gewalt und Mord markiert wurden.

Jetzt fangen die Deutschen an, die Arbeit an den neuen Baracken auf Trab zu bringen. SD, SS und auch deutsche Zivilisten sind regelmäßig im Lager. Die Schlosserei wird auch eingeschaltet. In den neuen Baracken müssen Betten aufgebaut werden. Jede andere Arbeit ruht, sobald ein Lastauto mit Betten kommt. Wir müssen den Wagen entladen und die Betten aufstellen. Da zwischen den Baracken nur Matsch ist, können die Autos nicht bis zur Mitteltüre fahren. Daher schleppen wir die Betten durch den Waschraum und die ganze Baracke. Dann fangen wir hinten an, die Betten aufzustellen. An sich geht es einfach: Kopf- und Fußende 90 Grad klappen, dann steht das Bett. Die Füße sind unten hohl, am oberen Ende sind Stifte, die in den Füßen des oberen Bettes einrasten. Eigentlich ein einfaches System, solange es gutgeht. Je zwei Betten stehen nebeneinander, mit dem Kopf an der Außenwand. In der Mitte der Baracke stehen zweimal zwei Reihen Betten nebeneinander, auch drei übereinander. Oft paßt das Oberbett sofort. Wenn es nicht geht, muß ein anderes Bett rauf. Vor allem im dritten Stock ist das eine Quälerei. Winnen, der Architekt, und einige SSler kommen regelmäßig zuschauen. Sie sagen nichts, schauen uns geringschätzig an.

Wenn eine Baracke dann dem Bettenplan entsprechend, vollgebaut ist, schlägt einem der Schrecken ums Herz. Wir haben kaum Platz, uns zu bewegen. Ohne daß Strohsäcke auf den Betten liegen, ist alles noch ein bißchen transparent. Ein Wald schwarzer Striche wie auf einer japanischen Zeichnung. Aber voller Menschen ist das unvorstellbar. Es wird noch ärger: zum ersten Mal sehen wir eines der mysteriösen Gebäude hinter den Baracken von innen. Aus rotem Backstein gebaut, die Eingangstür führt in eine Halle. Links und rechts Türen: dann sehen wir es. Da steht, blank poliert und gestrichen, eine riesige Eierdose. Lauter Löcher, ohne Abschirmung. Drüben, bei den Männern ist an der Seitenwand eine schräge Rinne als Pissoir. Kein Waschbecken, keine Wasserspülung. Vierzig Plumpsklosetts nebeneinander. Selbst die mindeste Privacy ist den Menschen, die hier werden leben müssen, untersagt.

Auf einmal wird uns klar, wie glücklich wir sein müssen mit unserem kleinen Saal mit nur zwanzig zweistöckigen Betten und einem Kasten für je zwei Personen. Vor allem aber mit unseren Toiletten und der Waschgelegenheit, über die wir immer schimpfen. In den neuen Baracken haben die Leute nicht den geringsten Platz, um etwas aufzuheben oder etwas abstellen zu können. Wir haben in jedem Schlafsaal hundert Dreistockbetten aufgestellt, das heißt dreihundert Menschen auf circa dreihundert Quadratmetern. Mit anderen Worten, kaum ein Fleck von 1x1 Meter Lebensraum pro Person und selbst das ungestörte Auf-dem-WC-Sitzen ist ihnen nicht vergönnt. Wenn wir wieder mit einer Baracke fertig sind, unsere Hände wehtun, weil man sich dauernd die Finger zwischen den Eisenbetten einzwickt, glauben wir, daß es nicht die Absicht ist, daß die Leute hier lange bleiben.

## Westerbork, Juli 1942

Wir wissen es jetzt. Ab heute, 13. Juli 1942, heißt das „Centraal Vluchtelingenkamp Westerbork" „Polizeiliches Juden-Durchgangslager Westerbork." Die Mischehen müssen das Lager sofort verlassen. Sie haben kaum Zeit, ihre Sachen gut einzupacken und von ihren Freunden Abschied zu nehmen. Der einzige aus der Gruppe, den ich kenne, ist Herr Singer aus der Schlosserei. Ihm gönne ich es wirklich, daß er nicht hierbleiben muß, und hoffe, daß es ihm, seiner Frau und seiner Tochter draußen gutgehen wird. Dann sind nur noch circa eintausendzweihundert Menschen im Lager.

Der neue Kommandant, SD Sturmbannführer Dr. Deppner, hat befohlen, daß alle männlichen Lagerinsassen sich morgen im kleinen Saal zur

Musterung für den Arbeitseinsatz melden müssen. Im selben Tagesbefehl steht auch, daß die interne Organisation des Lagers bestehen bleibt, aber für die neuen Aufgaben entsprechend verstärkt werden wird. Schol ist nach wie vor im Dienst.

Es ist klar, was die neuen Aufgaben sind. Das Wort „Durchgangslager" besagt es schon. Genau wie wir vermutet hatten: die neuen Baracken werden nur ein paar Nächte von Leuten „auf Durchreise" bewohnt. Erwin hat gehört, daß Deppner als wichtigste Abteilung die Registratur sieht. Die muß schlagfertig sein, um eine große Anzahl Menschen schnell, allen Anforderungen der Zentralstelle entsprechend, zu registrieren. Die übrigen müssen dafür sorgen, daß das Lager diesen Ansprüchen gerecht werden kann. Obwohl wir alle glauben, daß Deppner uns braucht, sprechen Fritz und ich doch darüber, was wir tun werden, wenn einer von uns ausgemustert wird. Der Entschluß ist, daß wir zusammen gehen oder zusammen bleiben. Näheres werden wir morgen früh hören.

Beim Appell sagt Schol, daß morgen, am 15. Juli, ein Zug mit 1000 Männern aus Amsterdam nach Hooghalen fährt. Von dort marschieren sie hierher, werden im Lager registriert, bekommen zu essen und gehen dann wieder zum Zug nach Hooghalen, zur Fahrt zum Arbeitseinsatz. Mit ihnen werden 100 Leute aus dem Lagerbestand mitfahren. Deppner wird sie

*Eine der menschenunwürdigen Latrinen*

*Innenansicht einer „großen" Baracke. Die vierhundert Bewohner muß man sich dazudenken.*

heute nachmittag im kleinen Saal persönlich mustern. „Im übrigen", sagt Schol, „ist heute arbeitsfrei." Sonst hätte jeder gejauchzt bei einer solchen Mitteilung. Jetzt schweigen wir alle bedrückt. In der Baracke sagt Erwin, daß Deppner sehen will, wen er brauchen kann und wen nicht. Er hat gehört, daß Deppner eine Liste hat anfertigen lassen, worauf alle Namen mit Alter und Beschäftigung stehen. Das macht mir Sorgen, denn Fritz als Lehrer wird da wohl kaum durchkommen.

Wir stehen in der Reihe und können in den kleinen Saal schauen. Dort sitzt auf dem Podium, wo sonst der Pfarrer predigt, Deppner mit der Liste. Schräg hinter ihm Schol. Wir haben jeder eine Nummer bekommen. Es geht schnell. Man sagt Namen, Nummer und Dienstbereich (ein neuer Ausdruck). Deppner stellt nur selten eine Frage, meistens sagt er einfach „Geht" oder „Bleibt". Manchmal beugt er sich zu Schol, der dann sagt: „Du hörst noch von mir." In Holland ist es üblich, daß Untergeordnete immer mit „du" angesprochen werden. Meistens geht's um jemanden, der etwas mit der Registratur zu tun hat. Hans (mit der Trompete) und Ernst (der mit mir aus Wien gekommen ist) müssen gehen. Fritz ist an der Reihe: „Geht", sagt Deppner. „Bitte, Herr Sturmbannführer", sagt Fritz, „der Zahnarzt ist gerade dabei, eine Brücke in meinem Kiefer zu fixieren." Macht seinen Mund auf und zeigt die wackelige Konstruktion. „Wenn ich eine Woche Aufschub bekommen könnte ..." Deppner läßt ihn nicht ausreden, sagt: „Bleiben Sie." Schol wird knallrot, bei ihm hätte ein Soldat sich so etwas nicht getraut. Dann bin ich an der Reihe. „Fred Schwarz, Elektriker, Schlosserei", sage ich. „Bleibt", sagt Deppner.

Draußen gratuliere ich Fritz. Aber weil ich der Pessimist der Familie bin, sage ich, daß eine Woche nicht viel ist. Aber Fritz, der Optimist, sagt: „Kommt Zeit, kommt Rat." Dennoch herrscht eine nervöse Stimmung im Lager. Wir helfen abends im großen Saal, für die Registratur die Tische aufzustellen, Stühle an beiden Seiten. Im kleinen Saal stehen auch Tische. Da werden die Leute einen Becher Kaffee und ein belegtes Brot bekommen. Sitzgelegenheiten haben wir nicht für so viele Leute. Die ganze Nacht werden Frauen in der Küche arbeiten, um die Brote zurechtzumachen.

Wir haben bis tief in die Nacht mitgeholfen. Viel Zeit zum Schlafen ist uns nicht geblieben. Aber ich wäre auch viel zu nervös. Beim Appell hören wir, daß aus Amsterdam nur 950 Männer kommen. Deppner entscheidet, daß die 50 Kinder aus dem Waisenhaus mitfahren sollen. Schol versucht, das zu verhindern. Aber Deppner versichert ihm, daß es dort auch Kinderheime gibt. Salo Carlebach, Lehrer im Waisenhaus, will mit den Kindern mitfahren. Deppner stimmt zu.

Die Männer aus Amsterdam sind übermüdet. Gestern zu Hause Abschied genommen, in den frühen Morgenstunden abgefahren, dann von Hooghalen mit Rucksack und Deckenrolle zu Fuß ins Lager gekommen.

Hier haben sie erst gehört, daß sie noch heute wieder nach Hogghalen gehen müssen. Die meisten dachten, daß sie in Westerbork bleiben würden. Als erste gehen unsere hundert, dann die 950 Amsterdamer und schließlich die 50 Kinder und Carlebach auf einem Lastwagen. Den Anblick werden wir nicht so schnell vergessen.

Die Woche Aufschub, die Fritz hatte, ist schon lange vorbei. Er hat keinen neuen Aufruf bekommen. Er wird ihn auch nicht kriegen, denn er ist jetzt Heizer im Kesselhaus. Das ist ein „betriebswichtiger" Beruf. Außerdem hat Deppner entschieden, daß alle jetzt im Lager Beschäftigten als alte Kampinsassen von Transporten freigestellt sind. Der Grund dafür ist die Abwicklung der nun beinahe täglich ankommenden und dreimal in der Woche abgehenden Transporte. Das ist sehr arbeitsintensiv, und Deppner nützt gerne die im Lager bestehende, gute Organisation. Aus den ankommenden Transporten werden vereinzelt Berufe ausgewählt, die hier fehlen. So wird eine Eisenbahngruppe gebildet, die ein Anschlußgleis von Hooghalen bis ins Lager bauen wird. Die Küche braucht mehr Personal, das Krankenhaus wird größer und muß übersiedeln. Natürlich kommt auch Verstärkung zum technischen Dienst. Inzwischen steigt die Anzahl der Bewohner des Lagers, denn es kommen mehr Männer und auch ganze Familien ins Lager, als mit den jetzt im August regelmäßig zweimal in der Woche abgehenden Transporten weggeschickt werden. Männer, Frauen und Kinder, noch immer zu Fuß von und nach Hooghalen, bewacht von holländischer Polizei oder Marechaussee. Wohin bringt man all diese Menschen, durchschnittlich 1500 pro Woche? Zum Arbeitseinsatz nach Oberschlesien, heißt es. Genaueres ist noch immer nicht bekannt.

Es soll ein Stacheldrahtzaun um das Lager angelegt werden, mit Wachtürmen und einem trockenen Graben. Wir waren erst bestürzt, aber da sich an unserer Situation nichts ändern wird, haben wir auch das als Tatsache akzeptiert und regen uns nicht mehr auf. So wie man sich an alles gewöhnt. Ich komme jetzt oft in die überfüllten großen Baracken. Eine Lampe austauschen, einen Schalter, ein Bett reparieren. Es ist noch viel ärger, als wir es uns vorgestellt hatten. Die Leute haben wirklich keinen Zentimeter Platz. Zwischen den Betten steht vor jedem Fenster ein Tisch, parallel zu den Betten an beiden Seiten je eine Bank. Auf jeder Bank können die drei Menschen sitzen, die in dem Stapelbett schlafen. Aber in der Mitte stehen auch Betten, da ist keine Bank. Die wollen doch auch einmal sitzen. Jeder hat seine Habseligkeiten auf seinem Bett, unter seinem Strohsack. Aber wo läßt man die Sachen, wenn man schlafen geht?

Beim Lagereingang ist jetzt ein Schlagbaum mit einem Wachposten. Das Bahngleis wird entlang der Straße nach Amen durch das Lager bis zum Kartoffelkeller geführt. Dort endet es mit einem Prellbock. Hinter der Zentralküche, bis kurz vor der Lagergrenze, wird die Strecke zweigleisig. Die Straße wird zum Perron ausgebaut. Es wird aber noch eine Zeitlang dauern. Vorläufig muß jeder die zweimal fünf Kilometer zu Fuß gehen, und jetzt sind auch schon alte Leute dabei. Die Lagerbevölkerung ist inzwischen auf 3000 gestiegen, wobei allerdings ein schwebender Bestand von 1000 Menschen, die auf den nächsten Transport warten, inbegriffen ist.

Nach drei Monaten ist man schon ganz schön abgestumpft. Man sieht und hört die Transporte kommen und gehen; aber sie berühren einen nicht mehr so wie die ersten. Sicher nicht, wenn man so wie wir keinerlei Bekannten oder Verwandten begegnet und auch weiß, daß keine dabei sein werden. Den Leuten, die neu ankommen, steht die Angst ins Gesicht geschrieben. Sie haben sich monatelang ausgedacht, wie es wohl sein würde. Aber auch die ärgsten Pessimisten haben es sich nicht vorgestellt, wie es hier in einem Schlafsaal oder auf der Latrine aussieht. Breughel könnte es gezeichnet haben. Wenn es aber hier schon so schlecht ist, wie schlecht wird es dann erst in Oberschlesien sein?

Wir alle bekommen eine Kostprobe, wie es noch werden kann: einen neuen Kommandanten, den Herrn Obersturmführer Dischner. Er kommt aus München und ist ein Trinker, besser gesagt ein Säufer, der, wenn er richtig betrunken durchs Lager geht, jeden, der ihm in den Weg kommt, mit seiner Reitpeitsche schlägt. Das ist etwas Neues. Bis jetzt sind Deppner und seine SS uns anständig begegnet. Sie waren auch kaum im Lager zu sehen. Sie brauchten es auch nicht, denn alles läuft wie am Schnürchen. Dischner, wenn er betrunken ist, will dabei sein. Und weil er schlägt, schlägt die SS auch. Die kommen allerdings selten ins Lager. Aber die Marechaussee, die die Leute, die außerhalb des Lagers arbeiten müssen, begleitet, nimmt sich ein Beispiel an deren Hauptwachtmeister, ein richtiges Schwein. Seine Mannschaften sind nicht viel besser.

Am besten ist es also jetzt, so wenig wie möglich außer Haus zu sein. Das ist schade, denn gerade jetzt gibt es so viele hübsche Mädchen hier im Lager. Sie langweilen sich, haben Angst oder sind einfach hilflos. Die Jugendbaracke hat den guten Namen, zwischen Arbeitsende und Sperrzeit ein sicherer Hafen und ein wesentlich angenehmerer Ort zu sein als der Schlafsaal einer großen Baracke. Wir laden gerne ein und sorgen immer dafür, daß es gemütlich ist. Aber die meisten sieht man nur ein oder zwei Mal. So habe ich Hansje kennengelernt. Ich weiß nicht, wer sie mitgebracht hat. 16 Jahre, Regenmantel, Kopftuch. Bleich, mit demselben besorgten Gesichtsausdruck wie die Erwachsenen. Sie erzählt von ihren Großeltern, die in der Smaragdstraat wohnen. Es stellt sich heraus, daß das die lieben alten Leute sind, bei denen ich in Amsterdam gewohnt habe. Sie wollen „untertauchen". Alte Freunde aus der Sozialistischen Jugend werden sie verstecken. Ich halte die Daumen, daß es gelingen wird. Hansje habe ich nach dem Gespräch nicht mehr gesehen. Mit ihren Eltern auf Transport. Am Dienstag und Freitag, wenn die Transporte abgegangen sind, ist es still und traurig bei uns. Dann versteht man erst, was es für diejenigen bedeutet, die Angehörige oder richtige Freunde weggehen sehen.

Am nächsten Morgen ist es vorbei. Man hat seine Arbeit, man sieht, daß sich eigentlich nichts verändert hat. Man merkt mit Erstaunen, daß es jede Woche einfacher ist, sich vom Elend der anderen abzuschließen. Bis der Augenblick kommt, daß jemand weg muß, den man gerne hier halten möchte. Man rennt sich die Beine aus dem Leib, um jemanden zu finden, der einem helfen kann. Vielleicht hat man für ihn einmal eine Kneifkatze repariert, und er ist jetzt als Gegenleistung bereit ... und so weiter. Meistens geht es nicht, aber manchmal trägt es Früchte.

Zeitungen sind hier verboten. Ab und zu sieht man eine alte, wenn jemand sie von draußen mitbringt. Dann ist es deprimierend zu lesen, daß den Deutschen doch auch in Rußland so eine Art Blitzkrieg zu gelingen scheint. Sie stehen vor Moskau, vor Leningrad, in der Ukraine. Wer hätte das für möglich gehalten?

Eine angenehme Neuigkeit gibt es heute. Deppner ist zurück. Dischner ist weg. Es scheint sich auf der Kommandantur einiges abgespielt zu haben. Deppner hat von Dischners Betragen gehört und ihn zur Rede gestellt. Es hat einen wüsten Krach gegeben. OStuF Dischner ist dann laut baierisch fluchend in das SS-Auto, das Deppner gebracht hat, gestiegen und hat uns, hoffentlich auf immer, verlassen. Deppner scheint gesagt zu haben: „... daß der an die Ostfront muß." Es kommt selten etwas Besseres nach, aber bei Dischner hätte es auch noch viel schlechter werden können.

Es wird voll und voller im Lager. Obzwar die Transporte jetzt größer sind und in manchen Wochen 3000 Menschen abtransportiert werden, kommen noch immer viel mehr Leute an. Alle neuen Baracken sind jetzt voll. Offensichtlich fungieren wir hier als ein Stausee, aus dem nach Belieben Menschen abgerufen werden können. Das bedeutet, daß es eigentlich leichter geworden ist, einem Transport zu entgehen. Legal und illegal, obzwar das letztere schwierig ist, weil im allgemeinen die ganze Organisation mit deutsch-holländischer Gründlichkeit aufgebaut ist. Legal ist hauptsächlich eine Frage von Beziehungen. Damit ist hier alles möglich. Damit kann man einen „Stempel" bekommen. Auf der „Lagerkarte" steht dann: „bis auf weiteres freigestellt". Das nennt man eine Sperre. Ich bin gesperrt als „Alter Kampinsasse", könnte es aber als „Elektriker" sein. Man kann auf einer Liste stehen: wer zum Beispiel vor 1941 evangelisch getauft war, ist „bis auf weiteres ..." Oder wer beweisen kann, ein Visum für ein neutrales Land zu bekommen, aber auch wenn man zu einer Volksgruppe gehört, die vielleicht einmal gegen Volksdeutsche ausgetauscht werden kann (Leute mit einem Palästinazertifikat zum Beispiel). Man kann auch sein Vermögen an die Zentralstelle übergeben haben und soll dann in ein Luxuslager kommen. Aber mit *„Vitamin B"* ist im Lager selbst natürlich auch viel zu erreichen.

Erwin sagt, daß jetzt circa 10.000 Menschen im Lager sind. Das kann schon stimmen, denn die bewohnten großen Baracken fassen alleine über 7000 Menschen. Aber unter Dischner ist die Zuteilung von Schlafplätzen irgendwie durcheinandergekommen. Jetzt stimmt nichts mehr. Daher gibt Schol bekannt, daß übermorgen jeder sein Bett räumen und sich mit seinem ganzen Gepäck am neuen Appellplatz melden muß. Nur diejenigen, die in den Familienbaracken wohnen, sind ausgeschlossen. Dafür wird später eine Neuordnung getroffen werden. Jeder probiert zu erfahren, was wirklich los ist. Niemand weiß etwas. Der neue Appellplatz liegt vor den Werkstätten, aber ob er groß genug ist?

Das Chaos wird noch ärger, weil heute ein großer Transport ankommt. Es sind die jüdischen Arbeiter, die vor einigen Monaten in die Arbeitslager der N.H.M. geschickt wurden. Gleichzeitig ist aus Amsterdam ein Transport unterwegs mit Frauen und Kindern. Den Männern ist zugesagt, daß sie ihre Familien hier treffen werden, um dann zusammen nach Oberschlesien zu reisen. Aber Westerbork ist voll, deswegen ist der Transport aus Amsterdam direkt dorthin gegangen. Das wird den Arbeitern aber erst nach der Registratur mitgeteilt. Sie können ihnen mit dem nächsten Transport nachreisen. Aufruhr droht. Die Leute sind auch durch die sehr schlechte Behandlung in den Lagern geladen. Der Ordnungsdienst steht vor seiner ersten schweren Aufgabe. Wenn es dem OD nicht gelingt, die Ruhe im Lager zu wahren, werden SS und die Marechaussee zusammen eingreifen. Das muß unter allen Umständen vermieden werden. Es gelingt, die Männer davon zu überzeugen, daß an der Situation nichts mehr zu ändern ist.

Am Abend erscheint Heinz mit drei Mädchen in der Baracke. Wir sind von ihm schon einiges gewöhnt, in Worten als auch in Taten, aber drei ist doch etwas zu viel. „Das zijn de Geschwister van Leeven aus Den Haag", sagt er. In der Aufregung über soviel Erfolg mischt er sogar etwas Holländisch in sein Salon-Wienerisch. Klaartje, die Älteste, ist hübsch, hat sprechende Augen, einen schönen Mund. Das Haar in einem Netz, nach innen gerollt. Jettie, die zweite, hat was von Klaartje, ist aber weniger weiblich. Vielleicht kommt das durch die karierten Kniestrümpfe, die sie trägt. Die Jüngste heißt Leneke, ist die fröhlichste, vielleicht auch die liebste von den Dreien. Heinz erzählt, daß sie mit den Eltern und dem zwölfjährigen Bruder am 15. Oktober von der Polizei aus der Wohnung abgeholt und ins Gefängnis nach Scheveningen gebracht wurden. Vater, Mutter und Bruder wurden freigelassen. Sie haben einen Joods Raad Stempel, weil Herr van Leeven in einer jüdischen Fachschule Tischlerei unterrichtet. Die drei ältesten Kinden wurden nach Westerbork geschickt. Sie müssen mit dem nächsten Transport weg, „wenn mir uns nix einfalln lassn", wie Heinz das so schön ausdrückt. Er kennt die Mädchen, weil deren Vater für den Deventer Verein Burschen, die in der Umgebung von Den Haag auf Einzelhachscharah sind, beaufsichtigen mußte. Auch die Schmiede im Westland gehörte dazu. Da der einfache Dorfschmied nun nicht einsehen wollte, was für ein Genie sein Lehrbursche Heinz ist, kam es häufig zu Zwischenfällen. Dann mußte Heinz bei Herrn van Leeven zum Strafrapport erscheinen. In Anbetracht der drei Mädchen war der Besuch sicher keine Strafe, vor allem wenn ich mir Klaartje so anschaue. Wir wissen, wie wir helfen können. „Vielleicht", sagt Rolf, „hilft das Chaos, das morgen am großen Appellplatz ausbrechen wird. Eher geht doch kein Transport." Wir haben drei Tage Zeit.

Der Appell ist, wie erwartet, ein Chaos. Der Platz ist natürlich zu klein um 7000 bis 8000 Menschen übersichtlich aufzustellen. Hauptmann Schol wieder in einer Glanzrolle, da Dischner weg ist und Deppner sich offensichtlich nicht darum kümmert. Grün, noch immer davon überzeugt, daß die Jugendbaracke bestehen bleibt, hat unser Gepäck in einer Familienbaracke untergebracht. Der Tag geht vorbei, die Leute werden immer nervöser. Wir lachen, spielen, denn wir sind davon überzeugt, daß uns nichts geschehen kann. Plötzlich große Aufregung drüben beim Kesselhaus. Schol, der auch nicht mehr aus und ein weiß mit der Menschenmasse, hat nun einen SSler bei sich. Eine Gruppe folgt den Anweisungen Schols nicht schnell genug: Schols Reaktion ist entsetzlich. Der holländische Offizier schlägt mit einer Reitpeitsche auf wehrlose Menschen. Der SSler lacht, mischt sich aber nicht drein. Bevor es dunkel wird, kommt Grün. „Gehen wir zur Baracke 55", sagt er. Nicht weit weg, aber unser Selbstvertrauen ist hin, denn 55 ist eine große Baracke.

Erwachen in einer großen Baracke. Im dritten Stock, ein schmales Bett, der Nachbar direkt neben mir. Ich war gestern abend so müde, muß gleich eingeschlafen sein. Zugegeben, ich habe gut geschlafen. Drüben hatten wir die harten Betten. Hier liegen die Strohsäcke auf Spiralfedern, die schon durchhängen, das ist schön weich. Eine Lampe über mir gibt ein gedämpftes Licht. Dadurch, daß die Betten so nahe beieinander stehen, sieht es aus, als ob man über eine wellige Hochebene schaut. Die Barackenwand ist der Horizont. Die wellige Fläche bewegt sich, schnarcht, hustet, spricht. Unaufhörlich.

Ich ziehe mich soweit wie möglich an, nehme Handtuch und Seife und klettere hinunter. Für mich ist das kein Problem. Wie muß es aber älteren Leuten ergehen, selbst in unserer Jugendgruppe kenne ich Burschen, die sich das nicht trauen. Den Waschraum kannten wir schon. Aber er hat eine neue Dimension dazu bekommen: ein WC, das eine Nacht lang die einzige Toilettenmöglichkeit für 300 schläfrige Männer war. Der Gestank ist unerträglich. Da ich hoffe, mir bei Japhet einen extra Badezettel erbetteln zu können, flüchte ich vor dem Gestank und ziehe mich ungewaschen weiter an.

Der Raum in der Mitte der Baracke ist in zwei Teile geteilt. Hinten ist die „Küche", vorne beim Ausgang haben die Ehepaare Rendezvous, denn das ist die einzige Gelegenheit, miteinander zu sprechen. Gleich müssen sie zum Appell und zur Arbeit. Dann sind sie weit weg voneinander. Außerdem gibt es Kaffee. Da steht ein Essenskübel mit einer Mischung aus Zichorie und einigen chemischen Bestandteilen. Aber sie ist wenigstens warm.

Viele von unseren Burschen stehen schon draußen. Jeder hat ein schlechtes Gewissen, denn wir haben die Scheiße doch eingerichtet. Aber jeder weiß auch, daß wir keine andere Wahl hatten. Heinz erscheint. Er hat bei seinen Eltern im Zimmer am Boden geschlafen. Seine Mutter, die kleine, liebe Frau, die er immer „Mausi" nennt, hat für uns ein paar Stücke warmen Toast mitgegeben. Ob wir uns schon etwas für die drei Mädchen haben einfallen lassen? Um ehrlich zu sein, wir haben noch nicht einmal daran gedacht. Wir hatten viel zu viel Mitleid mit uns selbst. „Hachscharah", sagt einer, Heinz rennt weg. Die Hachscharahgruppe sind Mädchen, die auf Bauernhöfen arbeiten und deswegen von Transporten freigestellt sind. Da gibt es meistens noch Platz, denn die Neuankommenden jungen Frauen wollen nicht ohne ihre Eltern hierbleiben und die Eltern alleine weggehen lassen.

In der Mittagspause hören wir, daß wir wieder in die Jugendbaracke zurück dürfen, allerdings Baracke 21, denn die 22 wird Kaserne für den Ordnungsdienst. Im Prinzip aber dasselbe. Als wir unsere Sachen wieder ausgepackt haben, die Decken wieder vor die unteren Betten hängen, sodaß man den besuchenden Damen auch mal etwas Privacy bieten kann, wenn die Käserinde auf dem Ofen knistert, kommt unser schlechtes Gewissen wieder. „Aber", sagt Erwin quasi ernst, „Schol hat eben verstanden, daß es für die Sittlichkeit im Lager viel besser ist, daß wir hier die Mädchen empfangen können, die sonst im Lager herumlaufen würden".

Die Dampfpfeife im Kesselhaus geht. Es ist das Zeichen, daß der Transport das Lager verlassen hat und jeder sich wieder auf die Straße begeben darf. Diese Sperre gilt nicht für diejenigen, die einen Arbeitsausweis haben. Ich arbeite schon den ganzen Morgen, aber als ich die Pfeife höre, denke ich plötzlich an Klaartje mit dem Haarnetz und den grünen Augen. Ob sie auch dabei ist? Wir haben weder von Heinz noch von den Mädchen etwas gehört. Heinz ist nicht in der Schlosserei. Er ist hier Schweißer und hat zum Meister gesagt, daß er einen dringenden Sonderauftrag hat. Hofmann, eigentlich ein Feigling, traut sich nicht einmal, Heinz zu fragen, was das für ein Auftrag ist, von dem er nichts weiß.

In der Baracke 21 ist doch etwas verändert. Den Begriff Jugendbaracke gibt es nicht mehr. Obwohl Grün Barackenleiter geblieben ist, sind auch andere Leute dazugekommen, ältere, an der anderen Seite vom Ofen. Bei uns sind zwei Neue: Mickey, richtiger Amsterdamer, und Flippie aus Leeuwarden, beide Tischler. Sie sind die ersten Holländer in unserer Gruppe. Die übrigen Jugendlichen aus unserem Saal wohnen jetzt in einer anderen Junggesellenbaracke.

Nachmittags bin ich in der Poliklinik. Ich habe eine eiternde Wunde am Bein. Neben dem Bett, auf dem ich liege, sitzt ein Mädchen und wartet auf seine Mutter, die in einem anderen Zimmer untersucht wird. Sie hat ein herziges Gesicht, eine hübsche Figur und trägt eine Baskenmütze. Aber keine gewöhnliche, sondern eine gestrickte. Wir lächeln beide, als unsere Blicke einander treffen. Dann kommt die Pflegerin und wäscht

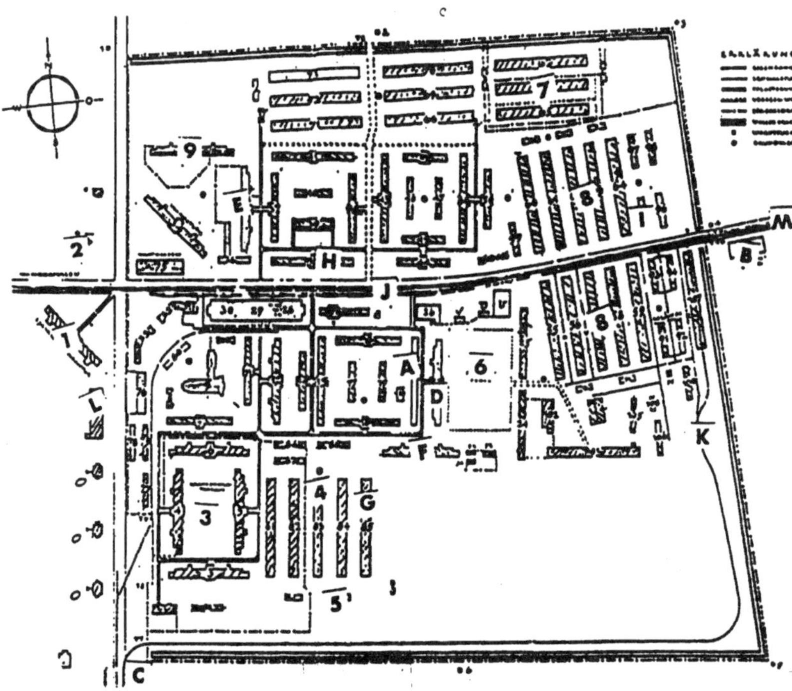


1 Kommandantur
2 Villa des Kommandanten
3 Krankenhauskomplex
4 Große Baracken
5 Eine der Latrinen
6 Appell- und Sportplatz
7 Strafbaracken
8 Industriekomplex
9 Waisenhaus
A Wäscherei
B Kartoffelkeller
C Krematorium
D OD und Feuerwehrkaserne
E Quarantäne
F Jugendbaracke (Fred)
G Barneveldbaracke (Carry)
H LAWA/LAKA
I V (Fürsorge)
J Bahndamm und Rampe
K Schmalspurbahn
L SD/SS-Casino
M Prellbock

*Polizeiliches Juden Durchgangslager Westerbork, Juli 1942 bis Mai 1945*

meine Wunde aus. Es tut weh, aber das Mädchen sagt, daß ich Komödie spiele. Sie heißt Irene, ist 17 Jahre alt, stammt aus Gouda und kommt heute abend zu uns in die Baracke. Sie wohnt in 57, nicht weit von uns, aber ich werde sie doch abholen.

Irenes Vater ist in einem Arbeitslager, und sie dürfen auf ihn warten, um dann zusammen abzureisen. Es sind doch immer dieselben Themen, mit denen ein Gespräch anfängt: Woher? Wohin? Wann? Aber zusammen mit vielen jungen Leuten an einem langen Tisch beim brennenden Ofen ist es gemütlich und das Eis bald gebrochen. Wir besitzen sogar ein altes Koffergrammophon und ein paar Platten von Charles Trenet und eine von „Axel an der Himmelstür", eine Operette von Benatzky. Die habe ich vor fünf Jahren im Theater an der Wien gesehen, da war ich gerade 14. Wir haben auch geröstete Käserinde und Toast, frisch vom Ofen. Außerdem natürlich Limonadenersatz.

Dann tritt Heinz auf, wieder mit den drei Mädchen im Schlepptau. Sie werden mit viel Beifall begrüßt, bekommen auch jede eine Limonade, eine Hand voll Käserinden und Brot. Das erste, was uns auffällt, ist, daß die drei Damen blaue Overalls mit einem roten Halstuch tragen. Wie es gelungen ist, fragen wir alle im Chor. „Sehr einfach", sagt Heinz und beginnt eine lange komplizierte Geschichte, wie er sie aus der Transportbaracke geschmuggelt hat, kaum glaubhaft für uns. Das Ende wohl: daß er die Frau des Leiters der Hachscharahgruppe gefragt hat, ob ihr Mann nicht drei tüchtige Mädchen gebrauchen kann. „Jetzt in der Zeit der Kartoffel- und Rübenernte sicherlich", hat sie gesagt. Weiter gab es kein Problem. Sie bekamen die Overalls, Halstücher und das Wichtigste: die Kampkarte mit dem Stempel „bis auf weiteres". Heinz sagt, daß er für Irene sicher auch so eine Freistellung bekommen kann. Aber wie so viele sagt sie, daß sie ihre Mutter nicht allein lassen kann. Wenn ihr Vater aber kommt, bevor sie weg müssen, wird sie es vielleicht tun.

Als das erste Signal ertönt, zehn Minuten vor dem Anfang der Sperrzeit, bringe ich sie zur Baracke 57. Die fröhliche Irene ist jetzt still. An die Möglichkeit, die Eltern alleine weggehen zu lassen, hat sie noch nie gedacht. Sie weiß auch gar nicht, ob ihr Vater das erlauben würde. Sicher ist jedenfalls, daß sie ihre Mutter, die krank ist, nicht alleine weggehen läßt. Ich wollte ihr noch sagen, daß, wenn ihre Mutter im Krankenhaus liegen würde, sie auch nicht auf Transport müssen, bis sie wieder gesund ist. Aber die Zeit ist zu kurz. Ich muß rennen, um zeitgerecht zurück zu sein.

Am 31. Oktober 1942 zirkuliert im Lager der Bericht, daß die Engländer bei El Alamein die Linien des Deutschen Afrika-Korps durchbrochen haben und Rommel auf der Flucht ist. In der einzigen noch ziemlich zuverlässigen holländischen Zeitung, NRC, die eine Woche alt ist, lesen wir, daß die Deutschen in Rußland durch die Kälte Probleme haben. Über Rommel schreibt man nur, daß seine Truppen neue Stellungen bezogen haben.

Wenn der Krieg nur bald zu Ende wäre. Bis einschließlich Ende Oktober sind bereits 30.000 Menschen von hier weggegangen. Männer, Frauen und Kinder, alle zum Arbeitseinsatz, und es soll so weitergehen. Wöchentlich zwei Transporte. Irene und ihre Mutter sind auch dabei. Ohne jede Vorwarnung sind sie heute nacht aufgerufen worden. Niemand weiß, warum sie nun nicht mehr warten dürfen. Ich konnte auch nichts feststellen. Wenn eine Sperre platzt (das ist der Lagerausdruck dafür, wenn eine Freistellung plötzlich aufgehoben wird), ist meistens nicht mehr zu helfen. Vor allem dann, wenn es kurz vor Abgang des Transportes geschieht. Sie werden also das Stück bis Hooghalen zu Fuß gehen müssen, während die Bahnlinie in den nächsten Tagen in Betrieb genommen werden kann. Jetzt spüre ich auch die Machtlosigkeit, die andere fühlen, wenn jemand, der dir lieb geworden ist, weggeht. Sperren, die platzen, sind an der Tagesordnung. Jeden Tag gibt es neue Listen: Weinreb, Palästina-Austausch, Diamanten, Ahnenuntersuchung, EK1 Träger. Von den meisten weiß man nur die Namen, aber nicht, was dahintersteckt. Es gab auch eine Liste „Vittel" für besonders reiche Menschen, die in dem gleichnamigen Kurort interniert werden sollen. Sie sind bereits abgereist.

## Westerbork, Winter 1942/43

Wenn ein Transport abgehen soll, gibt Deppner die genaue Anzahl Menschen an, die „verladen" werden müssen. Das Personal der Registratur unter Leitung des jüdischen Oberdienstleiters Schlesinger stellt die Transportliste selbständig auf, es sei denn, daß von der Kommandantur spezielle Anweisungen kommen. In erster Linie werden die Leute genommen, die keinerlei Sperre haben. Wenn das aber nicht genug ist, entscheidet der Kommandant, wer von den „Gesperrten" weg muß. Soweit wir wissen, kommen die genauen Anweisungen von der Zentralstelle oder vom Amt des Reichskommissars in Den Haag. Von dort kommen auch die Instruktionen hinsichtlich neuer Sperren. Aber oft läßt man auch Listen „platzen". Sie buchen den Zug bei den Nederlandse Spoorwegen und verlangen, daß Westerbork die „bestellte" Anzahl Personen genau einhält. Das heißt, daß, wenn jemand, der auf der Transportliste steht, eine Freistellung bekommt oder stirbt (um zwei Extreme zu nennen), ein anderer mitfahren muß. Die alphabetischen Transportlisten werden spät am Abend vor Abgang des Zuges in jeder Baracke vom Barackenleiter verlesen. Es gibt immer grauenhafte Szenen. Leute, die tanzen vor Freude, wenn ihr Buchstabe vorbei ist und sie nicht genannt sind, neben Menschen, die einen Nervenzusammenbruch kriegen, wenn sie aufgerufen werden. Unmenschlich und menschenunwürdig ist, was sich hier abspielt und was Leuten angetan wird. Die Organisation ist perfekt. Seit einigen Wochen fahren Züge aus dem Lager ab. Bis zum Augenblick, wo der Kommandant zusammen mit Schlesinger am Perron steht und das Einwaggonieren der Leute ansieht, ist alles von Juden gemacht worden. Die Barackenleiter haben die Leute aufgerufen, Männer, Frauen und Kinder haben ihr Gepäck selbst zum Zug geschleppt. Wenn sie zu schwach dazu sind, hat die FK (Fliegende Kolonne) es für sie auf einer Karre mitgenommen. Der OD hat mit einem Kordon den Weg von den Baracken zum Zug sowie den „Bahnsteig" abgeschirmt. Auf dem Perron haben OD und FK den Leuten beim Einsteigen geholfen, Küchenpersonal hat Reiseproviant ausgeteilt. Krankenpfleger haben die Bettlägerigen auf Tragbahren zum Waggon gebracht. Dann übernimmt die Grüne Polizei die Transportbewachung. Der Kommandant gibt ein Zeichen, und der Zug fährt ab. Der OStuF und seine SS haben sich die Hände nicht schmutzig gemacht.

Das Anschlußgleis wird rege benutzt. Täglich kommt eine kleine Diesellokomotive mit ein paar Waggons ins Lager, bringt Vorräte und auch Post. Heute kamen aus Frankreich einige Wagen mit alten, zerlegten Baracken, die hier aufgestellt werden sollen. Hauptmann Schol hat uns verlassen. Ich trauere ihm nicht nach, seiner Frau wohl. Seit ungefähr drei Wochen haben wir einen neuen Kommandanten. Obersturmführer Gemmeker. Er wohnt jetzt in der Villa. Vielleicht 40 Jahre alt, ich habe ihn öfters bei Inspektionen in der Schlosserei und an anderen Stellen, wo ich zufällig arbeitete, gesehen. Er interessiert sich für die Arbeit, die man macht, schaut zu und tut nicht, als ob wir alle Vollidioten wären. Gemmeker hat die Leiter aller Dienstbereiche zusammengerufen und ihnen klargemacht, daß das Lager soviele Artikel wie möglich für eigenen Gebrauch produzieren soll und daß Initiativen in dieser Hinsicht seine volle Unterstützung haben werden. Wenn es sich um Produkte handelt, die für die Kriegswirtschaft wichtig sind, können für die benötigten Fachkräfte und ihre Familien Freistellungen beantragt werden.

Der letzte Transport ist Mitte Dezember abgegangen. Aber jetzt hat es wieder angefangen. Am 11. Januar der erste, und seit dem 18. jede Woche wieder zwei Transporte, das heißt circa 1500 Menschen. Westerbork ist überfüllt, es kommen immer mehr Transporte an, weil die Polizei in Amsterdam nun regelmäßig Razzien unternimmt.

Das Jahr 1943 hat mit Eis und Schnee angefangen, aber doch ist es gefühlsmäßig weniger kalt als in vorigen Jahren. Vielleicht liegt es daran, daß die großen Baracken wie ein Schild um die kleinen vom alten Lager stehen. Sicher ist, daß in den Junggesellenbaracken die Wasserleitungen und die Toiletten nicht mehr einfrieren, weil in den Schlafsälen auch Öfen brennen. Die Feiertage sind schon lange vorbei, doch hört man noch immer Leute davon sprechen, daß Leo in den großen Baracken mit den Kindern Channuka-Kerzen angezündet und gesungen hat.

Bei einer Razzia ist eine große Regenmantelfabrik in Amsterdam von SS und Polizei geräumt worden. Die hatte fast ausschließlich jüdisches Personal, das wegen Wehrmachtaufträgen einen Stempel hatte. Sie sind von der Fabrik sofort zum Bahnhof und von dort nach Westerbork gebracht worden. Frauen und Mädchen, nur im Arbeitsmantel und manche mit ganz alten Schuhen, weil sie nicht einmal mehr zu ihren Garderobekästen gehen durften, um die guten Sachen und den Wintermantel anzuziehen. Es sind nur wenige Männer dabei, Direktion, Betriebsleiter, ein paar Schneider, Lehrbuben. Am nächsten Tag wurden die Familienmitglieder aus ihren Wohnungen geholt. Kurz danach sind die meisten mit ihren Frauen auf Transport geschickt worden. Einzelne, die bleiben durften (warum die einen ja und die anderen nicht?), werden der Kern für einen Konfektionsbetrieb sein, der jetzt hier eingerichtet wird. Die technische Ausrüstung wird aus den vielen, inzwischen geschlossenen jüdischen Betrieben nach Westerbork gebracht. Hoffentlich kann ich dort Nähmaschinenmonteur werden.

Hofmann hat mich heute Herrn Apt vorgestellt. Er ist Nähmaschinenmonteur und hat als solcher (und mit Beziehungen) für sich und seine Frau eine Freistellung bekommen. Ich soll mit ihm zusammenarbeiten, sagt Hofmann, und verschwindet. Apt ist ein freundlicher Herr.

Ich erzähle ihm von der Industrie, die kommen soll, auch daß ich dort der Mechaniker sein werde, weil ich doch mit der Elektrizität zu tun habe. Er hat gar nichts dagegen. Im Gegenteil. Es scheint ihm ein Stein vom Herzen zu fallen. Mir auch, denn ich bin froh, daß er mich nicht gefragt hat, ob ich das kann. Ich mache mir keine Sorgen für mich, es wird schon gehen. Aber für ihn. Es sind auch Nähmaschinen außerhalb des Lagers, zum Beispiel bei der Sekretärin des Kommandanten. Ein Fehler dort kann einen den Kopf kosten. Es ist jetzt auch ein kleiner Strickereibetrieb aus Utrecht gekommen. Handmaschinen, genau die, an denen ich in Wien gelernt habe. Ich stehe und schaue zu, das Wasser läuft mir im Mund zusammen. Ein Ehepaar arbeitet da, mit zwei Hilfskräften. Mich wollen sie da aber lieber nicht sehen. Sie haben Angst vor mir, wegen meines AK-Stempels. Sie haben wirklich keinen Grund, aber ich kann die zwei gut verstehen. Alles ist möglich in dem Dschungel, der Durchgangslager Westerbork heißt.

Die drei Van Leeven Mädchen werden das Lager verlassen dürfen. Unglaublich, aber wahr. Es gibt jetzt eine neue Liste, „Barneveld" genannt. Das ist eine Gruppe von Leuten, die kulturell etwas für Holland bedeuten oder bedeutet haben, und ihre Angehörigen. Die werden in ein eigenes Lager, ein altes Schloß in Barneveld, gebracht. Dort dürfen sie bis Kriegsende bleiben. Klaartje, Jettie und Leneke gehören auch dazu, weil ihr

Vater der einzige höhere jüdische Beamte beim Wasserbauministerium war. Wenn alle Formalitäten erfüllt sind, dürfen sie mit noch einigen anderen abreisen. Manchmal sehen wir Klaartje noch zusammen mit Heinz. Jettie hat ein Gspusi mit Julius, der in der Zentralküche arbeitet, was viele Vorteile bietet, und außerdem singt er, gibt sogar Konzerte. Leneke hat Freundschaft geschlossen mit Fuchs, dem Gärtner des Kommandanten. Fokkie, wie jeder ihn nennt, kommt aus Berlin und hat auch bei der Deventer Vereinigung gearbeitet. So klein das Lager ist (nur circa 500 x 500 m), so groß sind doch die Unterschiede zwischen den verschiedenen Clans: ich begegne Julius und Fokkie nie.

Das Ziel der Transporte hat jetzt einen Namen. Auschwitz, in Oberschlesien. Jemand hat es auf einer Karte gefunden. Ursprünglich war es österreichisch, danach aber polnisch. An sich ist es unwichtig, aber es wird nun ganz offiziell von Transporten nach Auschwitz gesprochen. Sonst hat sich aber nichts geändert. Am Tag vor dem Transport schleppt eine Lokomotive die Waggons ins Lager und fährt dann wieder weg. Abends flaniert jeder auf der Hauptstraße, die dann noch nicht als Bahnsteig gilt. Ich tue es immer, denn ich finde die alten Personenwagen sehr interessant. Manche schauen aus, als ob sie aus dem Museum, aber öfter noch, als ob sie vom Schrottplatz kommen. Oft sehe ich, daß es Wagen aus dem Jahr 1900 oder vielleicht noch früher sind. Das ist am Wagen selbst oder den Radkästen zu sehen. Die sind aus Gußeisen, reichlich verziert. Am nächsten Morgen in der Schlosserei sehe ich von meiner Werkbank aus den Zug in der Ferne stehen, jetzt wie ein gefährlicher Drache mit feuerspeiendem Kopf. Es scheint, als ob die Menschenmasse Angst hätte vor dem Monster. Dann löst sich die Riesenschlange aus der Menge, noch einmal stößt sie eine Dampfwolke aus. Dann verkündet die Sirene, daß das Lager wieder vom Drachen erlöst ist. Das normale Leben kann wieder beginnen. Man schaut noch einmal auf die leeren Arbeitsplätze von den Kollegen, die mit diesem Transport weggingen, und ist froh, noch hier zu sein. Einer der Älteren, der 1917 noch am Isonzo gekämpft hat, sagt, daß es im Schützengraben nach einem Volltreffer auch so war. Man stand auf, schüttelte den Dreck von sich, sah die Toten und verwundeten Kameraden und war froh, daß man es selbst überlebt hatte. 30 Personen sind nach Barneveld abgereist, die drei Mädchen sind auch dabei. Wenn Heinz es nicht erzählt hätte, wüßten wir es nicht einmal. Die französischen Baracken sind inzwischen aufgebaut worden. Sie sind nicht zum Wohnen geeignet, werden deshalb als Lagerräume, Werkstätten und als Büros verwendet. Ihre wichtigste Funktion: Depot und Ausgabestelle der Abteilung V (Voorzorg = Fürsorge). Leute, die oft nach Razzien auf der Straße, direkt von der Arbeit oder aus dem Gefängnis ohne jedes Gepäck nach Westerbork kommen, werden von der V eingekleidet und bekommen Toiletteartikel und alles, was sonst zum Leben notwendig ist, wie Geschirr und Besteck. Die

Sachen kommen alle vom Joods Raad in Amsterdam und sind meistens nagelneu. In einer solchen Baracke ist auch die Abteilung Lederwaren. Hier werden Taschen, hauptsächlich für die Damen der hohen SS-Führer aus Den Haag gemacht. Gemmeker gibt sie gerne als Geschenk. Manchmal kommen solche „Herren" sie selbst auswählen. Dabei fällt immer wieder auf, daß ein Großteil der großdeutschen Hautevolée in Holland aus Österreich kommt. Auch Reparaturen werden in der Abteilung gemacht: die Patronentasche eines SSlers oder meine Geldbörse. Die aber nur, wenn ich einen Schein vom Dienstleiter habe oder in natura bezahle.

Jemand gibt mir einen Zettel, daß ich zur Baracke 68 kommen soll. Dort wartet Liesl auf mich, sie ist die Cousine von Lore. Die hat ihr empfohlen, sich an mich zu wenden. Liesl ist vierzehn, sieht aus wie zwölf, stellt mich zuerst ihren Eltern vor. Die beiden sind vollkommen aus dem Gleichgewicht: man hat sie aus der Wohnung geholt, obwohl sie dachten, eine wasserdichte Sperre zu haben. Erst hier ist ihnen klar geworden, daß sie das Opfer eines Betrügers sind. Liesl ist mit ihren vierzehn Jahren die einzige, die noch einen klaren Kopf hat. Sie hat schon alle Bekannten, die Einfluß haben könnten, gesprochen. Aber niemand kann ihnen helfen. Der Betrüger hat nicht nur viele Juden, sondern auch Nazis hintergangen, und die einzigen, an denen sie sich rächen können, sind die Juden. Daher gibt es keine Chance zu bleiben. Wir gehen zu uns in die Baracke. Dort schauen meine Freunde mich schief an, weil ich mit so einem „Kind" komme. Als Liesl am Gespräch teilnimmt, wird das anders. Auch Erwin kann nicht helfen. Es gibt Fälle, in denen selbst die besten Beziehungen nichts wert sind.

Die Lokomotive bringt genau dieselbe Garnitur, die vorige Woche von hier nach Auschwitz abgegangen ist. Also doch ein Vorteil, daß ich mich so für die Bahn interessiere. Abends besprechen wir in der Baracke meinen Plan, daß Liesl bei ihrer Ankunft einen Zettel irgendwo im Abteil verstecken soll. Wenn wir Glück haben, kommt derselbe Zug wieder zurück und wir finden ihn. Liesl ist sofort einverstanden. Von Bernd kriegt sie ein Stück Schreibpapier, von mir den Stummel eines Bleistifts. Mickey, der morgen am Bahnsteig bei der NB (Notbereitschaft, eine Art Hilfs-OD) Dienst hat, wird sich genau merken, in welchem Abteil Liesl sitzt.

Ich und viele andere gehören auch zur NB. Wir können jederzeit aufgerufen werden, oft auch zu Übungen. Dann pfeift die Dampfpfeife dreimal kurz, wir ziehen unser weißes Armband mit schwarzem NB drauf an und rennen zum Kesselhaus. Da steht dann einer der Dienstleiter mit einer Stoppuhr und sagt, daß es nächstes Mal noch schneller gehen muß. Das geschieht nicht oft, außerdem sind Übungen nie ganz unerwartet. Denn man kriegt immer einen Zettel, auf dem steht, daß man in Kürze aufgerufen wird und dann da- oder dorthin rennen muß. Das ist notwendig, weil derartige Übungen immer nur für einen Teil der NB gelten.

Der Transport ist weg, Liesl und ihre Eltern sind auch dabei. Schade, daß sie mitfahren mußte. Mickey hat gut aufgepaßt. Sie sitzt im letzten Waggon, im ersten Abteil. Er beschreibt ihn, und ich erinnere mich genau. Ein alter Kasten, mit einem Bremserhaus am Ende. Er ist sicherheitshalber nochmal schauen gegangen, und sie hat sich noch für die schönen Abende bedankt. Wir halten die Daumen, daß derselbe Zug wieder zurückkommt. Dann überlegen wir uns, daß es gar nicht ungefährlich ist, den Zettel zu suchen, wenn die Garnitur tatsächlich wieder kommt. Wir beschließen, daß ich alleine gehen werde. Jeder kennt meinen Spleen für Eisenbahnzüge und weiß, daß ich mich immer dort herumtreibe, wenn ein Zug dasteht.

Bei den letzten Transporten ist es nur mehr Glücksache, ob man in einem Personen- oder Güterwagen fährt, denn öfters bestehen die Züge aus beiden. Nur für die Grüne Polizei ist immer ein Zweite-Klasse-Waggon verfügbar. In den Güterwagen wird Stroh auf dem Boden ausgebreitet, in eine Ecke wird eine durch unseren Küfer eigens gemachte Tonne mit Deckel gestellt, als Toilette.

Wir haben wieder Post von Papa und Mutti bekommen. Sie sind jetzt in Kupari, ganz in der Nähe von Ragusa in Dalmatien. Sie wohnen zusammen mit 100 jüdischen Flüchtlingen in einem großen Gebäude, das früher Ferienheim einer tschechischen Gewerkschaft war. Die Italiener haben es beschlagnahmt und es zur Verfügung gestellt. Es geht ihnen gut. Das Haus ist sehr heruntergekommen, aber sie haben schöne Zimmer und seit langer Zeit wieder Privacy. Außerdem ist das Klima an der Adria und eine schöne Aussicht auf das Meer herrlich. Sie schicken uns auch ein Bild: die Eltern, sehr abgemagert, in einer Palmenallee. Mutti arbeitet als Hausnäherin bei einer Frau Gräfin in einem kleinen Schloß in der Nähe. Papa gibt wie immer Englisch-Stunden. Nach langer Zeit wieder Post zu bekommen, ist ein Glück. Sie haben übrigens unseren Brief mit dem Foto von mir auch bekommen. Weitere Post ist offensichtlich verlorengegangen. Jetzt haben wir wieder eine Adresse von ihnen, also schreiben wir sofort.

Wegen seiner Nachtdienste im Kesselhaus hat Fritz zusammen mit dem Küfer ein Hinterzimmer in einer Wohnung bekommen. Diese Zimmer sind jetzt verfügbar, weil Familien kein Extra-Zimmer mehr haben dürfen. Das Wohnzimmer ist auch Schlafraum für das Ehepaar. Wenn sie Kinder haben, kommt in ein Hinterzimmer ein Dreistockbett. Wenn sie mehrere Kinder haben, auch in andere Zimmer. Die übrigen zwei oder drei Schlafzimmer werden anderen als Zweibettzimmer zugewiesen.

Die Lokomotive pfeift immer, wenn sie in das Lager einfährt. Ich stehe an meinem Arbeitsplatz und sehe den Zug langsam näherkommen. Genau erkennen kann ich die Waggons noch nicht, Rauch und Dampf von der Lokomotive verschleiern die Sicht. Jetzt ist sie abgekuppelt, fährt an uns vorbei, die Weiche wird umgelegt, die Lokomotive fährt zurück. „Leer von

WBK nach Asn" so wie das im Fahrplan der Holländischen Eisenbahn heißt. Erst jetzt kann ich es richtig sehen: es ist zweifellos derselbe Zug, es ist jener Waggon. Am liebsten würde ich gleich hinrennen. Aber ich kann nicht weg von meiner Arbeit, und außerdem würde es sofort auffallen. Also ruhig weitermachen an dem Schaltkasten, den wir bauen, weil er hier nicht zu kriegen ist. Meine Hände zittern, das ist unangenehm bei einer Montagearbeit, aber es fällt niemandem auf. Mickey, den Tischler, sehe ich mit einem großen Brett auf der Schulter zum Zug gehen. Ein wenig später kommt er mit demselben Brett hier vorbei, gibt ein Zeichen. Auch er hat den Wagen erkannt.

Der Arbeitstag hat sehr lange gedauert, aber endlich ist es Feierabend. Ich zwinge mich, nicht gleich zum Zug zu rennen, sondern gehe erst mit den vielen Leuten, die von der Arbeit kommen, die Straße entlang bis zur Zentralküche. Das fällt nicht auf, denn viele tun das. Entweder sie haben Beziehungen dort, dann ist immer was zu kriegen, oder man hat einfach Glück, dann gibt's vielleicht doch etwas. Ein alter Kumpel vom Außendienst hat gerade Dienst, von ihm krieg ich eine Scheibe Steckrübe. Daran kauend gehe ich den Zug entlang zurück. Die Steckrübe ist ein ausgezeichnetes Alibi. Ich habe etwas zu essen geholt und jetzt fällt es niemandem auf, daß ich hie und da bei einem Waggon stehenbleibe und mir etwas anschaue. Auch nicht, als ich beim letzten Waggon in das Bremserhäuschen klettere. Eine prachtvolle Aussicht über den ganzen Zug und über das Lager! Dann steige ich auf der anderen Seite hinunter. Ich stehe jetzt zwischen der Türe zum Abteil und den Kohlenhalden hinter dem Kesselhaus. Niemand kann mich hier sehen. Weil ich tief unten stehe, gehört einige Akrobatik dazu, in das alte, abgewetzte Zweite-Klasse-Abteil zu gelangen. Hinter dem Sitzkissen finde ich einen Zettel. Raus! Türe nicht laut zuschlagen! Durch die Bremserkabine klettere ich wieder auf die Straße. Der Zettel brennt in meiner Tasche. Ich zwinge mich noch, ein bißchen im Lager spazierenzugehen. Dann, an einer ruhigen Stelle, lese ich:

*Der Zug steht in einer verlassenen Landschaft, kein Haus zu sehen. Vorne sehe ich Menschen aussteigen und antreten, Leute klettern auf Lastautos. SS kommt näher, sie rufen durch ein Sprachrohr: „Aufstellen in Fünferreihen. Gepäck liegenlassen. Gepäck geht auf Lastautos. Menschen, die nicht gehen können, dürfen mitfahren." Sie kommen, ich muß aufhören. Wiedersehen …*

Rolf, Mickey und ich lesen den Zettel immer wieder. Liesl hat genau gemacht, was wir von ihr erwartet haben, aber ihre Nachricht bringt nichts. Außer, daß wir wissen, daß man nicht zu Fuß zu gehen braucht, wenn man nicht will, und daß man sein Gepäck nicht selbst zu tragen braucht. Eigentlich noch besser, als es hier war, bevor der Zug bis ins

Lager ging. Außerhalb der bewohnten Welt leben wir hier noch immer. Wir beschließen, den Zettel sofort im Ofen zu verbrennen und mit niemandem darüber zu sprechen.

Der Küfer hat Auftrag bekommen, nun wöchentlich mindestens 40 WC-Tonnen zu machen, denn in Zukunft werden nur noch Güterwagen bei den Transporten eingesetzt. Der Aufbau einer Textilindustrie hat angefangen und ich bin offiziell dem Dienstbereich Textil zugeteilt worden. In einer großen Baracke fängt als erste die Konfektion an. Alle Betten sind entfernt, alles ist gut gelüftet. Der Waschraum ist gründlich gereinigt, in einer Ecke ist ein Verschlag gemacht. Dorthin kommt meine Werkstatt. Am Anfang wird noch auf Haushaltsmaschinen gearbeitet. Industriemaschinen kommen später.

Der erste Artikel, der hergestellt werden soll, sind blaue Overalls mit einem roten Schulterstück und Mützen für diejenigen, die mit Straftransporten ankommen. Die sogenannten S-Fälle, meistens Untergetauchte, die verraten oder entdeckt wurden. Sie werden hier in der Strafbaracke untergebracht, müssen (bis jetzt) ein weißes Armband mit rotem S und Holzschuhe tragen. Jetzt kommt also noch der blau/rote Overall dazu, als Uniform. Die Strafbaracke ist mit Stacheldraht vom Lager abgesperrt. Die Gefangenen dürfen nur in besonderen Fällen wie Poliklinik, Registratur oder natürlich zur Arbeit heraus. Wenn sie auf Transport gehen, bekommen sie ihre Schuhe und Kleider zurück. Die Männer müssen im Außendienst arbeiten, mit extra hohem Pensum, unter Bewachung der Marechaussee. Für die Frauen gibt es andere Arbeit. Sie alle werden meistens mit dem nächsten Transport deportiert. Es werden draußen immer mehr Untertaucher aufgestöbert, weil die deutschen Behörden jetzt eine Prämie von fünf Gulden pro Person (Mann, Frau oder Kind) bieten: in Bargeld, auszuzahlen im Polizeiamt, steuerfrei.

Vor einigen Wochen sind die berühmte jüdische Irrenanstalt „Het Apeldoornse Bos" und die Kinderklinik auf Transport geschickt worden. Jeder, alle Patienten, jung oder alt und beinahe das gesamte Personal gingen direkt nach Auschwitz. In diesem Fall hat nicht einmal die Registratur in Westerbork stattgefunden. Gemmeker war mit einer Gruppe ODler auch in Apeldoorn. Die mußten, nach Bedarf, Absperrungen machen. Dabei ist es ihnen gelungen, eine kleine Anzahl Menschen hinauszuschmuggeln. Die Burschen haben, als sie wieder zurück waren, nichts erzählen wollen, aber langsam kommt doch ans Licht, wie grauenhaft es war. Bettlägerige Patienten wurden mit Zwangsjacken auf Matratzen gebunden und auf den Boden der Güterwagen gelegt. Da aber zu wenige Waggons bestellt waren, hat man schließlich die Matratzen mit den Menschen aufeinandergestapelt. Andere Waggons wurden mit stehenden, geistig umnachteten Patienten in Zwangsjacken gefüllt. Nachdem der Transport abgewickelt worden war, hat die SS mitten in der Nacht in einer Art Blutrausch das ganze

Inventar mit den teuersten Instrumenten kurz und klein geschlagen. Der OD hat am nächsten Tag das Gebäude aufräumen müssen und gesehen, was da angerichtet wurde. Sie haben auch gehört, daß Aus der Fünten (Hauptsturmführer; Leiter der Zentralstelle für jüdische Auswanderung) deswegen einen Riesenkrach gemacht hat. Wie unmenschlich man mit den Patienten umgegangen ist, ist ihm egal. Aber um die Instrumente ist es jammerschade. Der OD durfte sich aus den Resten noch etwas aussuchen. In der OD-Baracke steht seit kurzem ein Grammophon. Man sagt, daß es auch aus Apeldoorn kommt.

Schon wochenlang werden in der Tischlerei Bänke angefertigt. Die Balken dafür sind speziell angeliefert worden. In der Schlosserei werden an Eisenmatratzen Drahtaugen geschweißt und Eisenketten auf Maß gesägt. In der Matratzenmacherei, die veredelte Strohsäcke macht, werden hunderte Matratzen angefertigt. Niemand wußte bisher, was das bedeutete.

Heute stehen 20 Güterwagen auf dem Geleise. Panik. Der nächste Transport soll doch erst in fünf Tagen gehen! Aber die Garnitur wird so weit wie möglich nach hinten zu den Werkstätten rangiert. Die letzten Waggons stehen beim Kartoffelkeller. Gemmekers Idee: da keine Personenwagen mehr verfügbar sind, sollen Güterwagen umgebaut werden. Schlosserei, Tischlerei und alle übrigen technischen Betriebe, dazu gehöre auch ich, haben dieser Arbeit Vorrang zu geben. Der Zug muß zum nächsten Transport fertig sein. Es ist eine gut geplante Aktion. Es werden Bänke in den Boden geschraubt, die Eisenmatratzen werden mit den Ketten im Dach verankert. In einer Ecke wird in den Boden ein Loch gesägt. Eines der bodenlosen Fässer, die der Küfer gemacht hat, wird dort befestigt: eine Toilette. Schließlich werden die Strohsäcke auf die Betten gelegt und auch kleine Kerzenlaternen aufgehängt. Dann ist ein Waggon fertig.

Wir haben am Sonntag auch gearbeitet, und dann war der zwanzigste Waggon planmäßig am Montag fertig, zeitgerecht für den morgigen Transport. Die Malerei hat Kurstafeln gemacht und Gemmeker kommt schauen, als das erste Schild aufgehängt wird:

WESTERBORK – AUSCHWITZ
AUSCHWITZ – WESTERBORK
KEINE WAGEN ABHÄNGEN
ZUG MUß GESCHLOSSEN
NACH WESTERBORK ZURÜCK

steht darauf. Als er und die Dienstleiter weg sind, kommt jeder die Waggons besichtigen. Die Meinungen sind geteilt. Schön, daß die Leute nicht mehr auf dem Boden liegen müssen. Sehr gut, daß die Kranken oben in den Betten liegen können. Ich zweifle: was, wenn jemand, alt und gebrechlich, aus so einem Bett hinunter muß, um die Toilette zu benutzen? Was, wenn man zufällig neben der Toilette sitzen muß? Mir kommt das Grauen, aber ich weiß auch nichts Besseres.

Die Züge gehen pünktlich jeden Dienstag ab. Der Zug mit seinen stolzen Kurstafeln ist nur einmal zurückgekommen. Dann hat sich offensichtlich niemand mehr um die Instruktion, daß der Zug zusammenbleiben muß, gekümmert. Wir stumpfen immer mehr ab. Transporte gehören so zum täglichen Leben, daß sie an einem vorbeigehen. Man wacht auf, wenn es gute Nachrichten gibt. Aber meistens enttäuschen die doch. Nach der enormen Niederlage der Deutschen bei Stalingrad dachten wir, daß es bald aus sein würde. Jetzt sehen wir auf einer Karte im NRC, daß die Russen zwar schon bis Rostof vorgestoßen sind, aber daß noch ein riesiges Stück von Rußland besetzt ist. Wann wird der Krieg zu Ende gehen? Viel Zeit haben wir nicht mehr. Bis jetzt sind schon mehr als 50 Transporte nach Auschwitz abgegangen! Oder wird, vielleicht unter dem Druck der dauernden Bombenangriffe und der schweren Verluste im Osten, die deutsche Bevölkerung sich eines Besseren besinnen? An der Stirnwand eines Waggons, der gestern entladen wurde, sind Namen und Worte eingekratzt, kaum zu entziffern. Aber man kann gerade noch lesen:

*Hier habe ich gesessen und habe nachgedacht, warum mich denn der Teufel nach Rußland hat gebracht.*

Wir alle haben es gesehen und sind davon überzeugt, daß nur ein deutscher Soldat das geschrieben haben kann. Wenn solche Botschaften in die Heimat kommen, dann muß eines Tages doch etwas geschehen!

Für uns, die freigestellt sind, wird das Leben sogar angenehmer. Der Kommandant hat erlaubt, daß an Sonntagen auf dem Appellplatz Fußball gespielt werden darf. Die Tischlerei hat den Auftrag bekommen, Tore anzufertigen. Allerdings müssen sie transportabel sein, damit sie wochentags nicht stören. Nördlich davon, beim Wasserkeller, soll ein Kinderspielplatz gebaut werden, und man spricht sogar davon, daß in Kürze auch etwas für Kultur und Unterhaltung getan werden soll: ein Symphonieorchester und eine Revue, sagt man.

Eine Gruppe vom technischen Dienst soll nach Amsterdam fahren, um dort in einer beschlagnahmten jüdischen Fabrik Maschinen zu demontieren und zum Abtransport nach Westerbork zu verpacken. Ich soll auch mitfahren und freue mich darauf. Sobald ich weiß, wann das sein wird, werde ich die Familie Stein benachrichtigen; ich würde sie gerne wiedersehen. Wo sie jetzt wohnen, weiß ich nicht, aber ein Vertreter des Joods Raad aus Amsterdam, der regelmäßig hierherkommt, kann sie erreichen. Keinesfalls darf ich bei ihnen wohnen, wir werden irgendwo untergebracht. Aber mit einer „Bescheinigung" dürfen wir uns innerhalb der für Juden geltenden Beschränkungen frei in Amsterdam bewegen.

# Westerbork, Frühjahr/Sommer 1943

Die Idee, aus dem Durchgangslager Westerbork ein Industrielager zu machen, spricht Gemmeker an. Die Dienstleiter haben ihm klargemacht, daß es jetzt noch die Möglichkeit gibt, die Beziehungen, die viele der Gefangenen zu Industrie und Handel in Holland haben, für das Lager zu verwerten. Die vielen Dienstreisen, die Leute von hier schon gemacht haben, um Gemmeker Sachen zu besorgen, die er sich selbst nicht verschaffen konnte, haben ihm das bewiesen. Die offizielle holländische Stelle, die für die Verteilung von Non-Ferro-Metallen verantwortlich ist, hat sich bereiterklärt, mit einigen unserer Herren zusammenzuarbeiten. Als erstes Projekt: das Zerlegen von Flugzeugwracks und Sortieren des anfallenden Schrotts. Dazu wird am Oranjekanal, circa acht Kilometer von hier, ein Kai samt Kran gebaut, der mit einer Schmalspurbahn mit dem Lager verbunden wird. Zugleich sollen auch Kabel zerlegt werden, und es soll Braunstein aus Batterien zurückgewonnen werden. Das „Rijksburo voor Non Ferro Metalen" ist eine der wenigen Instanzen, die, um den Juden zu helfen, gerne mitspielt. Die benötigten Lizenzen, Materialzuweisungen und weiterer Papierkram werden immer sofort erteilt. Es ist natürlich auch allgemeines Interesse. Denn dadurch, daß der Altmetallhandel und das Schrottsortieren ein beinahe ausschließlich von Juden ausgeübter Beruf war, häufen sich jetzt die unverarbeiteten Vorräte, und man kann auch den Lieferverpflichtungen, die die deutsche Verwaltung stellt, nicht mehr gerecht werden. Gemmeker ist Feuer und Flamme. Jeder, der die Möglichkeit hat, brauchbares Material zu beschaffen, darf auf Dienstreise gehen. Allerdings muß er Familie haben, die im Lager zurückbleibt. Er muß auch wissen, daß, wenn er nicht zurückkommt, zehn willkürlich gewählte Leute zusammen mit seiner Familie auf Straftransport gehen.

Ich gehe auch auf Dienstreise, morgen. Fritz bleibt hier, also darf ich weg. Die Familie Stein ist benachrichtigt, in Amsterdam werde ich von ihnen hören. Werner, der Maschinendreher, der immer die hübschesten Mädchen in die Baracke mitbringt, Leo, der Installateur, ein Schlosser und noch ein paar Leute von der Tischlerei fahren mit. Außerdem einige der Freunde von Oberdienstleiter Schlesinger, darunter auch Feldmann, der Fußballer, den ich noch aus Amsterdam kenne.

Es ist Montag früh, wir sitzen im Zug von Beilen nach Amsterdam. Mit acht Personen in einem Abteil, das ist knapp, aber besser als nichts. Die Vorschriften besagen nämlich, daß Juden nur in öffentlichen Verkehrsmitteln reisen dürfen, wenn sie A) eine Reiseerlaubnis haben, B) wenn genug Platz vorhanden ist, jedoch C) wenn Juden bereits eingestiegen sind, brauchen sie nach Abfahrt nicht mehr auszusteigen, um Platz für andere zu machen. Der Zug fährt, und wir brauchen uns also keine Sorgen zu machen. Dienstreisen ohne Bewachung. Wir sind also frei, soweit man das mit einem Judenstern noch sein kann. Ein ODler ist mit, in Zivil übrigens, aber er hat unsere Reisepapiere. Er weiß, was wir in Amsterdam tun müssen, kurz gesagt, er ist der Reiseleiter. Er gibt jedem von uns unsere persönliche Reiseerlaubnis, die zugleich Fahrschein ist. Im Gepäcknetz über uns findet Jaap von der Tischlerei ein Stück Zeitung, den Sportteil vom „Telegraaf". Er liest und fängt zu fluchen an. „Hörts zu: Jack und mich hat die Polizei beim Training vom Platz geholt. Und jetzt seh ich, daß die Scheißkerle, als ob nichts geschehen wäre, weiterspielen." Aufgeregt, aber still liest er weiter. Dann sagt er: „Und Meister sind sie auch geworden!" Feldmann sagt auf gut wienerisch, daß die uns alle „den A... lecken sollen", wir machen unsere eigene Meisterschaft in Westerbork. Er kann es wissen: er ist Masseur, behandelt die jüdische Upper Ten, und ist vor allem bei den einflußreichen weiblichen Patienten sehr beliebt. Ein Mann mit einem Zimmer und einem Massagetisch!

Amsterdam Muiderpoort. Wir steigen aus, es ist nicht weit zur großen Synagoge am Polderweg. Sie wurde vor ungefähr zwanzig Jahren gebaut, als sich in dieser Neubaugegend viele Juden aus dem alten Elendsviertel ansiedelten. Jetzt steht der schöne Tempel leer. Die meisten Juden sind bei Razzien bereits nach Auschwitz verladen worden oder befinden sich noch in Westerbork. In einem der Lokale, wo früher Hebräisch unterrichtet wurde, sind Betten aufgestellt. Hier werden wir wohnen. Bei der Türe wartet ein junger Mann, schlank, blond, vielleicht zwanzig Jahre alt. Er trägt keinen Stern. Der ODler schickt ihn zu mir. Er gibt mir einen Brief, sagt, daß er Piet heißt. Er wird heute abend, wenn wir von der Arbeit kommen, hier auf mich warten. Ich erkenne die Handschrift von Frau Stein, schaue Piet nach. Er geht neben seinem Fahrrad, so wie ich es nur von der Polizei und Marechaussee kenne: den rechten Handgriff in der linken Hand.

Auf dem Zettel, mehr ist es nicht, schreibt Frau Stein, daß Piet, ein guter Freund, mich heute abend abholen wird, um sie zu besuchen. Er ist verläßlich, und ich kann ihm völlig vertrauen. Ihre Hand hat beim Schreiben gezittert, ganz anders als in den früheren Briefen, äußerst nervös. Keine Adresse. Ich darf also Piet heute abend nicht verpassen, sonst finde ich sie nie. Unverständlich, daß ich ihre Adresse nicht wissen darf. Nach allem, was ich schon von den Leuten, die nach Westerbork gekommen sind, weiß, verstehe ich, daß die Angst ein Höhepunkt ist in dem teuflischen Spiel des Katers Aus der Fünten mit den schon halb zerbissenen jüdischen Mäusen.

Es ist eine halbe Stunde bis zur Arbeit, ein einstöckiges Fabriksgebäude, modern und gut erhalten. Ein Polizist wartet auf uns, schaut sich die Papiere an, die wir aus Westerbork mitgebracht haben. Er reißt ein Siegel von der Türe, schließt auf. Wir gehen durch ein paar Zimmer, früher einmal das Büro, jetzt eine Ruine. Aber in der großen Halle ist es noch ärger.

Alles, aber wirklich alles, was nicht wie die Maschinen im Boden fest verankert war, ist entweder verschwunden oder völlig vernichtet. Nach der Razzia müssen noch einmal Leute hier drin gewesen sein, die erst geplündert und nachher, was übrig war, verwüstet haben. Hier liegt ein alter Hut – offensichtlich haben die Schufte damit Fußball gespielt – drüben ein Schal. Der Spiegel hinten an der Wand ist als Zielscheibe gebraucht worden. Der Inhalt einer Dose mit Goldknöpfen ist auf dem Boden ausgestreut. Unwillkürlich stecke ich ein paar Knöpfe in die Tasche. Irgendwo steht der Firmenname auf einer Türe, jetzt weiß ich, wo ich bin.

Bis vor wenigen Wochen war es eine blühende Fabrik. Ein Familienbetrieb, sie produzierten Taschen und andere Luxuslederwaren. Die Eltern der Festgenommenen waren schon vor langer Zeit aus Polen gekommen, hatten sich in Amsterdam niedergelassen. Es waren erstklassige, sehr fleißige Fachleute. Mit größtem Einsatz gelang es, einen Betrieb aufzubauen. Söhne, Töchter, die ganze Familie arbeitete dort und war glücklich. Als 1933 das große Unglück in Deutschland begann, kamen auch die Verwandten aus Köln nach Amsterdam. Als die Nazis hier die Macht ergriffen, wurden diese Lederwaren auch ein Statussymbol für die Damen der Rauters, Kaltenbrunners, Wimmers und wie sie alle heißen mögen. Da sie meistens auch bezahlten, was sie ausgesucht hatten, ging das Geschäft gut. Personal war kein Problem. Man war großzügig mit Freistellungen, jeder konnte einen Stempel kriegen. Bis an jenem Morgen die Überfallwagen kamen und die SS mit der größtmöglichen Brutalität die ganze Belegschaft mitgenommen hat. So wie sie hinter dem Schreibtisch oder an der Maschine gesessen hatten, so wurden sie in die Joodse Schouwburg, dem Sammelplatz für alle Transporte aus Amsterdam, gebracht. Kein Stempel, auch keine Intervention von „Gönnern" aus Den Haag half. Sie waren in den Klauen der SS und gingen nach Westerbork und die meisten mit dem nächsten Transport weiter.

Eine von denen, die bleiben durften, ist Frieda, eine Nichte des Gründers. Ich habe sie kennengelernt, als ich in der „Lederbaracke" eine Maschine reparieren mußte. Um ehrlich zu sein, ich hatte keine Ahnung. Ich wußte nicht einmal, wozu das Ding gebraucht wird. Das ist Frieda natürlich aufgefallen, aber sie hat mir sehr lieb bei der Reparatur geholfen. Als wir fertig waren, machten wir eine Verabredung für den nächsten Sonntagnachmittag. Das war eine gute Idee. Wir paßten zueinander, gingen spazieren, lagen in der Sonne auf der kleinen Grünfläche, die noch unbebaut ist und „Strand" genannt wird. Da hat sie mir die Geschichte dieser Fabrik erzählt. Aber ich weiß nun auch, warum sie den Monteur hat kommen lassen, obwohl die Maschine gar nicht kaputt war.

Ich bin entsetzt. Alles ist genau so, wie Frieda es mir beschrieben hatte, aber damals lebte die Fabrik noch; wie es jetzt hier aussieht, ist unbeschreiblich. Frieda hatte mir ausdrücklich gesagt, daß niemand irgendwelche persönlichen Eigentümer mitnehmen durfte. Alles wurde also gestohlen und ruiniert, nachdem man sie abgeführt hatte.

Nach Arbeitsschluß gehen wir zurück in unser Quartier. Es gibt sogar fließendes warmes Wasser und nach dem Waschen einen herrlichen Hutspot (das ist Stamppot aus Zwiebeln, Möhren und Kartoffeln). Piet kommt pünktlich. Ja, er ißt auch gerne einen Teller Hutspot mit uns. Dann gehen wir weg. Es ist nicht so weit. Wir kommen in die Gegend, wo die letzten Jahrzehnte viele Juden gewohnt haben. Überall Haustüren mit durchgestrichenen oder weggekratzten Namen. „Die sind alle weg", sagt Piet. Dann läutet er an. Der Name auf dem Schild ist nicht zu lesen. Es fällt mir auf, daß Piet nicht richtig läutet, sondern Zeichen gibt: zweimal lang, zweimal kurz. Auch in Wien haben wir das so gemacht. Wenn der Kode nicht richtig war, wurde nicht aufgemacht. Ich habe darüber immer gelacht, denn wenn sie hineinwollen, brechen sie einfach die Türe auf. Jetzt verstehe ich, daß die Minuten, die dazwischen sind, über Leben und Tod entscheiden können, weil man sich dann vielleicht gerade noch in der Dachrinne verstecken oder in das benachbarte, unsichtbare Kellerloch kriechen kann.

Fritz Stein macht auf. Er sieht schlecht aus, zeigt mit dem Finger an den Lippen, daß wir den Mund halten sollen, und geht vor. Bei den zwei Stockwerken ist es dunkel, aber wir hören Stimmen flüstern. Die Tatsache, daß die Wohnungen in Amsterdam sehr leicht gebaut und daher nicht schalldicht sind, hat schon sehr viele Juden auf Straftransport nach Westerbork und ihre Beschützer in gräßliche Konzentrationslager gebracht. Im dritten Stock ist das Licht an. Ruth umarmt mich, sie zittert vor Nervosität. Ich schaue mich um, die Wohnung ist spärlichst möbliert. Sie durften aus der Richard Holstraat nur die wichtigsten, persönlichen Sachen mitnehmen. Der Rest wurde am nächsten Tag „gepulst" (das ist ein neuholländisches Wort. Der Möbeltransporteur, der für die Deutschen alle jüdischen Wohnungen räumt, heißt Puls). Ich sehe, daß sie dabei sind zu packen. Morgen wollen sie untertauchen, deswegen durfte ich ihre Adresse nicht erfahren. Ich wäre vielleicht im falschen Augenblick gekommen. Telephon dürfen Juden schon lange keines mehr haben, eine Verabredung hätten wir also auch nicht machen können. Ich sage und wiederhole ein paarmal, daß, wenn, Gott behüte, einer von ihnen nach Westerbork und vielleicht in die Strafbaracke kommt, sie sofort jemanden bitten sollen, mich zu rufen. In Baracke 21 kennt mich jeder. Fritz gibt mir eine kleine Lederbörse. Ob ich die gebrauchen kann, fragt er. „Ja", sage ich und fühle, daß es ein Andenken sein soll. Sie warten auf ein Palästinazertifikat und wollen wissen, ob das auch gilt, wenn sie in der Strafbaracke sind. Das bejahe ich und sage mit Nachdruck, daß das die beste Sperre ist, die es gibt. Wie es in der Strafbaracke aussieht? Klompen und Overall nenne ich, sage aber dazu, daß es auszuhalten ist. Ich sehe und höre die drei Buben nicht, frage auch nicht danach. Sie werden hoffentlich schon bei einer guten Adresse sein. Wir nehmen Abschied, das Herz tut mir weh. Diese armen Menschen.

Auf dem Rückweg sagt Piet, daß man einen sehr geeigneten Unterschlupf für Fritz und Ruth Stein gefunden hat. Sie werden dort sicher sein. Ich habe tiefen Respekt vor all den Leuten, die trotz der schweren Drohungen und den gröbsten Einschüchterungen noch immer Leute aufnehmen, verstecken, Geld einsammeln, falsche Lebensmittelkarten drukken und andere Dokumente fälschen. Das alles jetzt schon, wie man sagt, für zehntausende Menschen. Wieso er die Familie Stein kennt, sagt er nicht. Ich frage auch nicht nach den drei Buben. Nur ein Händedruck, und er ist verschwunden.

Ich habe beide Nächte in Amsterdam sehr schlecht geschlafen. Ich dachte, in der Ferne Leute schreien und fortwährend Straßenbahnen zu hören. Letzteres könnte zutreffen, denn um die Ecke hier ist eine Remise, aber gerade deswegen kann es auch Einbildung sein. Aber schreiende Leute und Straßenbahnen, die nachts fahren, deuten auf Razzien in Amsterdam Ost, wo wir jetzt sind. Aber auch wo die Steins waren. Ob die wohl noch rechtzeitig weggekommen sind? Wir werden es bald wissen. Wenn man sie erwischt hat, kommen sie nächste Woche in Westerbork an. Wenn nicht, so werden wir sie hoffentlich nicht mehr sehen, bevor der Krieg zu Ende ist.

Wir sitzen wieder im Zug nach Beilen. Ich habe keinen Fensterplatz, kann also nicht hinausschauen, deshalb probiere ich, den verlorenen Schlaf einzuholen, während ich an die Sachen denke, die wir im jüdischen Geschäft noch kaufen konnten: Kunsthonig und ein Döschen Caramella. Das ist karamelisierte, gezuckerte Milch. Schmeckt herrlich, heute schon eine Rarität. In jenen Geschäften, wo Juden einkaufen durften, gab es vor einem Jahr in Amsterdam noch eine weitaus größere Auswahl.

In Westerbork gibt's nichts Neues. Ich erzähle Fritz von meinem Besuch bei der Familie Stein und in welchem Zustand ich sie vorgefunden habe. Er teilt meine Meinung, daß diese Menschen nicht zum Untertauchen geboren sind. Aus Jugoslawien kommt ein Brief. Die Eltern schreiben, daß sie leider aus Ragusa wegmüssen. Es ist noch nicht bekannt, wann, aber in Kürze sollen sie in ein Lager auf der Insel Arbe (Rab), die vor Fiume liegt, übersiedeln. Man sagt, daß das sicherer für sie ist. Aber wir zweifeln, denn Slowenien, das jetzt zu Deutschland gehört, ist ganz in der Nähe.

Heute abend habe ich Frieda aufgesucht. Sie hatte mich noch nicht erwartet und freute sich schrecklich. Da man in so einer großen Baracke kein Wort ungestört wechseln kann, schlage ich vor, zu uns zu gehen. Während wir hinüberspazieren, zerbreche ich mir den Kopf, wie ich ihr am besten von der Fabrik erzählen kann. In meiner Hosentasche spüre ich die Goldknöpfe, die ich in der Fabrik eingesteckt habe. Als wir bei uns in der Baracke sitzen, Frieda in meinen Arm gekuschelt, zeige ich ihr einen der Knöpfe. Sie erkennt ihn sofort. „Warst du in unserer Fabrik?" fragt sie, „schön, was?" und starrt mich an, weil ich nicht schnell genug antworte. Ich drücke sie fest an mich und sage, daß sie diesen Knopf als Andenken aufheben soll, weil es das Letzte ist, was noch von der schönen Fabrik existiert. Mit Ausnahme der Maschinen, die wir gestern in einen Waggon geladen haben. Sie hat den Schreck überwunden, will alles genau wissen. Ich erzähle ihr also von dem Tohuwabohu, das wir in der Fabrik vorgefunden haben, trotz der versiegelten Türe: „Es ist besser so, besser als wenn die Nazis alles unbeschädigt hätten übernehmen können." „Ist doch recht so", sagt sie, aber hat noch Tränen in den Augen. Erwin hat Abenddienst. Sein Bett ist unter meinem, in der Ecke. Geschützt durch eine strategisch aufgehängte Decke, garantiert das Privacy, deshalb ziehen wir uns dorthin zurück.

Die nächtlichen Geräusche, die ich in Amsterdam gehört habe, lassen mich nicht los. Auch tagsüber habe ich sie noch im Kopf. Die Musik ist nicht unbekannt, man hört sie auch, wenn hier nachts ein Transport ankommt. Aber davon wachen wir nicht mehr auf. Übrigens, es war tatsächlich eine Razzia, aber die Steins waren Gott sei Dank nicht dabei.

Ich spreche mit Frieda darüber, wie schrecklich es sein muß, Abend für Abend zu Hause sitzen zu müssen und zu warten, bis man geholt wird. Frieda sagt, daß man bei ihr zu Hause schon immer eine Freistellung hatte, also sicher sein konnte, daß Schritte auf der Straße oder Stiefel auf der Treppe nicht für einen von ihnen bestimmt waren. Wenn aber Fremde oder vielleicht die Nachbarn von gegenüber drankamen, dann empfand man es als schrecklich, guckte am nächsten Morgen sicherheitshalber nochmals in die Tasche, um sich zu vergewissern, daß man den Personalausweis mit dem Stempel bei sich hatte. Weiter dachte man nicht mehr daran. Zwei Tage, bevor man sie holen kam, war Lages noch in der Fabrik mit einem Mann vom SD. Sie wollten Taschen kaufen, sagte er. Der zweite aber, den interessierte die Fabrik. Er schaute sich alles genau an. Bei Frieda blieb er lange stehen, sie dachte schon, daß er etwas von ihr wollte. Aber er wollte die Fabrik. „Eigentlich", fährt Frieda fort, „bin ich dankbar, daß uns das tagelange Warten erspart geblieben ist. Aber dafür haben wir all unser Gepäck, das wir so sorgfältig zusammengestellt hatten, zurücklassen müssen. Aber wir leben noch und sind froh." Als ich etwas sagen will, sagt sie: „Aber für dich, lieber Fredl, ist es doch nicht anders. Du bist Alter Kampinsasse. Du hast deinen Stempel, dir kann nichts passieren. Du gehst fröhlich pfeifend an allem Elend vorbei."

Als sie merkt, daß ich böse bin – warum eigentlich, sie hat doch recht –, gibt Frieda mir einen Kuß und sagt, daß sie mich nicht kränken wollte. Sie findet übrigens, daß ich etwas frische Luft gebrauchen kann. „Gehen wir weg." „Wohin?" „Zu meinem Neffen", sagt Frieda. „Ich habe gar nicht gewußt, daß du einen Neffen hier hast." „Ja, er hat sogar ein Zimmer in der 39, weil er Arzt ist", sagt sie. Er ist ein netter Kerl, fängt aber ein Gespräch über Amsterdam und Untertauchen an. Das fehlt mir gerade noch. Frieda merkt, daß ich mich ärgere. Wir gehen weg. Vor der Tür sagt sie: „So ein Drecksack. Er hat mir noch ausdrücklich versprochen, daß er nicht zu Hause sein würde!" Schaut mich schief an und beginnt schrecklich zu lachen. Jetzt verstehe ich es erst. Ich hebe sie auf und trage sie in die nächste Ecke, wo es noch dunkler ist als überall. Alles Elend der Welt ist weit weg von uns. Die Dampfpfeife, zehn Minuten vor Sperrzeit, weckt uns aus unseren Träumen. Wir rennen zu ihrer Baracke. Bei der Eingangstüre ist immer ein Stau. Man muß dafür sorgen, daß man schnell hineinkommt. Nicht hineinkönnen ist kein Schutz vor Strafe. Frieda drängt sich durch die Menge. Ich spurte quer über den Appellplatz und bin rechtzeitig in meiner Baracke.

Im Zimmer von Friedas Neffen sind wir nicht mehr gewesen. Sie mußte heute auf Transport. Ihr Dienstleiter hat noch versucht, sie als „betriebswichtig" von der Liste streichen zu lassen, aber es hat nicht geholfen. Ich darf als NB beim Zug sein, helfe ihr noch mit dem Gepäck. Aber kein Abschiedskuß, das ist strengstens verboten für jeden, der Dienst hat am Bahnsteig. Wieder einmal fühle ich jetzt, wie schrecklich es ist, wenn man jemanden weggehen lassen muß, der einem etwas bedeutet.

Wieder ist ein Transport aus Amsterdam-Ost angekommen. Fritz und Ruth Stein sind nicht dabei. Vielleicht haben sie einen Schutzengel, den wir nicht kennen. Könnte schon sein. Man sagt, daß es bei den Judentransporten eine Animosität zwischen SD/SS und Wehrmacht/Industrie gibt. Die internationale Handelsgesellschaft, bei der Fritz Stein Direktor war, ist so wichtig, daß Seyss-Inquart persönlich dem deutsch-jüdischen Gründer und Eigentümer, der in Amsterdam wohnte (Ruth Steins Onkel), samt Gattin, Kindern und Enkel freies Geleit nach Spanien gab. Sie sind mit einem Autobus, von deutschen Soldaten bis zur französisch/spanischen Grenze eskortiert, nach Spanien gefahren. Vielleicht bekommen die Steins auch irgendwie Hilfe? Wie man sagt, ressortiert das Lager Barneveld auch direkt unter Seyss-Inquart.

Das gleichmäßige Brummen der endlosen Schwärme von Flugzeugen, die nach Deutschland fliegen und von dort zurückkommen, ist eine gute Nachtmusik. Wir können uns gar nicht vorstellen, wie groß der Schaden sein muß, wenn wir bedenken, was die Deutschen schon bei einem kurzen Angriff in Rotterdam angerichtet haben.

Es wird tatsächlich mit dem Umbau des großes Saales angefangen. Das Holz kommt, wie es scheint, aus der Synagoge in Assen. Die Burschen von der Tischlerei aber sagen, daß es einfache Holzplanken sind. Sie haben kein Stückchen Edelholz gesehen.

Die Bühne wird vergrößert, davor wird ein Orchestergraben gemacht. Im Saal entsteht an der Seite ein kleines Podium, wo eine Kapelle spielen kann, wenn es ein Kaffeehaus ist. Die bis jetzt nie verwendete Projektionskabine hinten im großen Saal (erster Stock, mit der einzigen Treppe im Lager) wird Fotoatelier. Man kann dort Fotos machen lassen.

Es wird also eine „Gruppe Bühne" geben, wenn wir, wie die Holländer sagen, „Zeit zum Leben" haben werden. Jetzt ist auch jeden Sonntag Fußballmeisterschaft. Die Dienstbereiche spielen gegeneinander. Textileinkäufer auf Dienstreisen haben farbige Stoffe mitgebracht. Daraus machen wir bei der Konfektion Sporthemden. Auch Bälle kommen. Nur die Schuhe sind ein Problem. Die Lösung liegt bei der V: aus Vorsorge hat man dort einen großen Vorrat Militärschuhe vom holländischen Heer. Nur für Notfälle, sagen sie. Aber es gelingt, den Abteilungsleiter zu überzeugen, daß Fußballspielen ohne Schuhe unmöglich ist: das ist also ein Notfall.

In all das „Wohnbefinden" kommt heute ein Donnerschlag. Ein geschlossener Güterwaggon kommt an. Ein Transport aus dem holländischen KZ Amersfoort. Als die Waggontüre aufgeschoben wird, kommen 80 Menschen heraus, die mit Knüppeln hineingeschlagen worden sind. Das Blut klebt ihnen noch an den Köpfen. Sie halten die Hände zum Schutz vor das Gesicht: nicht noch mehr Prügel, bitte. Kleidung haben sie nicht, nur Fetzen. Holzschuhe ohne Socken. Alle sind ausgemergelt, die meisten können kaum gehen. Gemmeker, der sich bei der Ankunft von Transporten nicht sehen läßt, wird gerufen. Er entscheidet sofort, daß alle ins Krankenhaus gebracht werden müssen. Dort stellt sich heraus, daß die Männer auf dem ganzen Körper grün und blau sind. Bei manchen werden auch innere Verletzungen festgestellt. Wer hat sie so zugerichtet? „Die SS", sagt jeder.

Ein neuer Stern erscheint am Himmel von Westerbork: Theresienstadt. Erst weiß niemand, was es ist: wieder ein Gerücht, eine Idee, vielleicht eine neue Liste? Einer weiß noch aus der Schule in Wien, was es sein könnte: eine Festungsstadt aus dem 18. Jahrhundert in Böhmen, am Zusammenfluß von Elbe und Eger. Als junger Mann ist er einmal dort gewesen, ein freundliches Städtchen mit mächtigen Bastionen und Stadtmauern.

Gemmeker läßt bekanntmachen, daß jüdische Offiziere und Soldaten, die im ersten Weltkrieg für Deutschland und Österreich gekämpft haben, die dekoriert wurden oder schwerkriegsbeschädigt sind, sich in Theresienstadt niederlassen dürfen. So entsteht eine neue Kaste: die der Theresienstadtgänger. Wer interessiert ist, darf sich anmelden. Auch wenn alle Einzelheiten (Auszeichnungen, usw.) schon bei der Registratur bekannt sind, ist es gut, sich noch einmal zu melden oder sich beim Arzt die Kriegsverletzungen bestätigen zu lassen. Aber es ist vernünftig, sich auch im Familienkreis gut zu überlegen, ob es weise ist, aus Holland wegzugehen, wenn man hier AK ist, auf der Stammliste steht oder eine andere gute Sperre hat. Wird es dort besser sein? Das ist die Frage. Wenn man aber hier keine sichere Sperre hat, ist es dann nicht jedenfalls besser, bei Kriegsende in Mitteleuropa zu sein, als weit weg, in Auschwitz?

Man sagt, daß der Joodsche Raad von der Schwesterorganisation in Prag die gleiche Information bekommen hat. Andere sagen aber, daß Theresienstadt auch ein Durchgangslager ist. Was immer diese Berichte auch wert sind, sie machen den Leuten die Entscheidung nicht leichter. Eines ist aber klar: Transporte nach Theresienstadt werden anders behandelt als die, die nach Auschwitz gehen. Aufstellen einer Liste für einen Transport von 1000 oder 2000 Personen nach Polen erfolgt in der Registratur in einem halben Tag. Nach Theresienstadt dürfen 200 Menschen abreisen, und es werden schon wochenlang Dokumente kontrolliert, Verwundete aufs neue untersucht. Jedes Mal gibt es etwas anderes. Jetzt ist es aber soweit, 916 sind es geworden. Sie reisen in Personenwaggons, während nach Auschwitz schon lange ausschließlich Güterwagen eingesetzt werden. Das ist doch ein deutliches Zeichen, daß es ein Transport „bevorrechteter" Juden ist.

Wir sind sehr optimistisch. Es scheint, daß die Alliierten jetzt Vollgas geben. Die Geschwader, die wir bis jetzt nur nachts hören konnten, sehen wir nun auch tagsüber. Die mündliche Berichterstattung im Lager, deren Wahrheitsgehalt nicht zu kontrollieren ist, meldet, daß die Amerikaner nun bei Tag weitermachen, wo die Engländer nachts aufhören. Bei schönem Wetter sehen wir die Bombengeschwader wie kleine silberne Fische über uns. Ein wolkenloser blauer Himmel ist mit parallelen weißen Streifen liniert, soweit das Auge reicht. Auch hört man, daß die Achse ganz Nordafrika geräumt hat, und der NRC mit seiner raffinierten Berichterstattung hat geschrieben, daß die Deutschen nun sicher Italien und Südfrankreich heldenhaft verteidigen werden. Aber trotz allem ist der Krieg noch immer nicht zu Ende.

Da die Freistellungen für „Alte Kampinsassen", die Stammliste, die Evangelischgetauften, die Industriearbeiter, das Krankenhauspersonal und die Austauschlisten nun schon so lange unverändert geblieben sind, entsteht so etwas wie eine echte Dorfgemeinschaft. Fußball am Sonntag, Kurse am Abend und natürlich auch die Gemütlichkeit, so wie wir sie in unserem Schlafsaal kennen. Aber es entgeht niemandem, daß die Deutschen den jüdischen Teil des holländischen Volkes rücksichtslos deportieren. Die Fassade des „Arbeitseinsatzes" wird schon lange nicht mehr aufrechterhalten. Greise, Babys, jeder wird unbarmherzig deportiert, wenn er nicht in eine der obengenannten Kategorien paßt. Die Transporte gehen pünktlich: jeden Dienstag ein Zug, manchmal mit über 2000 Menschen.

Es fährt aber auch ein anderer Zug von und nach Westerbork. Die Schmalspurbahn zum Oranjekanal ist fertig. Zwei kleine Lokomotiven, wie von der Liliputbahn im Prater, pfauchen fröhlich, wenn sie vom Süden zum Lager fahren. Aus weiter Ferne, schon wenn sie beim Bauernhof sind, sieht man die Rauchfahne. Sie ziehen Loren, so wie sie beim Außendienst verwendet werden, aber auch flache Wagen, wenn sie zum Beispiel die Milchkannen vom Bauernhof zur Küche und zum Krankenhaus fahren. Aber am wichtigsten sind die Flugzeugteile für die Industrie. Am Oranjekanal ist eine Arbeitsmannschaft zum Laden der Loren abgestellt, um, wenn nötig, die Flugzeugtrümmer maßgerecht zu machen. Wir beneiden die Burschen, die da arbeiten dürfen. Die Umgebung ist freundlicher als hier, ein Wäldchen, Gebüsch, Bauernhöfe. In der Freizeit können sie im Kanal schwimmen. Aber es ist nicht immer so schön: aus einem Flugzeugwrack leckte gestern eine beißende Flüssigkeit. Ein Bursch wurde mit Brandwunden in unser Krankenhaus gebracht. Seine Freundin hat uns erzählt, daß keine wichtigen Organe beschädigt sind, aber es ist sehr schmerzhaft. Das Krankenhaus ist, so sagt man, eines der besten hier in Holland. Die meisten jüdischen Krankenhäuser sind geschlossen. Die teuren Instrumente und Apparate wurden nach Westerbork gebracht. Berühmte Fachärzte sind hier freigestellt, Qualität ist also garantiert. Nur geschieht es allzuoft, daß ein Patient, kaum geheilt, schon mit einem Transport mitfahren muß. Manchmal am Tag nach der Operation.

Am 9. Juli 1943 war die Premiere der Revue „Bunter Abend". Koriphäen, deren Namen mir nichts sagen, wie Willy Rosen, Erich Ziegler und Max Ehrlich haben die Texte und die Musik geschrieben. Die „alten" Berliner, die hier sind, erinnern sich noch gut an deren Auftreten in Berliner Kabaretts. Viele deutsche Juden haben sie nach 1935 in Amsterdam in der Nelson Revue und bei den „Prominenten" auftreten gesehen. Ein paar Tage später habe ich auch eine Karte für die Vorstellung. Wirklich grandios. Lieder, Sketches, alles ist ausgezeichnet. Am besten gefallen mir die akrobatischen Tänze des Duos Liesl Frank und Otto Aurich, beide, soweit ich weiß, aus Wien. Die Bühne ist tatsächlich viel größer geworden. Die Dekors sind von Leo Kok und Hans Margules, auch die Kostüme sind ausgezeichnet. Die Musik ist nach dem Rezept der beliebten Melodien aus der Zeit vor dem Krieg komponiert und schlägt natürlich ein. Die Texte sind aktuell und beziehen sich – mit leichtem Spott – auf das tägliche Leben in Westerbork. Wie zum Beispiel: ein Ballett einer Gruppe Mädchen in blauen Overalls, ein flotter Marsch zum Mitsingen:

*Die Mädchen von der Hachscharah*
*sind früh bis spät sehr tüchtig*
*darum ist auch die Hachscharah*
*für Westerbork so wichtig.*
*So'n braungebranntes Mädel wär' mein Fall*
*mit rotem Tuch und blauem Overall.*

(Klar, daß wir singen: „ ... und ohne Overall.")

Man beabsichtigt, ein neues Programm zu bringen. Wöchentlich ein oder zwei Vorstellungen. Jedenfalls eine am Dienstagabend nach dem Transport. Gemmeker scheint gesagt zu haben, daß niemals am Tag vor einem Transport gespielt werden darf. Am Transporttag selbst findet er es als „Gegengift" gut für uns.

In der Konfektionsbaracke wird nun richtig gearbeitet. Ich habe schon sehr viel gelernt. Nähmaschinen sind verhältnismäßig einfach, aber die Spezialmaschinen und Hilfsapparate sind viel komplizierter. Ich gönne mir die Zeit, um alles ruhig anzusehen und finde immer jemanden, der daran gearbeitet hat und weiß, wie es geht. Wir machen im Augenblick Overalls in Teilarbeit. Schließlich wird alles wie ein Baupaket zusammengesetzt. Am Ende steht eine Knopflochmaschine und eine Maschine, die Knöpfe ansetzt.

Weil schönes Wetter ist und auch kein Sandsturm weht, habe ich mein Fenster weit offen. Auf der Werkbank steht eine komplizierte Zweinadelmaschine S20. Daran habe ich noch nie gearbeitet. Die Maschine schaut mich spöttisch an. Übrigens hat die Näherin, die mich gerufen hat, irgend etwas wie „Jeck" gesagt, als ich die S20 mitnahm. Da wir keine Reserve haben, feilt das Mädchen jetzt seine Fingernägel und lacht mich wahrscheinlich aus. Plötzlich habe ich das Gefühl, daß mir jemand auf die Finger schaut. Ob ich Probleme mit der S20 habe, fragt er. Es kommen öfters Kiebitze, die ich nicht beachte, aber daß der Mann die Typennummer kennt, macht mich stutzig. „Ja", sage ich und frage, ob er mir helfen kann. Er antwortet nicht auf die Frage, aber läßt mich eine Klappe vorne am Kopf aufmachen. „Dahinter ist eine Stellschraube. Steht die auf eins?" fragt er und sagt gleich: „Die muß auf vier stehen." In Stand vier geht die Maschine, sie ist in Ordnung. Jetzt verstehe ich alles. Ich sage dem Mann, daß er warten soll, bringe schnell die Maschine zurück und schließe sie an. „Gefunden?" fragt das Mädchen spöttisch. „Probieren", sage ich. Verärgert und langsam fädelt sie ein, nimmt eine Manschette und näht. „Sauerei, alles in Ordnung", sagt sie. Ihre Kolleginnen lachen, sie kriegt einen roten Kopf. Ich gehe weg. „Das tuan die Madeln immer, wenn s' a Lust zum Tratschen haben", sagt mein Retter. Er ist ein alter Fachmann, weiß alles von Industriemaschinen. Aber hier arbeiten will er nicht. Seiner Gesundheit wegen und weil er sowieso eine gute Sperre hat.

Die Schmalspurbahn kommt hinter dem Krankenhauskomplex ins Lager und endet bei den Industriebaracken an der Westseite. Gleich beim Löschen der Loren wird der Flugzeugschrott grob sortiert, große Stücke werden draußen gelagert, Kleinzeug kommt in den Bunker. Von dort aus wird das Material zur Verarbeitung in die Halle gebracht. Ich bin oft in der Mittagspause auf dem Schrottplatz. All das verschiedene Material interessiert mich. Schalter, Meßinstrumente, manchmal noch ganze Armaturenbretter liegen da. Alles wird, soweit wie möglich, mit der Hand zerlegt, um die verschiedenen Legierungen getrennt zu halten. Ich finde manchmal kleine Schrauben, die ich bei der Reparatur von Maschinen gebrauchen kann. Wir haben nur sehr wenige Ersatzteile, also muß ich oft improvisieren. Es liegt natürlich auch viel Flugzeugglas dabei. Große Stücke werden aussortiert, aber mit den kleinen Stückchen kann man nichts anfangen. Es sind auch farbige dabei. Sie schauen hübsch aus. Ich spiele mit ein paar Stückchen, während ich zu meiner Arbeit zurückgehe. Ein rotes Stück fasziniert mich, ich will etwas damit machen. Feilen geht, sägen geht auch. Polieren von bearbeiteten Stellen geht sehr gut. Ich gehe zu Rolf in die Schlosserei, zeige ihm das glänzend polierte Stück. Während er es in der Hand hält, haben wir beide die gleiche Idee: Schmuck. Rolf probiert, ob man es schleifen und bohren kann, beides ist möglich.

Es kommt wie gerufen. Unsere Katzenreparatur bringt nicht mehr viel. Es gibt mehr Konkurrenz, als der Markt ertragen kann. Ich habe einen gitterförmigen Splitter auf der Werkbank, feile hier und da etwas ab, es sieht hübsch aus. Mit dem Poliermittel, mit dem ich rauhe Flächen auf einem Greifer in der Nähmaschine poliere, bearbeite ich jetzt mein rotes Glas. Es sieht aus wie ein blinkender Edelstein. Ich bohre ein Loch, biege eine Öse aus Messingdraht. Dann noch ein dunkles Band (Abfall vom Zuschneidetisch) durchziehen, und ein strahlender Halszierat ist fertig.

Rolf, mit seinem freundlichen Gesicht und den blonden Locken, der Liebling aller Frauen, wird den Markt untersuchen. Ich werde inzwischen brauchbare Stückchen suchen. Die eckigen sind die besten, da braucht man am wenigsten daran zu tun. Da das Material vollkommen wertlos ist, kann ich es ruhig mitnehmen. Rolf hat großen Erfolg. Wir fangen also an. Rote Herzen werden am meisten verlangt. Die Welt in Westerbork ist auf Erotik gespitzt, uns kann es recht sein. Ringe machen wir auch, aber am liebsten Anhänger. Die sind am schnellsten fertig, und jeder ist einzigartig. Der Tauschhandel, so wie es das lange Zeit hier gab, verschwindet langsam.

Es kommt wieder Geld unter die Menschen, weil die Neuankommenden es mitbringen. Nach der Registratur müssen sie zu einem Tisch, wo die Firma „Lippmann, Rosenthal & Co" sie erwartet. LR & Co war einmal eine erstklassige Handelsbank, aber jüdisch. Die Deutschen haben die Bank geraubt und mißbrauchen sie jetzt als Geldinstitut, um all das gestohlene jüdische Eigentum zu administrieren und zu verschachern. Der Neuankömmling in Westerbork muß also, soweit das nicht bereits bei der Polizei geschehen ist, seine Hausschlüssel abgeben, und danach wird er ausgepreßt wie eine Zitrone. Jedes Eigentum, die Sparkonten, die Juwelen, alles muß aufs genaueste angegeben und abgeliefert werden. Der kleinste Fehler (die Herren sind schon vorab sehr gut informiert) wird schärfstens gerügt. Wenn LR & Co mit dem Mann fertig ist, bleibt ihm nur noch das bißchen Kleingeld und ein paar Banknoten, die er nicht gemeldet hat. Der Mann und seine Familie sind in Westerbork völlig versorgt. Schlafen, Essen, Trinken, Zahnarzt und Poliklinik sind gratis. Aber für Reparaturen braucht man einen Bon vom Barackenleiter. Da muß man warten, mit 800 Bewohnern hat der viel zu tun. Hat man den Bon, muß man dort wieder warten. Die Menschen haben Eile, sie können nicht warten. Zu tauschen haben sie nichts, also zahlen sie in bar. So kommt wieder Geld unter die Lagerinsassen, und die haben kaum noch Interesse, für Käserinden oder Brot zu arbeiten.

Ein trauriger Rekord: es fahren jetzt Transporte mit bis zu 3000 Personen aus dem Lager. Deswegen hat der Kommandant einen Lagerbefehl herausgegeben, der wie folgt lautet:

*Ich ordne hiermit an, daß die auf Transport gehenden Lagerinsassen nur nachstehende Gegenstände in die für sie bestimmten Waggons mitnehmen dürfen: 1 Brotbeutel mit Mundvorrat, 1 Feldflasche, 1 Decke, 1 Eßgeschirr und 1 Besteck (Messer, Gabel, Löffel). Die übrige Bagage darf nicht in die Waggons mitgenommen werden (...). Ferner mache ich darauf aufmerksam, daß alle Sperrungen, sofern sie nicht von amtlichen deutschen Stellen angeordnet, aufgehoben sind; die hierdurch betroffenen Lagerinsassen haben also mit Transport zu rechnen. Der Lagerkommandant Gemmeker, SS-Obersturmführer.*

Jeder ist entsetzt, als er das liest. Die Tatsache, daß plötzlich wieder Sperren aufgehoben werden, ist nicht neu. Generell alles zu streichen, was „nicht von amtlich deutschen Stellen angeordnet", ist auffallend. Viele Leute wissen von ihren Sperren nicht einmal, wer sie angeordnet hat. Die Maßnahme mit dem Gepäck ist noch viel ärger. Die wenigen Habseligkeiten, die die Menschen noch von zu Hause mitnehmen konnten, werden jetzt ihrer Kontrolle entzogen. Jeder kann sich vorstellen, wie grauenhaft das für sie ist, abgesehen davon, daß alle wissen, daß es in den Waggons keine Sitzgelegenheiten gibt, sodaß Rucksäcke dazu hätten dienen können. Das einzige, was die Dienstleiter erreichen, ist, daß man auch Toilettesachen mitnehmen darf.

Die Fliegende Kolonne, verstärkt mit NB, hat tatsächlich das Gepäck von allen Leuten vor den Baracken abgeholt und es in einem separaten Waggon verstaut. Hoffentlich wird es mit etwas Vorsicht ausgeladen, denn die Kolli sind natürlich auf so eine Behandlung nicht ausgerichtet.

Es ist ein heißer Sommer; mit drei Jahren Erfahrung in Westerbork wissen wir, daß das Trockenheit, mehr Sandstürme und auch Heidebrandgefahr bedeutet. Der Außendienst hat zur Sicherung des Lagers breite, tiefe Kanäle gegraben, die das Lager beschützen sollen, da es nicht um ein an der Oberfläche wütendes Feuer geht, das mit Brandgängen zu bezwingen ist, weil beim Heidebrand die Glut unterirdisch fortschreitet. Dies bleibt uns erspart. Ein riesiges Unwetter zieht herauf, unheimliche Mengen Wasser stürzen auf uns. Als es endlich aufhört, stehen wir tief im Matsch, weil das Regenwasser nicht in den total ausgetrockneten Sand eindringen kann. Auch das wissen wir nach drei Jahren. Die Eternitdächer der alten Baracken sind wasserdicht, von den neuen kann man das nicht sagen. Unsere Dachdecker sind von Sonnenaufgang bis zur Dunkelheit beschäftigt, alles zu reparieren. Aber die Katastrophe für die Leute, deren einziges Hab und Gut naß wird und nirgends trocknen kann, ist schon geschehen.

Die Konfektion (zusammen mit der Schuhmacherei und Lederverarbeitung im Dienstbereich 5) arbeitet mit voller Kraft. Wir haben jetzt ein Fließband, mit dem Regenmäntel für den „Export" aus dem Lager produziert werden. Probeweise werden wir erst Einzelstücke machen. Jeder der Dienstleiter will einen schönen, hellen Mantel. Eine gute Übung. Zum Band gehört auch eine sehr komplizierte Knopflochmaschine, die, wenn alles gutgeht, Knopflöcher macht, die kaum von Handarbeit zu unterscheiden sind. Es gelingt mir, die Maschine aufzustellen, sie bewegt sich, wie es sich gehört, und stanzt schließlich auch ein Knopfloch. Sie näht nur nicht. Es wird ein trauriges Ende meiner Karriere sein, wenn wir nicht starten können, weil ich die Maschine nicht meistern kann. Schließlich denke ich an meinen „Retter in der Not", mit dem ich schon manches nette Gespräch geführt habe. Also bitte ich Herrn Doktor (sein Name wird nie genannt), mir einen Schlüssel zu geben, dann kann ich nach Arbeitsschluß weitermachen, sodaß die Maschine morgen früh startbereit ist. Ich bekomme den Schlüssel, mein Freund kommt, macht mir ein Kompliment, daß ich alles so schön hingekriegt habe. Dann sagt er aber: „Du bist ein Rindvieh, du hast von außen nach innen eingefädelt. Wenn du dir die Nadel angesehen hättest, wäre es dir klargewesen, warum das falsch ist."

Ich mache eine Leiste Knopflöcher als Probestück. So schön habe ich sie noch nie gesehen. Ich bringe den „Alten", der noch immer namenlos bleiben will, zu seiner Baracke. Er fährt mit dem nächsten Transport nach Theresienstadt, wenn noch einer zustandekommt. Schon seit drei Wochen gibt's überhaupt keinen Transport mehr. Niemand, selbst Erwin nicht, hat eine Erklärung dafür. Wir hoffen, daß es mit der Landung der Amerikaner auf Sizilien zu tun hat. Vielleicht brauchen sie jetzt alle Züge, um Truppen zu verschieben. Sicher ist, daß jeder Transport, der nicht mehr abgeht, ein Glück ist, denn jetzt wird der Krieg doch bald zu Ende gehen!

Auch diese Illusion ist wieder zerstört. Die Züge fahren wieder jede Woche nach Auschwitz, aber „nur" mehr 1000 pro Woche. Das Gepäckverbot ist aufgehoben. Nach einer Ruhepause von sechs Wochen ist es, als ob einem jeglicher seelische Schutzpanzer fehlte. Man hat in der Zeit Leute besser kennengelernt, die jetzt wegmüssen. Es ist auffallend, man lebt sehr schnell hier. Bekannte werden flugs Freunde, Freund und Freundin werden Geliebte. Sicher liegt es daran, daß wir so nahe beisammenleben, daß wir zusammen den Spuk aus dem Osten vertreiben wollen. Daß man zusammen Sport betreibt, dieselben Schlager in der Revue gesehen hat und pfeift. Sicher aber, weil man, auch wenn es nur für ganz kurze Zeit ist, glücklich sein will, bevor die Riesenschlange uns nach Polen entführt.

Also spielen, pfeifen und lieben wir, als ob nichts geschehen wäre. Unsere Mannschaft spielt Fußball in Hemden, die halb rosa, halb blau sind. Die Revue probt ein neues Programm. Leider kann ich nicht mehr zuschauen gehen, weil ich eine Festanstellung bei der Konfektion habe. Außerdem hat Türkel jetzt die technische Gesamtleitung der Revue übernommen. Er ist ein gutmütiger Brummbär, aber ein unangenehmer Geselle, wenn ihm etwas nicht paßt. Sicher aber entgegenkommend, wenn es sich um etwas handelt, das den OStuF interessiert.

Es besteht noch immer viel Interesse an unserem Schmuck. Rolf brachte heute eine Schachtel mit vier weiß/blauen Porzellanschalen mit Untertassen. Jemand von der Möbelabteilung hat damit einen Hänger bezahlt. Er hat sie in einer Kredenz, die er herrichten mußte, gefunden. In der Möbelabteilung wird jüdischer Hausrat, der in Amsterdam „gepulst" wurde, renoviert und dann in Waggonladungen „als Liebesgabe aus Holland" nach Deutschland geschickt. Dort werden die Möbel an Bombengeschädigte verteilt. Niemand wird den neuen Besitzern aber sagen, daß diese „Liebesgaben" auf perfide Weise gestohlen wurden.

Das letzte jüdische Krankenhaus in ganz Holland, das N.I.Z. (Nederlands Israëlitisch Ziekenhuis) in Amsterdam, ist von den Deutschen beschlagnahmt worden. Beinahe alle Kranken und das gesamte Personal waren mit einem Zug in Westerbork angekommen. Sofort nach Ankunft wurden die Patienten untersucht. Wer wirklich krank ist, wird ins Krankenhaus gebracht. Das Personal soll möglichst im Spital arbeiten.

Die Gesunden werden, soweit sie nicht eine andere Sperre beanspruchen könen, mit dem nächsten Transport nach Auschwitz gehen.

Die Anzahl der Bewohner ist zwischen Ende Juni und Anfang September halbiert. Es leben hier momentan noch circa 8000 Menschen. Das ist weniger als ein Zehntel von denen, die inzwischen schon nach dem Osten abgewandert sind. Die Industrie entwickelt sich gut. Gemmeker hat, wie man sagt, zwei Lieblingsspielzeuge: eines ist die Revue, das andere heißt Industrie. Beide dienen sie dem gleichen Zweck: den Wert des Lagers Westerbork zu beweisen. Die Industrie, weil sie in Kürze als „kriegswichtig" anerkannt wird, die Revue, weil Gemmeker immer sehr hohe Gäste aus Den Haag empfängt, denen er dann ganz stolz „seine" Revue vorspielen läßt. Sicher ist, daß das, was hier geboten wird, eines der besten deutschsprachigen Kabaretts ist, die momentan in Europa zu sehen sind. Dazu kommt als besondere Feinheit für die Nazi-Elite, daß man wohl lachen darf, aber nicht zu klatschen (für Juden gibt es keinen Beifall) braucht. Gemmeker glaubt, so sagt man, daß Wehrmacht und Zivilverwaltung den ökonomischen Wert des Lagers schätzen und schützen und Lages, Wimmer, Aus der Fünten und viele andere aber („auf ein paar tausend Saujuden kommt es doch gar nicht an") das Lager halten werden, weil man nirgends so gut essen und sich unterhalten kann wie in Westerbork.

Ich gehe ins Krankenhaus, um eine Freundin zu besuchen. Sie sagt, ich soll mir die Geschichte ihrer Nachbarin anhören. Ab Juli vorigen Jahres mußte sie sich verstecken, und eine Organisation hat sie bei ihr völlig unbekannten Menschen in einem sehr gut ausgestatteten Keller untergebracht. Es war zwar ein Waschbecken vorhanden, das durfte sie aber nur verwenden, wenn sie hörte, daß auch oben Wasser lief. Sie mußte oben aufs Klosett gehen, durfte das aber nur, wenn die Hausfrau ihr ein Zeichen gab, daß sonst niemand im Haus war. Sie trug ausschießlich Kleider der Dame, damit niemand von den Mitbewohnern Argwohn schöpfen würde, wenn fremde Wäsche an der Leine hing. Die Frau brachte ihr das Essen, Bücher, Zeitungen und erfüllte soweit wie möglich alle Wünsche. Die ganzen 14 Monate hat die Dame nicht einmal versäumt, zu ihr hinunterzukommen. Sie war der einzige Mensch, den sie in all der Zeit gesehen hat, und auch von ihr wußte sie keinen Namen. Sie hat sie immer mit „Mevrouw" angesprochen, so wollte die Dame das. Vor circa vier Wochen erwachte sie mitten in der Nacht mit furchtbaren Bauchkrämpfen. Aber sie hatte nicht die Möglichkeit, um Hilfe zu rufen, es gab keine Verbindung mit der Außenwelt. Schließlich wurde sie ohnmächtig. Mevrouw fand die Bewußtlose auf dem Bett, als sie das Frühstück brachte. Aspirin war das einzig verfügbare Medikament, der Doktor konnte erst abends kommen. Wie sie es den ganzen Tag ausgehalten hatte, erinnert sie sich nicht mehr. Abends stellte der Arzt eine fortgeschrittene Blinddarmentzündung fest – Krankenhausaufnahme dringend nötig. Er setzte das halb bewußtlose Mädchen auf sein Fahrrad und brachte es zum N.I.Z. Dort sagte er, daß er sie auf der Straße gefunden hätte. Die Operation gelang mit knapper Not. Danach war sie vollkommen erschöpft, auch durch den psychischen Druck der Einzelhaft und den Transport hierher. Sie weiß nicht, wo sie die ganze Zeit war, auch keine Adresse, nicht einmal den Namen des Arztes. Gott sei Dank, so kann sie auch in der Narkose niemanden verraten haben. Aber jetzt geht es ihr schon viel besser. Heute durfte sie zum ersten Mal ihre Beine aus dem Bett baumeln lassen, morgen darf sie aufstehen. Dienstag muß sie auf Transport.

Weil es der Industrie gutgeht, habe ich einen Lehrling bekommen. Er ist ungefähr doppelt so alt wie ich und war Direktor eines der größten Nähmaschinenimporteure von Holland. Er hat theoretische Kenntnisse, aber noch nie einen Schraubenzieher in der Hand gehabt. Genug „Beziehungen" hat er auch und außerdem eine gute Sperre. Er ist ein netter Kerl.

Fritz geht weg aus dem Kesselhaus. Er wird Pfleger im Lagerkrankenhaus und hofft, da etwas Wesentliches für die Menschen tun zu können. Daß es ihm liegt, daran zweifle ich keinen Augenblick. Papa und Mutti sind nun auf der Insel Rab. Sie wohnen in einem Barackenlager, aber die Italiener lassen sie in Ruhe. Die meisten Inseln in der Umgebung scheinen von jugoslawischen Partisanen besetzt zu sein, die es den Italienern und Kroaten sehr schwermachen. Inzwischen hören wir auch, daß Italien kapituliert hat. Wenn das nicht ein gutes Zeichen ist! Für die Eltern könnte es schwieriger werden, denn die Partisanen werden sicher auch die Insel Rab besetzen. Was ich so aus früheren Briefen verstanden habe, mögen sie Juden auch nicht. Jedenfalls werden wir sofort schreiben. Vielleicht kommt der Brief doch noch an.

Wenn man sehr früh morgens wach wird, hört man den Außendienst von der Strafbaracke auf den Holzschuhen zur Arbeit marschieren. Sie singen immer, auch spät abends auf dem Rückweg. Meistens ihr Lieblingslied, das endet mit den Worten:

*Denn einmal kommt der Tag*
*Dann gehn wir zurück nach Amsterdam.*

Manche aus der Strafbaracke sind zu einer anderen Schwerstarbeit eingeteilt. Sie müssen Blei, das von Kabelmänteln abgeschält ist, in Formen stampfen. Die singen immer:

*Und wenn wir dann kein Blei mehr ham*
*dann fahren wir nach Amsterdam.*

Jeden Tag hören wir diese beiden Lieder, bis Montag abend, denn Dienstag werden die meisten auf Transport gehen. Aber die Tradition wird durch die wenigen, die bleiben durften, fortgesetzt. Mittwoch morgen singen die nächsten Gruppen wieder von der Rückkehr nach Amsterdam.

Es ist wieder ein Transport nach Theresienstadt abgegangen. In Personenwagen, die so alt sind, daß man wirklich nicht weiß, ob sie das Ziel noch erreichen können. Mein alter Freund ist auch mitgegangen. Er ist alleine, ich habe ihm noch beim Packen geholfen. Sie durften das Gepäck in die Abteile mitnehmen, der Zug war auch nicht so sehr voll. Jedenfalls war es bei diesem Transport nicht so traurig wie bei anderen. Die sorgfältige Selektion und die Personenwagen geben dem Ganzen eine andere Atmosphäre.

Erwin erzählt, daß Aus der Fünten wieder im Lager ist und mit Gemmeker konferiert hat. Dann wird Pisk auch dazugerufen, schließlich gibt Gemmeker Auftrag, daß die Baracken 84 und 85 geräumt, gereinigt und freigehalten werden müssen. Das bedeutet jedenfalls, daß ein großer Transport erwartet wird. Da Pisk dazugerufen wird, hat es den Anschein, als ob der OD wieder irgendwohin geschickt wird. So wie zur Irrenanstalt in Apeldoorn.

Die neue Revue „Humor und Melodie" hat heute Premiere. Jeder ist gespannt. Sie soll noch besser sein als die vorige. Auch heute wird Gemmeker wieder in der Mitte der ersten Reihe in seinem Fauteuil sitzen, wird lachen, aber niemals klatschen.

Einem Mitglied vom nichtjüdischen Personal ist der weitere Besuch von Aufführungen verboten worden, weil Gemmeker die Dame applaudieren gesehen hat. Was Nettes für uns: jeden Tag, an dem die Revue nicht spielt, wird der große Saal ein Kaffeehaus sein.

## Westerbork, Herbst 1943

Tatsächlich ist eine Gruppe des OD abgereist. Sie fahren nach Barneveld, um bei der Räumung des Lagers Hilfestellung zu leisten. Alle Insassen kommen hierher. Die Zusage, daß sie bis Kriegsende in dem alten Schloß bleiben dürfen, hat also nicht geholfen. Die Tatsache, daß bestimmte Baracken für sie reserviert werden, beweist aber, daß sie eine Vorzugsbehandlung genießen. Noch nie ist ein Transport im Lager Westerbork als eine geschlossene Gruppe eingeschrieben worden.

Als ich Barneveld höre, ist meine erste Reaktion der Gedanke, daß Klaartje van Leeven auch kommen wird. Nicht, daß ich es ihr wünsche, wieder in so einer großen, dreckigen Baracke zu leben. Aber ich freue mich darauf, sie wiederzusehen. Komisch, wir haben doch kaum Kontakt miteinander gehabt, als sie vor einem halben Jahr mit ihren beiden Schwestern hier war. Höchstens ab und zu ein paar Worte gewechselt. Warum habe ich sie dann so im Gedächtnis behalten, während doch so viele andere Mädchen in unserer Baracke ein- und ausgegangen sind? Die Baracke 85, wo sie einziehen werden, liegt quer neben unserer. Im Morgengrauen des 29. September hören wir den Lärm, den 600 Menschen machen, wenn sie in eine Baracke gezwängt werden. Sie haben dann den größten Teil der Nacht in der Registratur verbracht. Man hat sie dort barsch, unfreundlich oder im besten Fall gleichgültig behandelt. Natürlich liegt das auch daran, daß zugleich 3000 Menschen aus Amsterdam angekommen sind. Die Registratur, Erste Hilfe, Krankenhaus und andere Dienststellen hatten also in einer Nacht rund 4000 „Fälle" zu bearbeiten. Keine Kleinigkeit.

Es war die letzte große Razzia in Amsterdam: auch das gesamte Personal des Joodsche Raad mußte mit. Sogar Prof. Cohen und Herr Asscher, die Leiter des J. R. seit seiner Gründung, sind jetzt hier. Viele sprechen voll Haß oder zumindest mit Schadenfreude über die beiden. Sie, die vor dem Krieg in der jüdischen Gemeinschaft großes Ansehen genossen, sind, dadurch daß sie sich von den Nazis so mißbrauchen ließen, sehr tief gefallen. Uns jedoch, die wir schon so lange in Westerbork sind, hat der Joodsche Raad nichts Böses getan.

*Carrys Photo auf dem Personalausweis in Westerbork, 1942*

Rolf hat unlängst ein Paket bekommen. Der Name des Absenders war leider nicht zu entziffern. Inhalt: Marmelade, magerer Käse, Caramella und, unglaublich aber wahr, eine Büchse echter Tee. Daß es so etwas noch gibt, in der heutigen Zeit. Keine Ahnung, wer der Absender sein kann. Da wir seit unserer „geschäftlichen" Zusammenarbeit alles teilen, bin ich auch Mitinhaber dieser Delikatessen. Wir beschließen, die neuen Tassen bei passender Gelegenheit mit Tee einzuweihen.

Der Weg zwischen Baracke 42 und 43 ist die Nord-Südachse des alten Lagers. Wie alle alten Kampstraßen mit Steinfliesen belegt, junge Bäume an beiden Seiten. Ich gehe in der Mittagspause spazieren und genieße das schöne Herbstwetter. Plötzlich steht sie vor mir, Klaartje van Leeven. Offensichtlich freut sie sich, mich zu sehen, und ich merke, daß ich erröte. Zusammen gehen wir ein Stück, tratschen über dieses und jenes. Bis Klaartje bemerkt, daß sie eigentlich in die andere Richtung gehen muß. Ich gehe mit ihr. Mir ist es egal, wenn ich zu spät komme. Endlich traue ich mich, sie zu fragen, ob sie Lust hat, heute abend bei mir in der Baracke eine Tasse echten Tee zu trinken. Sie sagt sofort zu. Unterwegs zur Arbeit gehe ich noch schnell in die Schlosserei, um Rolf zu sagen, daß wir heute abend zum Tee Besuch haben werden. Er schaut mich an und sagt: „Du hast die Klaartje von Barneveld getroffen", und grinst. „Wie kommst du denn da drauf?" will ich wissen. „Ganz einfach. Als Erwin letztens erzählt hat, daß die Barnevelder kommen, hast du so blöd dreingeschaut. Wer sollt dich denn sonst bei denen interessiert haben? Aber mach dir nix draus, ich bin froh, daß sie kommt. Ich mag sie!" sagt er.

Rolf, den alle Mädchen mögen, erinnert mich immer an einen Onkel, einen sportlichen, schönen Mann. Er war unverheiratet, obwohl er, wie man sagte, bei den Frauen viel Erfolg hatte. Wenn man ihn fragte, warum er nicht heiratet, war die Antwort immer, daß, solange andere Männer Frauen haben, er keinen Grund sieht, zu heiraten.

Eintrittskarten für die Revue oder das Kaffeehaus bekommt man vom Dienstleiter oder wenn man Beziehungen hat. Für die neue Revue habe ich noch keine Karten bekommen, aber der Dienstleiter hat mir heute sechs Karten für das Konzert-Kaffee für morgen abend gegeben.

Ein Nachmittag kann sehr lange dauern. Nach der Arbeit schnell zurück in die Baracke. Als Rolf nach Hause kommt, stehe ich am Waschtrog im Gang und rasiere mich. Sehr ungewöhnlich zu dieser Tageszeit. Rolf schaut mich an und sagt, daß, soweit er sich der Barnevelderin erinnert, dies etwas voreilig ist. Er springt weg, der Rasierschaum, der für ihn bestimmt war, kleckst auf den Boden. Doch geht er in die Küche, um die neuen Tassen abzuwaschen, holt eine Teekanne und ein paar gewöhnliche Schalen. „Wir können die anderen doch nicht zusehen lassen, wie wir Tee trinken." Er hat sogar ein Teesieb aufgetrieben.

Dann gehe ich zur Baracke 85, es ist gleich um die Ecke. Ich habe nicht verabredet, daß ich sie abholen werde und bin froh, daß sie nicht überrascht ist, mich zu sehen. Ich sage, daß ich sie abholen komme, weil ich nicht wußte, ob sie es alleine finden kann. Sie merkt natürlich, daß das Stuß ist, sagt aber ganz lieb: „Dann brauche ich wenigstens nicht alleine in eine Männerbaracke zu gehen." Das klingt besser als mein Unsinn. Rolf ist der erste, der sie begrüßt, und Klaartje freut sich sichtlich, ihn wiederzusehen.

Sie kennt die meisten. Von den Jüngeren sind Mickey und Flip neu. Mickey, ein waschechter Amsterdamer, sagt beim Vorstellen: „Klaartje? So ein altmodischer Name! Carry paßt viel besser zu dir. Wir werden dich Carry nennen!" Flippie stellt sich auf friesisch vor. Klaartje ist die einzige im Saal, die ihn versteht. Japhet, der Bademeister, erkennt sie noch. Wir trinken Tee und essen Kekse, die übrigens auch in dem Paket waren. Carry erzählt von Barneveld. Von dem Schloß im Tudorstil, vom prachtvollen Park mit einem großen Teich und riesigen, alten Eichen und Buchen. Einem Schloßkeller, der auch tatsächlich Speisesaal war. Von den großen Gemächern, die jetzt natürlich auch von vielen Menschen bewohnt wurden, aber doch nicht unter so unmenschlichen Umständen wie hier. Wir erzählen von der Hachscharahgruppe, wo Klaartje gearbeitet hat, wo alle auf Transport geschickt wurden, kurz nachdem ihr Lied noch ein Schlager der Revue war. Was für ein Lied das ist, fragt sie, und der ganze Saal grölt sofort von den „Mädchen die so tüchtig sind". „Aber die sind doch auf Transport gegangen", stellt sie fest, denn sie weiß, daß es in Westerbork für so etwas keine Regel gibt. Vielleicht ist jemand während der Arbeit bei einem Bauern geflüchtet. Das ist ein triftiger Grund, die ganze Gruppe und deren Angehörige nach Auschwitz zu verbannen. Flip, ein Typ wie Rolf, ist auch gleich gut Freund mit Carry. Werner kommt mit Gré, Bernd mit Babs. Die Burschen kennen sie noch und stellen die Mädchen vor. „Die sind neu", sagt einer. Wir spielen die Charles Trenet-Platte, unser Stolz. „In Barneveld wurde oft Musik gemacht", sagt Carry, aber Bernd bezweifelt, ob es dort auch so gemütlich war. „Nein", sagt Carry, „es ist hier schöner."

Am Rückweg zur Baracke 85 bestaunt Carry den Sternenhimmel. In Barneveld war durch die großen Bäume viel weniger zu sehen, als hier in dieser dunklen Einsamkeit. Ob sie morgen mit mir ins Kaffee gehen will, frage ich. Spontan kommt die Antwort: „Ja, gerne und schlaf gut." Sie kneift mich in den Arm und ist in der 85 verschwunden, ohne daß ich es merke.

Paul und ich beugen uns über eine Maschine, die uns Probleme macht. Ein Klopfen am Fenster stört uns. Aber da ich Carry sehe, mache ich es schnell auf. Nach der Begrüßung stelle ich Paul vor. „Ich bin sein Lehrbub", sagt er. Wir lachen alle drei. Dann beugen wir uns wieder über die Maschine.

Carry hat beim „Arbeitsamt" gehört, daß sie in der Textilindustrie arbeiten darf oder vielleicht im Gartenbau. Sie würde am liebsten hierher kommen, zweifelt aber, ob mir das paßt. Dabei schaut sie genauso lieb drein wie gestern, als ich beim Abholen so einen Blödsinn sprach. Natürlich gefällt es mir. Wenn es ihr recht ist, gehe ich mit ihr zum Chef. Damit ist Carry einverstanden, also renne ich durch die Hintertüre hinaus. Wir prallen beinahe aufeinander und gehen dann zusammen um die Ecke zum Eingang. „Stört es dich wirklich nicht, wenn ich hier arbeite?" fragt sie nochmals. Als Antwort zwicke ich sie in den Arm. „Autsch", sagt sie und lacht. Wir melden uns beim Chef, der uns zur Frau Doktor schickt. Mit der komme ich immer gut aus. Sie leitet die ganze Produktion und weiß gute Beziehungen zum Monteur zu würdigen. Ich stelle Carry als eine alte Freundin vor. Die Chefin ist sehr beeindruckt von unseren „langen" Beziehungen und fragt, ob Carry nicht aus Barneveld gekommen ist? Die Frau Doktor lacht. „Ich weiß, daß die Zeit schnell vergeht in Westerbork", sagt sie. Aber sie hat gute Arbeit für Carry. Aus dem Abfall vom Zuschneidetisch müssen rot/blaue Mützen für die S-Kompanie und Klompsocken gemacht werden. Das Aussuchen der Reste und Einzeichnen der Schnittpatronen ist eine ruhige, gar nicht so dumme Arbeit. Nicht staubig, nicht schmutzig, kein langes Stehen. Was will man mehr in Westerbork. Carry hat einen Platz hinten, am anderen Ende des Nähsaales. Heute nachmittag kann sie gleich anfangen. „Zufrieden?" fragt die Chefin mich. Ich bedanke mich höflichst. Sie ist ein netter Kerl.

Es ist beinahe Mittagspause. Ich schaue noch einmal schnell bei Paul vorbei, ob es noch etwas Besonderes gibt. Dann gehen wir zu zweit Mittagessen. Carry holt ihre Brotration aus der 85er und kommt zu mir. Wir sitzen in der Sonne, an der Hinterwand unseres Schlafsaales. Rechts die 85er, vor uns die weite Heide bis hinten am Waldrand, winzig klein der Bauernhof. Unsere Baracken liegen etwas höher als das umliegende Land, sodaß wir von hier aus über den Stacheldraht hinwegschauen. Ich lege meine Hand auf ihre Schulter. Sie sagt, daß sie nicht wußte, daß es in Westerbork so herrlich sein kann. „Ich auch nicht", sag' ich. Jetzt schauen wir runter, weil da die Kleinbahn vorbeikommt. Die Lokomotive pfaucht und pfeift, Heizer und Maschinist winken uns, wir grüßen zurück. Bei verschiedenen Bauern beim Oranjekanal ist Carry mit der Hachscharahgruppe oft gewesen. Mitten im Winter auf dem sumpfigen Land, Rüben mit bloßen Händen ausgraben. Hin und zurück je sieben Kilometer zu Fuß im Dunkeln. Wenn sie Glück hatten, kochte die Bäuerin im Futtertrog aussortierte Pellkartoffeln, die waren eine Delikatesse. Oft aber geschah es, daß die Marechaussee das nicht erlaubte. Das hing ganz von der Person ab. Manche verlangten auch, daß man den ganzen Abstand im Marschtempo ging. „Ich bin doch froh, daß ich bei dir in der Konfektion arbeiten darf", sagt sie und schaut mich ganz unschuldig an.

Am Ende der Mittagspause gehen wir zusammen zur Konfektion. Es gibt so viel zu erzählen. Ich erzähle von unseren Eltern, meinem Bruder. Fritz kennt sie schon vom vorigen Mal. Aber auch von meinen Erfahrungen in Holland. Es fällt ihr auf, daß ich mich auf holländisch leidlich gut ausdrücken kann. Der Weg ist viel zu kurz, aber es gibt auch noch einen Rückweg. Jedenfalls gehen wir heute abend ins Kaffeehaus, aber da wird mehr gelacht als seriös gesprochen werden. Wir verabreden, daß ich sie nach dem Essen abholen komme.

Ich gehe in den Nähsaal, um zu schauen, wo Carry sitzt. Ich erblicke sie an einem Tisch mit älteren Damen, aber auch mit ein paar jungen Mädchen. Ich gehe nicht hin, ich will nicht aufdringlich sein. Schon auf dem Rückweg ruft eine Näherin. Ihrer Maschine fehlt nichts, sie wollte nur wissen, wer das Mädchen ist, mit dem sie mich heute gesehen hat und wieso die schon auf so einem prominenten Platz sitzt. Ich habe schon Routine genug, um zu wissen, daß, was auch immer ich jetzt sage, sofort zum Tratsch des ganzen Saales wird. Da gibt's nur eines: „Steh auf, laß mich probieren", sage ich, als ob sie über die Maschine geklagt hätte. Ich probiere, stehe auf. „Erzähl einmal", sagt sie. „Die Maschine ist in Ordnung", sage ich im Weggehen. Der Fluch, den sie mir nachschickt, ist nicht in Erfüllung gegangen.

Weil alle Wohnviertel bei Razzien ausgekämmt wurden, gibt es jetzt kaum noch reguläre Transporte. Jetzt kommen hauptsächlich Leute, deren Sperre geplatzt ist, deren Anträge zur Freistellung abgewiesen wurden. So untersucht ein Herr Kalmeyer die Abstammung von Personen, die behaupten, nicht jüdisch gemäß der Nürnberger Gesetze zu sein. Wenn der Beweis erbracht wird, kann man im günstigsten Fall den Stern ablegen und als Nichtjude weiterleben. Geht es nicht so gut, darf man mit Stern und allen für Juden gültigen Beschränkungen in Amsterdam bleiben, wird aber nicht deportiert. Selbstredend platzt die Sperre, wenn Herr Kalmeyer nichts oder nicht genug findet, und man geht mit dem nächsten Transport nach Auschwitz. Es gibt auch eine Regel, daß jüdische Männer in einer kinderlosen Mischehe in Holland bleiben dürfen, wenn sie sich sterilisieren lassen. Es kommen aber immer mehr Straftransporte, denn die Deutschen haben die Prämie, die ein Denunziant für jeden Untergetauchten bekommt, auf Fl. 7,50 erhöht. Wenn jemand zwei Personen pro Woche aufstöbert, hat er schon ein schönes Einkommen. Die Sklavenhändler in Afrika hatten damals ein größeres Risiko. Aber die Familie Stein hat man noch nicht gefunden, dreimal auf Holz geklopft.

Wir gehen in den großen Saal. Carry und ich sind die ersten, sie kann sich also in Ruhe umschauen. So hat sie den Saal noch nie gesehen, auch nicht in der Nacht, als sie registriert wurden. Die Tische stehen jetzt nicht streng in einer langen Reihe, mit Schreibmaschinen drauf, sondern jeder steht mit einem freundlichen Tischtuch bedeckt. Die Beleuchtung ist gedämpft, die Bühne hat ihren großen, roten Vorhang geschlossen. An einer langen Seite des Saales ist ein Podium für die Musik. Auch im Orchestergraben stehen heute Tische und Stühle. Dort sitzen wir Burschen immer, das ist am gemütlichsten. Wir sind die ersten, aber unser langer Tisch ist bald voll. Wen Carry noch nicht kennt, der wird vorgestellt. Dann kommt die Kapelle mit ihrem Dirigenten Heinz Neuberg. Sie fangen an mit dem Paso doble „Espana Cani", es klingt fabelhaft, macht eine Riesenstimmung. Die Ersatzlimonade strömt, man könnte betrunken werden. Jetty Cantor, eine sehr bekannte Sängerin, bringt ein Lied aus der neuen Revue: „Ich hab' es heut Nacht den Sternen erzählt, ich liebe dich!" Text und Musik von Willy Rosen. „Das wird ein Welterfolg werden nach dem Krieg", sagt jeder. Mickey, Bernd und ihre Damen haben die Revue bereits gesehen und sind begeistert. Ich verspreche Carry, so schnell wie möglich Karten zu organisieren. Dann spielt die Kapelle den Rausschmeißer. Wie es kommt, weiß ich nicht, aber Carry und ich sind als erste draußen in der dunklen, stillen Sternennacht. Fest eingehängt summen wir „Ich hab' es heut Nacht ..."

Heute waren wir mit Fritz, seiner Freundin Frieda und Max Gruber, dem zukünftigen Mathematiker, zusammen. Carry und Fritz vertragen sich gut. Das freut mich sehr. Heinz sehen wir oft in unserer Baracke. Carrys Schwestern werden wohl bald heiraten. Leneke: Fuchs, den Gärtner; Jettie: den Sänger Julius. Wir sehen sie selten. Genau wie Carry meiden sie die große Baracke.

Man sagt, die BBC habe berichtet, daß die Russen vor Kiew stehen. Smolensk und das Donetzbecken haben sie bereits erobert. Der NRC schreibt nur, daß die deutschen Truppen sich planmäßig zurückziehen. Gut, aber alles sehr, sehr weit weg!

Carry hat ihre Essenskarte von der 85 auf meine Baracke umschreiben lassen. Das hat mehrere Vorteile: Sie bekommt ihre Brotration (wöchentlich 3 Tage je 200 Gramm, 3 Tage je 400 Gramm), Margarine, Käse, Wurst oder Marmelade hier, wo wir alles in Rolfs und meinem gemeinsamen Schrank aufheben können. In der 85 gibt es keine Möglichkeit, etwas wegzuschließen. Außerdem essen wir auch die Hauptmahlzeit zusammen. Das ist nicht nur gemütlich, sondern auch einträglich. In einer Männerbaracke bekommt ein Mädchen, wenn es das Essen holen geht, oft einen Schöpfer extra.

Ich habe ohne große Mühe Karten für die Revue bekommen. Wir sehen Gemmeker, der schon zum zweiten Mal da ist, in der ersten Reihe. Neben ihm sitzt Frau Hassel, seine Sekretärin und Geliebte. Sie wohnen zusammen mit einem Airdale-Terrier in der großen Villa beim Haupteingang mit einem Stab jüdischen Personals, vom Butler Teddy bis zur Hausnäherin, vom Gärtner Fuchs bis zum Fahrer Fred. Die Aufführung ist wunderbar. Natürlich kann ich nicht beurteilen, ob es wirklich Qualität hat. Aber wir sind begeistert, ganz besonders, als Jetty Cantor, jetzt in prachtvollem Abendkleid, begleitet von 16 Musikern, im Graben, „unser" Lied singt. Auf dem Weg zurück zur 85 küssen wir einander zum ersten Mal innig. Die Melodie soll für immer unser Erkennungspfiff sein!

Nach dem Abendessen gehen wir jetzt oft im Dunkeln spazieren. Carry hat Katzenaugen, sieht jede Pfütze. Ich habe eine Kneifkatze, uns kann nichts passieren. Wir haben einander so viel von zu Hause zu erzählen. Carrys Vater ist beim Wasserbauministerium. Er bekam alle drei bis vier Jahre einen anderen Arbeitsplatz. Sie hat, außer in ihrem Geburtsort, in vier verschiedenen Städten gewohnt. Schließlich ist sie in Den Haag, gezwungenermaßen, auf dem Jüdischen Realgymnasium gewesen und hat dort, nur vier Monate bevor sie deportiert wurden, das Abitur gemacht. Ich erzähle von meiner Jugend in Wien, von den Reisen mit den Pfadfindern, von meiner Flucht und der einsamen Zeit in Amsterdam. Es ist wie ein Zusammensetzspiel, langsam passen die Stückchen zueinander. Meine langen Ferien in Piesting mit Verwandten und Freunden. Carrys Vater hatte einen alten Autobus gekauft, von innen vollkommen demontiert und nach einem Plan aus einer englischen Zeitung als Wohnwagen vorbereitet. Auf einer Auktion einer Seereederei kaufte er Kojen und andere Schiffsmöbel. Die wurden in den Autobus eingebaut, sodaß er für die ganze Familie ein prächtiges Ferienheim wurde. Jeden Sommer stand er irgendwo an einem See. Die Familie blieb dann die ganzen Sommerferien dort.

Bis jetzt durfte jeder unbeschränkt Postpakete empfangen. Ab sofort ist das nicht mehr erlaubt. Auf jedem Paket muß eine Paketmarke sein. Die kann man hier bekommen und jemandem schicken. Dem Mißstand, daß Leute, die noch Geld „draußen" haben, sich täglich Pakete zuschicken lassen und den Inhalt hier zu horrenden Preisen verkaufen, soll so ein Ende gemacht werden.

Pakete vom Roten Kreuz darf man ohne Marke empfangen. Eine überflüssige Maßnahme: weder vom Internationalen, noch vom Niederländischen Roten Kreuz hat jemals ein jüdischer Gefangener hier oder – soweit wir wissen – in anderen Lagern oder Gefängnissen in Holland ein Rot-Kreuz-Paket bekommen.

Ich darf wieder auf Dienstreise gehen. Wir sollen Maschinen in einer Mazzesfabrik, die schon Jahrhunderte alt ist, demontieren. Warum ich die Ehre habe, ist mir nicht bekannt. Noch merkwürdiger ist, daß Fritz auch mitfahren soll, weil aus dem N.I.Z. medizinische Instrumente abgeholt werden müssen. Das muß ein Irrtum sein. Niemals wurde es erlaubt, daß zwei direkte Familienangehörige zusammen wegfahren dürfen. Einer muß immer der Bürge für den anderen sein. Jetzt ist es aber doch möglich. Fritz hat von seiner Frieda eine besonders gute Adresse zum Untertauchen bekommen. Er, der Optimist, will es tun, ich aber habe meine Zweifel. Ich denke an das Mädchen, das so lange im Keller gesessen ist, und daran, daß ich eigentlich kein großer Held bin. Uns beide bedrücken aber die drakonischen Maßnahmen, die Gemmeker folgen läßt, wenn jemand aus seinem „Paradies" flüchtet: Straftransport für 1) denjenigen, der für unsere gemeinsame Ausreise verantwortlich ist, 2) willkürlich ausgesuchte Bewohner des Schlafsaales, 3) vermutlich Carry. All die Leute, natürlich mit ihren Familien. Das lastet so schwer auf mir, daß ich nachts nicht mehr schlafen kann. Fritz und ich diskutieren lange. Das ist gar nicht so leicht, wenn niemand etwas merken darf, während hier 10.000 Menschen auf einer Fläche von 500x500 Metern leben! Mit Carry habe ich wohl über die Reise, nicht aber über unser Problem gesprochen. Ich muß die Lösung erst gemeinsam mit Fritz finden.

Ich werde am 4. November abreisen und zwei Nächte wegbleiben. Die Instrumente aus dem N.I.Z. sind inzwischen hier angekommen. Fritz fährt also nicht mit. Unser Problem hat sich von selbst gelöst.

Meinen zwanzigsten Geburtstag feiern Carry und ich an einem Sonntag. Das Wetter ist nicht festlich; es stürmt und regnet. Glücklicherweise gibt es heute keinen Appell und keine Arbeit, und ich brauche nicht Fußball zu spielen. Im Gegensatz zu den Abenden ist es am Sonntag im Schlafsaal immer still. Jeder ist irgendwo, tut irgend etwas. Schach spielen in der Schule, Konzert im großen Saal, Vorträge in der Bibliothek oder irgendwelche Kurse. Wir liegen auf meinem Bett vor dem Fenster und schauen hinaus auf die Heide, die bei diesem Wetter noch grimmiger aussieht als sonst. Aber wir sind zusammen und empfinden das als ein großes Geschenk. Ein Geschenk habe ich in der Hand: einen kleinen Pinguin aus schwarzen und weißen Stoffresten gemacht. Er hat einen gelben Schnabel und Plattfüße, auf denen er sogar stehen kann. Carry hat ihn in den Pausen während der Arbeit gemacht. Steiff könnte es nicht verbessern. Wir lassen ihn aus dem Fenster gucken, er muß doch etwas von der großen Welt sehen, und reden durch ihn miteinander. Warum gerade einen Pinguin? Ich hatte einmal gesagt, daß Pinguine mich immer an die Zeit erinnern, als alles noch gut war. Damals, ich war sechs Jahre alt, ist Papa mit uns in die Urania gegangen. Da lief der Film: „Mit Byrd zum Südpol." Die unzähligen watschelnden Pinguine werde ich nie vergessen.

Je länger wir mit dem Tier spielen und tratschen, umso mehr fängt es zu leben an. Plötzlich sagt es: „Ich will viele Brüder und Schwestern!" Verdutzt schauen wir einander an. Wer hat das gesagt, wir wissen es nicht. Aber die Idee ist gut. Morgen früh werde ich mit dem Dienstleiter sprechen. Wenn die Tischlerei mit Holztieren in Laubsägearbeit Erfolg hat, dann müssen die Stofftiere doch sicher ein Haupttreffer sein! Ich werde den Pinguin also zum Appell mitnehmen. Hoffentlich hält er seinen Schnabel, sonst stimmt das Abzählen nicht. Wir überlegen, welche Tiere man noch machen kann. Dabei merken wir gar nicht, daß es draußen immer grauer wird, Stacheldraht und Wachtürme sind nicht mehr zu sehen. Im Saal ist es auch dunkel, nur im Ofen glüht es rot. Wir haben nicht gemerkt, daß wir alleine sind. Der Wind pfeift durch die Eternit-Wellplatten auf dem Dach. Wir ziehen eine Decke über uns, und es ist, als ob wir einander schon sehr lange kennen.

Wir haben ein gutes Gespräch mit dem Dienstleiter. Am liebsten will er sich meinen Pinguin gleich einstecken. Carry darf sofort anfangen. Sie bekommt eine eigene Nähmaschine und einen Tisch hinten beim letzten Fenster. Erst ein paar Entwürfe und Muster machen, dann werden die Dienstleiter untereinander ausknobeln, wer den OStuF deswegen ansprechen soll. Gemmeker muß entscheiden, und niemand liebt es, ein Projekt zu präsentieren, das dem Allmächtigen mißfällt. Wir besprechen inzwischen noch Einzelheiten. Auch das kleinste Stückchen Stoff kann verwendet werden. Das kostet mehr Zeit, aber die spielt keine Rolle: mehr Zeit ist mehr Arbeit, das ist gerade gut. Am besten wäre es, die Tiere mit Holzwolle oder mit Sägespänen zu füllen. Die gibt's im Überfluß in der Tischlerei, aber das ist nicht so einfach. Die Tischlerei ist ein anderer Dienstbereich.

Die Reise nach Amsterdam war wirklich kein Vergnügen. Es gibt keine jüdischen Geschäfte mehr, nirgends kann man hineingehen. Ich hatte das Gefühl, daß Passanten mich anschauten und dachten: „Da geht einer, den man vergessen hat!" Aber auch Leute, die Mitgefühl zeigen wollen. Die Fabrik war in dem alten, jetzt unbewohnten Judenviertel. In so einer leeren Straße begegnete ich einer Frau, sicher keine Jüdin. Sie kam auf mich zu, streckte ihre Hand aus und streifte meinen Stern. Sie ging wortlos weiter, schaute sich nicht mehr um. Was wollte sie sagen? „Kopf hoch" vielleicht. Die Arbeit war nicht schwer, aber uninteressant.

Schließlich mußte ich auch noch zu Marja. Die nichtjüdische Frau eines guten Freundes von Fritz. Sie glaubt, daß sie die nötigen Beziehungen hat, um ihren Mann ohne Stern aus Westerbork zu bekommen, allerdings unter der Bedingung, daß er sich sterilisieren läßt. Er hat jetzt eine Sperre in Westerbork, und ihr großes Dilemma ist, ob es besser ist, daß er „unversehrt" in Westerbork bleibt, andererseits aber ist Eile geboten. Ihr Vater hat von einem befreundeten Kollegen gehört, daß der in Polen Gaskammern zur Massenvernichtung von Menschen gebaut hat, nachdem frühere Experimente mit Kohlenmonoxyd mißglückt waren. Ich kann ihr nicht raten, sie scheint mir vollkommen verwirrt. Und dann die Geschichte mit dem Gas! Unglaublich! Am besten sollte ich das schnell vergessen. Ich traue mich gar nicht, mit jemandem darüber zu sprechen. Bei meiner Rückkehr höre ich in der Schlosserei, daß jetzt regelmäßig Abbrucharbeiten außerhalb des Lagers ausgeführt werden müssen. Ich habe keine Lust dazu. Ich bleibe lieber bei meinen Nähmaschinen und, nicht zuletzt, bei Carry.

Rolf hatte zwei Karten zur neuen Revue „Bravo! da capo". Er hat Carry mitgenommen, sie haben sich köstlich unterhalten. Wenn ich Karten bekommen kann, gehen wir noch einmal hin. Das wird aber vorläufig nicht der Fall sein. Es gibt Kinderlähmung im Lager, und deswegen sind alle Vorstellungen abgesagt. Auch das Kaffeehaus bleibt geschlossen. Ob die Tatsache, daß nun schon wochenlang keine Transporte weggehen, damit zu tun hat? So ist im Oktober nur ein Transport mit 1000 Menschen weggegangen, und im November noch keiner. Wenn die Amerikaner nur doch bald kämen!

Der englische Sender hat gemeldet, daß die Russen am Don die deutschen Linien durchbrochen haben und daß sie bei Cherson das Schwarze Meer erreicht und damit die Krim abgeschnitten haben. Und was geschieht hier in der Nähe? Immer mehr Flugzeuge können wir tagsüber sehen und in der Nacht hören. Auch die Zeitungen melden täglich mehr Bombenangriffe. Wieso bekommen wir jetzt so oft Radioberichte, die meistens auch stimmen? Niemand weiß es, oder doch? In Baracke 60 werden alle Radios, die die Deutschen der Bevölkerung von Drente abgenommen haben, eingelagert und wenn nötig repariert. Danach verpackt und als „Liebesgabe aus Holland" nach Deutschland geschickt.

## Westerbork, Winter 1943/44

Die Feiertage sind vorbei. Leo Blumensohn hat mit den Kindern in den elenden, großen Baracken die Channuka-Kerzen angezündet. Das Julfest, das Gemmeker jährlich für seine Genossen veranstaltet, ist das einzige, was uns an Weihnachten erinnert. Der große Saal wird mit Fahnen und Tannengrün geschmückt. Natürlich von jüdischen Leibeigenen unter Leitung vom Gärtner Fuchs und seiner Leneke (sie haben vor zwei Monaten geheiratet). Auch die Tischdekorationen werden nach Entwürfen von Fuchs angefertigt. Es servieren jüdische Ober, unter der Aufsicht von Teddy, dem Butler des Kommandanten. Teddy ist ein schrecklich netter Kerl. Er ist auch ein guter Komiker, hat im „Sommernachtstraum" einen der Handwerker gespielt. Aus der Fünten, Harster und viele andere aus den „besseren Kreisen" des SD sind da. Bei Tisch sitzt Frau Hassel, die Maitresse von Gemmeker, zwischen ihm und ihrem Mann, dem UStuF Hassel aus dem Gefolge von Aus der Fünten. Das SS-Wachbataillon verbrüdert sich mit der holländischen Marechaussee. Eine feine Gesellschaft.

Silvester feiern wir auf unsere eigene Weise. Die Sperrzeit beginnt später, wir ziehen uns warm an und gehen hinaus in die dunkle Stille. Es ist kalt, aber windstill. Das Brummen der Flugzeuge ist eine gewohnte Hintergrundmusik, während wir durch die Straßen im alten Lager spazieren. Die sind gepflastert, also auch im Dunkeln gut zu gehen. Niemand ist unterwegs, wir brauchen nicht einmal zu flüstern, wenn wir etwas Intimes sagen wollen. Wir sprechen über unsere Wünsche: für jetzt gleich ein schönes, warmes Zimmer für uns zwei alleine. Eine gute Fee fragt, wie wir es einrichten wollen. Mein Wiener Geschmack ist deutlich anders als der von Carry. Ich will einen großen Kachelofen. Das ist unmöglich, die kennt man hier nicht. Schließlich haben wir doch alles eingerichtet, entdecken dann, daß wir ein Bett vergessen haben. Die gute Fee ist bereit, die Bank gegen ein Bett einzutauschen. Aber nicht mit Wolldecken, sage ich, ich will ein großes, dickes Federbett. Carry erinnert sich, daß ihre in Deutschland geborene Großmutter dieses auch hatte. Als Kind schlief sie da so gerne. Einverstanden. Unsere Phantasie kennt jetzt keine Grenzen mehr. Da in der Ecke zwischen großem und kleinem Saal ist unser Zimmer, wir sind glücklich. Wünsche für später haben wir auch, aber noch nicht genau definiert.

Der erste Transport dieses Jahres geht nach Celle, das ist in der Nähe von Hannover, stellen wir fest. Genau wie Theresienstadt ist auch dies ein Reiseziel für Begünstigte. Diesmal geht es in ein Austauschlager. Also für Leute mit Palästinazertifikat oder anderen Dokumenten. Der Transport wird auch wieder mit Personenwagen durchgeführt, wiederum werden alle Dokumente streng geprüft, wieder bleiben die Leute bis zuletzt in Sorge, ob sie mitfahren dürfen, denn wenn sie abgewiesen werden, droht Auschwitz unerbittlich. Jettie und Julius dürfen nach Celle, besser gesagt Bergen-Belsen, denn das ist der offizielle Name des Lagers. Erst müssen sie aber heiraten, und danach verliert Jettie ihren Barenveld- und Julius seinen AK-Stempel. Es ist ein schwerer Entschluß, wie ihn Leute, die für Theresienstadt optierten, fassen mußten. Allerdings liegt Celle nicht einmal dreihundert Kilometer von der holländischen Grenze entfernt.

Heiraten ist kein Problem. Die Gemeinde Westerbork hat ein Standesamt im Lager, dort heiratet man. Jüdische Trauungen macht Rabbiner Augapfel; es ist auch ein evangelischer Pfarrer im Lager, und für die Katholiken wird wohl jemand von draußen kommen. Viele unserer Freunde heiraten, genauso, wie wenn Soldaten an die Front gehen müssen. Obgleich noch äußerst unreif, verabreden wir schon jetzt, daß wir heiraten werden, wenn es uns vergönnt ist, nach dem Krieg wieder zusammenzusein.

Ich will für Carry zum 21. Geburtstag am 24. Januar einen Ring aus Flugzeugglas machen. Wir haben schon welche verkauft, aber dieser muß etwas Besonderes werden. Ein Ring in zwei Farben. An sich nicht schwer. Wir haben farbloses und rotes durchsichtiges Material. Das Problem ist nur, daß wir keinen Leim haben, der das Zeug klebt. Selbst unter einem Schweißbrenner schmilzt es nicht. Schließlich haben wir eine Idee. Ich mache einen Ring, der vorne eine flache Kante hat. Rolf feilt in ein rotes Stück eine Scharte, die genau auf den Ring paßt. Es gelingt, sieht gut aus, aber das rote Stück klemmt nicht genug. Bei der Abteilung, die Flugzeuginstrumente zerlegt, suche ich mir ein kleines Stück Messingfolie aus. Das legen wir auf den Ring, klemmen den roten „Stein" drauf, es sitzt wie angegossen. Dadurch, daß das Messing durch das rote Glas scheint, funkelt es wie ein Rubin. Das nächste Problem ist, daß ich das Geheimnis wahren muß. Das fällt mir sehr schwer. Glücklicherweise ist Carry nicht neugierig. Sie fragt nicht einmal, wo Rolf und ich so lange gewesen sind.

In Amsterdam gab es eine Außenstelle des Joodsche Raad, die „Expositur" hieß. Die Abteilung bearbeitete Fälle, die auf höchstem Niveau ausgehandelt werden mußten. Der Leiter war ein Wiener Rechtsanwalt, Dr. Sluzker, der, wie man sagt, 1938 illegal nach Holland gekommen war. Man sagt auch, daß Dr. Sluzker den Herrn Seyss-Inquart noch aus der Zeit kannte, als dieser ein nicht allzugut beleumdeter Advokat in Wien war. Wahr oder nicht wahr, Dr. Sluzker erreichte viel, sehr viel sogar. Er hatte in Amsterdam einen eigenen Nachrichtendienst, der offiziell mit verschiedenen ausländischen Organisationen Kontakt unterhalten durfte. Nachdem das Büro in Amsterdam geschlossen wurde, blieb noch ein Kontaktbüro in Westerbork. Das war notwendig, weil über diese Stelle z. B. auch Palästinazertifikate und Affidavits aus den USA eintreffen. Fritz bekam heute früh über den Portier vom Krankenhaus die Mitteilung, daß wir zum Kontaktbüro kommen sollen. Wir gehen beide hin. Glücksache: es ist offen. Das wichtigste Möbelstück ist ein großer Tresor. Als Fritz seinen Namen nennt, dreht der Mann an den Nummernscheiben, dann geht der Panzerschrank auf. Er greift hinein und gibt uns einen schmalen Streifen weißes Papier, worauf mit Schreibmaschine geschrieben steht: Eure Eltern sind gesund und in Sicherheit.

Kein Absender, keine Unterschrift, auch kein Datum. Wo es herkommt, fragen wir. Der Mann ist sehr kurz angebunden. Schließlich sagt er: „Vielleicht aus London." Weiters aber ersucht er uns freundlich, ihn in Ruhe zu lassen, den Zettel sofort zu zerreißen und seinen Namen niemandem gegenüber zu nennen. Da wir beide ihn nicht kennen, ist das leicht. Den Zettel zerreißen wir an Ort und Stelle, Papa und Mutti sind also den Kroaten und Deutschen entwischt.

Die Kriegsberichte, die mündlich überbracht werden, kommen von der JPA (Jüdische Presse Agentur) und bestehen aus einem Gemisch von Wissen und Wünschen; je weiter man von der ursprünglichen Basis entfernt ist, desto ungenauer werden sie. Heute besagen die Nachrichten, daß die Amerikaner bei Nettuno gelandet sind, das heißt im Rücken der Deutschen, die noch immer das Kloster von Monte Cassino verteidigen. Nun geht doch wieder wöchentlich ein Zug ab. Der erste im Januar ging nach Bergen-Belsen, der zweite nach Theresienstadt und jetzt fährt wieder ein Transport nach Auschwitz. Also wieder Güterwagen. Es sind meistens Untergetauchte, die erwischt wurden. Kein Wunder, denn alles dauert viel zu lange. Niemand hat damit gerechnet, daß es Jahre dauern würde. Das

Geld, die Geduld und die physische Kraft auf beiden Seiten reichen nicht mehr aus, um Angst, Spannung und die täglichen Streitigkeiten zu ertragen.

Die Enttäuschung, daß so viele Leute bereit sind, für ein paar Gulden ihre eigenen Mitbürger an die unmenschliche deutsche Besatzungsmacht auszuliefern, ist groß. Aber viel größer muß die Hochachtung sein für all die Leute der Untergrundorganisationen, die tausende Menschen unterbringen, Dokumente für sie fälschen, Lebensmittelkarten stehlen, tagtäglich mit dem Wissen leben, daß, wenn man gefaßt wird, einen Folter bis zum ärgsten Grad und schließlich ein Ende vor dem Erschießungskommando oder im KZ erwartet. Dennoch tun die Leute das. Wir hören die Geschichten von all den Straffälligen die jetzt ankommen. An den Untergrundorganisationen liegt es nicht.

Wir wissen es jetzt aus erster Hand: Fritz und Ruth Stein sind erwischt worden und gestern mit einem S-Transport hier angekommen. Sie sind in der Strafbaracke, aber wir haben einander schon gesprochen. Ich habe Carry vorgestellt. Es soll bereits ein Palästinazertifikat für sie gekommen sein. Ich gehe gleich zum Kontaktbüro. Wieder habe ich Glück, wieder ist der Herr da. Er ist gleich viel weniger unfreundlich, als er hört, daß es um Dr. Stein geht. Er öffnet den Tresor, nimmt eine Liste heraus und bestätigt, daß das Zertifikat da ist. Er wird heute abend noch die Familie Stein besuchen. Ich renne zurück zur Strafbaracke, ersuche jemanden, Herrn oder Frau Stein zu rufen. Fritz kommt zum Stacheldraht. Er stolpert über seine Holzschuhe, der Overall mit dem roten Schulterstück ist auch nicht maßgeschneidert. Er strahlt, als er hört, daß das Zertifikat tatsächlich da ist. Ich beschreibe den Mann. Er kennt ihn sehr gut und ist zuversichtlich, daß er alles für sie tun wird.

Abends frage ich Erwin, wie lange es dauert, bis jemandem das „S" gestrichen wird, wenn er ein Zertifikat hat. Das ist schwer zu sagen, aber wenn die „richtigen" Leute sich darum kümmern, kann das nicht länger als ein paar Wochen dauern. Wenn man nur nicht zwischendurch auf eine Transportliste für Auschwitz kommt, denn dann hilft meistens nichts mehr.

Carrys Geburtstag haben wir abends mit unserem Clan gefeiert. Limonade getrunken, etwas gegessen, Monopoly und auch Karten gespielt. Der Ring war ein großer Erfolg. Wir sind gleich in die 85er Baracke gegangen, um ihn und mich ihrer Mutter zu zeigen. Beide scheinen wir ihr zu gefallen. Carrys Mutter ist klein und dick, hat freundliche Augen, ist sehr beweglich und muß hübsch gewesen sein, bevor das Elend angefangen hat. Sie arbeitet in der Küche, das ist hier eine hohe Sprosse auf der gesellschaftlichen Leiter. Carrys Vater habe ich nicht gesehen. Ich weiß, daß er in der Tischlerei arbeitet. Ronnie, der Bruder, ist 14 Jahre alt und arbeitet als Lehrbub in der Schlosserei. Ich habe ihn schon einmal gesehen.

Die Steins sind nicht mehr in der Strafbaracke. Zeitgerecht, um dem Auschwitz-Transport zu entgehen, aber nicht früh genug, um mit dem heutigen Bergen-Belsen-Transport mitzufahren. Natürlich hatte Erwin recht, der wichtigste Punkt sind Beziehungen. Bei Stein war das kein Problem. Der Herr vom Kontaktbüro ist ein Kollege von Dr. Stein, beide Ehepaare waren gut befreundet. Jetzt ist seine Frau aber die Favoritin im Harem von Dienstleiter Todtmann, einem der einflußreichsten Männer im Lager. Der Kerl ist eitel, immer piekfein gekleidet, hat eine Schwäche für und viel Erfolg bei schönen Frauen. In seiner Position ist es kein Wunder. Für die Frauen und ihre Ehegatten, denn Todtmann ist nicht kleinlich, ist das Verhältnis die beste Sperre, so lange die Beziehung hält. Außerdem können sie durch Todtmann auch vielen anderen helfen.

Kleidung ist wichtig in diesem Lager. Oberdienstleiter Schlesinger trägt immer eine Reithose mit Ledereinsatz, Schuhe mit Ledergamaschen. Todtmann immer englischen Stil. Die anderen Dienstleiter tragen alle ecru-farbene Regenmäntel, „made in Westerbork". Auch die Damen dieser Herren sind auffallend gut gekleidet. Strümpfe, Schuhe? Kein Problem. Die Einkäufer auf ihren Dienstreisen treiben sie schon irgendwo auf.

Wir sind inzwischen wieder daran „gewöhnt", daß jeden Dienstag ein Transport abgeht, abwechselnd nach Belsen, Theresienstadt und Auschwitz. Die Leute, die nach Theresienstadt und Bergen-Belsen gehen, haben sich schon längere Zeit darauf vorbereitet, das bringt keine große Unruhe. Nach Auschwitz gehen momentan beinahe ausschließlich Transporte aus der abgesonderten Strafbaracke.

Vollkommen unerwartet ist jedoch ein großer Teil der Krankenhausbelegschaft auf Transport geschickt worden. Alle Kranken, die nicht zu den gesperrten Gruppen gehören, mußten mit. Auch alle lnfektionskranken. Nur die Sterbenden durften hierbleiben. Es waren extra Waggons angefordert, die mit Strohsäcken ausgestattet wurden. Ein Teil des Krankenhauspersonals, soweit sie nicht auf den gesperrten Listen standen, gingen mit. So sind am Dienstag den 8. Februar mehr als 1000 Männer, Frauen und Kinder nach Auschwitz verladen worden. Fritz, der das alles miterlebte und die Leute bis in den Zug begleitet hat, ist vollkommen zermürbt.

Trotz der Paketsperre wuchert der Schwarzhandel weiter. Es ist offensichtlich viel mehr Geld im Lager, als man vermutete. Gemmeker und seine Ratgeber haben sich etwas Neues ausgedacht. Ein Warenhaus, wo wir einkaufen können. Dazu wird an der Hauptstraße (auch Bahnsteig) gegenüber der Zentralküche eine neue Baracke gebaut. Alles wird man dort bekommen, was auch draußen frei zu kaufen ist. Aber es muß mit Lagergeld bezahlt werden. Das Lagergeld wird in Scheinen von 10, 25 und 50 Cent in Umlauf gebracht. Diese „Banknoten", ein Entwurf von Werner Löwenhardt, sehen hübsch aus. Auf der Vorderseite eine Silhouette des Lagers, um die sich ein Zahnrad dreht, Schwerpunkt Industrie. Auf der

Rückseite eine Ansicht des Lagers mit den Industriebaracken, Kesselhaus, Küche und der Hauptstraße mit den Bahngleisen. Das Lagergeld bekommt jeder, der echte Gulden bei einem eigens dafür eingerichteten Schalter eintauscht. Niemand fragt, woher man das Geld hat. In Kürze soll jeder für seine Arbeit bezahlt werden, selbstverständlich auch in Lagergeld, finanziert aus den durch die Deutschen beschlagnahmten jüdischen Vermögen.

Nur ein paar Wochen hat es gedauert. Jetzt ist die *Lawa* (Lagerwarenhaus) bereits in Betrieb. Eine Vielzahl an Artikeln kann man kaufen: Lippenstifte, Haarkämme, Rumponex (alkoholfreier Rumersatz), Gelatinepudding, Caramella, Kunsthonig, Schlagsahneersatz, kleine Glastiegel mit eingemachten Oliven (sehen herrlich aus, ich habe sie noch nie gegessen), die gleichen Glastiegel mit Senf. Aber auch Produkte der Industrie Westerborks: Holzspielzeug, Seife aus Löß, Zahn- und Haarbürsten, schießlich auch frische Blumen aus den Gewächshäusern von Fuchs im Garten des Kommandanten. Blumen in Westerbork, noch nie dagewesen. Jemand sagt bitter: „Jetzt kann man wenigstens jemandem, der auf Transport geht, Blumen zum Abschied mitgeben ..." Das Ganze ist organisiert und eingerichtet von dem Gründer einer holländischen Kette von Kleinwarenhäusern. Es schaut aus, als ob es echt wäre.

Übrigens soll es später auch noch eine Art Lagerkantine geben, aber davon erwartet niemand etwas, denn was können sie dort schon bieten: Ersatzkaffee, Tee, Limonade?

Es gibt jetzt zu den Essensrationen Schwer- und Schwerstarbeiterzuschläge nach Einstufung durch den Dienstleiter. Außerdem Sonderkost auf ärztlichen Befund. Ich gehöre zur Gruppe „Schwerarbeiter" und bekomme als Zusatz jeden Tag ein Stück Brot, Margarine und Beilage. Da der

*Lagergeld*

Bericht über meinen Magen von der Universitätsklinik Groningen noch immer hier im Krankenhaus liegt, bekomme ich mühelos ein Attest für Sonderkost. Die darf ich einmal in der Woche bei der Zentralküche in Empfang nehmen. Ich gehe gleich hin und komme in die Baracke zurück als stolzer Besitzer eines Apfels. Milch soll es nächste Woche geben. Wir fühlen uns richtig reich.

Nach der glücklicherweise glimpflich verlaufenen Kinderlähmungsepidemie ist nun Gelbsucht aufgetreten. Die Isolierstationen im Krankenhaus werden wieder betriebsfertig gemacht. Schnelles Handeln ist geboten, denn in den überfüllten Baracken kann von Hygiene keine Rede sein. Auch jetzt ist das Glück wieder mit uns, denn die hier herrschende Gelbsucht ist eine leichte, nicht bösartige Form. Die meisten Patienten sind nicht einmal bettlägerig, wohl aber gelb. In der nächsten Revue soll ein Zwiegespräch vorkommen über die jüdischen Chinesen in Westerbork.

Carrys Tiergarten hat sich erfolgreich vermehrt. Da der OStuF einverstanden war, wurden ihr drei Mädchen zugeteilt. Die produzieren jetzt die von Carry entworfenen Hunde, Elefanten, Löwen und natürlich auch Pinguine. Eine Katze wird im Augenblick gezeichnet. Meine Runde führt mich immer bei ihnen vorbei. Ich habe übrigens jetzt mehr Zeit, denn man hat mir einen weiteren „Lehrling" zugewiesen: Brom, 40 Jahre alt, aus der S-Baracke entlassen. Seine Sperre kenne ich nicht, aber jedenfalls hat er Beziehungen. Von Nähmaschinen hat er noch nie etwas gehört, aber er kann ausgezeichnet Witze erzählen. Seine Frauengeschichten sind womöglich noch besser. Außerdem kann er, zumindest mündlich, sehr gut kochen. Seine Rezepte sind himmlisch, und wenn er nicht Witze erzählt

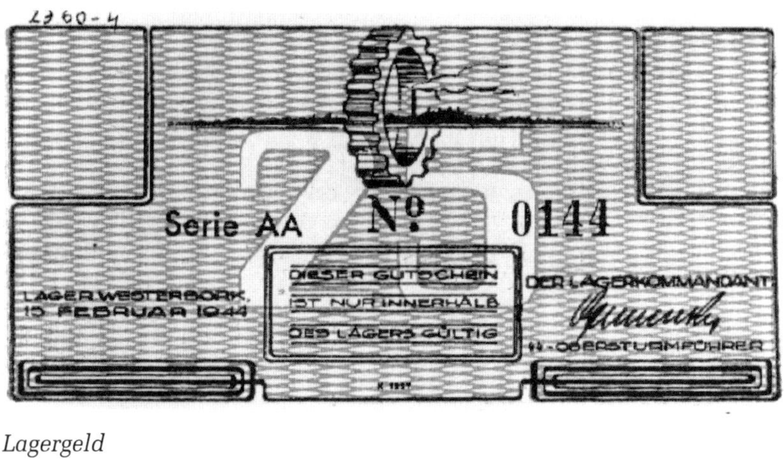


*Lagergeld*

oder von Frauen spricht, dann diskutieren wir zum Beispiel, ob und, wenn ja, wieviel Zucker in den Spinat gehört. Dann spürt man den Hunger, der doch eigentlich unser täglicher Gefährte ist, nicht mehr. Obzwar der Hunger jetzt lange nicht mehr so arg ist wie 1941.

So unerwartet, wie am 8. Februar plötzlich ein Großteil der Patienten und des Personals aus dem Krankenhaus auf Transport geschickt wurden, so plötzlich kam auch das Ende der Weinrebliste. Weinreb: die einen nennen ihn einen Magier, die anderen einen Betrüger. Fest steht, daß er mit seiner Liste vielen hunderten jüdischen Familien das Leben gerettet hätte, wenn der Krieg nur eher zu Ende gegangen wäre. Jetzt hat die Kommandatur auch bekanntgemacht, daß ein Teil der Mitarbeiter der „Gruppe Bühne" und ihre Angehörigen nicht hierbleiben dürfen, soweit sie nicht andere Stempel wie Barneveld usw. haben. Sie können aber nach Belsen und Theresienstadt. Es ist nun klar, daß Gemmeker den Lagerbestand einschränken muß, dabei aber darauf achtet, daß die geölte Maschinerie nicht ins Stocken gerät und die Industrie weiter funktionieren kann. Aber die Realisten sagen, daß für Deutschland noch immer der wöchentliche Zug, sei es nach Auschwitz, Belsen oder Theresienstadt, das wichtigste Produkt des „Industrielagers Westerbork" ist.

Wie um das zu bestätigen, ist heute, am 3. März, wieder ein Transport nach Auschwitz abgegangen. Das bedeutet, daß seit Anfang dieses Jahres doch circa 7000 Menschen weggeschickt wurden. Dennoch gehen wir voll guten Mutes zur Premiere der vierten Revue, „Bunter Abend", diesmal mit einem kleineren Orchester und „nur" 11 Artisten auf der Bühne. Aber man merkt gar nicht, daß es weniger sind. Genau wie die vorigen ist auch diese Revue ein großer Erfolg.

Dann gibt es natürlich auch den Sport, der einen wesentlichen Teil unseres Lebens füllt. Carry spielt in der Damenelf der Konfektion Handball. Ich bin der Coach. Ich selbst spiele auch Handball, aber mich reizt das Fußballspielen viel mehr. Feldmann organisiert alles, stellt auch die Mannschaften auf. Aus der geplanten Meisterschaft wird nichts, da die Dienstbereiche wegen Schichtarbeit und Personalwechsel keine eigenen Teams bilden können. Möglichkeiten, um zu trainieren, gibt es nicht, dafür ist das Arbeitspensum zu groß. Die Zuschauer sagen, daß, in Anbetracht der primitiven Verhältnisse, gar nicht schlecht gespielt wird. Mancher, wie der lange Tormann Fred, der Fahrer von Gemmeker, ist sogar ausgezeichnet.

Ich hatte heute ein langes Gespräch mit Carrys Vater. Er arbeitete im Nähsaal, wo eine Ablage für halbfertige Produkte gemacht werden muß. Ich habe ihm etwas über den Arbeitsvorgang bei der Produktion von Regenmänteln erklärt. Dann sprachen wir über den nächsten Transport, der nach Bergen-Belsen geht. Jettie und Julius werden auch mitfahren. Er zweifelt, ob es gut ist, daß Julius seinen AK aufgegeben hat. Aber er findet, daß er sich da nicht einmischen darf. Abgesehen davon, daß Jettie durch ihre Hochzeit jedenfalls den Barneveldstempel verloren hat.

Auch Fritz und Ruth Stein fahren mit diesem Transport nach Belsen. Es sind wieder Personenwagen, es gibt offensichtlich bei der Reichsbahn immer noch ältere Exemplare. Zu diesem Transport haben wir eine persönliche Beziehung und merken, wie es einem durch Mark und Bein geht: Carry, die ihre Schwester, mit der sie doch so viel zusammen erlebt hat, weggehen sieht; beide verlieren wir in der Familie Stein zwei sehr gute Freunde. Wir haben sie in der kurzen Zeit liebgewonnen. Selbst den Altersunterschied merken wir nicht mehr. Wir versprechen, daß wir uns um die Buben kümmern werden, wenn sie „auftauchen" sollten, was Gott verhüten möge. Sie sind alle drei bei verschiedenen Leuten untergebracht. Piet hat dafür gesorgt, die letzten Berichte waren ausgezeichnet. Wenn es unmöglich ist, sie hierzubehalten, dann sollten wir versuchen, sie nach Bergen-Belsen zu schicken. „Schreibt bald", hören wir jemanden beim Abschiednehmen sagen. Dann fällt uns plötzlich auf, daß, soweit wir wissen, noch von niemandem ein Lebenszeichen aus dem Austauschlager gekommen ist. Aber das kann auch an den vielen Zensurstellen liegen, die die Post heute passieren muß.

Ein Schreck jagt den anderen. Für den Auschwitz-Transport sind nicht genug Leute verfügbar. Sperren platzen wieder einmal, und die Lagerlisten werden ausgekämmt. Ein Opfer heißt Philip Feitsma, unser Flippie. Jeder hatte gedacht, daß er zur Stammliste gehört, er selbst auch. Warum das nicht der Fall ist, weiß niemand. Aber jetzt, wo er „aufgefallen" ist, ist ihm nicht mehr zu helfen. Es sieht aus, als ob er aussätzig wäre. Niemand aus den „besseren Kreisen" traut sich, etwas für ihn zu tun. Jeder hat Angst, daß man ihm den Schwarzen Peter, daß er den Fehler gemacht habe, zuschieben würde. Also wird sicherheitshalber der OStuF nicht einmal informiert. Flips Dienstleiter, der ohne weiteres beweisen kann, daß Flippie in der „Möbelreparaturwerkstatt" ein bewährter Facharbeiter ist, erreicht nichts. Darum geht Philip Feitsma auf Transport, obwohl sicher ist, daß Gemmeker ihn freigestellt hätte, wenn er informiert worden wäre.

Abends nach dem Transport sitzen wir wie geschlagene Hunde zusammen in der Baracke. Wir trauen uns kaum, auf das leere Bett links oben in der Ecke zu schauen. Heinz tritt mit einer neuen Freundin auf, lachend wie immer, mit einem Witz auf der Zunge und erschrickt von dem geladenen Stillschweigen. Dann sieht er das leere Bett. „Is wos mit dem Friesen?" fragt er in seinem Salon-Wienerisch und will es nicht glauben, als wir erzählen, warum Flip nach Auschwitz unterwegs ist. Das Mädchen schaut uns erschreckt an. Sie ist erst ein paar Tage hier, ganz alleine und hat schon viel Unangenehmes erlebt. Heinz hat ihr einen netten Abend versprochen, und jetzt kommt sie in eine Begräbnisstimmung, weil jemand nach Auschwitz unterwegs ist. „Ich muß doch auch nach Auschwitz", sagt sie zu Heinz. Der hört ihr gar nicht zu. Aber er stellt sie vor: sie heißt Tinie und kommt aus Nimwegen. „Seid nett zu ihr", sagt er und fängt mit einem anderen Mädchen zu flirten an. Carry hat Mitleid mit Tinie. „Setz dich zu mir", sagt sie, gibt ihr zu trinken und eine Hand voll Käsekrusten. Die schmecken ihr gut. „Was kann ich tun, um nicht nach Auschwitz zu gehen?" fragt Tinie. Bevor Carry antworten kann, sagt Mickey: „Heiraten."

## Westerbork, Frühjahr 1944

In der *Lawa* kann man jetzt Haferflocken kaufen. Sie sind grob und hart, wir versuchen, sie roh zu essen, aber auch nach längerem Kauen ist es unmöglich, sie zu schlucken. Wir versuchen alles: Rösten auf dem heißen Ofen, das gelingt nicht, weil sie wegspringen; in eine Pfanne mit etwas Margarine, geht auch nicht. Vielleicht kann man sie anfeuchten, pressen und dann auf den Ofen legen? Das scheint zu funktionieren. Bis man das Kekserl vom Ofen nimmt, fällt es dann auseinander und ist auch ungenießbar. Die einzige Lösung ist, in Wasser weichen lassen und am nächsten Morgen mit etwas Zuckerersatz als Frühstück essen. Das geht. Beim Appell ist es noch ein schwerer, kalter Brocken im Magen, aber es sättigt! Wir haben auch bereits den Gelatinepudding von der *Lawa* probiert. Abends mit heißem Wasser aufgießen, am nächsten Morgen ein eiskalter Wackelpudding im Magen, der überhaupt nicht sättigt.

Carry, die noch nicht von diesen Götterspeisen gekostet hatte, ist doch krank geworden. Eines der Mädchen aus ihrer Baracke erzählte es mir, als wir zum Appell gingen. Ich hatte keine Zeit viel zu fragen, aber soviel ich gehört habe, ist sie heute nacht im Waschlokal ohnmächtig geworden und liegt jetzt mit hohem Fieber im Bett. Bauchgrippe, eine in den großen Baracken herrschende Krankheit, unter den Umständen hier wohl das Unangenehmste, was es gibt. Nicht genug fürs Krankenhaus, also mit Diarrhö im Hochbett, die nächste Toilette in circa 200 Metern Entfernung, denn tagsüber darf das eine WC im Waschraum nicht benutzt werden. Ich mache mir Sorgen, ich möchte so gerne zu ihr. Ich kann natürlich weggehen, ich kann immer irgendwo/irgendwas zu tun haben. Aber nicht während der Arbeitszeit im Frauensaal einer Wohnbaracke am Bett meiner Geliebten. Das würde selbst mein liebenswürdiger Chef, der kleine Dienstleiter, nicht akzeptieren. Ob ich sie nicht ins Krankenhaus bringen lassen kann, mit unseren Beziehungen müßte das gelingen. Aber ich weiß, daß Carry solche Extravaganzen haßt, und ich werde das erst probieren, wenn sie es will. Abgesehen davon, daß seit dem großen Krankenhaustransport es vielleicht doch besser ist, dort nicht zu liegen.

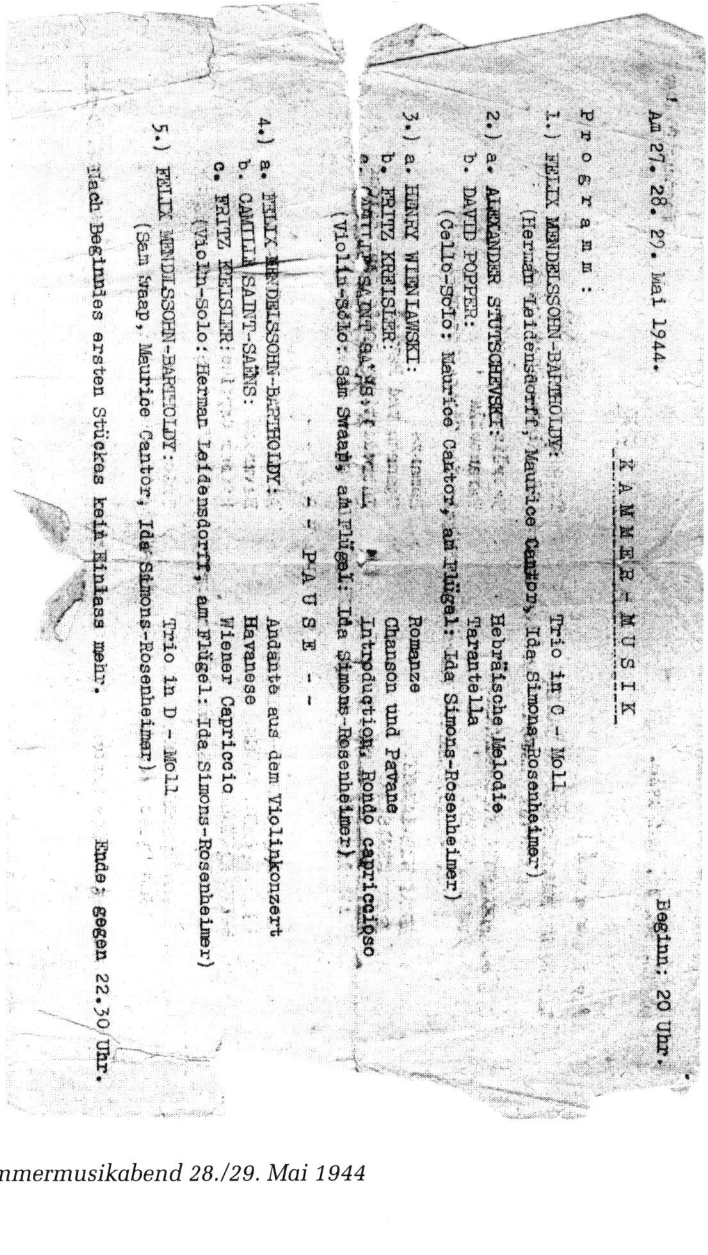

Am 27. 28. 29. Mai 1944. Beginn: 20 Uhr.

K A M M E R - M U S I K

P r o g r a m m :

1.) FELIX MENDELSSOHN-BARTHOLDY: Trio in C - Moll
(Herman Leidensdorff, Maurice Cantor, Ida Simons-Rosenheimer)

2.) a. ALEXANDER STUTSCHEWSKI: Hebräische Melodie
b. DAVID POPPER: Tarantella
(Cello-Solo: Maurice Cantor, am Flügel: Ida Simons-Rosenheimer)

3.) a. HENRY WIENIAWSKI: Romanze
b. FRITZ KREISLER: Chanson und Pavane
c. CAMILLE SAINT-SAËNS: Introduction, Rondo capriccioso
(Violin-Solo: Sam Swaap, am Flügel: Ida Simons-Rosenheimer)

- - P A U S E - -

4.) a. FELIX MENDELSSOHN-BARTHOLDY: Andante aus dem Violinkonzert
b. CAMILLE SAINT-SAËNS: Havanese
c. FRITZ KREISLER: Wiener Capriccio
(Violin-Solo: Herman Leidensdorff, am Flügel: Ida Simons-Rosenheimer)

5.) FELIX MENDELSSOHN-BARTHOLDY: Trio in D - Moll
(Sam Swaap, Maurice Cantor, Ida Simons-Rosenheimer)

Nach Beginn des ersten Stückes kein Einlass mehr. Ende: gegen 22.30 Uhr.

*Kammermusikabend 28./29. Mai 1944*

Aber ich habe noch Überstunden gut. Ich lasse mir also vom Pförtner bestätigen, daß ich eine Stunde freihabe. Alle öffentlichen Gebäude haben einen oder mehrere Pförtner. Der muß aufpassen, wer herein- und herausgeht, Nachrichten in Empfang nehmen oder für den Chef etwas in der *Lawa* holen. Kurz gesagt, ein guter Posten für ältere Herren. So wie das Kartoffelschälen in der Zentralküche für ältere Damen: warm, gemütlich, und ab und zu darf man etwas mitnehmen. Ich renne in unsere Baracke, niemand ist zu Hause. Ich habe den Ofen alleine: also röste ich eine Brotration, koche Wasser für einen Becher Tee und gehe zur 85er. Carry hatte mich nach dem Ende der Mittagspause gar nicht mehr erwartet und freut sich, als ich, balancierend mit Toast und Tee in einer Hand, im dritten Stock unter dem Gebinde erscheine. Ich habe nicht gedacht, daß eine Nacht einen Menschen so zeichnen kann. Carry sieht wirklich schlecht aus. Aber sie lacht, läßt sich küssen, ißt das geröstete Brot und trinkt den Tee. Natürlich will sie heute abend keinen Stamppot oder was es sonst geben mag. Ich werde die Ration gegen Brot tauschen und es geröstet mitbringen. Der Barackenarzt ist schon dagewesen und hat ihr Tabletten verschrieben. Die werden genau nach Vorschrift dreimal am Tag vom Erste-Hilfe-Posten gebracht. Meistens verwendet man hier Opial bei Diarrhö, weil das schnell stopft, und das ist unter diesen Umständen das wichtigste. Ich kann noch eine Viertelstunde bei Carry bleiben. Es ist gemütlich, aber auf einer eisernen Bettkante über einem Abgrund von etwa drei Metern zu schweben ist nicht viel länger auszuhalten.

Es geschieht immer etwas, um uns daran zu erinnern, wie labil unsere Situation ist. Auf dem Bauernhof hat ein holländischer Marechaussee einen Kollegen bei sexuellem Umgang mit einem jüdischen Mädchen erwischt. Der Marechaussee ist sofort eingesperrt worden und bekommt einen Prozeß wegen Rassenschande. Sie, in meinem Alter, auch aus Wien, auch seit 1940 hier, ist sofort in die Strafbaracke gebracht worden und muß mit dem nächsten Transport nach Auschwitz. Wir können nur hoffen, daß gegen ihre Eltern und ihre Geschwister, alle wie sie AK, keine Strafmaßnahmen getroffen werden.

Ich habe meine Mittagspause wieder verschoben und Carry Tee und Toast gebracht. Es geht ihr viel besser, wir sitzen jetzt nebeneinander an der Bettkante. Sie ist noch schwach. Als ich sie stubse, fällt sie gleich um. Aber merkwürdigerweise zieht sie mich dann mit. Ist das ein Symptom? Ich habe ihr von Edith erzählt. Sie könnte sie noch kennen von der Hachscharahgruppe. Edith ist AK und war freigestellt, als die anderen weggeschickt wurden. Seitdem arbeitet sie auf dem Bauernhof. Ich habe inzwischen noch gehört, daß der Marechaussee einer der wenigen Anständigen war, deswegen hat man ihm auch aufgelauert. Außerdem hatte er schon öfters Edith vorgeschlagen, mit ihm unterzutauchen, aber sie hat sich wegen der Repressalien nicht getraut, die sicher gekommen wären. Ein Versuch, Edith auf die Liste für den morgigen Belsen-Transport zu bringen, ist mißlungen. Also hat sie noch eine Gnadenfrist von mindestens einer Woche, bevor ihr Auschwitz-Transport geht. Aber es müßte schon ein Wunder geschehen, um sie zu retten. Obzwar die JPA meldet, daß Odessa gefallen ist und die Russen die ungarische Grenze erreicht haben, ereignet sich hier nichts.

In der *Lawa* habe ich ein kleines Gläschchen Oliven für Carry gekauft. Die gehörten früher zu den Leckereien des Freitagabends. Sie freut sich sehr, wie aber den Deckel öffnen? Wahrscheinlich muß man dazu ein Instrument haben, aber diese Erfindung ist an Westerbork vorbeigegangen. Schließlich gelingt es mir, weil an einem der Hahnenbalken eine Klammer heraussteht. Der Deckel paßt genau dahinter, sehr freundlich von dem holländischen Bauunternehmer, der die Baracken gebaut hat! Carry steckt eine in den Mund, die erste seit Jahren, und ist begeistert. Ich denke an die eingemachten Früchte von Großmama Quittner und nehme auch eine. Der salzige Geschmack hätte mich schon warnen müssen, aber ich merke es erst, als ich in die Frucht beiße und meine Zähne sofort auf dem Kern sind; dann bleibt nur ein salziger, fetter Geschmack anstelle der weichen Süße einer Pflaume oder Kirsche. Carry glaubt, daß ich sie zum Narren halte. Sie kann wirklich nicht verstehen, daß sie mir nicht schmecken. Ich verspreche ihr, daß ich mich daran gewöhnen werde. Jetzt darf sie aber ruhig alle selbst aufessen, sie sind ihr wirklich gegönnt. Ich begnüge mich mit dem Kern, an dem ich noch stundenlang lutsche. Carry hat das Glück, daß ihr Bett neben einer Deckenbeleuchtung steht. An einem Pendel hängt ein großer Lampenschirm aus Email. Wenn man, so wie Carry, in der Nähe liegt, kann man sogar lesen. Die unteren Betten haben kaum Licht und an den Tischen ist die Beleuchtung schon schlecht. So ein Oberbett hat auch noch den Vorteil, daß man alle möglichen Sachen an den Balken festmachen kann, wenn man ein paar Nägel organisiert. Man kann auf einem Oberbett auch richtig sitzen, so wie wir es jetzt auch tun. Man kann sogar stehen, wenn man sich anziehen will. Es ist schwer, sitzend einen Overall anzuziehen. Kurz: es ist ein Glück, ein Oberbett zu haben.

Carry geht's wieder besser. Sie ist unerwartet heute beim Abendessen erschienen. Der Doktor hat gesagt, daß sie morgen wieder arbeiten gehen kann, also darf sie heute abend wieder bei uns sein. Sie sieht schlecht aus, ein blasses Gesicht über einem dunklen Mantel. Aber mit dem weißen Rollkragenpullover, den sie drunterträgt, sieht sie patent aus.

Im ganzen Monat April ist nur ein Transport aus Westerbork abgefahren, Theresienstadt, Bergen-Belsen und Auschwitz kombiniert. Die ersten zwei Transporte wie immer in Personenwagen, nach Auschwitz in Güterwaggons, die nun auch schon sehr ramponiert aussehen. Da nur ein Zug abgegangen ist und auch immer weniger Menschen ankommen, ist der größte Teil der Fliegenden Kolonne der Industrie für interne Transporte zugeteilt worden. Sie bleiben natürlich für allgemeine Zwecke zur Verfügung und tragen weiterhin ihre beigen Overalls mit Armband FK, um erkennbar zu sein. Die Industrie entwickelt neue Projekte. Bei der Kabelzerlegung ist eine große Partie ölisolierter Kabel eingetroffen. Ich habe mir erzählen lassen, daß normalerweise derartige Kabel in Stücke geschnitten und in Brand gesteckt werden. Das Öl und die Isolation verbrennen, Kupfer- und Eisenschrott bleiben übrig. Hier ist es gelungen, die Kabel mit der Hand zu zerlegen, wobei das Öl zurückgewonnen wird, der Kupfer- und Eisenschrott wie neu aussieht und viel mehr wert ist. Ölpapier wird hier entfettet, das Papier ist wieder brauchbar, das Öl wird mit dem Kabelöl zusammen gereinigt und in der Industrie, im Kesselhaus und bei den beiden kleinen Lokomotiven als Schmieröl gebraucht.

Das fünfte Programm der Revue heißt wieder „Bunter Abend", ist aber funkelnagelneu. Neu sind auf der Bühne zwei holländische Burschen mit einer Gitarre. „Johnny und Jones" nennen sie sich. Sie haben im Amsterdamer jüdischen Milieu mit holländischen Texten auf populäre Schlager Furore gemacht, die sie mit einem quasi amerikanischen Akzent sehr flott auf die Bühne bringen. Hier müssen sie aber deutsche Texte ohne den amerikanischen Tonfall bringen, und das liegt ihnen nicht so recht. Im Kaffeehaus aber singen sie beinahe täglich holländische Lieder mit riesigem Erfolg. Eine ganz besondere Neuigkeit ist, daß wir nun in der *Lawa* auch Zigaretten auf Ration bekommen können. Wir essen Oliven, schmieren Senf aufs Brot und sparen die Glastöpfchen. Wir erbetteln die Gläser auch bei anderen, denn Carry bemalt sie. Für die Augen der Tiere hat sie weißen Lack, beim hölzernen Spielzeug schnorre ich etwas färbigen Lack, und Carry zaubert hübsche Blümchen aufs Glas. Gläser, um sie hier im Saal zum Trinken zu verwenden, danach, um jemandem etwas zu schenken, der einem eine Freude gemacht hat.

Zum Beispiel Floh, der, als er am Sonntagnachmittag Dienst hatte, uns beiden ungefragt und ganz spontan sein Zimmer zur Verfügung gestellt hat. Zu zweit einen ganzen Sonntagnachmittag ungestört. Noch dazu bei schlechtem Wetter. Das Wasser prasselt gegen die Fensterscheiben, das macht es drinnen noch schöner. Wir haben etwas zu essen mitgenommen, Bücher zum Lesen, eine Wonne, so zu zweit alleine!

In Zeitungen und auch im holländischen Radio kommen immer öfter Nachrichten über Angriffe von Tieffliegern auf Autobusse und vor allem auf Züge. Es sind amerikanische Jagdflugzeuge, die offensichtlich freie Hand haben, weil es mit der Luftverteidigung nicht mehr so klappt. Einer der Textileinkäufer hat auf seiner Rückreise ins Lager so etwas mitgemacht und erzählte uns das Folgende: kurz nachdem der Zug den Bahnhof Hoogeveen verlassen hatte, stürzte sich ein Amerikaner auf die Lokomotive. Die stand sofort still, jeder sprang aus dem Zug und warf sich in den Graben. Von dem Flugzeug war nur mehr ein Punkt zu sehen. Menschen wurden nicht verwundet, die Lokomotive blies ihren letzten Dampf aus. Man mußte also zu Fuß zum Bahnhof zurückgehen und konnte erst viel später weiterfahren. Wie das ging, haben wir nicht mehr gehört. Er sollte nicht so viel erzählen, hat man ihn wissen lassen. Wir diskutieren noch, ob es nicht gut wäre, das Anschlußgleis zum Lager zu bombardieren. Aber wir kommen zur Überzeugung, daß das uns nicht guttun würde. Die Industrie wäre schlechter zu erreichen, und die SS würde sich nicht genieren, die Transporte wieder von und nach Hooghalen gehen zu lassen.

Der Sketch, daß Chinesen in Westerbork sind, war ein Witz. Was jetzt aber hier aufgeführt wird, ist gar nicht zum Lachen. Hunderte Zigeuner sind im Lager, ihre Wagen stehen hinter den Industriebaracken. Es scheint, daß sie bei Razzien von allen Wohnwagenlagern in ganz Holland abgeholt worden sind. In diesen Lagern wurde bereits selektiert, „weiße" Wohnwagenbewohner durften bleiben, „dunkle" wurden mitgenommen. Hier in Westerbork geht die Untersuchung weiter. Die circa 500 Leute, wenige Männer, viele Frauen und noch mehr Kinder, hält man völlig von uns abgesondert. Essen wird dorthin gebracht, und regelmäßig bringt der OD Gruppen zur Registratur in den großen Saal. Danach wird endgültig festgelegt, wer Zigeuner ist. Die gehen mit dem dieswöchigen Transport nach Auschwitz. Seit Anfang April ist kein Transport mehr abgegangen, jetzt wird es auch wieder ein kombinierter Zug sein: Auschwitz und Bergen-Belsen. Heute, am 18. Mai, ist die Selektion beendet. Ungefähr die Hälfte der Leute muß sofort das Lager verlassen, sie dürfen in Holland bleiben. Der Rest, die echten Zigeuner, gehen auf Transport. Die Leute verstehen gar nicht, was man von ihnen will und warum sie hier sind. Wenn ihnen dann klargemacht wird, daß sie nach Polen müssen, glauben sie noch, daß sie ihre Wohnwagen mitnehmen dürfen. Bis zum letzten Augenblick dauert das Palaver, sodaß schließlich ein Großteil der Leute unvorbereitet und ohne Gepäck in die Güterwagen gejagt wird. Der Zug muß auf die Minute genau abfahren, die Nederlandse Spoorwegen dulden keine Verspätung.

Sobald der Zug weg ist, fängt die Fliegende Kolonne unter strenger Aufsicht der Herren von Lippmann, Rosenthal & Co an, den Inhalt der Zigeunerwagen zu inventarisieren. Die Inneneinrichtung der Wagen geht zur „Möbelreparatur", Wäsche und Kleidung erst zur Desinfektion und dann zur Wäscherei. Was unbrauchbar ist, geht sofort ins Kesselhaus und wird verbrannt. Alles, was noch zu verwenden ist, muß nach Deutschland verladen werden. Wie weit ist das Dritte Reich schon gesunken, daß Leute dort über diese alten Klamotten froh sein werden.

Bei einer Routinekontrolle ist bei Rolf Tuberkulose festgestellt worden. Er ist sofort ins Krankenhaus gegangen und regt sich weniger drüber auf als wir. Wenn es nur eine leichte Art ist, kann er in sechs bis acht Wochen wieder „zu Hause" sein. Wir alle, auch Carry, weil sie regelmäßig bei uns in der Baracke ist, müssen uns untersuchen lassen und bekommen einen Kratzer in den Arm. Rolf ist zufrieden. Die Pflegerinnen sind besonders lieb zu ihm, das haben wir nicht anders erwartet. Das Essen ist gut, und die nächsten Wochen kann er sich erstmals ausruhen. Bei schönem Wetter stehen die Betten draußen. Dann hat er genau dieselbe Aussicht wie wir, wenn wir hinter der Baracke sitzen. Wir können ihn dann auch besuchen, weil er nahe beim Gitterzaun des Krankenhausgeländes liegt. Ein Besuch der Infektionsbaracken ist nicht erlaubt. Dann muß eben Fritz unsere Kontaktperson sein.

Es ist jetzt schon ein paar Tage herrliches Wetter. In der Mittagspause sitzen Carry, ein paar Burschen und ich hinter der Baracke in der Sonne. Wir kauen zufrieden unser Brot. In der Ferne hören wir ein Flugzeug, dann sehen wir es auch, ganz weit weg, in der Längsrichtung unserer Baracke. Es kommt schnell näher, ganz niedrig. Wie letztens, als ein amerikanisches Flugzeug, wahrscheinlich angeschossen, hier in der Nähe verunglückt ist. Jetzt ist es anders. Es scheint, als ob der Pilot hier landen will. Er fliegt ganz niedrig (wir können die beiden Flieger sehen) an uns vorbei, in östlicher Richtung. „Ein Lockheed Lightning", ruft Werner, der ein Buch hat mit allen Flugzeugtypen. Dann sehen wir, daß das Flugzeug eine scharfe Kurve macht (jetzt kann man den Doppelschwanz deutlich erkennen) und wieder zurückkommt. Als wir winken wollen, fangen die Tragflächen an, Feuer zu speien. Wir hören die Salven in das Holz der Baracke 85 einschlagen. Glas zersplittert.

Die Lockheed zieht steil hinauf. Wir fürchten einen neuen Angriff und rennen in den Schlafsaal, werfen uns unter die Betten. Das Flugzeug ist weg, wir bleiben noch liegen. Jemand teilt Zigaretten aus, Carry und ich rauchen zusammen eine. Dann gehen wir hinaus. Meine Knie zittern, Carry ist viel ruhiger als ich. Wir rennen hinüber zur 85er, aber der OD hat alles schon abgeriegelt. Auch Carry darf nicht hin, hört aber von einem Sanitäter, daß in der Baracke zwei Verwundete sind, jemand, den sie gut kennt. Einer davon ist schwer verletzt. Ein Toter, getroffen auf der Straße, zwischen Baracke 83 und der Schule. Dann sehen wir noch eine Tragbahre, sie kommt von der OD-Baracke. Darauf liegt Hans Blume, der früher bei uns im Saal gewohnt hat. Man hat ihn gerade erst gefunden. Er hatte Wacht beim OD und saß an einem Schreibtisch. Die Kugel hat sein Knie zerschmettert. Er ist bewußtlos und hat viel Blut verloren. Es ist unerklärlich, wie die Kugel sich dorthin verirrt hat. Carrys Eltern und Ronnie waren wie immer bei Fuchs zum Mittagessen, also nicht in Gefahr.

Der Schrecken, das Unvorstellbare, daß Amerikaner, mit denen wir selbst Augenkontakt hatten, einfach auf Gefangene in einem Lager mit Stacheldraht und Wachtürmen geschossen haben, läßt uns nicht los. Der materielle Schaden ist nicht groß, das Glas in den Fensterscheiben wird erneuert, die Löcher in den Holzwänden werden zugestopft. Die Patienten sind außer Lebensgefahr. Aber für das Bein von Hans Blume kam die Rettung zu spät. Es ist Wundbrand aufgetreten, und das Bein mußte amputiert werden. Schrecklich, so ein junger, sportlicher Kerl ist plötzlich Invalide. Was die Piloten wohl gedacht haben, als sie schossen? Weder Kommandantur noch die SS- und Marechausseeunterkünfte haben auch nur eine Kugel abbekommen. Der 30. Mai 1944 ist ein schwarzer Tag für uns. Der einzige Tote ist ein Ungar, der zusammen mit seiner holländischen Frau schon lange im Lager ist. Ihn kannte ich nicht, sie nur vom Sehen. Ich hoffe für die Witwe, daß sie eine anständige Sperre hat. Denn wenn sie von der Sperre ihres Mannes abhängig ist, dann sehe ich schwarz für sie. In Todesfällen muß die Witwe oder der Witwer mit dem ersten Transport nach Auschwitz. Begräbnisse finden hier übrigens genau nach dem jüdischen Ritus statt. Früher wurden die Toten auf dem jüdischen Friedhof in Assen begraben. Seit mehr als einem Jahr ist das nicht mehr erlaubt. Jetzt endet der jüdische Ritus bei der Lagergrenze. Der Tote wird ins Krematorium, das am Weg zum Bauernhof in der Nähe der Lagergrenze liegt, gebracht.

Carrys Vater hat in seiner Matratze eine Kugel gefunden, nachdem er das Loch in der Barackenwand entdeckt hatte. Ein Glück, daß er nicht gerade ein Mittagsschläfchen gehalten hat. Hans Blume bekommt eine Prothese und wird unter der Leitung von Feldmann seine körperliche Rehabilitierung üben. Den anderen Verletzten geht es besser.

Da die Gefahr von derartigen Angriffen nun jedem klar ist, hat Gemmeker befohlen, daß in Zukunft regelmäßig Übungen von der NB gemeinsam mit OD/Feuerwehr stattfinden müssen. Das ist an sich nichts Neues, aber die Übungen haben schon monatelang nicht mehr stattgefunden, weil immer mehr Leute „wegen Dienst unabkömmlich" waren. Das wird heute auch nicht anders sein, die Industrie geht vor.

Anfang Juni ist wieder ein Transport abgegangen. 500 Menschen nach Auschwitz, die meisten, wie während der letzten Monate immer, verratene oder gefundene Untergetauchte. Diesmal auch eine unbekannte Anzahl an Lagerinsassen als Repressalie für eine, übrigens mißlungene, Flucht aus Westerbork. So leicht es ist, mit irgendeinem Passierschein, bei einer Arbeit im Außendienst, in den Quartieren der Bewachungsmannschaften oder bei den Zivilangestellten aus dem Lager zu flüchten, so schwer ist es, hier in der Nähe ein erstes Unterkommen zu finden. Die Bevölkerung ist entweder eingeschüchtert oder nicht bereit, für einen Juden irgendein Risiko einzugehen.

Das ganze Lager steht Kopf. Die Invasion! Die Alliierten sind in Frankreich gelandet. Wir wissen auch wo: in der Normandie. Sogar die deutschen Nachrichten geben es zu, und Gemmeker hat auf der Kommandantur davon gesprochen. Gemäß JPA hat er auch gesagt, daß der Transport, der vorige Woche nach Auschwitz abgegangen ist, wohl der letzte sein wird. Der OStuF sieht plötzlich viel älter aus, oder bilden wir uns das nur ein?

Abends sehen wir über Assen ein unheimliches Gewitter. Es ist wie ein von Riesen angerichtetes Feuerwerk. In allen Farben, es sieht grandios aus. Weil es sehr lange dauert, beginnen wir uns einzureden, daß die Amerikaner auch hier im Norden an der Küste gelandet sind, um nach Bremen durchzustoßen. Je länger es dauert, desto genauer wissen wir, daß das der Anfang unserer Befreiung ist. Bis das Wetter schließlich beinahe unbemerkt immer näher kommt und ein zum Gewitter gehörender Regenschwall uns mit einer kalten Dusche aufweckt.

Tatsache ist aber, daß vorläufig keine Züge mehr abfahren werden. Aber die Nachrichten von der „Westfront" sind gar nicht so günstig. Die holländischen Nachrichtensendungen von Radio Oranje aus London sprechen davon, daß die Brückenköpfe vergrößert werden und immer mehr Truppen und Nachschub an Land gehen. Aber Strategen rechnen offensichtlich mit Monaten, indessen wir die Tage abzählen.

Es hilft nichts, das gewöhnliche Leben im Lager geht weiter und, um ehrlich zu sein, es ist gar nicht so schlecht. Da es länger hell ist, ist die Arbeitszeit bis halb sieben Uhr verlängert, aber auch die Sperrstunde ist entsprechend später. Bei schönem Wetter gibt's jetzt auch am Abend Sport, während der Sonntag ausschließlich dem Fußball geweiht ist. Es gibt auch immer mehr Kurse. Dadurch, daß aus Barneveld so viele Wissenschaftler nach Westerbork gekommen sind, kann man wirklich aus jedem Fachgebiet Vorlesungen hören. Fritz beschäftigt sich mit höherer Mathematik. Ich lerne Nederlands. Mein Lektor heißt Carry. Wir geben uns beide schrecklich viel Mühe, und es ist gar nicht so leicht, Arbeit und Vergnügen voneinander zu trennen. Ich bin, was ich immer schon war, ein schlechter Schüler. Sie ist die strengste Lehrerin, die ich je hatte. Dazu kommt noch, daß ich eigentlich wahnsinnig stolz darauf bin, unter den „Alten Kampinsassen" einer der wenigen zu sein, der anständig holländisch spricht. Carry versucht, mir mit Nachdruck klarzumachen, daß mein Holländisch nichts anderes ist als eine schlechte Mischung von Amsterdamer und Brabanter Jargon, komplettiert mit Drenter Flüchen, die ich von Snater, de Rade und Huisman übernommen habe. Ich will nicht nachgeben, sie auch nicht, das macht die Sache spannend. Aber nach jedem Kampf gibt es die Versöhnung, und dadurch ist das Leben wieder lebenswert. In der Revue singt man:

*„Ich kan schon Hollands spreken. / Du süße kleine Frau,*
*Het eerste wat ich lernte war: / Ik hou van jou."*

Aber die Revue darf ihr sechstes Programm „Gruppe Bühne, Total Verrückt" nicht aufführen. Nach der Invasion findet Gemmeker es nicht mehr passend. Wir haben zufällig die Generalprobe noch gesehen. Nach der Pause gab es eine Oper von Willy Rosen: „Ludmilla, oder Leichen am laufenden Band". Die war wirklich grandios.

Jetzt müßte man ein Radio besitzen. Jeden Tag erzählt die JPA etwas Neues. Die Amerikaner haben Rom besetzt, Cherbourg ist gefallen, die Russen dringen am Balkan vor. Was ist wahr, und was nicht? Hier im Lager ist der schwere Außendienst für Straffälle abgeschafft. Sie werden jetzt zur Arbeit in der Industrie eingesetzt. Nur Torf wird noch gestochen, weil das Lager den dringend als Brennstoff braucht.

Die Strafbaracke ist immer voll, weil die Jagd auf Untergetauchte ununterbrochen weitergeht. Außerdem haben die deutschen Behörden jetzt angekündigt, daß in Zukunft die Prämie von Fl. 7,50 pro Kopf nicht nur pro Untergetauchtem, sondern auch für Personen gilt, die wegen „Hilfestellung beim Untertauchen" arretiert werden. Ein weiterer Ansporn für die Denunzianten unter den Holländern.

Gemmeker hat die Erlaubnis erteilt, daß Lagerinsassen am Sonntag gruppenweise Wanderungen in der nahen Umgebung machen dürfen. Diese Ausflüge werden von den Dienstbereichen organisiert. S-Häftlinge sind ausdrücklich ausgeschlossen. Die Dienstleiter müssen sich vergewissern, daß keine Fluchtgefahr besteht oder daß eine Geisel im Lager zurückbleibt. Vorläufig gehen die Wanderungen hinaus zum Bauernhof, wo man sich dann ein bißchen in der frischen Luft aufhalten kann. Unsere Gruppe, wir sind beide beim Dienstbereich Konfektion, ist erst nächste Woche an der Reihe. Deswegen sitzen wir jetzt herrlich in der Sonne hinter unserer Baracke. Ganz in der Ferne liegt der Bauernhof „Schattenberg" am Waldrand. Ich bin vor drei Jahren zum letzten Mal dort gewesen. Carry noch nie. Sie haben damals immer bei anderen Bauern gearbeitet. Als Vorbereitung für den Ausflug üben wir Begriffe, die damit zu tun haben, für den Fall, daß wir Einheimischen begegnen, was übrigens streng verboten ist. Warum ist ein Bauernhof auf deutsch männlich, auf holländisch (boerderij) weiblich? Ein Bauernhaus (boerenhuis) in beiden Sprachen aber sächlich? Besonders interessant ist es, wenn man Flora und Fauna auch dazunimmt. Dadurch wird mein Wortschatz größer, sehr wichtig, denn ich habe auf holländisch nur selten mit Tieren und Pflanzen konversiert.

Dann gehen wir hinüber zu Rolf, der auf der anderen Seite des Zaunes in seinem Krankenhausbett liegt. Er ist braungebrannt und sieht gut ernährt aus. Nicht nur er ist zufrieden, auch die Ärzte sind es. Man erwartet, daß er in vierzehn Tagen wieder zu uns nach Hause darf. Niemand von uns hat auf den TBC-Test reagiert, niemand im Lager hat auch TBC bekommen. Die Frage bleibt, wer Rolf angesteckt hat.

Die Woche ist vorbei. Mit einem Gefühl, als ob wir Entdeckungsreisende sind, gehen wir am Schlagbaum vorbei. Herrliches Wetter. Wir sind dünn angezogen und früh dran, weil wir nicht zwischen der Meute gehen wollen. Als erste können wir alles gut sehen und brauchen nicht den Staub von anderen zu schlucken. Ich bin hier der Reiseführer und erkläre

*Revueprogrammheft*

## I. Teil.

**1. Bild.**

Die Vorbereitungen.
Das E n s e m b l e .

**2. Bild.**

J e t t y  C a n t o r  ist verrückt geworden - sie ist unter die Lawa - Verkäuferinnen gegangen.

**3. Bild.**

Wir kommen jetzt  e r n s t - sowas Verrücktes!
D i e  L i e b e  d e r  G r ä f i n .
Trauerspiel in einem Akt.

Die Gräfin: Mara Rosen
Der Liebhaber: Otto Aurich
Der Graf: ? ? ?
Conference: Max Ehrlich, Franz Engel

**4. Bild.**

Wir sind vollkommen blödsinnig - wir spielen nicht mehr im grossen Saal - wir spielen ---
In dem kleinen Café von der Kantine.
E s t h e r  P h i l i p s e  und das Ensemble.

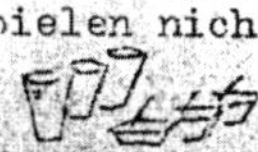

**5. Bild.**

W a h n s i n n i g e  Z a h n s c h m e r z e n
und was einem noch alles dabei passieren kann!

Die Zahnärztin: Jetty Cantor
1. Patient: Max Ehrlich
2. Patient: Franz Engel
3. Patientin: Mara Rosen

**6. Bild.**

Der Gaurisankar des Grössenwahns.
L i s l  F r a n k  und  O t t o  A u r i c h
versteigen sich ganz hoch!! Bei dieser Darbietung werden endlich auch einmal die hinteren Platzinhaber auf ihre Kosten kommen.

**7. Bild.**

10 Minuten Erfinderirrsinn! Nichts für Nervenschwache!!
D i e  G u i l l o t i n e

Binder, Patentanwalt: Max Ehrlich
Pipinelli, Erfinder: Otto Aurich
Noch ein Erfinder: Franz Engel
Das Mädchen: Mara Rosen

*Revueprogrammheft*

8. Bild.

Der Wahnsinn der schlanken Linie:
L i s l F r a n k gibt den Damen
Gymnastischen Unterricht.

9. Bild.

Sie werden Zeuge, wie der Irrsinn ausbricht!
"Herr Kritzler" oder "Der Regenschirm"!

| | |
|---|---|
| Lebowitsch: | Franz Engel |
| Kritzler: | Otto Aurich |
| Ein Gast: | Max Ehrlich |
| Kellnerin: | Mara Rosen |

10. Bild.

Da werden Weiber zu Hyänen!
Klatsch . . . ! ! !
Jetty Cantor-Lisl Frank-Esther Philipse-Mara Rosen

11. Bild.

Der Wahnsinn des Mediumismus.
H e l l s e h e n .

| | |
|---|---|
| Das Medium: | Franz Engel |
| Der Assistent: | Max Ehrlich |

Vorsicht! Wir wissen genau, was Sie sich denken!

12. Bild.

a) Die Musiker sind auch grössenwahnsinnig geworden, - sie wollen nicht mehr im "Bak" spielen!
b) Eine Tanzreise durch die Welt.
Das E n s e m b l e .
c) Ein neuer Westerborker Marsch.
E s t h e r P h i l i p s e und das Ensemble.

P A U S E

In der Pause bitten wir S i e wenigstens vernünftig zu sein.

D a r u m : Rauchen Sie bitte nicht im Zuschauerraum!
Besuchen Sie uns bitte nicht hinter der
Bühne [illegible] haben genug zu tun!

*Revueprogrammheft*

II. Teil

13.Bild.

Ach, sind wir meschugge - jetzt spielen wir Ihnen eine O p e r vor!

L u d m i l l a
oder
Leichen am laufenden Band.

Die Titelrolle des Ritterfräuleins Ludmilla wird von der allseits beliebten Primadonna L i s l F r a n k performiert,
ihren leiblichen Vater, den alten Grafen, spielt unser Heldenvater O t t o A u r i c h..
Die Rollen der Bewerber der schönen Ludmilla liegen in den bewährten Händen unseres unwiderstehlichen Komikerpaares M a x E h r l i c h und F r a n z E n g e l .
Unsere Naive - h a [illegible] R o s e n [illegible] sich der Rolle des Pagen angenommen, während der Chor und das Ballet sich in Gestalt von unserer munteren Liebhaberin E s t h e r P h i l i p s e und unserer Sentimentalen J e t t y C a n t o r in Ihre p.p. Herzen singen und tanzen werden.
Das hier zum ersten Mal aufgeführte Werk wurde verfasst von unserem Hausdichter W i l l y R o s e n, Maestro E r i c h Z i e g l e r schrieb die Musik.

Als besondere Einlage komponierte Willy Rosen noch einen Happy-End-Schluss dazu.
Unser Balletmeister Otto Aurich studierte die Tänze ein. Für die Dekorationen haben wir Kosten und Mühen gescheut und den bekannten Bühnenausstatter Professor L e o K o k gewonnen, der auch die teuren stiehl-echten Kostüme erdachte.
Das Material dazu wird die Industrie bei der nächsten Inventur vermissen ...

Allen verehrten Gönnern, Dienst- und Gruppenleitern ergebensten Dank für die geneigte Mitarbeit!

*Revueprogrammheft*

Carry (aber bitte auf holländisch), was es zu sehen gibt. Zuerst die alte Kampgrenze. Der Pfahl steht noch, das Schild ist weg. Der Moorsee, dahinter unser Hügel, er spiegelt sich im Wasser. Mit dem blauen Himmel sieht es richtig nett aus. Daneben die Weide, wo wir zu Schols Zeiten Fußball gespielt haben. Drüben, auf der anderen Seite der Sandstraße, liegt, zwischen den Äckern eingezwängt, ein kleines Wäldchen. „Das ist ein Bauernwald", sage ich ganz leger, „die Bauern verwenden das Holz für Werkzeugstiele und Zäune". Wieso ich das weiß, als Stadsjunker, will sie wissen. Das habe ich von Herrn Snater gelernt, sage ich ganz stolz und will einen Kuß haben, weil ich so gescheit bin. „Die Kassa ist geschlossen", sagt Carry, „und geht erst bei der Endstation auf!" Sie ist ganz stur in diesen Sachen. Der Bauernhof kommt in Sicht. Wir sehen Kühe auf der Weide, Schweine und natürlich einen Hahn und Hennen. Der Bauer hat für jeden ein Glas Buttermilch bereitgestellt. Die Bäuerin wird mit denjenigen, die es wollen, einen Rundgang durch den Bauernhof machen. Wer nicht will, braucht nicht, viele setzen sich einfach ins Gras. Man darf sich auch in den Wald verziehen, aber nur an der linken Seite der Straße, rechts ist ein Privatgrundstück. Der gleiche Wald, aber an einem Baum ein verrostetes, blaues Schild „Zutritt verboten, Strafges...". Also nicht. Wir bleiben an der linken Seite und folgen einem schmalen Fußweg, parallel zur Straße. Der biegt aber plötzlich scharf nach rechts, quert die Straße und geht ohne Verbotsschild weiter.

Wir sehen den Bauernhof vor uns liegen, gehen aber weiter in den Wald hinein. Der Weg endet abrupt, wie in einem Märchen liegt ein kleines Holzhäuschen vor uns. Schon lange muß niemand hier gewesen sein. Spinnen haben Netze vor dem Fenster gewebt, die Türklinke ist verrostet. Brombeersträucher haben alles eingefangen. Am Dachrand hängt ein Schwarm wilder Bienen. Ein Vogelkirschbaum und andere Pflanzen bilden eine bunte Mauer. Dazwischen grünes, weiches Gras. Während ich mich noch etwas ängstlich umschaue, liegt Carry schon im Gras und winkt mir. Sie flüstert in mein Ohr: „Endstation. Die Kassa ist geöffnet." Als wir schließlich still nebeneinander auf dem Rücken liegen und in den Himmel schauen, scheint es, als ob wir zusammen in einem Zelt liegen. Die blaue Luft ist das Dach und in der Projektion scheint es, als ob Bäume und Sträucher in den Himmel wachsen. Weil es das nicht gibt, stehen wir auf, und schauen uns um. Es ist wirklich ein verzaubertes Fleckerl Erde, so nahe bei dem Elend, das Westerbork heißt. Wir wünschen uns beide, noch einmal hierher zurückzukommen. Carry hat mich im Verdacht, daß ich schon einmal hier gewesen bin. „Sicher mit einer von den Kleinen von der Jugendgruppe", sagt sie quasi-eifersüchtig. Als ich das bestreite, fragt sie, wieso ich die Stelle so gut finden konnte. „Weil ich genau weiß, an welchen Stellen es angenehm ist", sage ich, und sie zwickt mich wieder in den Arm. Verliebt wandern wir zum Lager zurück.

*Carry, gezeichnet von Leo Kok, Westerbork 1944*

*Fred, gezeichnet von Leo Kok, Westerbork 1944*

## Westerbork, Sommer 1944

Der erste Sommermonat ist ruhig vergangen. Zu ruhig eigentlich, denn wir hatten doch erwartet, daß nach der Invasion die Sachen schneller gehen würden. Aber das ist nicht der Fall, obzwar die JPA (die immer besser informiert zu sein scheint) jetzt meldet, daß die Amerikaner die deutschen Linien in Frankreich durchbrochen haben. Beinahe zwei Monate ist auch kein Transport abgegangen. Aber heute, am 30. Juli, gehen 400 Menschen nach Theresienstadt und nach Bergen-Belsen. Hauptsächlich natürlich Leute aus der Strafbaracke, die entsprechende Papiere haben, obwohl man jetzt auch nach Theresienstadt darf auf Grund von finanziellen oder ökonomischen Leistungen. Vier Tage nach Abgang dieses Transportes erscheint Lagerbefehl 86, in dem alle kulturellen Aktivitäten wie Gruppe Bühne und Kapelle aufgehoben werden. Dieser gesamte Dienstzweig übersiedelt zur Industrie.

Im ganzen sind jetzt nur noch 3500 Menschen im Lager. Abgesehen von AK/Stammliste, Barneveld und den Getauften sind noch circa 1000 Menschen durch die Arbeit bei der Industrie freigestellt. Immer dieselbe Diskussion, die das Leben beherrscht: sind wir kriegswichtig oder nicht. Wenn ja, warum bleiben dann die Barnevelder und die Protestanten auch hier? Die liefern nur wenige Arbeiter für die Industrie. Wenn nicht, dann gibt es nur den Grund, daß sie uns noch nicht wegschicken wollen. Das stimmt: Erwin kommt nach Hause mit der Mitteilung, daß im Monat August kein Transport gehen wird.

Rolf wurde heute aus dem Krankenhaus entlassen. Er ist ein fester Kerl geworden. Man hat ihn richtig aufgepäppelt, und er darf wieder zu arbeiten anfangen, aber nur halbe Tage. Vorzugsweise in der frischen Luft. Leo Kok, Zeichner, Maler und Karikaturist, hat sowohl von Carry als auch von mir eine schöne Porträtzeichnung gemacht. Die habe ich im Fotoatelier von Breslauer, der damit beschäftigt ist, einen Westerborkfilm zu machen, fotografieren lassen. Die Fotos haben wir ausgetauscht, sodaß Carry nun ein Foto von mir hat und ich eines von ihr.

„Het gaat goed (es geht gut)", sagen die Holländer. Die Amerikaner und Franzosen haben die Deutschen bei Falaise entscheidend geschlagen und sollen bereits in Paris sein.

Der August war ein schöner Monat. Kein Transport, schönes Wetter, gute Nachrichten, die Wanderung, die doch auch etwas Besonderes war, und vor allem, daß Rolf wieder ganz gesund bei uns ist. Die Amerikaner sind in Südfrankreich gelandet und haben die Schweizer Grenze schon erreicht, die deutschen Truppen in Paris haben kapituliert. Jetzt kann es doch nur noch besser werden!

Am 1. September 1944 wird jeder, der seine Arbeitsstelle verlassen kann, und natürlich jeder, der frei ist, aufgerufen, sofort im großen Saal zu erscheinen. Gemmeker kommt, besteigt die Bühne und sagt, daß es ihm sehr leid tue, mitteilen zu müssen, daß das Lager Westerbork geräumt wird. Er gibt die folgenden Einzelheiten bekannt: Sonntag den 3. September 1000 Personen nach Auschwitz, Montag den 4. September 2000, und zwar Barneveld, Protestanten, AK/Stammliste und Gruppe Bühne, nach Theresienstadt. Danach wird noch ein Transport nach Bergen-Belsen abgefertigt. 300 Personen bleiben hier, um das Lager in Betrieb zu halten. Alle, deren Gruppen nicht genannt sind, fahren am 2. September 1944 nach Auschwitz. Er wartet einen Augenblick. Es ist, als ob der Blitz eingeschlagen hätte. Dann sagt er, daß er versteht, daß es organisatorisch schwer sein wird, weil die Transporthelfer nun sich selbst in den Zug helfen sollen. Auch muß er zu seinem Leidwesen mitteilen, daß für den Theresienstadt-Transport keine Personenwagen mehr verfügbar sind.

Wieder draußen im Sonnenschein glauben wir erst, daß es nur ein böser Traum war. Aber es ist die Wahrheit, und wir haben nur mehr wenig Zeit, um alles zu regeln.

Carry geht zu ihren Eltern, ich in die Werkstatt, um meine persönlichen Habseligkeiten zu holen. Und ich will auch etwas Werkzeug mitnehmen. Man kann nie wissen. Ich bin der einzige, der wieder zur Arbeit geht. Am Rückweg, als ich wieder bei der „V"-Baracke vorbeikomme, habe ich eine Idee. Das Büro ist offen. Zwi, ein AK, ist drin. Er weiß schon, daß er bleiben darf, jemand muß doch auf die Vorräte aufpassen. Ich verlange für Fritz und mich je einen Rucksack und eine Deckenrolle. Ich weiß, daß sie im Vorrat sind, denn sie werden in der Taschenabteilung gemacht. Ich erkläre Zwi, daß unsere Koffer nach vier Jahren nicht mehr transportfähig sind. Kein Problem, ich bekomme, was ich will, und auch noch einen Brotsack für jeden. Dann gehe ich in die Malerei (mit dem Chef spiele ich in derselben Fußballmannschaft), auch er bleibt hier. Natürlich wird er die Namen auf die Rucksäcke spritzen lassen, Brotsack und Deckenrolle kann man mit der Hand machen. Eine blendende Idee, daß ich so früh gekommen bin, wenn nachher die 800 AKer alle zugleich kommen, weiß er nicht, wie das gehen soll.

Fritz hat keinen Dienst. Er war gerade im Krankenhaus und hat gehört, daß er nicht zu bleiben „braucht". Ob ich schon etwas gehört habe, fragt er. Ich sage, daß unsere alte Verabredung „samen uit samen thuis" (zusammen weggehen, zusammen nach Hause kommen) noch immer gilt und ich jedenfalls mitfahre. Außerdem habe ich bei der V und dem Maler gemerkt, daß die, die bleiben dürfen, es schon lange wissen. Ich werde versuchen, für uns alle einen Waggon zu organisieren.

Dann gehe ich zu Carry. Die Barneveld-Baracke geht . Jeder hat sich bis jetzt blind darauf verlassen, daß man es doch schwarz auf weiß vom Secr. Gen. K. J. F. Fredriks – der höchsten holländischen Regierungsinstanz – hat, daß man weder in einem Arbeitslager noch im Ausland zur Arbeit eingesetzt werden wird. Es ist also völlig unrechtmäßig, was hier geschieht. Die armen Leute! Der Barneveld-Stempel und die Tatsache, daß sie bis jetzt als geschlossene Gruppe behandelt wurden, hat sie vergessen lassen, daß den SD die Unterschrift eines General-Sekretariats überhaupt nicht interessiert. Daß die Barnevelder hauptsächlich alte Leute sind, macht sie unbeweglich, aber die AK, die schon beinahe fünf Jahre hier sind, fallen auch aus einem warmen Nest.

Bevor ich Carry in dem großen Schlafsaal finden kann, haben mich schon eine Menge Leute gefragt, was ich davon halte, was ich weiß und was ich denke. Endlich finde ich sie, in einer etwas stilleren Ecke, ihre Mutter ist auch da. Fuchs und Leneke dürfen bleiben, also dachten sie, daß ich auch freigestellt sein würde. Carry schaut mich an. Sie hat immer gesagt, daß man einen derartigen Beschluß nicht selbständig ändern soll, also müßte ich bleiben. Ich lese die Frage in ihren Augen, die Antwort ist einfach: ich darf nicht bleiben. Übrigens wäre ich auch nicht geblieben, weil Fritz nicht bleiben darf, und wir schon vor langer Zeit „samen uit samen thuis" verabredet haben. „Deswegen bin ich froh, zusammen mit dir nach Theresienstadt zu fahren", sage ich und renne weg. Ich habe versprochen, einen Waggon zu organisieren. Ich hoffe, die Familie van Leeven will mit uns mitfahren! Das geht einfacher als erwartet. Unsere Gruppe und einige „Auserwählte" sowie Familie van Leeven und Fritz bekommen einen eigenen Waggon.

Der letzte Transport nach Auschwitz ist abgefahren. Das Statistische Büro hat ausgerechnet, daß jetzt 99.500 Menschen von hier deportiert wurden. Einer in unserem Zug wird dann der 100.000ste sein, aber niemand wird ihm gratulieren. Als die Dampfpfeife routinemäßig ankündigt, daß der Transport weg und das Lager wieder frei ist, begreife ich, daß wir heute nicht mehr zum Alltag zurückkehren können, denn in wenigen Stunden kommt wieder ein Zug, aber diesmal einer, der uns holen wird. Ich habe meinen Arbeitsplatz saubergemacht und Spezialwerkzeug, das ich mitnehmen will, in eine Rolle gepackt. Der kleine Dienstleiter kommt zu mir. Er sagt, daß es ihm leid tut, daß ich nicht bleiben kann, aber ich müßte doch verstehen ... Ich falle ihm ins Wort und sage, daß ich doch nicht geblieben wäre und danke ihm für die lange und angenehme Zusammenarbeit. Von allen Dienstleitern ist er sicher nicht der schlechteste. Dann gehe ich zur Malerei. Die Rucksäcke sind fertig. Auf meinem steht: „Schwarz Manfred / 31. 10. 23 / Holland".

Das Industrieviertel ist verlassen. Die meisten sind schon nach Auschwitz unterwegs. Wie in der „normalen" Welt: die Arbeiter gehen nach Auschwitz, der Mittelkader geht nach Theresienstadt, und die Obermacher bleiben hier und tun, als ob nichts geschehen wäre. Es ist nur schade für sie, daß das Orchester und die Revue auch im Zug sitzen. Sie werden sich also selbst kitzeln müssen, wenn sie lachen wollen, oder nur, um nicht immer an den einen Zug denken zu müssen, der sie auch noch einmal holen kommt.

Ich gehe bei Fritz vorbei. Er braucht nicht mehr ins Krankenhaus zu gehen. Die meisten Kranken sind schon nach Auschwitz unterwegs, diejenigen, die mit uns mitfahren, sind jetzt zu Hause und packen ihre Sachen ein. Er hat schon gehört, daß er in unserem Waggon eingeteilt ist. Alles ist gut organisiert: Carrys Vater wird ein Loch in den Boden unseres Waggons sägen, der Küfer macht schon ein bodenloses Faß mit Deckel und Spangen, um es am Boden zu befestigen. Ich habe bei der Matratzenmacherei ein Stück Jute geholt, das wir als Vorhang vor die Toilette hängen. Matratzen dürfen wir mitnehmen. Wir legen sie übereinander an der Wand entlang, dann kann man wenigstens sitzen. Die einzige Frage ist, ob wir einen G-Waggon bekommen. Die haben nämlich zwei Luken, die man von innen aufklappen kann. Die anderen haben die Bedienung von außen, und die Grüne Polizei macht die immer zu. Das ist aber etwas, woran wir nichts ändern können. Carry habe ich nicht mehr gesehen, seit sie weiß, daß wir zusammen wegfahren werden.

Carry ist in der 85er Baracke. Sie packt, zwischendurch beruhigt sie alte Damen, die wie aufgeschreckte Vögel durch den Saal schwirren. Dann wieder zum Männersaal, aber die alten Herren drüben sind genauso ratlos wie ihre Frauen. Man sagt, daß die Barnevelder ein anderer Menschenschlag sind. Aber ich glaube eher, daß es daran liegt, daß sie nicht verstehen können, daß die ganze Sonderbehandlung nur ein Schwindel war. Als ich die alten Leute sehe, bin ich dankbar, daß unsere Eltern irgendwo in Sicherheit sind.

Zum Abschied bringt Erwin eine Zeitung. „Nur" eine Woche alt, für uns also neu. De Gaulle in Paris, die Alliierten in der Nähe der holländischen Grenze, Marseille und Toulon besetzt, die Russen beinahe in Ost-Preußen. Hilft uns das noch?

Ich habe alles gepackt, wir dürfen mitnehmen, was wir wollen. Aber viel ist es nicht. Natürlich all unsere Kleidung. Aluminiumteller und Eßbesteck haben wir von der V bekommen. Einen extrawarmen Pullover habe ich mir dort ausgesucht und für Fritz auch einen mitgenommen. Es ist doch Unsinn, daß die V für 300 Leute eine Baracke voll Kleidung aufhebt. Aber sie haben viel Gutes getan für all die Patienten aus Krankenhäusern, die nur mit einem Pyjama bekleidet waren, oder die Leute, die in Lumpen aus den KZ Ommen, Amersfoort und Schalkhaar hier ankamen. Sie alle wurden vollkommen eingekleidet. Meine Schuhe sind in Ordnung. Ein Paar hat vorige Woche gerade neue Ledersohlen bekommen, das andere ist noch gut. Natürlich nehmen wir unseren Essensvorrat mit, außerdem bekommt jeder, der auf Transport geht, Proviant.

Wir gehen im Dunkeln noch ein paar Runden durchs Lager. Es fällt Carry sehr schwer, Holland zu verlassen, und von der Kraft, mit der sie

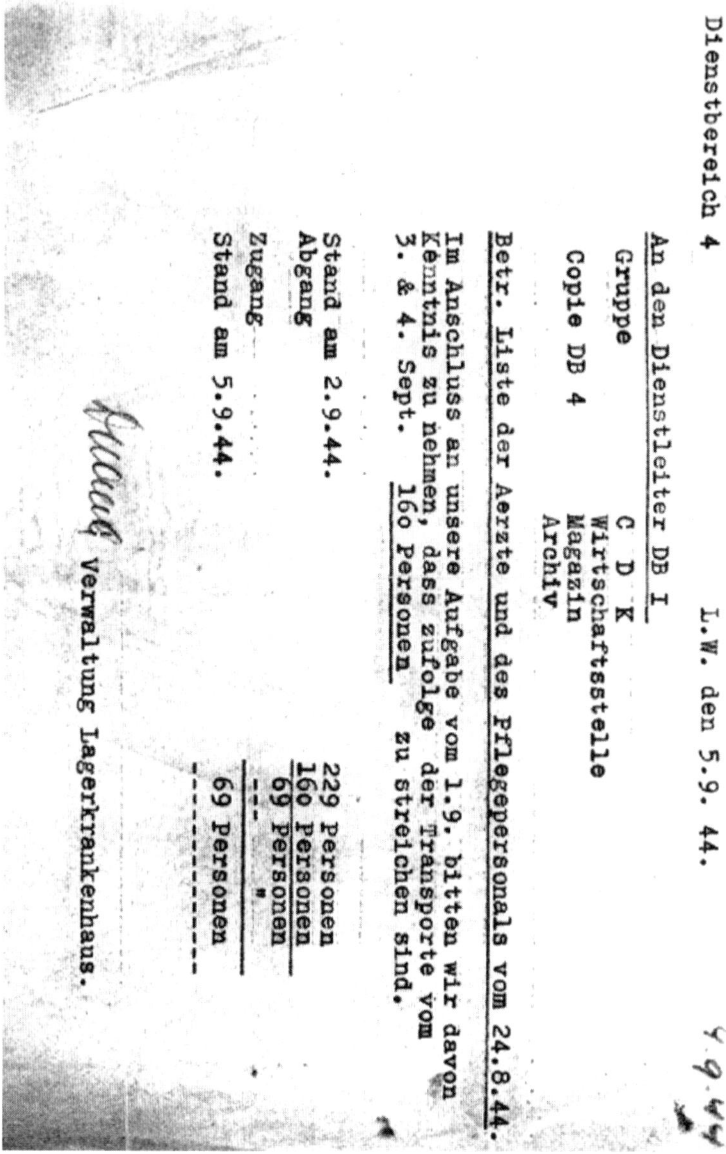

Dienstbereich 4 L.W. den 5.9. 44.

C[64]312.1
4.9.44

An den Dienstleiter DB I
Gruppe C D K
Wirtschaftsstelle
Magazin
Archiv
Copie DB 4

Betr. Liste der Aerzte und des Pflegepersonals vom 24.8.44.

Im Anschluss an unsere Aufgabe vom 1.9. bitten wir davon Kenntnis zu nehmen, dass zufolge der Transporte vom 3. & 4. Sept. 160 Personen zu streichen sind.

| | |
|---|---|
| Stand am 2.9.44. | 229 Personen |
| Abgang | 160 Personen |
| | 69 Personen |
| Zugang | --- " |
| Stand am 5.9.44. | 69 Personen |

Verwaltung Lagerkrankenhaus.

*Ordnung muß sein, auch bei Abgang des letzten Transportes*

nachmittags noch die alten Frauen in der Baracke aufmunterte, ist nichts mehr übrig. Ich probiere ihr zu helfen, aber ich zweifle, ob es mir gelingt. Denn auch ich habe Angst. Nicht weil ich aus Holland weg muß – so sicher ist es hier auch nicht mehr – aber weil es schauerlich ist, gerade jetzt abtransportiert zu werden, wo die Befreiung vor der Türe steht. Zum letzten Mal hören wir das Brummen englischer Flugzeuge. Wohin fliegen die? Dorthin, wo wir morgen hinfahren!

Heute, am 4. September 1944, nehmen wir Abschied von Westerbork. Wir sehen einander schon frühmorgens. Trotz der Ängste von gestern abend haben wir beide recht gut geschlafen. Carrys Eltern und Ronnie sind unter der Obhut von Leneke und ihrem Mann, die haben einen Ausweis. Alle dreihundert haben natürlich Transportdienst. Sie werden nachher auch das Vergnügen haben, den Müllhaufen, den 2000 Menschen zurücklassen, aufzuräumen.

Einsteigen. Wir haben Glück, es ist ein G-Waggon. In der Trinkwassertonne hängt ein Schöpflöffel, den wir aus der Baracke mitgenommen haben. Hinter dem Vorhang in der Ecke steht die Latrinentonne. Das große Gepäck wird in der Mitte aufgebaut, rundherum liegen die Matratzen zum Sitzen. Im Waggon ist die Stimmung wie auf einem Schulausflug, der Geist der Gruppe ist gut. Die Schiebetüre wird geschlossen. Oft von außen gesehen, nie von innen, nur geahnt, wie arg das ist. Plötzlich ist man im Dunkeln eingeschlossen. Nur durch die zwei Luken dringt Licht. Die Lokomotive pfeift, der Zug fährt los. Carrys Eltern winken noch, wir drängen uns nicht dazwischen. Wir sitzen ganz eng zusammen und lauschen dem monotonen Geräusch der Räder und müssen beide eingeschlafen sein. Wir werden wach, als wir in Oldenzaal ankommen. „Hier ist die holländische Grenze", sagt Carry. Jetzt drängen wir uns doch zu einer Luke. Der Zug bleibt hier lange stehen. Vielleicht bekommen wir eine andere Lokomotive. Der Weichensteller, ein Holländer, mit einer kleinen, roten Fahne, geht den Zug entlang. „Kopf hoch! Die Amerikaner sind schon in Maastricht!" ruft er auf holländisch. Als er ganz vorne ist, stellt er eine Weiche um. Er gibt ein Zeichen mit seiner Fahne, die Lokomotive pfeift, der Zug mit einer Kriegsbeute von 2000 wehrlosen Juden fährt in Deutschland ein.

Wir fahren durch eine, für uns unsichtbare Landschaft. In den beiden Luken kann man gerade ein Stückchen vom blauen Himmel sehen. Man weiß also, daß das Wetter schön ist. Hier drinnen ist die Luft stickig, der Geruch von all den Waren und vielleicht auch Menschen, die der Waggon in seinen 30 Jahren schon transportiert hat. Er stammt noch von der k.u.k. Österreichischen Staatsbahn, habe ich auf dem Achsenlager gesehen. Zwei Weltkriege hat er also schon mitgemacht. Vielleicht gut, daß er nicht reden kann.

Es wird dunkel draußen, im Waggon ist nichts mehr zu unterscheiden. Wir haben die Matratzen nebeneinander gelegt, sodaß jeder jetzt einen

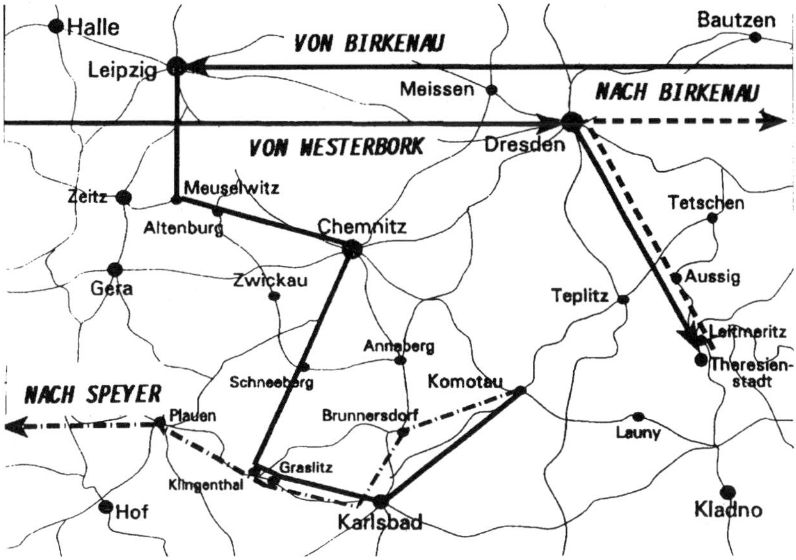


*Die Odyssee, 5. September 1944 bis 8. Juni 1945*

Liegeplatz hat. Es sind ein paar Kerzenlaternen vorhanden, die wir aber nur im Notfall verwenden werden. Gegessen haben wir noch, bevor das letzte Licht verschwand. Jetzt rollen wir uns in unsere Decken. Es fängt an, kalt zu werden. Was müssen die Leute in einem strengen Winter mitgemacht haben! Als ich die Augen aufmache, sitzt Carry neben mir. Ich sehe Tageslicht, aber ich will nicht wach werden. Also lege ich meinen Kopf in ihren Schoß. Es wäre herrlich, aber es kann doch nicht so bleiben. Jeder ist wach, jeder spricht darüber, was man die Nacht in Osnabrück gesehen hat: trotz der Verdunkelung eine Fabrik in strahlendem Licht, alle Hallen zertrümmert, wahrscheinlich bombardiert. Zwischen den Trümmern aber stehen die Maschinen, arbeiten die Menschen.

Frühstück, wir essen Brot, trinken Wasser aus dem Faß. Wir plaudern, lachen: langsam zeigt sich wieder die gute, alte Barackenatmosphäre. Wir erfinden neue Spiele, erzählen Geschichten oder Witze, die jeder sicher schon kennt. Heinz ist, wie immer, der Mittelpunkt. Seine Eltern sind auch im Waggon. Der Vater war Pförtner in der Chirurgiebaracke im Lager und erzählt Anekdoten aus Tagen, die uns jetzt schon als die „gute, alte Zeit" scheinen, obwohl es noch gestern war. Zum Mittagessen gibt es Brot und Käse aus dem Reiseproviant, die Zentralküche hat gut für uns gesorgt.

Ein bißchen schlechtes Gewissen vielleicht? Zeit zur Mittagsruhe, das dauernde Ins-Halbdunkel-Schauen, das monotone Geräusch der Räder, es macht müde. Als ich aufwache, fahren wir durch Mitteldeutschland, offensichtlich auf Nebenstrecken, um die Hauptlinie zu entlasten. Unterwegs haben wir an vielen Stellen gesehen, was die Luftangriffe anrichten. Es ist doch unglaublich, daß die Deutschen das noch aushalten. Unserem Zug sind Luftangriffe erspart geblieben. Spät am Nachmittag sind wir in Dresden. Hier war Rolf zu Hause, hier wohnt seine Mutter vielleicht noch. Aber er reagiert überhaupt nicht, als ob es ihn nichts anginge. Carry gibt mir ein Zeichen, es so zu belassen.

Am Abend hält der Zug an einem kleinen Bahnhof. Bauschowitz, liest jemand. Während des Rangierens höre ich Leute sprechen, tschechisch, glaube ich. Ich gehe zur Luke, der Zug fährt schon wieder, es ist dunkel draußen. Dann aber durchqueren wir Wälle und Schanzen, altes Mauerwerk, das hell beleuchtet ist. Ganz langsam fahren wir an hunderte Jahre alten Kasematten und Kasernen vorbei. Dann hält der Zug aus Westerbork ächzend. Nach einer Reise von 36 Stunden sind wir in einer anderen Welt: in Theresienstadt.

## Theresienstadt, September 1944

Die Waggontüre wird aufgeschoben. Auch hier haben sie, wie in Westerbork, breite Holztreppen, die ein schnelles Ein- und Aussteigen ermöglichen. Der Zug steht an der Straße, neben einer Häuserzeile und der großen Kaserne, an der wir gerade vorbeigefahren sind. Ich sehe ein Straßenschild „Bahnhofstraße" und zwischen den Waggons auf der anderen Seite einstöckige Häuser. Es sieht aus wie eine richtige Stadt, aber außer uns ist kein Lebewesen zu sehen. Offensichtlich ist die Gegend abgeriegelt.

Bei dem Kasernentor hängt ein großes Schild: „Schleuse". Eine der beiden Flügeltüren ist offen, zu zweit kann man durchgehen und steht dann in einem zugigen Durchgang. Hie und da stehen Anweisungen mit Pfeilen, die ich bei der schlechten Beleuchtung nicht richtig lesen kann. Aber irgendwie habe ich das Gefühl, daß dieser Gang auch für ausgehenden Verkehr benutzt wird. Ausgehend, also auch ein Durchgangslager? Keine Zeit, darüber nachzudenken oder Fritz darauf aufmerksam zu machen. Die Menge schiebt sich weiter. Rechts geht eine steinerne Treppe hinauf, daneben ist eine Türe. Dem Geruch nach scheint da eine Toilette oder Latrine zu sein. Vor uns wieder eine Flügeltüre, aber die ist geschlossen. Wir gehen nach rechts zur Registratur. Es geht dort schnell, weil sie schon alle Einzelheiten der Transportliste entnehmen können. Peinlichst in Ordnung, mit deutsch/holländischer Gründlichkeit gemacht. Auch die „Zollkontrolle" ist kein Problem, keine Leibesvisitation. Schließlich zu einem

Schalter, wo „Ubikation" draufsteht. Carry fragt mich, was das bedeutet. Ich weiß es nicht, Fritz und Heinz auch nicht. Der Vater von Heinz müßte es wissen, aber den sehen wir nicht. Also reingehen. Es ist die Abteilung, die Wohnraum zuweist. Da stellt sich heraus, daß die Barnevelder alle in die Hamburgerkaserne eingewiesen werden. Fritz, Rolf und ich gehen in die Jägerkaserne. Dann stehen wir in einem großen Innenhof mit Arkaden bis in den dritten Stock. Überall sieht man Menschen, offensichtlich schlafen sie draußen. Es ist eine schöne, windstille Nacht. Irgendwie hat es etwas Südliches, mir gut Bekanntes. Aber Carry zittert, sie findet es unheimlich. Ich versuche sie zu trösten. Das gelingt kaum, denn sie findet die altehrwürdigen Gebäude hier ekelhafter als die Baracken in Westerbork. Ich kann sie nicht verstehen. In vielen alten Städtchen und Klöstern bin ich schon in derartigen Innenhöfen gestanden. Für mich ist es eine Erinnerung an herrliche Touren mit den Pfadfindern, als die Buben noch meine Freunde und ich noch nicht der Saujud war.

Diejenigen, die registriert sind, werden jetzt zu den Ubikationen gebracht. Jemand erklärt mir, daß Ubikation Unterkunft bedeutet und noch aus dem k.u.k.-Jargon stammt und selbst auf unsere römischen Vorfahren zurückzuführen ist. Carry und Familie bleiben also hier in der Hamburgerkaserne, alle Frauen auf dem Dachboden im vierten Stock. Ich möchte gerne mit Carry mitgehen, aber ich muß weg. Wir können noch schnell verabreden, daß ich morgen früh zu ihr kommen werde. Fritz, Rolf und ich gehen zum Tor hinaus, aber an der ersten Ecke packt jemand Fritz mit dem einen, mich mit dem anderen Arm. „Fritzl und Fredl", höre ich rufen. Es ist Onkel Heinrich, der jüngste Bruder meines Vaters, schwerkriegsbeschädigt und deswegen hier. Tante Selma und er haben eine Wohnung, unser Neffe Herbert, 15 Jahre alt, ist hier in einem Jugendheim. Wir können nicht stehenbleiben. Er gibt mir einen Zettel mit ihrer Adresse, morgen sollen wir zu ihnen kommen. Onkel Heinrich, Tante Selma und Herbert hier, das ist schön. Schade, daß Carry das nicht weiß, es hätte ihr sicher gutgetan.

Die Jägerkaserne ist nicht weit weg, eine unterirdische Kasematte, die uns grimmig und unfreundlich anschaut. Mein Schlafplatz ist das untere von einem Doppelstockbett, es steht im Vorraum eines Waschlokals. Fritz hat ein Bett in der Nähe.

Ich bin früh aufgestanden, nachdem ich traumlos und fest geschlafen habe. Mein Bett steht ganz nahe bei einem Fenster. Es ist jetzt offen, gute Luft zieht herein. Ich kann bis tief in den Festungsgraben schauen. Das obere Bett bewohnt ein Tscheche, mit dem ich bis jetzt nur ein paar Worte gesprochen habe. Die Waschgelegenheit ist nicht schlechter als die in einer Baracke. Es scheint prachtvolles Herbstwetter zu sein, ein Morgenspaziergang ist nicht schlecht. Meine Essenskarte und den Lagerausweis stecke ich ein. Fritz schläft noch, also gehe ich alleine weg. Ich habe übrigens das Gefühl, daß er dasselbe Vorurteil gegen Theresienstadt hat wie Carry, ich teile das noch nicht.

Auf dem Platz vor der Kasematte steht unter einem Kastanienbaum bei einer Bank ein Tisch mit einem Essenskübel. Kaffee, denke ich. Ein Mann vom Küchendienst verlangt meine Essenskarte und knipst sie. Da ich keinen Becher habe, darf ich seinen verwenden, den er bei einer Wasserleitung ausspült. Es ist Tee, aber warm und trinkbar. Am Baum ist eine Schultafel festgeschraubt, darauf steht:

*6. 9. 44 Speisenfolge*
*Früh Tee*
*Mittag Suppe 30 Gramm, Gulasch 40 Gramm, Graupen 40 Gramm*
*Abend Suppe 40 Gramm, Brot Portion*

Der Küchendienstmann erklärt mir, daß das Essen tatsächlich auf einer Briefwaage gewogen wird, allerdings ist nicht immer eine Waage verfügbar. Die Brotportionen sind nicht schlecht, aber abhängig von den Vorräten. „Das Brot wird da drüben gebacken", sagt er und zeigt hinüber zur nächsten Kasematte, „dort ist schon seit 150 Jahren die Heeresbäckerei. Manchmal macht man dort auch echte Germbuchteln", fügt er hinzu. Und das Wasser läuft ihm und mir im Mund zusammen. Das Essen ist also gut hier, aber es wird in lächerlichen Quantitäten verabreicht. Ich danke ihm herzlichst; vier Jahre im Lager haben mich gelehrt, daß derjenige, der Essen austeilt, im Kampf ums Überleben ein wesentlicher Faktor ist.

Mit Carry bin ich erst um neun Uhr verabredet, also habe ich noch Zeit genug für eine Stadtwanderung. Schräg gegenüber der Jägerkaserne liegt die Hamburgerkaserne, davor sind die Eisenbahnschienen. Denen folge ich durch die Bahnhofstraße. Ganz weit weg am Horizont sehe ich, ähn-

*Theresienstadt, Hamburger Kaserne, Bahnhofstraße*

lich einem Plakat für Fremdenverkehrswerbung, zwei grüne Berge und darüber ein paar weiße Segelflugzeuge friedlich am blauen Himmel. Auf der linken Straßenseite eine Häuserzeile, ebenerdig oder einen Stock hoch. Neben der Hamburgerkaserne auch derartige Häuser, manche mit Geschäftslokalen, die jetzt als Wohnungen benützt werden. Auffallend ist, daß bei all den kleinen Häusern viel mehr Leute ein- und ausgehen, als dort wohnen. Ich verstehe das nicht, traue mich aber noch nicht, irgendwo hineinzuschauen. Rechts vor mir, groß und dunkelgrau, die Geniekaserne: Altersheim und Hilfskrankenhaus. Ich biege ab und komme auf den Marktplatz. So wie ich es mir vorgestellt habe, mit einer Kirche, Geschäften, sogar einem Musikpavillon und einem Kaffeehaus. Bäume und ein paar Bänke, auf eine setze ich mich. Es schaut aus, als ob alles echt wäre. Der Pavillon, wie in Bad Vöslau, wo die Musik gespielt hat und wir Kuchen gegessen haben. Nicht daran denken, daß es heute nur 110 Gramm Mittagessen gibt.

Es ist halb neun, als ich mich wieder auf den Weg mache. Das Kaffeehaus ist noch geschlossen, im Lebensmittelgeschäft daneben sehe ich in der Auslage nur ein paar alte Konservendosen stehen und ein paar Gläser mit Senf. Das Modegeschäft hat nur ein paar Fetzen ausgestellt, dafür klebt auf der Fensterscheibe ein Bericht, wer sich wann für Kleidung, Wäsche oder derartiges anmelden kann. Das muß also eine Art V sein. Dann biege ich in die Hauptstraße ein und sehe in der Ferne das reichlich verzierte Hauptportal der k.u.k. Heeresbäckerei, die mir der Mann von der Küche heute früh gezeigt hat. Also weiß ich, daß ich in die richtige Richtung gehe. Der Straßenplan ist geometrisch mit 90 Grad-Kreuzungen angelegt, die Orientierung ist also einfach. Ich überquere die Badhausgasse (alle Querstraßen sind Gassen), ohne zu schauen, ob es da ein Badehaus gibt, und sehe beim nächsten Haus, wo viele Menschen ein- und ausgehen, daß die Türe offensteht. Ich gehe hinein und komme zu meiner Überraschung auf einen richtigen Weg. Dem ersten Haus schließen sich Hinterhöfe an, wo vielleicht 25 oder 30 Wohnungen sind, wo auch noch mehr als eine Familie wohnt. Schließlich stehe ich wieder vor einer Haustüre, und als ich die von innen öffne, bin ich in der Langegasse hinter der Hamburgerkaserne. Eines der Tore ist offen, aber ich sehe Carry nirgends. Natürlich wartet sie an der anderen Seite bei der Bahnhofstraße, denke ich und renne über den Innenhof. Dort steht sie tatsächlich. Ihr die Augen zuhalten ist kindisch in dieser Situation, deswegen klopfe ich ihr ganz diskret auf die Schulter. Sie dreht sich um, und ich sehe sofort, daß ihr Zustand sich seit gestern nicht gebessert hat. Im Gegenteil, sie weint beinahe. Ich beruhige sie, sage, daß wir auch heute nachmittag noch zum Arbeitsbüro gehen können, wir sollten doch erst einmal das schöne Wetter genießen. Wir gehen zuerst in die Jägerkaserne, dann weiß sie gleich, wie und wo ich wohne. Sie bewundert die Aussicht, aber findet es keinen guten Witz von mir, daß ich die Aussicht schöner finde als die auf die Heide in Westerbork. Als wir zurückgehen, packt sie plötzlich meinen Arm und zeigt in einen Seitengang. „Das ist ein Horchgang", sage ich, aber sie kneift mich. „Schau doch", ist das einzige, was sie herausbringen kann. In dem dunklen Gang, nur hie und da mit einer Lampe beleuchtet, liegen Strohsäcke am Boden, auf denen Menschen liegen oder sitzen. Alle aus unserem Transport. In so einem Gang leben zu müssen, ist unvorstellbar. Was ich für ein Glück gehabt habe, mit meinem Bett beim Fenster!

Beim „Frühstück" war mir ein Wegweiser „Zum Sportplatz" aufgefallen. Das war beim Kastanienbaum. Carry hat Lust mitzugehen. Der Weg führt hinauf auf die Bastei, da sind tatsächlich funkelnagelneue Sportplät-

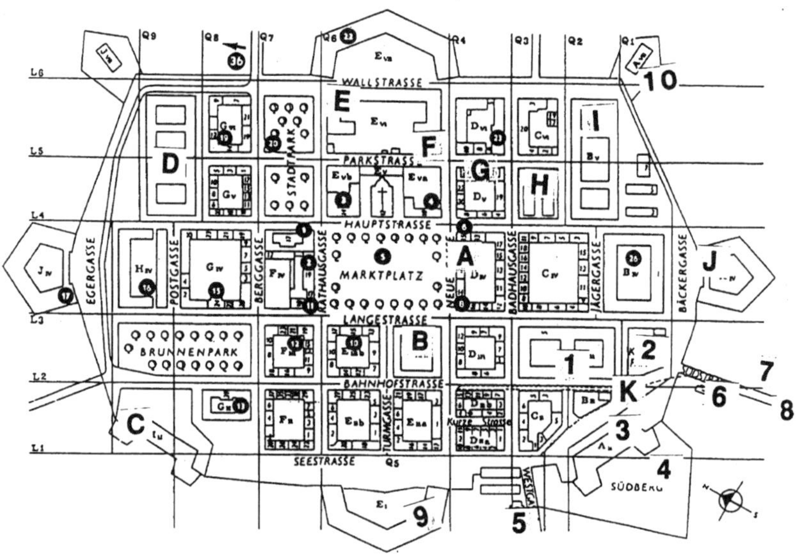


A Kaffeehaus am Marktplatz
B Geniekaserne
C Bauhof
D Dresdnerkaserne (Fußball)
E Hohenelbekaserne (Krankenhaus)
F Duschen und Schwimmbad
G Maschinentischlerei
H Holzplatz
I Magdeburgerkaserne (jüd. Selbstverw.)
J Zentralbäckerei
K Eisenbahngleis bis in die Bahnhofstraße

1 Hamburgerkaserne
2 Essenhalle 1
3 Jägerkaserne
4 Sportplatz (Bastei)
5 Bibliothek (Sokolvna)
6 Leichenhalle/Urnenhalle
7 Industriebaracken
8 Krematorium
9 RHSA-Archiv
10 West-Bastei

*Theresienstadt*

ze. Merkwürdig, es sind nur wenige Menschen hier oben. Man hat eine schöne Aussicht, einerseits auf die Stadt, andererseits auf das umliegende Land. Wir schauen über die Wehranlagen aufs flache Land. Zwischen den Bäumen sehen wir einen Fluß. Das muß die Eger sein. Dann fängt Carry zu erzählen an. Es hat heute nacht noch stundenlang gedauert, denn es gab Krach. Erst die tschechischen Vertreter vom Judenrat gegen die holländische Leitung der Hamburgerkaserne (die Hamburgerkaserne ist holländisch), danach die Holländer gegen AK-Bonzen, die sich hier noch groß aufspielen wollen. Vielleicht hat ihr Vater sich zu viel gefallen lassen. Schließlich mußten Carry und ihre Mutter doch auf den Dachboden, wo Strohsäcke auf roten Ziegeln liegen. Alles, was man angreift, ist sofort knallrot, und man kann durch das Dach hinausschauen, es ist keine Holzverkleidung darunter. So haben sie die Nacht verbracht, um dann beim Aufstehen zu merken, daß Waschgelegenheit und Toiletten noch viel schlechter sind als in Westerbork. Aber die Sonne ist schon schön warm, die Aussicht über die fruchtbare Fläche erinnert ein bißchen an Holland. Das beruhigt Carry. Sie sieht ein, daß wir erst richtige Arbeit finden müssen und dann auch hier unseren Weg finden werden. Die frische Luft ist wunderbar, sie erfrischt und entspannt. Das tut gut nach der langen Reise.

Wir liegen auf dem Bauch und schauen ins weite Land. Hie und da sieht man ein Bauernhaus, ein kleines Dorf. Weiter weg ein großes Kloster mit einer mächtigen Kirche. Man kann sogar die Zwiebelspitzen auf den Türmen und Kuppeln sehen. Wir plaudern und schauen ins Land, sehen immer etwas Neues. Weit weg fährt ein Zug. An der Rauchfahne der Lokomotive erkennen wir, daß er langsam hierher kommt. Dann schauen wir über die Stadt zurück. Von hier aus sind die zwei Berge, die ich von der Bahnhofstraße aus gesehen habe, viel deutlicher zu erkennen, da sie frei im Land stehen. Carry erkennt Segelflugzeuge. Wie weiße Schmetterlinge, sagt sie. Wir schauen wieder in die Ebene hinaus, der Zug steht bei einer Station. Die Sonne glitzert im Wasser der Eger, die Bilder verschwimmen, ich döse. Die Lok pfeift. Ich glaube, daß ich träume, aber plötzlich sitze ich und bin völlig wach. Der Ton der Pfeife ist viel niedriger als der der holländischen Lokomotiven. Was mit mir los ist, will Carry wissen. Ich bin verdattert. Wie soll ich ihr erklären, daß der Ton dieser Dampfpfeife mich wieder in den kleinen Buben verwandelt, der am Freitagabend am Bahnhof in Piesting sitzt und auf den letzten Zug aus Wien wartet, mit dem Papa übers Wochenende kommt? Bevor man den Zug sah, hörte man ihn pfeifen, genau so, wie ich diesen jetzt gehört habe. Und all die Verwandten und Freunde, die auch da waren, was ist aus denen geworden? Ich probiere das zu erklären, aber Carry lacht: „Du, immer mit deinen Zügen!" sagt sie.

Dann klingt eine andere Dampfpfeife: Zeit zur Essensverteilung. Carry hat ihre Essenskarte natürlich in der Tasche. In weiser Voraussicht haben wir beide aus Westerbork doppeltes Besteck und Eßgeschirr mitgenommen. Also hole ich zwei Eßnäpfe und Besteck, Carry hat zwei Sitzplätze unter der Kastanie gefunden, ich stelle mich in die Reihe. Mein Freund von heute morgen ist bei der Ausgabe, es geht nicht per Gewicht, sondern mit einem Maßlöffel. Es riecht und schmeckt gut, aber es ist schrecklich wenig. Wir haben noch etwas von unserem Reiseproviant übrig, sodaß wir die ersten paar Tage noch nicht verhungern werden. Es fällt uns auf, daß viele Leute doppelte Portionen bekommen. Als keine Leute mehr in der Reihe stehen, erkundige ich mich bei dem Essenausteiler. Die Antwort ist einfach: wenn man arbeitet, bekommt man eine extra Essenskarte. „Ihr müßt darauf achten, daß, wenn ihr Arbeit zugewiesen bekommt, man euch auch die Essenskarten gibt, denn sonst bleibt euch nur das", sagt er, und zeigt auf die Leute, die in der Reihe stehen und warten, um einen Essenskübel auskratzen zu dürfen.

Ich habe Carry von Onkel Heinrich und Tante Selma erzählt, sie will sie sofort kennenlernen. Auf dem Weg zum Arbeitsamt werden wir probieren ob sie zu Hause sind. Die Adresse besteht aus einem Buchstaben, römischen und lateinischen Ziffern. Sie geben Planquadrat des Blocks und die Hausnummer an. Wenn man das System kennt, ist die Adresse schnell gefunden. Es ist ein Durchhaus, drinnen gibt es auch noch einen Kode. Jedenfalls finden wir die richtige Türe, klopfen an und stehen in einem Schuppen, wo riesige Stellagen hineingebaut sind. Die sind auch wieder durch Wände geteilt. Oben und unten wohnen Leute, jedes Ehepaar hat so ein kleines viereckiges Kästchen, an der Vorderseite mit einem Vorhang abgeteilt. Wir finden sie, Onkel Heinrich erkennt mich sofort, Tante Selma fällt mir um den Hals. „Wie groß du geworden bist!" sagt sie und vergißt, daß es schon sechs Jahre her ist, seit wir einander das letzte Mal gesehen haben: meine verlorene Jugend von 15 bis 21. Ich stelle Carry vor, sie wird auch herzlich begrüßt. Sie hatten uns gesucht, aber nicht finden können, wir sollen heute abend zum Essen kommen. Fritz natürlich auch, den werden wir schon finden. Wir freuen uns drauf. Carry findet sie beide sehr nett und die Einladung sehr lieb, aber wie sollen wir dort zu fünft essen? In ihrem „Abteil" steht ein Bett, eine Art Kasten und ein kleiner Tisch mit zwei Stühlen, mehr nicht.

Wir finden Fritz und gehen zusammen zur Arbeitsverteilung. Ich bin am schnellsten fertig. Sie brauchen einen Nähmaschinenmonteur, vor allem, wenn er das Werkzeug selbst mitbringt. Extra Essenszuteilung ist selbstverständlich. Carry wird am Holzplatz arbeiten. Solange es noch nicht friert, ist die Arbeit in der frischen Luft gar nicht schlecht. Auch hier gibt es die extra Essenszuteilung, sie hat die Karte gleich bekommen. Fritz weiß noch nicht, was er machen will. Er hat verschiedene Möglichkeiten. Wir verabreden, daß wir einander kurz vor sieben Uhr bei der Jägerkaserne treffen und dann zusammen zum Essen gehen werden.

Carry und ich verbringen den Nachmittag mit einer Stadtbesichtigung. Die Stadt ist überfüllt. Im allgemeinen schauen die Leute unterernährt aus und sind ärmlich gekleidet. Wir stellen fest, daß der Overall, der während der Arbeitszeit in Westerbork meistens getragen wurde, diese Armut bedeckte. Aber auch hier sieht man gutgekleidete und rasierte Herren, die es offensichtlich „zu etwas gebracht" haben. Am Marktplatz setzen wir uns auf eine Bank, eine ältere Dame sitzt neben Carry. Ob wir gestern aus Holland angekommen sind, fragt sie auf deutsch. Sie kommt aus Berlin, ihr Mann hat das EK1, also sind sie von Transporten freigestellt. Es ist das erste Mal, daß wir hören, daß von hier auch Transporte weggehen. Wir wollen sie aber nicht unterbrechen, also reagieren wir nicht darauf. Die Bank, auf der wir hier sitzen, verdanken wir dem Roten Kreuz, fährt sie fort. Wir sind überrascht. Tut das Rote Kreuz hier etwas für die Juden? Erst versteht die Dame nicht, was wir meinen. Natürlich hat noch nie jemand etwas bekommen, auch hier nicht. „Wieso also die Bank?" frage ich. Die Bänke wurden genau wie der Musikpavillon im Zuge der „Verschönerung" aufgestellt. Die war nötig, weil das Rote Kreuz eine Inspektion angeklündigt hatte. Im Juni sind sie hier gewesen. Wir sollen einmal nachschauen. Drüben bei der Schule hängt noch das Schild „Wegen Ferien geschlossen", obwohl, seit das Ghetto existiert, jedweder Unterricht strengstens verboten ist. Die Herren vom Roten Kreuz in Genf sind sechs Stunden im Lager gewesen. Sie haben sich strikt an das Protokoll gehalten, hinter keinen Vorhang geschaut, niemandem eine Frage gestellt. Für die Juden hatte es schon schlecht angefangen. 7503 Männer, Frauen und Kinder, die an dem Weg, den die Kommission gehen sollte, unter elenden Umständen wohnten, wurden nach Auschwitz deportiert. In einigen Häusern, wo hunderte unserer Menschen gewohnt hatten, sind Luxuswohnungen zum Besichtigen eingerichtet worden. Die Bewohner waren „gerade nicht zu Hause" oder „sprachen nur tschechisch". Niemand von der Kommission hat sie angesprochen. Die Dame hat den Eindruck, daß wir ihr nicht glauben, steht auf und sagt: „Ihr wohnt doch in der ‚Hamburger'. Nebenan steht eine Baracke, die ‚Essenshalle 1'. Geht mal rein. Da hängt noch immer das Schild „Heute kein Bier". Als das Rote Kreuz kam, waren alle Tische besetzt. Es wurde Essen serviert, dampfende Schalen voll. Die Figuranten durften es nicht anrühren. Und als die Kommission zur Tür draußen war, wurden die Leute hinausgeworfen und das Essen den Schweinen verfüttert. Ihr könnt dem Weg, den die Kommission am 23. Juni 1944 gegangen ist, genau folgen. Schön eingerichtete Auslagen vor leeren Geschäften, der Verputz der Häuser am Weg ist hergerichtet, die Fenster sind angestrichen." Kopfschüttelnd geht sie weg. Was hatte die Dame gesagt? Früher wohnten hier in der Garnison 3000 Menschen, Soldaten und Troß inbegriffen. Im Jahre 1943 wohnten hier 75.000 Juden. In diesem Jahr starben circa 30.000 Menschen an Unterernährung und Seuchen, weil es kaum Platz gab, um zu leben.

Tatsächlich, der Weg der Kommission ist ohne Führung zu finden. An verschiedensten Fenstern hängen sogar noch richtige Gardinen, beim Aufgang zur Bastei erkennt man die neuen Treppen deutlich.

Ein Wegweiser „Zur Bastei" bringt uns auf die Idee hinaufzugehen. Die Mühe lohnt sich: eine wunderbare Aussicht über die Elbe zur Stadt Leitmeritz, die mit prachtvollen Türmen und schönen Häusern einladend winkt. Hier oben sind mehr Menschen, hauptsächlich ältere Leute. Sie sehen alle schlecht aus. Viele haben eine Art Ausschlag (Wanzenbisse), beide haben wir so etwas noch nie gesehen. Wir gehen die Treppe hinunter, sehen, daß der Holzplatz gar nicht weit weg ist. In der früheren Manege sind die Sägerei und die Tischlerei, daneben, vermutlich auf dem früheren Exerzierfeld, ist der Holzplatz. Wir folgen der Wallstraße, rechts herum, und kommen zu einer großen Kaserne. Beim Haupttor in der Mitte sind viele Plakate und Verordnungen angeschlagen. Das ist die „Magdeburg", das Zentrum der jüdischen Verwaltung. Der Judenrat heißt hier Ältestenrat, also heißt der Oberdienstleiter von Westerbork hier Judenältester. Auffallend viele Plakate für Theatervorstellungen und Konzerte an vielen Orten. Einen Saal gibt es hier, weitere Spielstätten auf Dachböden von anderen Kasernen, Freiluftvorstellungen in Kasernenhöfen. Fußball wird immer in der Dresdnerkaserne gespielt. Den Wall entlang kommen wir zur Kasematte der Zentralbäckerei, es riecht herrlich. Von hier aus sehen wir einen kleinen Park und dahinter die Jägerkaserne. In dem Park steht eine neue Holzbaracke: die Essenshalle 1. Durch eine Seitentüre gehen wir hinein. Das erste, was wir sehen ist tatsächlich das Schild „Heute kein Bier" über der Theke. Tische und Bänke, alles so, wie die Frau es uns beschrieben hat. Wir stellen fest, daß wir hier unser Essen bekommen können, wir brauchen sogar unser eigenes Eßzeug nicht mitzunehmen. Wir haben gar nicht gemerkt, daß es schon so spät ist. Die Suppe ist sehr dünn, aber sie schmeckt gut. Die Portion Brot ist anständig. Wir beschließen, jetzt jeden Tag hier mittags und abends zu essen. Der Mann hinter der Theke schreibt unsere Namen und die Nummern der Essenskarten auf. Für Carry gibt es ab morgen schon eine doppelte Portion. Beim Vordertor heraus, wie die Kommission, wir stehen bei der „Hamburger", ein paar Schritte nur bis zur Jägerkaserne, wo wir Fritz treffen sollen. Was machen wir mit dem Brot? Carry schlägt vor, daß wir ein Stück hier lassen zum Frühstück, das andere nehmen wir mit zu Tante Selma, anstelle von Blumen, schließlich sind wir zum Essen eingeladen.

Fritz hat heute bei der Probe von einem Theaterstück zugeschaut. Vielleicht kann er eine Rolle bekommen. Er hat gehört, daß für Kunst und Sport besondere Regeln gelten. Fußball ist das Höchste. Wer zu einer Mannschaft (sieben, nicht elf Spieler), dem Trainer und seinem Stab gehört, kann ohne Sorgen leben. Die Küche und die Bäckerei haben je eine Mannschaft, aber auch Kasernen oder besondere Dienstbereiche haben

*So hausten Carry und ihre Mutter auf dem Dachboden der Hamburger-kaserne zusammen mit Hunderten Frauen.*
*Dachboden in Theresienstadt, gezeichnet von M. Schálková*

eine. Alle haben sie einen oder mehrere Gönner. Wer das ist, weiß man nicht, denn sie spielen alle unter dem Namen von berühmten tschechischen Klubs wie Slavia, Sparta, die damit natürlich nichts zu tun haben. Auch Musik, Theater, beides meist klassisch, kann als volle Beschäftigung mit extra Zuwendungen gelten, aber es ist schwer, eine Anstellung zu bekommen, weil zu viele Anwärter da sind. Fritz will es dennoch probieren.

Wir gehen von der Langestraße in den dritten Hinterhof des Durchhauses. Wir brauchen nicht weiter zu suchen, draußen ist schon ein Tisch festlich gedeckt. Sie warten schon auf uns. Ein kleiner Schrebergarten zwischen den Häusern, da stehen ein paar Bäume, es sieht gemütlich aus. Aber dann sehen wir, daß rundherum überall Menschen sitzen, auf den Dächern, auf Balkons und in den Fenstern, sie quellen förmlich heraus. Lauter freundliche Menschen mit freudlosen Gesichtern. Aber das Essen schmeckt wunderbar. Tante Selma ist eine ausgezeichnete Köchin und kann aus nichts eine Delikatesse machen. Es schmeckt uns ausgezeichnet, auch Carry ist begeistert. Endlich etwas, das ihr hier gefällt.

Während des Essens erzählen Onkel und Tante von Wien, wie es nach unserer Abreise war. Tag für Tag wurde es ärger, jede Woche gab es neue Schikanen, nichts durfte, nichts konnte man mehr. Sie haben es noch mitgemacht, daß alle Verwandten weggegangen sind. Die beiden Schwestern von Onkel Heinrich, also auch von Papa, mit ihren Männern nach Polen, nur Gerti, die älteste Nichte, ist mit ihrem Mann nach Venezuela entkommen. Von Onkel Bertschi, dem jüngsten Bruder, der mit Frau und Tochter aus Wien verschwunden ist, hat niemand mehr etwas gehört. Da Onkel Heinrich schwerkriegsbeschädigt ist, konnten sie in Wien bleiben. Aber langsam wurde einem das Leben unmöglich gemacht. Schließlich waren sie froh, daß sie nach Theresienstadt durften. Sie konnten sogar noch etwas von ihren Sachen mitnehmen, sodaß wir jetzt von einem Service und auf einem Tischtuch essen können. Herbert durfte hier sofort in das Internat, wo es den Buben sehr gut geht. Sie lernen auch sehr viel, obwohl jeder Unterricht strengstens verboten ist. Sie selbst haben verschiedene Vorrechte, sodaß sie nie Angst haben mußten, wenn Transporte „nach dem Osten" gingen. Auch in der Zeit, als so viele Menschen starben, ging es ihnen leidlich gut. Wir erzählen, daß wir von Papa und Mutti gerade noch Nachricht bekommen haben, daß sie in Sicherheit sind; wo das aber ist, wissen wir nicht. Carrys Idee, Brot mitzubringen, wird sehr geschätzt. Sie soll es aber bitte selbst aufessen, denn es fehlt ihnen an nichts. Voll der guten Ratschläge gehen wir weg. Wir wissen jetzt, daß hier die Tschechen federführend sind und daß eine kleine Gruppe Deutsche und Österreicher sehr einflußreich ist. Wir versprechen, oft zu ihnen zu kommen und vor allem sie wissen zu lassen, wenn wir irgend etwas brauchen. „Hier ist alles zu kriegen, nur den Weg muß man wissen", sagt Onkel

Heinrich. Am Weg nach Hause sprechen wir über die Transporte, die von hier weggehen. Eigentlich wundert es uns nicht. „Alter Kampinsasse" müßte man sein!

Auch frühmorgens ist es schön. Ich gehe zum ersten Mal zu meiner Arbeit. Mit Carry habe ich verabredet, daß wir einander zum Mittagsmahl in der Essenshalle 1 treffen werden. Ich habe noch mein Stück Brot von gestern abend, trinke unter der Kastanie den heißen Tee und fühle mich wohl. Der kürzeste Weg zum Bauhof geht den Wall entlang über die Seestraße. Aber schon bei der nächsten Querstraße darf ich nicht weiter, weil in der Sudetenkaserne, die genau auf halbem Weg zwischen „Jäger" und Bauhof liegt, das Reichssicherheitshauptamt aus Berlin sein gesamtes Archiv untergebracht hat. Unter der Schirmherrschaft der Juden sozusagen. Zum Arbeitsplatz muß ich also durch die Bahnhofstraße gehen. Der Bauhof schaut von außen aus wie die „Jäger", nur ist der Vorplatz viel größer und von einer Mauer umgeben. Die Bastei auf der Kasematte ist mit Stacheldraht abgezäunt, große Schilder mit Totenkopf machen darauf aufmerksam, daß da Gemüse für die SS gezüchtet wird. Ein prachtvoller Kürbis hängt halb über der Mauer. Wenn nur nicht jemand von uns sich verleiten läßt, ihn zu stehlen! Die Werkstatt ist hinten rechts, sagt man mir. Am Weg dorthin sehe ich ein offenes Tor. Ich schaue hinein. Offensichtlich ist es eine Ablage für alte Koffer. Hunderte beinahe unlesbare Anschriften sehe ich. Nur auf einem Koffer lese ich deutlich: Wien II., Schmelzgasse 2. Der muß von Nachbarn von Großmama Quittner gewesen sein, denn die wohnte auf Nummer 4. Ich könnte die Leute also auch gekannt haben.

Die Werkstatt ist ein fensterloses Gewölbe; man sieht ihm die 170 Jahre an. Das Tageslicht fällt durch das offene Stalltor herein. Ich sehe ein paar Werkbänke, manche mit Schraubstock, und auch eine Bohrmaschine. Vorne beim Tor steht ein alter Schreibtisch, der ist vom Pförtner/Buchhalter. Der Meister heißt Ludo, ein junger Tscheche. Er stellt mich meinen vier Kollegen vor. Es sind vier junge Tschechen, sie sind alle, was ich auch gewesen bin, „Alte Kampinsassen". Als ich frage, was sie machen, antworten sie auf tschechisch. Ludo sieht, daß ich überrascht bin. Er wird es mir erklären, sagt er. Ludo setzt sich mit mir in eine Ecke der Werkstatt. In sehr gutem Deutsch erklärt er mir, daß man hier nicht arbeitet, so wie die „Jekkes" (Schimpfwort für Deutsche) das tun, „und auch ihr in Westerbork seid Jekkes. Schau, wir arbeiten hier, weil es sein muß. Aber wir haben nicht die Illusion, daß unsere Arbeit uns vom Transport zurückhalten wird, wenn es darauf ankommt. Wirklichen Schutz hast du hier nur durch Beziehungen, und die müssen gepflegt werden. Ein Beispiel: von deinen neuen Kollegen spielt einer in der Fußball-Liga, ein anderer in einer Handballmannschaft. Hier arbeiten sie nur wegen der Essenskarte mit dem Arbeitszuschlag. Weil sie bei mir eingeschrieben sind, ist meine

Werkstatt also wichtig für Theresienstadt. Deswegen habe ich den Buchhalter, der hat wieder die Protektion von jemand anderem. Daß ich sie alle hier arbeiten lasse, ist wieder gut für mein Ansehen. In Wirklichkeit gibt es hier nicht viele Nähmaschinen, ein paar in der Nähstube vom Krankenhaus, einige in Jugendheimen und in Privathäusern. Die Industrie außerhalb der Festung hat Industriemaschinen, aber da ist auch viel Handarbeit. Ich werde dich jetzt dem Meister dort vorstellen. Es ist für ihn auch wichtig, daß jetzt ein richtiger Nähmaschinenmonteur verfügbar ist", sagt er zum Schluß.

Er legt seinen Arm um meine Schulter, sagt etwas zum Buchhalter, der verstört von seinem Kreuzworträtsel aufblickt. Wir gehen zum Marktplatz, erst ins Kaffeehaus. „Während der Arbeitszeit?" frage ich. „Ich hab dir doch gesagt, daß du ein Jekke bist", sagt Ludo und lacht. Ein paar Männer trinken stehend Kaffee. Man drückt mir auch einen Becher in die Hand, es ist Ersatz, schmeckt aber gar nicht schlecht. Ludo stellt mich auf tschechisch vor, übersetzt gleichzeitig ins Deutsche. Ich habe nicht den Eindruck, daß es die Herren interessiert, daß ich ein erstklassiger Fachmann bin. Auch nicht, daß ich gestern aus Westerbork gekommen bin. Nur einer spitzt die Ohren. Auf einmal spricht er perfekt deutsch, ob ich Feldmann kenne? Er ist gestern mitgekommen? Weiß ich, wo Feldmann wohnt? Ohne daß er mich direkt angesprochen hat, antworte ich: „Vermutlich in der Jägerkaserne". Keine Reaktion, kein Dankeschön. Als wir wieder draußen sind, strahlt Ludo. „Das war der Häuptling von der Fußball-Liga, mit dem du gesprochen hast", sagt er, und es ist mir klar, daß auch das wieder sein Ansehen erhöhen wird. Wir folgen der Eisenbahnlinie durch die Südstraße. Am Ende einer Steinbrücke über den Festungsgraben ist ein Schlagbaum. Ghettowache und ein tschechischer Gendarm überwachen die Grenze. Ich darf mitgehen, da Ludo einen Ausweis hat. An der Straße stehen drei Baracken. Wir gehen in die erste Baracke. „Textil" steht auf der Türe. Die wichtigste Abteilung arbeitet für die Wehrmacht. Getragene Uniformen werden aus der Desinfektion in Ballen angeliefert und müssen zur Wiederverwendung hergerichtet werden. Ich schaue sie mir an, sie kommen sicher von der Front. Manche haben Risse, viele haben Kugellöcher. Eine Frau sagt, daß manchmal ein Stück von einem Hosenbein fehlt. Dann sucht man eben eine Hose, wo das andere Bein weggeschossen ist und macht eine brauchbare Uniform daraus. Fühlt man dabei Schadenfreude, nach allem, was uns angetan wurde? „Nein", sagt eine Dame, „vielleicht manchmal, wenn es eine SS-Uniform ist, die ganz arg zugerichtet wurde." Inzwischen kommt Ludo mit dem Meister und stellt mich vor. Pane Kovacs ist ein richtiger, altmodischer Schneider und hat, wie er sagt, immer für die besten Herrschaften gearbeitet. Jetzt darf er für den Kommandanten und seine Vorgesetzten in Prag arbeiten. Er hat auch eine richtige Schneiderwerkstatt, die so eingerichtet ist, wie es früher auch bei dem Schneider war, der für meinen Vater gearbeitet hat. Ich schaue zwischendurch immer wieder auf die zerrissenen Uniformen: der OStuF hat seinen Kovacs, die Soldaten kriegen die Uniformen, die arme Frauen zusammengeflickt haben.

Ludo schlägt vor, daß ich meine Zeit zwischen Industrie und Werkstatt verteilen soll. Hier gibt es keine Werkbank für mich, also müssen alle großen Reparaturen am Bauhof gemacht werden. Alle Maschinen sind dasselbe alte Singer-Nähmaschinen-Modell, Spezialmaschinen haben sie nicht. Eine von den alten wird nicht benutzt. Die werden wir in der Werkstatt herrichten, dann kann sie hier bei Bedarf verwendet werden, wenn ich nicht da bin. Kovacs und Ludo sind begeistert von meiner Idee. „Ich hab", sagt Ludo zum Schneider, „ihm schon gesagt, daß er ein typischer Jekke ist." Beide sind zufrieden. Kovacs meint, daß er sich jetzt endlich keine Sorgen um seine Maschinen zu machen braucht. Ludo hofft, daß er das bei „den befugten Instanzen" auch zum Ausdruck bringen wird. Wir gehen weg, Kovacs soll der Transportabteilung Auftrag geben, die Maschine zum Bauhof zu bringen. Unterwegs sagt Ludo, daß Kovacs das gar nicht kann, aber er selber wird sofort dafür sorgen. Wir gehen also zur „Spedition", ganz nahe bei der „Jäger", im Häuschen der alten Stadtwaage. Meine Arbeitszeit kann ich mir selbst einteilen, weil die Textilindustrie in zwei Schichten arbeitet. Ludo wird heute noch für mich einen Passierschein und meine Essenszulage besorgen. Es ist beinahe Mittagspause. Da ich doch ganz in der Nähe der Essenshalle bin, verabrede ich mit Ludo, daß wir einander nach Tisch im Bauhof treffen, um alles weitere zu besprechen.

Wir sitzen in der Essenshalle, sehr komfortabel, muß ich sagen. Carry geht zur Theke das Essen holen. „Was ist Buchte mit Kaffeecreme?" fragt sie. Ich verstehe sie erst nicht, aber dann sehe ich es. „Buchteln", sage ich, „das ist ein Wunder, wenn die das hier können." Es schmeckt herrlich, schade daß es nur eine ist. Carry, die ihre Zuschlagskarte schon hat, darf noch eine holen, die teilt sie mit mir. Schmeckt noch besser. Als Dank imitiere ich Herrn Kovacs mit seinem OStuF. Wir kennen das nur allzugut; in Westerbork gab's auch solche Leute. Ihre Arbeit am Holzplatz gefällt ihr. Nicht zu schwer, angenehm in der frischen Luft. Eine Gruppe netter Menschen, wie damals bei der Hachscharah. Von denen weiß sie auch, warum die Leute nachts auf dem Gang in den Arkaden schlafen: wegen der Wanzen. Davon haben die Leute, die wir auf der Bastei gesehen haben, den Ausschlag. Ich erinnere mich, daß in den ganz alten Wohnvierteln von Wien auch Wandläuse waren. Sie leben in altem, trockenem Gemäuer und Holz. Mit Schwefelgas ausräuchern ist das einzige, was dagegen hilft, aber das ist hier unmöglich. Carry hat auch eine andere Neuigkeit. Ganz in der Nähe vom Holzplatz, bei der alten Manege, ist ein Badehaus mit einem kleinen Schwimmbad, das früher von den k.u.k. Offizieren besucht wurde. Für das Schwimmen braucht man aber Beziehungen, sonst läßt der Bademeister einen nicht hinein. Wir sind schon viele Jahre nicht geschwommen, ob Ludo mir helfen kann?

Er verspricht es, gibt mir die Karte für die Essenszulage und den Passierschein. Wir verabreden, daß ich alles, was Nähmaschinen betrifft, behandeln und seine Schützlinge nicht behelligen werde. Aufträge für mich empfängt der Buchhalter. Er, Ludo, braucht sich darum nicht zu kümmern, es sei denn, daß ich es wünsche.

Die Zeit vergeht schnell, wir sind nun schon eine Woche hier. Meine Arbeit läßt mir genug Freiheit und auch Gelegenheit, mit verschiedenen Leuten zu sprechen. Langsam merke ich, daß es sehr viele Ähnlichkeiten mit Westerbork gibt. Jedoch, wenn alle Geschichten wahr sind, haben sie es hier mit ihren Kommandanten wesentlich schlechter getroffen als wir mit Gemmeker. Piesacken und kollektive Strafen sind hier lange Zeit die Regel gewesen. Massenhinrichtungen durch Erhängen, selbst für Verletzung des Schreibverbotes und ähnlichen Lappalien. Auch wurde zweimal wegen Fluchtversuchen für je einen Monat ein totales Ausgangsverbot für Wochenenden und täglich nach 18 Uhr verhängt und in allen Wohnungen und Kasernen das elektrische Licht abgeschaltet.

Es sind auch dänische Juden hier. Man sagt, daß sie eine Sonderposition einnehmen, bessere Quartiere haben und regelmäßig Pakete aus Dänemark bekommen. Einer von ihnen kam unlängst zu uns in die Werkstatt und hat mir ihre Geschichte erzählt. Als in Dänemark das Tragen des Judensterns vorgeschrieben wurde, erschien der dänische König auf der Hauptstraße auch mit einem Judenstern. Als kurz danach die Deportation angekündigt wurde, hat die dänische Bevölkerung noch in derselben Nacht mit hunderten kleinen und großen Schiffen alle Juden aus ganz Dänemark nach Schweden gebracht. Nur die 500, die jetzt hier sind, hatten die Deutschen bereits in ihrer Gewalt, weil sie in einem Arbeitslager waren. Sie sagen aber, daß der König noch immer über sie wacht und daß sie deswegen hier sind und nicht in Auschwitz. Von ihm weiß ich auch, wie man schwimmen gehen kann. Man braucht eine extra Badekarte wegen schmutziger Arbeit. Damit und mit einer entsprechenden Empfehlung geht man zum Bademeister. Der sperrt einem in einer stillen Stunde das Schwimmbad auf.

Appell haben wir noch nicht gehabt, der wird hier nur in besonderen Fällen gehalten. Anstattdessen erscheinen regelmäßig Tagesbefehle, die in den Kasernen und bei der „Magdeburger" angeschlagen werden. Außerdem gibt es die „Mitteilungen der Jüdischen Selbstverwaltung", die wöchentlich angeschlagen wird. In dieser Wandzeitung sind alle Urteile des jüdischen Gerichtes, das unabhängig von der Kommandantur Recht spricht, natürlich aber jederzeit zur Verantwortung gerufen werden kann, nachzulesen. Besonders streng sind die Strafen für Delikte, die mit dem

Essen zu tun haben. Diebstahl oder Schwindel mit Essenskarten zum Beispiel: der Versuch, Essen auf eine gestohlene Karte zu bekommen, kostet sieben Tage Gefängnis, fünf Tage für die falsche Verlustmeldung einer Essenskarte, aber auch fünf Tage für leichte Verwundung bei einer Tätlichkeit. Man sieht in der Zeitung auch, wann Transporte ankommen und abgehen, wann man Schmutzwäsche abgeben kann, wer wann einkaufen darf und viel anderes, was wissenswert ist. Allerdings keine Geburtsanzeigen, denn es ist verboten, in Theresienstadt ein Kind auf die Welt zu bringen. Ich habe keine Ahnung, was sie dagegen tun. Aber eine Freundin, die hochschwanger mit uns aus Westerbork gekommen ist, fürchtet sehr um ihr Kind. Bis jetzt hat aber noch niemand etwas gesagt, während es doch deutlich zu sehen ist.

Carry hat auf dem Holzplatz gehört, daß die Mädchen auf dem Sportplatz auf dem Südberg, das ist die Bastei auf der Jägerkaserne, Handball spielen. Sie darf mitmachen. Heute abend sind wir zum ersten Mal oben gewesen. Im Gegensatz zu den Männern gibt es bei den Frauen keine Profis, hier sind auch keine Zuschauer. Die Sportanlage ist völlig erneuert und auch der Kommission gezeigt worden. Weil ich beim Handballspiel souffliert habe, fragen die Mädchen, ob ich sie coachen will. Carry ist einverstanden, also tue ich es. Das ist übrigens das einzige, was ich hier an Sport betreibe. Fritz spielt auch Handball, als Semiprofi. Das heißt, er bekommt irgendwo pro forma eine Anstellung und entsprechende Essenskarte mit Zuschlag.

Also haben wir drei es doch nicht schlecht getroffen. Carry hat sich mit Theresienstadt noch immer nicht versöhnt. Sie will nicht einsehen, daß ich eine Stadt immer noch erträglicher finde als ein Barackenlager. Aber ich muß zugeben, daß uns beiden die Gemütlichkeit unserer Baracke sehr fehlt und vor allem die Möglichkeit, wenn auch nur durch ein paar Decken von den anderen getrennt, doch mal zu zweit alleine sein zu können. Wir trauern auch den alten Freundschaften nach, die zerbrochen sind. Werner, Mickey und Erwin sind in Westerbork geblieben. Rolf müßte auch in der „Jäger" wohnen, aber wir haben einander noch nicht finden können in diesem Labyrinth von Kellergewölben und Gängen.

Solange er sich darauf verlassen kann, daß ich alle Reparaturen, die in der Nähmaschinenwerkstatt anfallen, ausführe, tut Ludo alles für mich. Die Erklärung ist einfach: hier schaut offensichtlich niemand, ob vier oder fünf „Monteure" arbeiten. Wenn ich die Arbeit mache, können die anderen Fußballer, Schauspieler oder Opernsänger sein, das interessiert niemanden. Da er den Bademeister sehr gut kennt, ist es für ihn kein Problem, mir zwei Badekarten „wegen sehr schmutziger Nachtarbeit" für den Sonntagmorgen zu geben. Der Bademeister weiß bereits Bescheid. Ludo sagt noch dazu, daß wir uns keine Badeanzüge mitzunehmen brauchen. Wir werden alleine sein.

Sonntag morgen also im Schwimmbad. Pane Bademeister erwartet uns schon, und während er feststellt, daß unsere Nachtarbeit doch nicht sehr schmutzig war, sperrt er die Türe zum Schwimmbad auf. Es ist tatsächlich winzigklein, das Bassin weiß gekachelt, eine Treppe führt ins klare Wasser. Carry hat sich ausgezogen und schwimmt schon. Ich stehe am Rand und bewundere meine Nixe, aber die wird ungeduldig. Ich soll reinkommen. Das tue ich auch, zumindest bis zum Augenblick, wo meine Zehen das Wasser berühren. Es hat die Temperatur eines Gletschersees. Es scheint tatsächlich zu frieren, denn bei der nächsten Bewegung rutsche ich aus und plumpse in das eiskalte Wasser. Carry lacht mich aus und ruft, daß ich mich daran gewöhnen muß. Aber das ist mir nicht gegeben. Mit Müh und Not erreichen meine vom Frost erfaßten Glieder die Treppe, und der kalte Steinboden scheint mir geheizt. Ich schleppe mich zum Fenster, sehe, daß der Bademeister für jeden ein kleines Handtuch vorbereitet hat. Die Herbstsonne scheint wohltätig auf meinen Rücken, während ich Carry bewundere, die mutig weiter durch den Eissee schwimmt. Dann kommt sie mit einer Gänsehaut aus dem Wasser. Es war schön, aber kalt. Ich habe das Vergnügen, sie trockenreiben zu dürfen. Zusammen sitzen wir noch ein bißchen in der Sonne, ziehen uns wieder an, danken dem Bademeister und gehen.

Richtig warm wird mir erst, als wir auf dem heißen Dachboden der „Magdeburger" sind. Das ist das „führende Haus" von Theresienstadt, ein Theater, entstanden als illegale Bude, in der Zeit, als Kultur hier noch verboten war. Jetzt ist es ein, nach den Umständen gemessen, gut ausgestattetes Schauspielhaus. „Spiel im Schloß" von Franz Molnár steht auf dem Programm. Es war nicht schwer, Karten zu bekommen. Das Angebot der verschiedenen Bühnen ist groß, und den Molnár spielen sie hier schon länger. Die Aufführung ist ausgezeichnet, wir sind begeistert.

Noch haben wir das ganze Sonntagsvergnügen von Theresienstadt nicht ausgekostet. Ich habe zwei Karten für das Fußballmatch „Küche" gegen „Spedition" von einem meiner vier Kollegen bekommen. Auf dem Mittelhof der „Dresdner" wird gespielt. Das Spielfeld, kleiner als ein normales – darum spielen auch nur sieben Personen pro Mannschaft – ist, nicht wie in Westerbork, gerollter Sand. Hier sind es richtige 170 Jahre alte Pflastersteine. Rundherum sind drei Reihen Sitzbänke aufgebaut. Alle Arkaden von den drei Stockwerken sind völlig gefüllt. Auf dem Ziegeldach stehen Menschen, die durch die Dachluken geklettert sind. Wir haben zwei Hocker in einer Arkade im dritten Stock, genau oberhalb eines Tores. Nicht die nobelsten Plätze, aber drei besondere Ereignisse an einem Tag beweisen, daß wir in 14 Tagen schon gut eingebürgert sind. Das Spiel ist von hoher Klasse. Die Burschen sind Artisten und da sie Respekt haben vor Andermanns Körper, wird sehr fair gespielt. Unglaublich, wie ein Torwart, der übrigens gut eingepackt ist, sich bei einer Parade auf die Pflastersteine wirft. Niemand wird verletzt, obwohl man doch oft glaubt, daß etwas geschehen sein muß, wenn einer liegenbleibt. Aber ein Seufzer der Erleichterung steigt aus dem Hexenkessel, der der Kasernenhof ist, wenn es wieder weitergeht. Am Ende ist es ein toller Wirbel, mit vielen guten Gaben in Naturalien von den Anhängern.

Das Krankenhaus ist die Hohenelbekaserne, die schon von den Österreichern als Militärspital gebaut wurde. Ein schmuckes Gebäude mit zwei Seitenflügeln und einem Vorgarten. Die Kranken werden gut versorgt, allerdings herrscht große Knappheit an Verbandstoffen und Medikamenten. Polikliniken sind in verschiedenen Kasernen untergebracht. Hinter der „Hohenelbe" liegt eine große Kasematte, die Kavalierskaserne. Das Gebäude ist vollkommen verwahrlost, doch scheinen dort noch vor wenigen Jahren Geisteskranke und alte Leute unter erbärmlichen Umständen gelebt zu haben.

Es gibt in Theresienstadt auch ein Krematorium. Bevor Tote dorthin gebracht werden, kommen sie erst in die Zeremonienräume, die in einer Kasematte am großen Graben eingerichtet ist. Dort werden die jüdischen Begräbnisriten ausgeführt, dann wird die Leiche in einem Sarg zum Krematorium gefahren. Niemand von den Angehörigen darf den Toten begleiten. Nach der Einäscherung wird die Urne, eine Kartonschachtel mit Namen und Geburtsdatum, im Kolumbarium, das der Zeremonienhalle gegenüberliegt, beigesetzt.

Einer meiner tschechischen Kollegen fragt mich, wo Arnheim liegt. Er hat bei der Gendarmerie ein Stück von einer tschechischen Zeitung gesehen. Da stand ganz groß drin, daß die Deutschen bei Arnheim einen großen Sieg über die englische Luftlandeflotte errungen haben. Was kann das bedeuten? Da wir keinen Atlas hierhaben, zeichne ich auf ein Stück Papier, wo Maastricht und wo Arnheim liegt. In Maastricht waren die Amerikaner vor 14 Tagen, was machen die Engländer jetzt bei Arnheim? Niemand kann die Frage lösen, hier sind kaum verläßliche Nachrichten zu bekommen. Wenn es aber irgend etwas Neues gibt, ist es hauptsächlich von der Ostfront, und das interessiert jeden natürlich viel mehr. Die Russen kommen immer näher, sie scheinen schon ein großes Stück Polen besetzt zu haben. Ich erzähle Carry die Geschichte unter der Kastanie beim Abendessen. Es gibt Brot mit Leberwurst. Die Wurst ist ausgezeichnet, jeder bekommt eine Büchse. Warum jemand jemals so kleine Büchsen hat machen lassen, ist nicht bekannt, aber es muß ein riesiger Vorrat sein, sagt man. Carry glaubt, daß hinter dem Arnheimbericht etwas anderes steckt. „Du wirst sehen, daß sich in Kürze herausstellt, daß die deutschen Truppen sich wieder zurückgezogen haben", sagt sie. „Jedenfalls tun die Alliierten etwas, Hitler hat nicht mehr die Initiative. Übrigens, ich habe morgen frei."

Da ich die Spät-Schicht in der Textilbaracke mache, gehen wir nach dem Frühstück – wieder nur Tee, es gelingt uns nicht, Brot vom Abendessen aufzuheben – hinauf auf die Bastei, legen uns in die Sonne und schauen nach Leitmeritz hinüber. Wir haben Hunger. Der leere Magen quält, und ich habe noch immer keine Möglichkeit gefunden, etwas dazuzuverdienen. Irgendwie geht es hier nicht so wie in Westerbork. Die Armut unter den Leuten ist viel größer, sodaß nur ganz wenige es sich leisten können, etwas extra zu kaufen oder machen zu lassen. „In der Küche müßte man arbeiten", sagt Carry und ich sage, daß es für ein schönes Mädchen wie sie doch nicht schwer sein kann, so eine Stellung zu bekommen. Sie ist schrecklich böse, daß ich so etwas sage, auch wenn es im Scherz ist. Ich versuche mich zu entschuldigen, aber sie steht auf und sagt, daß wir endlich essen gehen können, die Pfeife wird gleich ertönen. Wir spazieren zur Essenshalle 1.

Die Abendschicht ist zu Ende. Ich bin immer als erster draußen, zeige beim Schlagbaum meinen Ausweis und gehe über die Brücke. Drüben, bei den Tor-Kasematten, der Grenze, die man nicht überschreiten darf, sehe ich eine Menge Leute stehen. Carry ganz vorne dran, sie rennt auf mich zu und schreit: „Du mußt weg!" Erst verstehe ich sie gar nicht, dann, als ich bei ihr bin, drückt sie sich an mich und weint: „Du gehst auf Transport." Die Tränen laufen ihr über die Wangen. Ich ziehe sie mit, drüben steht eine Bank. Wir setzen uns, sie muß sich beruhigen, ich wische ihr die Tränen ab, küsse sie.

Carry erzählt: nachmittags mußten alle, die nicht in der Arbeit waren, in den Hof der „Magdeburger" kommen. Der Judenälteste, Eppstein, erklärte, daß 2000 Männer übermorgen nach Riesa bei Dresden abreisen werden, um dort ein Lager einzurichten, wo mehr Leute werktätig sein können. Wenn die Vorarbeiten dort beendet sind, können Frauen und andere Familienmitglieder nachkommen. Alle Holländer, mit Ausnahme der Barnevelder und der Evangelischgetauften, fahren. Da in Riesa auch Krankenhaus, Küche und Administration eingerichtet werden müssen, wird Eppstein selbst samt den benötigten Fachkräften aus Theresienstadt mitgehen. Soweit hat Carry ruhig erzählt, jetzt ist es ihr aber wieder zu viel. „Die Schufte. Ich weiß, daß es nicht wahr ist. Ihr geht einfach auf Transport!" Die Arme hat den ganzen Nachmittag und Abend diese Last alleine getragen. Jetzt ist sie völlig erschöpft. Ich bin sprachlos. Das einzige, was sie noch will, ist, nicht mehr auf den schmierigen Dachboden zurückzumüssen. „Ich bleibe bei dir, bis du wegmußt", sagt sie und ich will nichts lieber. Also gehen wir zum Vorzimmer des Waschraumes in der Jägerkaserne.

So haben wir unsere erste Nacht zusammen verbracht. Als wir morgens in dem schmalen Bett erwachen, wird uns langsam klar, daß wir nach dieser herrlichen Nacht nur mehr einen Tag füreinander haben. Das Problem des Waschraums löst sich von selbst, als sich herausstellt, daß mein tschechischer Obermann auch seine Frau auf Besuch hat. Die hat das schon öfters getan: beide Frauen gehen einfach hinein und waschen sich. Nachher lachen wir uns schief, denn beide Paare hatten nichts voneinander gemerkt.

Also erstmal feststellen, ob nicht etwas zu arrangieren ist. Mit Beziehungen geht hier doch alles. Jedoch, Ludo ist ein gebrochener Mann. Alle seine Leute müssen weg, mit nach Riesa, um da in der Industrie zu arbeiten. OStuF Rahm hat gesagt, daß man da Leute braucht. Ludo rennt weg, denn er muß beim Verpacken der Küchenmaschinen dabeisein. Überall hört man dasselbe: in der Küche, im Krankenhaus, in der Bäckerei. In jedem Dienstzweig gehen betriebswichtige Kräfte mit. Diesmal gibt's gar nichts, was man tun kann. Soweit ist alles einleuchtend. Warum aber müssen auch die Kriegsinvaliden, die Tapferen mit dem EK1, die Burschen aus dem Jugendheim mit, warum gehen auch die weg? Als wir das hören, wird uns klar, daß es auch Onkel Heinrich und Herbert betrifft. Wir suchen Fritz und gehen zu dritt zu ihnen. Ja, es ist wahr, und sie sind vollkommen verdattert. Noch nie in all den Jahren ist jemals daran gezweifelt worden, daß ihre Gruppe das Recht hat, in Theresienstadt zu bleiben. Aber es ist nicht zu ändern. Onkel Heinrich hofft jedenfalls, auf Herbert aufpassen zu können, und Tante Selma zerbricht sich den Kopf, was sie am besten backen kann, was sich am besten zum Mitnehmen eignet. Es ist so schrecklich mitanzusehen, daß man sein eigenes Leid dabei vergißt.

Wir werden uns morgen nachmittag in der Schleuse melden müssen, um nachts abzureisen. Carry will in der „Hamburger" einige Sachen für die Nacht holen, denn wir haben nicht nur einen Tag, sondern auch noch eine Nacht zusammen! Während sie auf den Dachboden steigt, schaue ich mich bei der Schleuse um. Es geht genau umgekehrt wie bei der Ankunft. Eingang in der Langegasse, Ausgang beim Zug. Die Arkaden an der Südseite des Innenhofs sind zugemauert, ein großes Tor ist der Eingang. Drinnen werden Schilder mit Instruktionen aufgehängt oder verändert. So sehe ich, daß wir an Gepäck so viel wir wollen mitnehmen dürfen, während sonst nur ein Kolli pro Person erlaubt ist. Aber unverändert steht, „daß es strafbar ist, bei der Ausreise die Essenskarten nicht abzugeben". „Was für eine Strafe wird das wohl sein?" frage ich Fritz, der mitliest. „Transport", sagt Fritz.

Bei der Spedition frage ich den Buchhalter, wann der Zug kommt. „Heute nacht", sagt er. „Wenn er heute nacht nicht kommt, könnt ihr morgen abend nicht weg." „Warum?" „Das ist Vorschrift der Deutschen Reichsbahn." Wir begegnen unterwegs einigen Barneveldern. Denen gefällt Theresienstadt auf einmal viel besser. „Vielleicht hilft heiraten", sagt jemand.

Bevor wir einschlafen, sprechen wir übers Heiraten. Das Thema haben wir in Westerbork schon diskutiert. Ich kann kein Barnevelder werden, sicher nicht hier in Theresienstadt. Carrys Status kann sich nur verschlechtern. Daß sie als Ehefrau nach Riesa reisen könnte? Wir wollen nichts freiwillig tun. Carry bleibt bei ihrer Familie und Barneveld, Fritz und ich bleiben zusammen. Wir werden in Holland heiraten!

Die geschenkte Nacht, die zweite zusammen also, geht zu Ende. Wir werden vom Lärm wach. Es wird aufgeregt gesprochen, aber ich verstehe nichts, es ist Tschechisch. Unsere oberen Nachbarn verstehen es wohl: ein lachender, blonder Wuschelkopf beugt sich über den Bettrand hinunter: „Nicht kein Zug nicht gekimmen!" ruft sie; das ist jiddisch: es ist kein Zug gekommen! Ich drehe mich abrupt um, Carry fällt beinahe aus dem Bett.

Der Morgentee unter der Kastanie schmeckt herrlich, vor allem weil wir eine Bahnhofstraße ohne Waggons sehen. Natürlich weiß jeder einen anderen Grund, warum schon wieder kein Zug da ist: von den Russen, die schon so nahe sind, daß die Deutschen alle Lokomotiven und Wagen benötigen, um Truppen zur Front zu bringen, über Luftangriffe, die die Strecke zerstört haben, bis zum Roten Kreuz, das nach der Inspektion die Deutschen gezwungen haben soll, keine weiteren Transporte aus Theresienstadt abgehen zu lassen; es gibt eine Menge Vermutungen. Wie dem auch sei: wir genießen den neuen Tag.

Wie verabredet gehen wir zu Tante Selma. Herbert ist da. Er ist ein lieber Kerl, ihn regt es nicht auf, man wird schon sehen. Fritz kommt auch, wir sitzen draußen und schmusen. Tante Selma hat schon wieder Kuchen gebacken, er riecht herrlich. Wie sie das macht, fragt Carry. Sie hat früher in der Zentralbäckerei gearbeitet, bei dem Meister, der die Buchteln und auch das „Weißgebäck" für den OStuF macht. Der kennt sie noch immer gut, er gibt ihr die Germ, und sie darf nachts ihre Bäckerei in den Ofen stellen. Wir sprechen über früher, aber das bringt nicht viel, weil wir doch eine andere Generation sind. Wir erzählen von unserer Flucht, davon wußten sie natürlich, aber keine Einzelheiten. Auch über die Tatsache, daß, obgleich kein offizieller Antisemitismus herrschte, die Deutschen in zwei Jahren doch den größten Teil der Juden deportieren konnten. Dazu haben sie in Wien trotz aller Judenfresser vier Jahre gebraucht. Aber daß sich Tausende von Menschen verstecken konnten, das hätte es in Österreich nicht gegeben. Beim Weggehen wünschen wir einander, daß heute nacht wieder kein Zug kommen möge.

Essenszeit, wir sitzen in unserem Stammlokal, Essenshalle 1. Es gibt Szegediner Gulyas mit Erdäpfeln, je 40 Gramm plus 50 Prozent Arbeitszuschlag, insgesamt also 120 Gramm als Mittagessen. In Westerbork waren wir schon langsam an die Steckrüben und die gesalzenen Schnittbohnen gewöhnt. Es schmeckte meistens scheußlich, aber mit allem, was wir dazu hatten, brauchten wir keinen Hunger zu haben. Das ausgezeichnete Essen hier mit den Fingerhutportionen macht den Hunger noch ärger. Darum sind jene Delikte, die am häufigsten vor dem jüdischen Gericht behandelt werden, Diebstahl von oder Betrug mit Essenskarten. Heute haben wir aber Tantes Kuchen. („Eßt ihn ruhig auf, heute nacht backe ich neuen, wenn ihr, Gott behüte, morgen wegmüßt", hat sie gesagt.)

Nachmittags fange ich doch zu packen an. Vielleicht aus Aberglauben. Carry steht dabei, gibt gute Ratschläge macht manchmal Kommentare. Plötzlich rennt sie, wie aus der Pistole geschossen, weg. Ich höre gerade noch „Ik kom zo terug" (daß sie gleich wiederkommt, denn auch hier spricht sie ausschließlich holländisch mit mir). Das stimmt: rot vom Rennen, außer Atem, steht sie wieder bei mir. „Ich habe gesehen, daß du keinen Gürtel hast. Den brauchst du sicher, nimm den von mir, bitte", sagt sie. Ich kenne ihn, es ist ein alter Pfadfinderriemen, an der Schnalle ist die Lilie herausgeschliffen, weil die Pfadfinder jetzt verboten sind. Sie hat ihn oft selbst getragen. Als ich sie küsse, um zu danken, sehe ich Tränen in ihren Augen. Oder sind das die, die ich in meinen Augen fühle?

Noch zwei Tage und Nächte waren uns vergönnt, aber heute, am 28. September 1944, sah Carry, als sie als erste hinausging, den Zug stehen. Nicht viel später wurden persönlich adressierte Zettel ausgeteilt:

„Einberufung. Sie wurden in den Transport eingereiht und haben sich zur Abfertigung pünktlich ..."

Ich muß mich also heute um genau vier Uhr nachmittags bei der Schleuse in der Langestraße melden, da hilft nichts mehr. Ich packe meine Sachen zusammen, sodaß ich sie nachher gleich mitnehmen kann. Dann gehen wir zur „Hamburger", denn ich will von Carrys Eltern und Ronnie Abschied nehmen. Die ganze Umgebung ist voll von Ghettowachleuten und auch tschechischen Gendarmen, die man sonst nicht in der Stadt sieht. Die Bahnhofstraße ist abgesperrt, und von den vier Toren der „Hamburger" ist nur eines, in der Langestraße, für Bewohner zugänglich. Carrys Eltern, ihr Bruder und ich wünschen einander, daß wir uns gesund und wohlauf in Den Haag wiedersehen werden. Dann gehen wir zu Tante und Onkel. Er muß eine Stunde vor uns in der Schleuse sein. Herbert ist zurück zum Jugendheim gegangen, er hat schon Abschied genommen. Der Bitte, daß Väter, die auch mitreisen, bei ihren Kindern sein dürfen, ist nicht entsprochen worden. Die Buben sind schon Jahre als Gruppe erzogen worden, jetzt reisen ihre Leiter und Lehrer mit ihnen in eigens für sie reservierten Waggons. Der Ältestenrat findet das pädagogisch besser, hat man Onkel Heinrich gesagt. Es hat wenig Sinn, ihnen zu erklären, daß ich das richtig finde. Also sage ich nur, daß der Onkel in Riesa denselben Kontakt mit Herbert haben wird wie hier. Abgesehen davon versprechen Fritz und ich, daß wir uns jedenfalls nach Herbert umschauen werden. Also wieder Abschied nehmen. Sie waren in den gut drei Wochen, die wir hier verbrachten, reizend zu uns. Sie haben die Tragik, die jetzt auch über sie kommt, nicht verdient. „Vergeßt nur nicht, den Kuchen mitzunehmen", sagt Tante Selma. Wieviel Seufzer und Tränen sind in diesem Kuchen mitgebacken? Plötzlich muß ich an Frau Hass denken, die für uns auch einen Kuchen gebacken hatte. Carry sagt, daß sie auf Tante Selma gut aufpassen wird. Sie wird es mit Liebe tun, aber wahrhaftig, es wird nicht leicht für sie sein.

Wir gehen essen. Der Mann mit der Kelle kennt uns schon. Er ist eine wichtige Person, sicher wenn es nicht nach Gewicht geht. Ob einer den Schöpfer mehr oder weniger voll bekommt, kann zwei Bissen ausmachen, und das ist hier sehr viel wert. Ob ich auch weg muß, fragt er. Als ich ja sage, bekommen wir beide noch etwas dazu. Er ist Däne, darf bleiben, das weiß er sicher. Aber er hat noch nie gehört, daß bei einem Transport Küchen- und Krankenhauseinrichtung mitging. Heute sind es Personenwaggons, die hat man schon seit Jahren nicht mehr in der Stadt gesehen. Er hat auch gehört, daß wir in der Schleuse Abendessen und Proviant bekommen, auch das ist etwas Neues. Alles deutet also darauf hin, daß dieser Zug eine andere Bestimmung hat. Carry glaubt es noch immer nicht. „Wo arbeitest du?" fragt der Däne. „Am Holzplatz", sagt Carry. „Sprich doch mal mit meinem Chef. Es gehen so viele Leute aus der Küche mit diesem Transport weg, er hat sicher einen Posten für dich", sagt er und erklärt ihr, wo sie den finden kann. Carry wird es versuchen.

Dann geht sie zurück in die „Hamburger", um dafür zu sorgen, daß ihr „Bett" heute abend wieder frei ist. Mir läßt das Zeit, noch einmal alleine durch die Stadt zu gehen, um Abschied zu nehmen. Zu meinem Entsetzen entdecke ich jetzt, daß es gar nicht so ein freundliches, altes Städtchen aus der Zeit von Joseph II. ist, so wie ich es bei jenem ersten Morgenspaziergang gesehen hatte. Jetzt merke ich, daß Carry recht hat. Alles ist nur eine dreckige Fassade. In Wirklichkeit haust hier ein bösartiges Runzelweibchen, das dafür zu sorgen hat, daß der grüne Drache, der da vorne steht, immer genug zu fressen kriegt.

Ich treffe Carry beim Tor der „Hamburger". Wir setzen uns noch einmal auf die Bank unter der Kastanie, schauen noch einmal auf die Schultafel mit dem Menü. Zum letzten Mal gehen wir in die Jägerkaserne, küssen einander auf dem Bett vor dem Waschlokal. Wir sind alleine. Jetzt sehen wir erst, wie schmutzig und desolat alles ist. Aber was soll es, wir waren hier glücklich! Dann nehmen wir mein Gepäck und rennen zur Langestraße. Wir sind spät dran, Fritz wartet schon auf mich. Abschied nehmen. Der Torwächter fragt, ob wir nichts vergessen haben und fügt dem nicht ohne Pathos hinzu: „Denn es gibt kein Zurück." Es läuft mir kalt über den Rücken.

Drinnen ist es ein Hexenkessel. Tausend oder mehr ängstliche, nervöse Menschen in einem zu kleinen Raum ohne Ventilation. Die Kontrolle ist einfach, Ausweis und Essenskarte abgeben. Dann bekommt man ein Stück Brot, ein paar Büchsen Leberpastete oder Blutwurst, ein Säckchen Würfelzucker und ein Stück Kuchen. Danach dauert es noch endlos lange. Als wir endlich zum Tor hinausgehen, den Zug entlang, höre ich von hoch oben pfeifen: „Ich hab' es heut nacht den Sternen erzählt." Das muß Carry sein. Ich schaue hinauf zu den Mansardenfenstern des Dachbodens, werde aber geblendet von den Scheinwerfern, die den „Bahnsteig" beleuchten. Ratlos winke ich hinauf ins Nichts.

Die ganze Zuggarnitur besteht aus nagelneuen Personenwagen. Allerdings eine Art Ersatz. Es scheint, als ob man in Güterwagen Fenster, Türen und Innenausstattung von altmodischen Personenwagen eingebaut hätte. Kein Gepäcksnetz, daher verstauen wir unsere Bagage im Mittelgang. Es liegen an jeder Seite immer zwei Sitze einander gegenüber. Die Anzahl von Sitzplätzen und Reisenden stimmt genau überein. Meistens ist das Verhältnis bei Transporten viel ungünstiger. Warum gibt man sich all die Mühe? Ich sitze am Fenster, neben mir Fritz, uns gegenüber Johnny und Jones, die Sänger aus der Revue. Die Formalitäten sind dieselben wie in Westerbork. Kommandant, Grüne Polizei, ein paar SSler.

Die Lokomotive pfeift, der Zug fährt ab. Ich sitze gegen die Fahrtrichtung und sehe die „Hamburger" langsam verschwinden, die großen Wehrmauern im grellen Licht, dann ist es dunkel. Eine Mischung aus Angst und Verdruß überfällt mich, aber meine Müdigkeit ist stärker. Ich schlafe ein und werde erst wach, als wir in Dresden einfahren. Ein schöner Bahnhof mit alten Eisenkonstruktionen. Dann erscheint ein Grüner in der Abteiltüre: er teilt Postkarten aus, die dürfen wir jetzt ins Ghetto schicken. Wie nett, wer will, bekommt eine. Wir drängen uns nicht, bekommen also keine. Dann sagt der Uniformierte, daß nur ein Text erlaubt ist: „In Dresden angekommen" und leserliche Unterschrift, sonst nichts. Jetzt hilft es aber nichts mehr, wer eine Karte hat, muß schreiben. Nun werden selbst die Optimisten stutzig.

Der Zug fährt los. Auf der Brücke sehe ich das berühmte Elbepanorama, wie wir es in der Kunstgeschichte gelernt haben: Zwinger, Hofkirche, Gemäldegalerie und so weiter. Der Zug steht in einem Ort in der Lausitz. Ich habe einen kleinen Taschenatlas und will nachschauen, wo wir sind. Ein Grüner klopft ans Fenster. Ich öffne, was eigentlich streng verboten ist. Er nimmt das Büchlein, steckt es in seine Tasche und geht weg. Schlechter geht es einem Burschen ein paar Waggons weiter. Er springt auf den Bahnsteig; warum? Jux, Panik, wer weiß. Ein Grüner schießt sofort, er ist tot. Zwei Burschen aus dem Waggon müssen die Leiche in ihr Abteil legen.

Jeder schläft, es ist dunkel draußen. Ich werde wach, weil der Zug abbremst. Wir stehen auf einem verdunkelten Perron mit einem weißen Stationsschild: „Kattowitz". Sofort bin ich hellwach: das sollte doch schon längst von den Russen besetzt sein?

## Auschwitz, Oktober 1944

Wir holpern über Weichen, dann steht der Zug still. Es ist dunkel draußen, nur ab und zu sind in der Ferne kleine glänzende Punkte zu sehen, die wie Irrlichter tanzen. Dazu Geräusche, wie grausige Musik. Die anderen hören es auch. Obwohl streng verboten, öffnen wir ein Fenster ganz wenig. Jetzt hören wir es besser: so wie die Irrlichter, so ist auch diese Musik: schauerlich. Es sind menschliche Stimmen, die jammern und klagen, heulen und schreien. Es läuft mir kalt den Rücken herunter. Ein Grüner kommt vorbei. Er trägt eine Laterne, und jetzt verstehe ich es: die Irrlichter sind Lampen von Wachmannschaften, die Züge begleiten. Also stehen wir hier auf einem riesigen Abstellplatz. Wir schließen das Fenster und merken erst jetzt, daß ein widerlicher Geruch von draußen hereingekommen ist. Die verzweifelten Stimmen klingen noch immer in unseren Ohren. Irgendwie haben wir das entsetzliche Gefühl, daß die jammernden Menschen hier schon sehr lange stehen. Wir brauchen nicht lange zu warten, unser Zug fährt wieder. Das heißt, wir werden jetzt geschoben, weg von den Irrlichtern und dem Gestank, wieder ins Dunkel. Ich merke, daß wir durch ein Tor fahren, und dann bin ich durch grelles Licht geblendet. Scheinwerfer beleuchten den Perron, parallel dazu sehen wir endlos viele Zäune mit elektrischem Stacheldraht, Wachtürme und unzählbare Holzbaracken. Dort sind auch Männer, in Fetzen gekleidet. Sie schleichen mehr, als sie gehen. Das Bild kommt mir bekannt vor. Aber woher? Plötzlich weiß ich es. So sahen die jüdischen Burschen aus, die vom holländischen KZ Amersfoort nach Westerbork überstellt wurden. Ich kann mich von dem Bild nicht losreißen und erschrecke, als der Zug jäh bremst. Was ich dann sehe, ist noch gräßlicher. Den ganzen Perron entlang steht eine Reihe SSler mit Peitsche und Knute, davor eine Kette von blau-weiß gestreiften Männern. Die reißen die Türen der Waggons auf, schreien, daß jeder sofort aussteigen muß. Keinerlei Gepäck darf mitgenommen werden. Es geht, weil bei unseren Waggons an Kopf- und Stirnseite nur je eine Türe aufgeht. Die Blau-Weißen zerren an uns, damit es schneller geht. Die SSler hinter ihnen schreien und knallen mit den Peitschen. Dann schlagen sie wirklich drauf los. Einer wird immer getroffen, ein Blau-Weißer oder einer von uns. Manche Gestreifte haben auch Knüppel. Wir merken das erst, als jemand versucht, doch eine Tasche mitzunehmen. Der Knüppel saust auf seinen Arm. Wir hören es krachen. Dann sind wir weg vom Zug, mitten auf dem Perron. Antreten in Sechserreihen.

Fritz und ich stehen nebeneinander, mitten in der Reihe, nicht mehr in direkter Nähe der SSler, die nun Fußtritte austeilen, wenn es nicht vorwärts geht. Schneller, immer schneller. Wir sind am Ende des Zuges vorbei. Ich kann jetzt nach links schauen, ein großes, dunkles Gebäude mit einem viereckigen rauchenden Schornstein. Das Kesselhaus, denke ich.

Zu zweit gehen wir weiter. Es gelingt uns, den Hieben der SS an der Stelle, wo es von Sechser- zu Zweierreihe geht, auszuweichen. Vorne steht ein SS-Offizier. Er fragt die Leute etwas und zeigt dann nach rechts oder links. Leo, der Silberschmied aus Westerbork, und sein Vater sind jetzt an der Reihe. Leo nach rechts, Vater nach links. Leo fragt, ob er bei seinem Vater bleiben könne. „Aber natürlich", sagt der OStuF (Obersturmführer) und lacht. Leo auch nach links. Fritz und ich beide nach rechts. Wieder antreten, jetzt zu viert. Die Marschordnung wird uns äußerst grob beigebracht. Rechts abbiegen und warten. Ich kann jetzt den Zug wieder sehen. Die Blau-Weißen werfen unser Gepäck durch die Fenster auf den Perron. Das geht nicht schnell genug. Die SS schlägt, Menschen schreien. Die teuflische SS, die kreischenden Wehrlosen, die rote Glut, die jetzt aus dem Schornstein kommt, die Baracken, der Stacheldraht und die in Lumpen gehüllten ausgemergelten Kreaturen. Nur Hieronymus Bosch könnte sich dieses Inferno ausgedacht haben.

Das Warten dauert endlos lang. Es müssen jetzt schon mehr als 36 Stunden vergangen sein, seit wir in Theresienstadt durch die Schleuse gingen. Wir sind erschöpft. Die SS wird abgelöst, wir müssen die ganze Zeit stramm stehen. Wach bleiben, nicht dösen, denn Wanken wird sofort mit einem Hieb oder Tritt bestraft. Die Teufel stehen jetzt auf beiden Seiten unserer Kolonne und warten nur auf die Gelegenheit. Wenn dich einmal eine Faust oder Stiefelspitze in der Seite getroffen hat, dann hütest du dich, dich noch einmal zu bewegen. Die Dämmerung kommt, wir können die trostlose Umgebung jetzt besser sehen: Aus dem Schornstein kommt immer mehr Rauch und Feuer. Ein merkwürdiges Kesselhaus, bei dem Feuer aus dem Rauchfang kommt. Und was bedeutet der penetrante Gestank?

Ein Unterscharführer, der schon die ganze Zeit ironisch grinsend zugeschaut hat, fragt auf gut wienerisch einen von uns, ob vielleicht ein Familienmitglied nach links gegangen sei. „Ja, mein Onkel", sagt der. „Wüllst wissen, wo der jetzt ist? Da oben schau' den Rauch", und zeigt auf den grauslichen schwarzen Qualm, der aus dem Schornstein kommt. „Das ist er, grad hat ma' ihn verbrannt." Und als er das Entsetzen auf unseren Gesichtern sieht, brüllt er: „Was soll man denn sonst machen mit euch drekkigen Saujudn?" und spaziert laut lachend weg. Für diejenigen, die diese Kultursprache nicht verstehen konnten, übersetzen wir, was dieser „Herr" gerade gesagt hat. Die SSler, die den Auftritt ihres ostmärkischen Kollegen lachend angehört haben, sind sehr zufrieden, als sie sehen, daß das Grauen bis in das hinterste Glied unserer Gruppe durchdringt. Ich probiere zu schätzen, wieviele von den 2000 Männern aus Theresienstadt übriggeblieben sind. Vielleicht nur ein paar hundert …

Bei Tageslicht setzt unsere Kolonne sich wieder in Bewegung. Wir marschieren vom Schornstein weg, sodaß wir wenigstens den schrecklichen Rauch nicht mehr zu sehen brauchen. Es ist weit, links Gebüsch und Bäume, rechts immer Stacheldrahtzäune, Wachtürme und Baracken voll Elend. Die Männer in Lumpen und Fetzen sind nur mehr Skelette, die kaum noch gehen können. Die Blau-Weißen, offensichtlich die herrschende Klasse, scheinen den Auftrag zu haben, die Ärmsten, stellvertretend für die SS, zu quälen und zu schinden. Soweit ich es bis jetzt beurteilen kann, ist auch hier, innerhalb des Stacheldrahtes, nur wenig SS zu sehen.

Eine bleiche Sonne scheint auf uns herab, nicht genug, um uns zu erwärmen, denn es weht ein eiskalter Wind mit Staub und Sand über das Flachland. Genau wie in Westerbork. Außerdem sind wir übermüdet, und die Erfahrungen der letzten Stunden haben uns auch nicht gerade ermuntert. Wir sind richtig fertig, als wir bei einem großen Gebäude ankommen. Aus rotem Backstein, mit Fenstern und Türen, einem freundlichen Dach. Es sieht geradezu einladend aus. Drinnen ist das anders. Wir müssen uns sofort nackt ausziehen, nur Schuhe und Gürtel dürfen wir behalten. Rennen durch einen langen Gang. Blau-weiße Friseure, ohne Seife und mit stumpfen Messern, scheren uns völlig kahl. Sofort weiter, Blau-Weiße jagen uns unter eine eiskalte Dusche „zwecks Reinigung", aber auch ohne Seife. Wieder durch einen Gang, durch eine Tür, auf der steht „Zum Trokkenraum", hinaus auf eine Wiese. Eine Ecke bei einem Seitenflügel. Das ist Usus hier, sagt ein netter Blau-Weißer, auch wenn es 20 Grad unter Null hat. Einer von uns rennt plötzlich weg zum elektrischen Stacheldraht. „Vorsicht Hochspannung" steht auf dem Pfosten. Er packt den Draht mit beiden Händen. Wir sind wie gelähmt. Nichts passiert, kein Stromstoß. Aus einem Wachturm klettert ein SSler, geht zu dem Mann, legt seinen Arm auf dessen Schulter und beruhigt ihn. Dann bringt er ihn wieder an seinen Platz in der Reihe. Ein anständiger Mensch? Wir sehen uns zum ersten Mal den Stacheldrahtzaun genauer an. Eine doppelte Reihe Betonpfeiler, oben nach innen gebogen, worauf je circa 15 Reihen Stacheldraht auf schweren Porzellanisolatoren montiert sind. Große Lampen und in regelmäßigen Abständen ein Wachturm mit Scheinwerfer und Maschinengewehr.

Man kann in ein paar Minuten mehr lernen als in Jahren. Es ist uns jetzt klar, wieso es möglich ist, daß Auschwitz jede Woche tausende Menschen empfangen kann. Wir begreifen auch, daß der OStuF, der Fritz und mich nach rechts schickte, unsere Hinrichtung zumindest aufgeschoben hat. Aber was wir von einem der Blau-Weißen, die uns jetzt bewachen und sich, ohne SS, anständig benehmen, hören, läßt uns nicht viel Hoffnung. Wir wissen jetzt, daß wir im Vernichtungslager Birkenau (Auschwitz II) sind. Alle, die nach links geschickt werden, kommen in eine als Baderaum getarnte Gaskammer, sind nach ein paar Minuten tot und werden im angrenzenden Krematorium verbrannt. Jeder Transport aus Holland ist in ein derartiges Lager gegangen. Auschwitz I dagegen, circa drei Kilometer von hier, ist ein „echtes" Konzentrationslager. Wir zittern. Ist es vor Kälte, weil wir noch immer nackt und naß sind und es saukalt ist, oder wegen dem, was wir von ihm hören. Er ist beim Kanadakommando im Krematorium 4. Dort müssen sie die Gaskammern räumen, die Toten auf Wertsachen untersuchen, Goldzähne ausbrechen und die Leichen dann verbrennen. Wer zum Kanadakommando eingeteilt wird, weiß, daß er nur mehr sechs Monate zu leben hat. Nach drei Monaten wird die eine Hälfte der Gruppe vergast, dann kommen wieder Neue für sechs Monate. „Nur das Kriegsende kann uns noch retten. Ich habe nur mehr eine Woche Zeit, wird das reichen?" Er spricht gut deutsch, ruhig, mit polnischem Akzent. Er kann gerade noch sagen, daß wir versuchen sollen, zur Arbeit außerhalb Auschwitz' eingeteilt zu werden. Dann erscheinen ein paar SSler, und auch die Blau-Weißen verwandeln sich in Teufel. In Viererreihen werden wir zu einer anderen Tür gehetzt. Nur zwei können zugleich durch, die SS preßt uns mit Tritten und Schlägen hinein wie in einen Fleischwolf. Als wir durch sind, habe ich blaue Flecken und mir ist schwindlig. Durch einen Gang rennen, dann stehen wir im „Ankleideraum". Kahl, kalt und naß. Wasserpfützen auf dem Fußboden, sicher von einer vorigen Gruppe, die genau wie wir aus dem „Trockenraum" kam. Hinten sehen wir eine Reihe Tische, Blau-Weiße stehen bei Haufen alter Fetzen. Wir kriegen jeder ein altes Hemd, eine Hose, Jacke und Mütze zugeworfen. Ob es paßt oder nicht, spielt keine Rolle. Ich danke Carry inständig dafür, daß sie mir ihren Gürtel mitgegeben hat, denn wie hätte ich sonst meine Hose festhalten sollen? Meine Mütze ist zu klein, aber mein Nachbar hat einen kleineren Kopf als ich, wir tauschen. Die nächsten stehen beim Tisch. Einer fragt, ob er vielleicht einen Strick bekommen kann, um seine Hose festzumachen. Stattdessen bekommt er von einem SSler einen schrecklichen Tritt in den Unterleib. Er schreit, fällt um, zieht sich an der Tischplatte wieder auf. Man wirft ihm eine Krawatte zu, als Gürtel zu verwenden, er kann kaum noch gehen. Die Kleider stinken nach Desinfektionsmittel, sind alt und zerschlissen. Gott weiß, wieviele Menschen die schon getragen haben. Auf dem Rücken ist mit Farbe ein Kreuz gemalt, einen Judenstern tragen wir nicht mehr. Mit Ohrfeigen als Lehrmittel lernen wir, daß man in Gegenwart eines SSlers und „im Block" die Mütze abnehmen muß. Schnell wieder raus. Drüben steht der Schuft, der gerade den Mann ins Kreuz getreten hat. Er ist Unterscharführer und kontrolliert, ob wir alle unsere kahlen Schädel entblößen. Er sieht Feldmann, schnauzt ihn an! „Vortreten, Namen!" „Ignaz Feldmann." „Beruf!" „Fußballer." Plötzlich ist der Sadist ein anderer Mensch. Hat er doch damals in Wien zusammen mit Feldmann in der Meisterschaft und in der Auswahl gespielt. Er war bei Austria, Feldmann bei Hakoah, dem jüdischen Fußballklub, der 1930/1935 zu den besten von Österreich gehörte. Feldmann soll sich melden, wenn wir bei der Baracke sind. Jetzt muß er wieder zurück ins Glied. Ab im Laufschritt.

*Ignaz Feldmann, im hellen Hemd, aufgenommen in Leeuwarden, 1940*

An einem SS-Posten vorbei. Der USchaF brüllt und schlägt, weil wir nicht schnell genug die Mützen ab und dann wieder auf haben. Wir werden gezählt, marschieren durch ein Tor im Stacheldraht. Mützen auf, Mützen ab. Es regnet noch immer Prügel.

Wir marschieren über einen staubigen Weg. Links und rechts Holzbaracken mit der Stirnseite zur Straße. Geschlossene Holzwände ohne jede Öffnung, nur im Dach ein kleiner Aufbau mit schmalen Fenstern, eine Art Basilika. Die Vorderwand ist, wie bei einem Stall, auch zugleich die Türe. Überall sehen wir zwischen den Baracken Menschen stehen, arme Schlucker so wie wir. Wir stellen uns entlang der Seitenwand einer offensichtlich leeren Baracke auf. Der UschaF geht hinein und kommt mit einem Kerl zurück. Er hat ein widerliches Gesicht, einen Holzknüppel in der Hand und trägt einen peinlich sauberen blau-weiß gestreiften Anzug, der paßt, wie vom besten Schneider gemacht. Aber es fehlen ihm ein paar Vorderzähne.

Er lispelt, „Ich bin euer Kapo", und hebt drohend den Knüppel. Der USchaF grinst und beginnt ein Gespräch mit ihm. Wir stehen immer noch mit entblößtem Kopf, da fühle ich den kalten Wind noch am ärgsten. Feldmann, der Fußballer, soll kommen. Er ist der einzige von uns, der noch einen Namen hat. Dann verschwindet der SSler. Da wir unsere Mützen nicht schnell genug aufgesetzt haben, ist der Kapo so freundlich, es mit uns zu üben. Ich habe das Gefühl, daß es stundenlang dauert. Nur nicht aus dem Rhythmus kommen, jeder Fehler kann einen Hieb mit der Keule bedeuten. Es dauert immer länger. Seit wann haben wir nicht mehr gegessen, getrunken, konnten wir nicht aufs Klosett gehen? An der Sonne, die dünn durch die Wolken und den Staubwirbel scheint, sehen wir, daß es schon Nachmittag sein muß. 48 Stunden sind vergangen, seit ich Carry Adieu geküßt habe. Zwei Tage, in denen ich vom einigermaßen normal lebenden Individuum zum in Lumpen gehüllten Untermenschen, der nicht einmal über die einfachsten Funktionen seines Körpers verfügen darf, geworden bin.

Offensichtlich langweilt das Spiel mit den Mützen den Kapo jetzt. Er brüllt: „Achtung!" Wir stehen in Haltung und hören, daß Feldmann „Stubendienst" ist und jetzt mit uns zur Latrine und Waschbaracke gehen wird. Weit weg ist es nicht. Fünf, sechs Baracken neben unserer, sieht von außen auch genauso aus. Von innen aber viel ärger, als man es sich vorstellen kann. Vorne an beiden Seiten lange Waschtröge aus Zinkblech, so etwa, wie wir sie in Westerbork hatten, aus manchen Wasserhähnen kommt ein stinkender, brauner Brei, aus den meisten aber überhaupt nichts. „Achtung! Kein Trinkwasser. Lebensgefahr" steht auf einer Tafel. Das ist derselbe grausame Humor wie „Heute kein Bier" in Theresienstadt. Fritz fragt mich, was „Lebensgefahr" im drohenden Schatten von Gaskammer und Krematorium bedeutet. Aber selbst, wenn es Wasser gäbe: man kann nirgendwo etwas ablegen oder aufhängen. Das ist auch nicht wichtig. Wir besitzen weder Seife noch Handtuch. Weiter hinten ist die Latrine, es stinkt schrecklich. Ich sehe vier lange, niedrige Steintische. In Wirklichkeit sind es Betonplatten mit Löchern an beiden Seiten, so wie bei einer Eierdose, mehr als hundert. Da muß man sitzen oder stehen, aber gut aufpassen, denn fortwährend werden von „Putzern" Eimer mit einer Chlorlösung drübergeschüttet. Wenn man Pech hat, trifft es einen. Die dürfen keinen Augenblick warten, sie arbeiten wie Roboter. Beim Weggehen sehen wir, daß andere, von Kapos mit Knüppeln gejagt, dauernd volle Eimer bringen. Fritz und ich haben Glück gehabt, es ist nichts passiert.

Wir stehen wieder bei der Baracke. Der Kapo teilt Brot aus. Jeder bekommt ein Stück, alle verschieden groß. Er sieht sich jeden an, bevor er ein Stück aus der Wanne aussucht. Ich habe das Gefühl, daß er provozieren will, daß jemand etwas sagt. Das geschieht natürlich: „Kann ich nicht ..." Bevor der Mann ausgesprochen hat, kriegt er einen Hieb auf den Arm, sodaß er das Brot fallen läßt, und im selben Augenblick einen Tritt, der ihn zu Boden wirft. Mit mathematischer Präzision kriegt der nächste, der sich schon bückt, um das Brot vom Boden aufzuheben, eine Ohrfeige. Es sieht aus, als ob es einstudiert wäre.

Es ist nicht einstudiert, es ist einfach Routine. Also stoppt er jetzt das Brotverteilen. Er richtet sich auf und brüllt in einem Dialekt, der Rolf Baraschs sächsischem ähnelt, daß es uns scheinbar noch nicht klar ist, daß es nur von ihm abhängt, ob und was wir zu essen kriegen. Wenn jemand glaubt, klagen zu müssen, dann können wir alle das Essen vergessen. Feldmann muß auf holländisch, ein anderer auf tschechisch übersetzen. Dann geht die Brotverteilung weiter. Fritz und ich sind zufrieden mit unserer Portion, aber es ist natürlich nur ein Tropfen auf den heißen Stein, außerdem bleibt der quälende Durst. Jeder hat sein Stück Brot gekriegt, zwei Mann holen einen Essenskübel. Auf einem Sandhaufen an der Barackenwand liegen alte, schmutzige Emailbecher, jeder kann sich einen mit Kaffee füllen lassen. Uns ekelt vor den Bechern, das Getränk schmeckt scheußlich, aber es ist warm und naß, also trinken wir. Der Kübel wird weggebracht, die Becher liegen, nicht abgewaschen, auf dem Sandhaufen, und wir stehen wieder in Reih und Glied. „Mützen ab!" schreit der Kapo. Ein SSler, mit einem unbekannten Abzeichen auf der Uniform, erscheint und spricht in gebrochenem Deutsch mit dem Kapo. Ukrainer, flüstert jemand. Dann kommt das Kommando, daß wir in die Baracke gehen müssen. Immer zehn zugleich. Wir sind bei den ersten. Wir gehen um die Ecke, warten aber dann auf den Kapo. Die Stalltüre ist weit offen, was wir sehen, ist verheerend. Rechts vorne ist ein Holzverschlag mit einer Türe, links ist eine nicht vollendete Ziegelwand. Vorne in der Mitte steht ein gemauerter Ofen mit einem Schornstein, der in der ganzen Länge der Baracke durch einen langen Rauchkanal mit einem Ofen am anderen Ende verbunden ist. Auf jeder Seite der Baracke stehen zwischen der Holzkonstruktion riesige Stapelbetten. Drei Pritschen übereinander. Der Kapo jagt uns jetzt in das erste Bett, dritter Stock. Keine Matratzen, keine Decken oder Kopfkissen. Nur die kahlen, morschen Holzplanken. Zu zehnt nebeneinander, wo eigentlich höchstens Platz ist für drei. Die nächsten Zehn kommen, zweiter Stock. So geht es weiter, bis die ganze Gruppe so einquartiert ist. Der Kapo macht, während der SSler zuhört, mit lauter Stimme klar, daß niemand es wagen darf, in ein anderes Bett zu gehen. Jeder hat auf dem ihm jetzt zugewiesenen Platz zu bleiben. Während der Prozedur lesen wir die weisen Sprüche, die in gotischen Buchstaben fein säuberlich auf die Querbalken gemalt sind: „Sauberkeit ist Gesundheit", „Seid ehrlich", „Eine Laus dein Tod" und anderes.

Jeder ist jetzt drinnen, die Stalltüre ist aber noch nicht geschlossen, der SSler geht weg. Plötzlich rennen zwei Männer, der Kleidung entsprechend Gefangene wie wir, am Kapo vorbei in die Baracke, schnappen sich hinten einen Mann und zerren ihn in die Mitte. Sie schreien, daß er „Jopie" ist und ihren Vater denunziert hat. Er kriegt Tritte und Schläge, beteuert immer wieder, daß es nicht wahr ist und daß er auch nicht Jopie heißt. Jetzt hören wir erst, daß sie alle drei holländisch reden. Der Ärmste versucht Zeugen zu finden, ruft um Hilfe, aber niemand traut sich, ihm zu helfen. Der Kapo schaut schweigend zu. Sie jagen ihn weiter, wenn er fällt, reißen sie ihn wieder auf. Je mehr er beteuert, unschuldig zu sein, umso härter sind die Tritte. Ganz vorne, bei dem alten Mauerwerk, bricht er zusammen. Es geschieht vor meinen Augen, ich möchte mich verkriechen, um nicht weiter zusehen zu müssen, habe aber keinen Platz. Ich möchte etwas für ihn tun, aber ich traue mich nicht. Er liegt jetzt auf dem Rücken, versucht sich aufzurichten, aber die zwei springen im Takt auf seinem Brustkasten herum. Ich höre seine Rippen krachen. Oder ist das nur Einbildung? Dann ist es vorbei. Die Mörder verschwinden so, wie sie gekommen sind. Der Kapo schließt hinter ihnen die Stalltür. Er schaut nicht mal auf den Toten. Der bleibt liegen.

Es wird langsam völlig dunkel in der unbeleuchteten Baracke. Durch ein Astloch im Holzverschlag scheint Licht. Dort wohnt der Kapo.

Selbst wenn man 60 Stunden nicht mehr in einem Bett gelegen ist, kann man so nicht einschlafen. Die Holzplanken sind ungleich, es stehen auch Splitter heraus, die Spalten zwischen den Brettern tun weh, die Schuhe darf man nicht ausziehen. Wir liegen aneinandergeklemmt, und jeder ist unruhig. Langsam schleicht die nächtliche Kälte durch die Risse und Spalten in der Barackenwand. Es ist noch Herbst, wie grauenhaft muß es im Winter hier sein? Fröstelnd schlafe ich schließlich doch ein. Mitten in der Nacht weckt Fritz mich auf. Abwehrgeschütz und Bomben sind deutlich zu hören. „Sie sind doch schon in der Nähe", sagt Fritz, der Optimist. Ich, der Pessimist, denke an den Toten, der hier unten liegt, und habe Angst.

Seit der ersten Nacht sind schon viele vorbeigegangen. Auch heute sind wir wieder im Morgengrauen aus der Baracke gejagt worden und stehen seitdem draußen. Zwischen zwei Baracken haben wir Bewegungsfreiheit. Das heißt, wenn wir nicht gerade wieder einmal antreten müssen, weil ein SSler sich langweilt, gehen oder stehen wir auf einem Streifen von 60 x 10 Metern. Sitzen geht nicht, weil die Erde und das bißchen Gras dreckig und

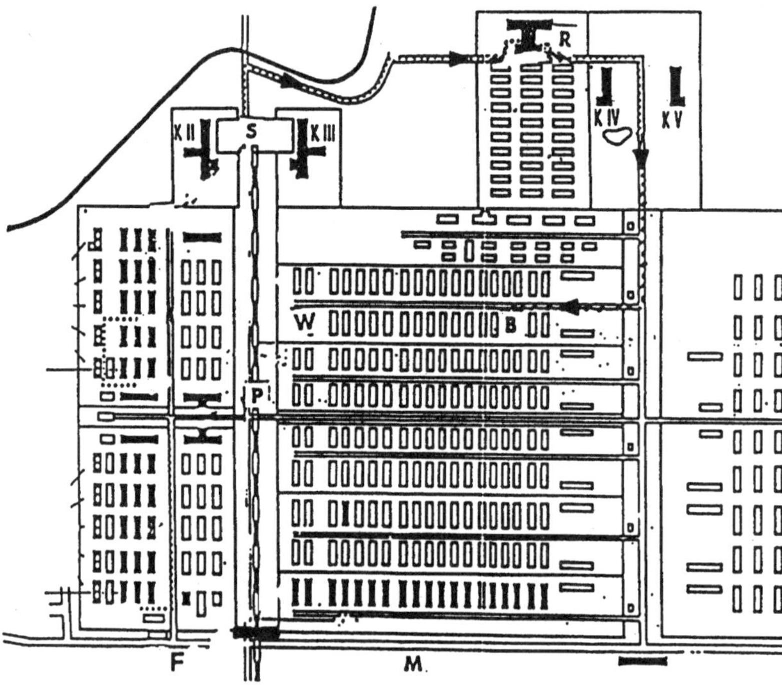


F Barackenkomplex für Frauen
M Barackenkomplex für Männer
W Wasch- und Latrinebaracken
B In einer dieser Baracken haben vermutlich wir „gewohnt"
P Rampe
S Selektion bei unserem Transport
➞ Unser Weg von der Selektion zur Baracke
R In diesem Gebäude: Ausziehen/Desinfektion/Kahlscheren/Kalte Dusche/ Im Freien Trocknen/„Einkleidung"
K II/III/IV/V/Gaskammern/Krematorien (IV wurde beim Aufstand gesprengt)
■ Gebäude, Baracken und Ruinen, die heute noch zu finden sind

*Konzentrationslager Auschwitz II – Birkenau*

immer feucht sind. Auch wenn die Sonne schon einmal den ganzen Tag scheint, bleibt der Boden naß. Birkenau ist in ein Moor gebaut. An der Seitenwand unserer Baracke liegt ein Stapel Holzbretter, da kann man sich anlehnen. Die Rückwand grenzt an einen schmalen Streifen Gras mit den bekannten Schildern „Vorsicht Hochspannung". Direkt dahinter steht ein großer Zaun mit elektrischem Stacheldraht. Jeden Morgen sehen wir, daß Männer nachts ihr Leiden selbst beendet haben. Blau-Weiße vom Kanadakommando werfen sie morgens, wenn der Strom abgeschaltet ist, auf Handkarren und führen sie weg. Einmal am Tag dürfen wir ins Waschlokal und zur Latrine. Die Illusion des Waschens haben wir schon aufgegeben. Ohne Wasser und ohne Seife geht es eben nicht, an ein Handtuch nur zu denken ist schon ein Luxus. Auf der Latrine haben wir langsam eine Technik entwickelt, um dem Chlorwasser entgehen zu können. Ein scheußliches Problem ist aber, wie man ohne Papier auskommen kann. So etwas gibt es hier nicht und auch nicht ein Büschel Gras oder ein paar Blätter. Also trennen wir aus dem Futter unserer Jacken kleine Stückchen, die wir zu diesem Zweck verwenden.

Der Waschraum ist aber ein wichtiger Informationspunkt. Man hört oder lernt da immer etwas: zum Beispiel, daß die Kapos alle Schwerverbrecher sind, die von den Nazis aus den Gefängnissen geholt wurden. Diese Kriminellen sind hier die Tyrannen und haben begriffen, daß es für sie immer besser wird, je bestialischer sie sich benehmen. Wenn die SS sie akzeptiert hat, können sie ungestört ein Luxusleben führen. Daher der Maßanzug unseres Kapos. Auch halten manche sich in ihren „Zimmern" aus den Transporten geschmuggelte kleine Knaben. Nicht weit von uns entfernt steht ein Bub vor einer Baracke. Er ist vielleicht 6 Jahre alt, trägt einen blau-weißen Anzug und hat eine kleine Peitsche in der Hand. Das Einkommen der Kapos besteht aus den von uns gestohlenen Essensrationen und natürlich jener der Leute, die umgebracht wurden und deren Tod noch nicht gemeldet ist. Zwischen Oberkapo, der natürlich von jedem seinen Lohn bekommt, Kapos und SS gibt es einen regen Tauschhandel. Jetzt wissen wir auch, was man unter „Muselmänner" versteht. Es sind Gefangene, die hier ausgewählt wurden, um in einem der Auschwitz zugehörenden Betriebe zu arbeiten, und von dort völlig ausgemergelt wieder zurückzukommen. In den Kohlengruben bei Kattowitz werden die Leute sofort unter Tag gebracht und kommen nicht mehr aus dem Schacht herauf, bis sie völlig arbeitsunfähig sind. Mit Lastautos werden sie dann nach Birkenau gebracht. Das sind Muselmänner. In der Waggonfabrik in Gleiwitz und bei IG Farben geht es genauso. Derartige größere Betriebe haben eigene Konzentrationslager, Außenkommando genannt. Alle Muselmänner der Region Auschwitz kommen aber nach Birkenau und werden vergast.

Die Tage reihen sich aneinander, immer im selben Trab. Ich habe das Gefühl, daß das gar nicht so schlecht ist, denn uns bleiben viele Schikanen

*Innenansicht einer Baracke in Birkenau. Auf jedem der drei Stockwerke lagen zehn Personen ohne Strohsack oder Decke.*

*Latrine im „Waschraum"*

erspart, die zum täglichen Leben in Auschwitz gehören. „Zur Arbeit gehen" bedeutet in den meisten Fällen, daß man irgendwo Sand schaufeln muß und daß dabei ein paar Leute von SS und Kapo erschlagen werden, nur zum Spaß. Manche Kommandos haben sogar Auftrag, mit einer gewissen Anzahl Leichen zurückzukommen. Jeden Tag hören wir neue Greuel, und was uns an einem Tag unglaublich scheint, ist am nächsten Tag die nackte Wahrheit. Ab und zu kommt der SS-Fußballer vorbei, läßt uns antreten und abzählen, nicht einmal, sondern zehnmal hintereinander, immer schneller, bis einer mal einen Fehler macht. Der kriegt einen Tritt oder eine Ohrfeige. Zwischendurch unterhält er sich auch noch mit Feldmann. Wenn das vorbei ist, stehen wir wieder herum und sind froh, daß das Wetter noch immer anständig ist. Es regnet nicht, ab und zu sogar etwas Sonne, aber immer ein schneidender, oft feuchter Wind. Den kennen wir aus Westerbork, aber damals war unsere Kleidung und Kondition viel besser, auch wenn das Essen manchmal ebenfalls sehr schlecht war.

Die Essensrationen sind hier das absolute Minimum. Brot nach Willkür des Kapos, manchmal ein Stückchen stinkende Wurst. Wahrscheinlich hatte der Kapo vergeblich versucht, sie zu verscherbeln, und deswegen kriegen wir sie zuletzt doch. In der Früh und abends einen Becher warme Flüssigkeit, manchmal Tee, manchmal Kaffee genannt, aus den immer noch nicht abgewaschenen Bechern, die da im Sand liegen. Zu Mittag gibt es Suppe aus Kartoffeln und Gemüse. Frisch vom Land oder aus der Kuhle, aber immer ungewaschen und nicht geschält, sodaß aller Dreck auch in der Suppe treibt. Wir essen ohne Löffel aus verrosteten Emailschüsseln, so, wie Mutti sie früher in der Küche verwendete. Auch die liegen auf einem Haufen im Sand und werden nie abgewaschen. Die Etikette ist: nimm eine Schüssel, der Kapo schüttet einen mehr oder weniger vollen Löffel hinein. Wage es nicht, um etwas mehr zu bitten, schlürfe die Suppe mit Todesverachtung so schnell wie möglich, damit du noch Zeit hast, die Schüssel ganz auszulecken, bevor das Kommando kommt, sie wieder in den Sand zu legen. So schnell wie möglich essen, denn wenn es zu lange dauert oder du vielleicht sogar irgendeinen Dreck aus der Schüssel fischst und Kapo oder SS sehen das, dann schlägt man dir die Schüssel aus der Hand, und du kriegst am nächsten Tag kein Essen. Nachschlag gibt es niemals. Wenn etwas übrig ist, läßt der Kapo es verschwinden.

Aber heute werden zwei Essenskübel gebracht. Der USchaF ist dabei und sagt: „Weils schon so schlecht aussehts, kriagts heut a doppelte Portion Suppn. Schnell essn also, vielleicht gibt's noch an Nachschlag." Deswegen gießt der Kapo jedem zwei volle Schöpflöffel in die Schüssel. Das geht heute rasend schnell, keinerlei Schikanen. Wir bilden uns ein, daß die Suppe besser aussieht und riecht als sonst. Die Chance, einen Nachschlag zu bekommen, läßt uns noch schneller essen als sonst. Atemlos sind wir, als wir die Schüssel in einem Zug ausgetrunken haben. Warum grinsen der SSler und der Kapo so? Jetzt merken wir es erst: es müssen Kilos Salz in der Suppe sein, wir können keine Luft kriegen, so brennt alles von innen. Mit der Mitteilung, daß man es den Saujuden doch nie recht machen kann, spaziert der USchaF fröhlich pfeifend weg. Der Kapo läßt den zweiten, noch vollen Essenskübel wegtragen. Will der USchaF sich noch irgendwo einen Witz machen? Für uns gibt es vor heute abend nichts zu trinken. Der holländische Internist aus unserer Gruppe sagt, daß es am besten ist, trockenes Brot gut zu kauen, um das Salz zu neutralisieren. Aber Brot kriegen wir erst am Abend, und wer hat noch Brot von gestern übrig? Niemand, selbst wenn man es wollte: man hat keinen Platz, um etwas aufzuheben. Der Nachmittag scheint kein Ende zu nehmen, aber schließlich kommt der Kapo mit dem Brot und mit zwei Kübeln Kaffee. Ich bin mißtrauisch, die zwei Kübel gefallen mir nicht.

Der Kapo läßt Feldmann auf deutsch und holländisch sagen, daß in der Küche ein Fehler passiert ist, deswegen bekommen wir jetzt eine doppelte Ration Kaffee. Erst auf tschechisch übersetzen, dann fängt es an. Es gibt genug zu trinken, und die Brotration scheint auch größer zu sein, vielleicht auch, weil der Kapo uns jetzt die Zeit gönnt, jedes Stückchen erst in den Kaffee einzutauchen. Dadurch geht das Schlucken auch leichter, und es scheint eine heilsame Wirkung zu haben. Den zweiten Becher trinken wir und fühlen uns wohl.

Deswegen stehen wir länger als sonst draußen und hören in der Ferne Schreien, Wimmern, Heulen. Es kommt immer näher. Vieles sind wir hier schon gewöhnt, aber das geht durch Mark und Bein. Jetzt sehen wir auch, was es ist. Eine Gruppe menschlicher Gerippe, ohne Schuhe, nur mit einem weißen Hemd bekleidet, geht, schleicht oder kriecht sogar auf der Straße, die unsere Baracke entlang führt. Die Ärmsten, mehr tot als lebend, werden eskortiert von SS mit der Pistole im Anschlag und Kapos mit Peitschen. Sie schreien, sie rufen um Hilfe. Sie jammern, daß sie noch arbeiten wollen und können. Die Kapos schlagen und treten einen, der zusammengebrochen ist. Andere, nicht viel besser dran, müssen ihn aufheben und mitschleppen. Weit ist es nicht mehr, sie kommen in die Baracke neben uns. Am Ende dieser teuflischen Parade kommt ein Lastwagen. Darauf liegen, kreuz und quer übereinander geworfen, diejenigen, die den Aufzug nicht überstanden haben. Vor der Baracke werden sie einfach vom Wagen geschmissen und in die Baracke gezerrt. Die Barackentür geht zu, das unheimliche Geschrei schwillt noch an. Die Holzbaracke ist ein guter Klangboden für ein menschenunwürdiges Konzert. Ich sehe noch immer diese Gestalten vor mir, Gerippe, die Augen leben noch. Sie sind schon beinahe tot, wollen aber doch noch leben. Feldmann, der doch mehr weiß als wir, sagt: „Muselmänner. Wenn ihr nicht von Auschwitz wegkommt, ist das euer Los." Aber eigentlich wußten wir das bereits.

Wir schlafen nicht in dieser Nacht. Das Konzert in der Baracke verstummt vor Morgengrauen. Aber uns beschäftigt dann doch immer wieder der Gedanke, warum man diese Leute nicht direkt in eine der Gaskammern gebracht hat, sondern sie erst durch das Lager schleppt. Das muß vorsätzlich sein, um sie und uns noch mehr zu quälen. Hat der Kapo uns deswegen so lange draußen stehen lassen?

Als wir morgens in der Dämmerung aus der Baracke getrieben werden, sind sie schon weg. Die Stalltüre steht weit offen, es ist still. Plötzlich sehen wir rechts, wo das Krematorium 4 ist, eine große Rauchwolke. Und gerade als ich denke, daß die Armen nun ihr Leiden hinter sich haben, hören wir Schießen und Explosionen. Da ist was los. Der Kapo jagt uns sofort wieder in die Betten. Die Türe ist zu, aber wir hören deutlich Knallen und dumpfes Dröhnen. Was bedeutet das, ist es gut oder schlecht? Nach dem, was wir gestern gesehen haben, kann es kaum noch schlechter werden. Also vielleicht doch gut. Wir müssen wieder raus, alles ist jetzt ruhig, es brennt noch in der Ferne. Den Morgenkaffee haben wir jedenfalls nicht bekommen, niemand traut sich, danach zu fragen.

Später hören wir auf der Latrine, was sich ereignet hat. Das Kanadakommando von Gaskammer/Krematorium Nummer 4, wovon die Hälfte heute früh abgelöst – *das heißt vergast* – werden sollte, hatte sich heute nacht verschanzt und das Krematorium gesprengt. Danach haben sie versucht, zu flüchten, wobei es zu Schießereien gekommen ist. Angeblich ist es einigen tatsächlich gelungen, zu entkommen. Wieso jemand das wissen kann, ist unklar. Wir denken an den Blau-Weißen, der uns, als wir nackt und naß draußen standen, erzählte, daß er nur mehr eine Woche zu leben hat, weil sein Kommando dann abgelöst wird. Das ist jetzt eine Woche her. Ob er es überlebt hat?

Eine Uhr und ein Kalender existieren für uns nicht. Einer von den tschechischen Burschen kratzt jeden Tage einen Strich in die Barackenwand, wenn man es entdeckt, kann es seinen Kopf kosten. Dementsprechend ist heute der achte Tag nach unserem Eintreffen, es müßte also der 8. Oktober sein. An sich spielt das natürlich keine Rolle. Die Blau-Weißen bei der Latrine sagen, daß einen Tag zu gewinnen in Auschwitz sehr viel ist. Eine Woche aber ist schon etwas Besonderes. Die Leute können es wissen. Sie haben schon eine Position erobert, sie dürfen jetzt die Chlorlösung über die Eierdosen schütten. Bevor sie es so weit gebracht haben, mußten sie noch die Eimer reichen und standen also immer im Tritt- oder Schlagfeld der SSler und Kapos. Die wissen also auch etwas mehr: der größte Teil des Kanadakommandos hat sich selbst und eine große Anzahl SSler in die Luft gejagt. Nur wenigen ist es gelungen zu fliehen. Aber auch für die sind die Chancen gleich null, denn die polnische Bevölkerung hilft Juden nicht, und der Widerstand nimmt keine Juden auf. Die wenigen, die die Kämpfe und die Liquidierung des Ghettos in Warschau überlebt haben, erklärten nach Ankunft hier, daß man von Bevölkerung und Widerstand keine Hilfe zu erwarten braucht, Ausnahmen ausgenommen.

Das tägliche Leben geht weiter. Nachts hören wir die Züge ankommen, morgens sehen wir die Feuer in den Krematorien 2, 3 und 5 brennen. Krematorium Nummer eins steht in Auschwitz. Doch hat das Ausfallen von Nummer vier etwas an der Routine geändert, denn soeben kam auf einem Weg hier in der Nähe, der sonst nicht gebraucht wird, eine Gruppe Frauen vorbei, die offensichtlich neu angekommen sind. Man kann deutlich sehen, daß sie aus dem Westen kommen, und ich glaube, Frauen zu erkennen, die mit uns aus Westerbork nach Theresienstadt gegangen sind. Also werden von dort doch wieder Transporte abgefertigt. Die Komödie, die um unseren Transport aufgeführt wurde: Bestimmung Riesa, Waggonladungen Küchenapparatur, Krankenhausinventar, alles für das neue Lager. Postkarten „Angekommen in Dresden!" Bei der Ankunft in Auschwitz mußte es uns schon klar sein, daß alles nur getan wird, um die Menschen in Theresienstadt irrezuführen, also als Beginn einer neuen Serie von Transporten. Wenn ich an Carry denke, kneift's mich im Bauch, und ich halte die Daumen, daß die Barneveldliste nicht platzt. Alle schauen wir drein, als ob wir einen Spuk gesehen hätten. Ich habe mich leider nicht geirrt, jeder hat jemanden erkannt.

Früh am Morgen scheint wieder einmal die Sonne, soweit sie durch den Rauch und Staub, der über dem ganzen Gebiet hängt, durchkommen kann. Aber es bläst auch kaum ein Wind, ein schöner Tag heute. Wenn nur der Kapo nicht wieder jeden anschnauzt und brüllt, weil wir nicht gut ausgerichtet stehen. Feldmann rechts vorne. Sein Posten „Stubendienst" bedeutet eigentlich, daß er die Baracke sauberhalten muß, ausfegen usw. Die Baracke hat aber keine Fundamente. Der Fußboden ist Erde, plattgetreten durch tausend Unglückliche. Der Wind bläst Sand und Dreck unter den Planken durch, das Regenwasser vermischt sich damit. Beim besten Willen ist hier nichts aufzuräumen.

„Mützen ab!" schreit der Kapo. Der USchaF kommt mit drei Zivilisten. Gut gekleidet in grünem Lodenmantel und Jägerhut mit Gamsbart. Der SSler ruft Feldmann, sagt, daß er die besten Arbeiter anweisen muß. Jeder von uns fühlt, daß hier etwas Besonderes los ist. Wir hatten schon gehört, daß bei Rekrutierung für Auschwitzbetriebe einfach die Belegschaft einer ganzen Baracke mitgenommen wird. Hundert Mann sind ausgewählt, zum größten Teil durch Feldmann. Fritz und ich, Rolf und all unsere Freunde aus Westerbork sind dabei. Obzwar es Vorschrift in Birkenau ist, hat man uns noch keine Nummer in den Arm tätowiert, Dokumente haben wir auch nicht mehr, also könnten wir nicht identifiziert werden. Einer der drei Herren ist darauf vorbereitet. Er hat einen Gummistempel und ein Stempelkissen und druckt jedem *Hasagwerke Leipzig* auf die Stirne. Das ist wohl das Beste, was uns geschehen konnte. Nur Feldmann kriegt keinen Stempel, er muß bleiben.

Der Gedanke, in Kürze diesen Ort des Schreckens verlassen zu können, macht alles erträglich: den Kapo mit seinen Launen, den USchaF mit seinen Grobheiten und den Wind, der immer kälter wird. Wir haben aber die große Angst, daß der Stempel auf unserer Stirne verwischt. Wie kann man das vermeiden? Vorsicht beim Aufsetzen und Abnehmen der Mütze, waschen können wir uns doch nicht. Es regnet nicht, aber wie kann man vermeiden, daß man sich im Schlaf über die Stirne reibt? Jeden Morgen, wenn es Licht wird, schauen wir einander an und konstatieren, daß alles in Ordnung ist. Es scheint, als ob der Hasagstempel uns auch eine Aureole gäbe, vielleicht haben Kapo und SS eine gewisse Verpflichtung, uns unbeschädigt an die Hasag abzuliefern. Jedenfalls werden wir weniger malträtiert, als es bis jetzt üblich war. Wir stehen also ruhig beieinander und reden. Das Hauptthema ist, was die Hasag wohl sein wird. Es ist eine Fabrik, kein KZ, das ist klar. Die Blau-Weißen in der Waschbaracke gratulieren uns. Der Stempel scheint wirklich eine Auszeichnung zu sein. „Auschwitz nix nicht gut, Leipzig besser", sagt der eine. Der andere hat schon öfter Männer gesehen, die zur Hasag gefahren sind; aber noch nie ist von dort ein Muselmann zurückgekommen. So weiß jeder etwas. Wir sind eine kleine Zahl Glücklicher zwischen denen, die hier bleiben müssen. Wenn ich die Leute sprechen höre, denke ich, daß es sicherer ist, einen Stempel auf der Stirne zu haben als auf einem Papier ohne Foto (gibt's hier nicht), das wir in der Tasche tragen müßten. In Birkenau werden Leute für weniger ermordet als für einen Freibrief, diese Hölle zu verlassen.

Zeichnend im Sand erkläre ich Fritz, wie eine Nähmaschine funktioniert. Vielleicht können sie irgendwo zwei Monteure verwenden. Fritz erklärt anderen Höhere Mathematik. Jemand anders kennt Goethe auswendig und rezitiert. Ben ist Zeitungsverleger, auch ein Apotheker, ein Internist und ein junger Pianist sind in der holländischen Gruppe. Jeder weiß etwas, und damit vertreiben wir uns die Zeit und die Misere des Alltags. Nur aufpassen, daß Kapo und SS nicht den Eindruck kriegen, daß wir uns wohlfühlen. Wir wissen inzwischen, daß die SS hier hauptsächlich aus Österreichern und Ukrainern, einzelnen Kroaten und auch ein paar Holländern besteht. Man sagt, daß in allen KZs die Österreicher am ärgsten, die Ukrainer und Holländer nicht viel besser sind. Von den Holländern wußten wir das schon. Wir haben die Männer gesehen, die aus den KZs Amersfoort, Erika und Schalkhaar grün und blau geprügelt nach Westerbork kamen.

Eine Woche ist vorbei. Ich träume jede Nacht von unserer Abreise. Aber es geschieht nichts. Bis heute nach dem „Mittagmahl". Die Hasaggruppe mußte antreten, in alphabetischer Reihenfolge werden 50 Namen verlesen. Bei jedem, der vortritt, wird der Stempel kontrolliert. Dann muß er sich links an der Seite aufstellen. Als die 50 komplett sind, erscheint eine SS-Eskorte, „Mützen ab! Mützen auf!" „Im Gleichschritt Marsch!" Weg sind sie. Rolf, Leo und viele unserer Freunde sind dabei. Wir konnten nicht einmal Abschied nehmen. Keiner durfte mehr aus der Reihe, niemand mehr in die Baracke. Aber dort hat man doch nichts zu suchen, man kann und darf da nichts aufheben. Wir sind deprimiert, aber Feldmann sagt, daß wir für ein anderes Werk der *Hasag* bestimmt sind. Es waren ja auch drei Gamsbärte hier. Ein Chef und zwei „Einkäufer für je 50 Menschen". Papa sagte bei so einer Gelegenheit immer „utinam".

Gestern waren wir deprimiert, heute bin ich entsetzt. Zu zehnt müssen wir mit einem kroatischen SSler arbeiten gehen. Mit Spaten, Schaufeln und einer Handkarre, die entsetzlich stinkt. Wir marschieren zu einem Graben vor dem äußersten Stacheldrahtzaun. Vom Wachturm schaut ein Stahlhelm mit Maschinengewehr herunter. Vor einem jetzt trockenen Seitengraben liegt ein Haufen Sand, den wir wegräumen müssen. Sobald wir fertig sind, marschieren wir zurück. Der Wachtposten zählt, zählt noch einmal, schaut in den leeren Handkarren und sagt zum SSler: „Hast du sie wirklich alle zehn zurückgebracht?"

An alles gewöhnt man sich, wenn es nur lange genug dauert, sogar ans Schlafen zu zehnt auf kahlen Holzplanken. Seit wir den Stempel haben, träume ich jede Nacht, daß wir in der Früh losfahren. Ich sehe den Zug bereitstehen und uns hingehen. Auch vom SSler, der dort steht und jedem von uns ein ganzes Brot gibt, träume ich jede Nacht. Und am Morgen werde ich wach mit der Frage, wo ich ein ganzes Brot verstecken kann. Ich habe den anderen von den Träumen erzählt. Es muß eine Kombination aus Angst und Hunger sein, meinen sie.

Aber heute Nacht gab der SSler kein Brot, sondern fragte immer wieder: „Warum hast alle zehn mit zruckbracht?" Und da ich keine Antwort geben kann, gibt er mir kein Brot. Verstört werde ich wach, wir müssen raus aus der Baracke. Die anderen haben auch über die Handkarre und die merkwürdige Frage des Postens gegrübelt, aber keiner kann es sich erklären. Erst in der Latrine begreifen wir es. Einer der Blau-Weißen hatte uns gesehen, als wir mit der Karre ausrückten. Das erste, was er uns fragt, ist, wieviele totgeschlagen wurden. „Niemand", sagen wir. „Also die Karre war leer?" fragt er ungläubig. Als wir das bejahen, sagt er in jiddisch einen Segensspruch, ein Wunder ist geschehen. Dann erklärt er uns, daß derartige Ausflüge der SS die Gelegenheit geben sollen, Menschen nach Gutdünken zu erschlagen oder totzuquälen. Wenn dort in dem Graben viel Wasser steht, lassen sie immer ein paar Leute ertrinken. Zurück beim Posten mit den Toten läuft dann Wasser von der Karre. Das ist mal wieder etwas anderes als immer Blut.

Uns wird übel, als wir hören, warum die Karre immer mitgenommen werden muß, und verstehen, warum sie so stinkt. So viele Tote und noch nie sauber gemacht. Jeden Tag hört man neue Greuel, jedes Mal glaubt man, daß es nicht ärger werden kann. Hier wird einem auch alles ohne Umwege klar gemacht: fragt ein Neuling nach einem, der nach links gegangen ist, dann zeigt man auf eine Rauchwolke und sagt: „Durch den Schornstein". Mitleid, Vorsicht, das gibt's hier nicht mehr. Doch bestätigen wir einander immer wieder, daß unsere Stempel noch gut sichtbar sind und hoffentlich bleiben. „Träum mal was anderes", sagen sie zu mir, wenn ich jedes Mal meinen alten Traum erzähle.

Jeden Morgen, sobald wir draußen sind, zähle ich die Kratzer. Heute ist also unser dreißigster Tag in Birkenau, und plötzlich fällt mir auf, daß ich heute nacht traumlos fest geschlafen habe. Ob das ein Zeichen ist? Kann sein, denn da erscheint unser SS-Schutzengel mit Kapo und Feldmann. Er hat eine Liste und ruft äußerst langsam, nicht laut Alphabet, die Namen unserer Gruppe auf. Vor allem die tschechischen ohne Mitlaut, so wie Wrbl, sind Grund zum Blödeln und Zeitschinden. Endlich sind wir an der Reihe. Als ich vor dem Schuft stehe, nimmt er die Peitsche. Aber statt zu schlagen, drückt er mit dem Stiel mein Kinn in die Höhe, um meinen Stempel gut sehen zu können. „Hasagwerk Leipzig" buchstabiert er ganz langsam, während er in meine Angstaugen schaut. Läßt plötzlich mein Kinn los und brüllt vor Lachen, weil ich zittere. Die nächsten gehen schnell, aber dann hat er wieder ein Opfer, einen Holländer mit einem unaussprechlichen Namen. Als alle 50 zusammen sind, sagt er zum Kapo: „Es ist in die vier Wochn doch wirklich kaaner von die Saujudn abkratzt. Eigentlich geht's denen noch vül zu guat." Er verschwindet, auf Nimmerwiedersehen, hoffen wir. Aber: wenn er nicht zufällig Feldmann erkannt hätte ...?

Die Eskorte, ein Oberscharführer und zwei Ukrainer, kommt. Jetzt geht es wirklich los. Antreten in Dreierreihen, abzählen. Vorwärts, Marsch. Auch wir können von niemandem Abschied nehmen. Ich hätte Feldmann so gerne Danke gesagt. Vielleicht nur um gutzumachen, daß Papa im Jänner 1939 an mich nach Amsterdam geschrieben hat, daß ich mich nicht mit einem Fußballprofi abgeben soll. Wenn Papa nur wüßte, daß Feldmann uns aus Birkenau gerettet hat!

Die zwei Ukrainer sind unangenehme Zeitgenossen. Während des Marschierens werfen sie Steine, sodaß man aus dem Schritt kommt. Dann kriegt man einen Hieb, weil man nicht im Gleichschritt geht. Den deutschen OSchaF läßt das kalt. Uns können sie aber unsere gute Laune nicht nehmen. Erst als wir merken, daß wir nicht in Richtung Perron gehen, wird es uns etwas mulmig zumute. Wir marschieren jetzt an einer nach Rauch stinkenden Ruine vorbei. „Schaut mal nach links", sagt der OSchaF, „dann könnt ihr sehen, was eure Freunde angerichtet haben." Ein viereckiger Schornstein steht noch, wir erkennen die Ruine vom Krematorium 4. Was sollen wir hier? Aber wir marschieren weiter, eine scharfe Kurve nach links, und dann sehen wir das Gebäude, wo wir uns bei unserer Ankunft entkleiden mußten. Ich erkenne die Wiese, wo wir splitternackt und naß im kalten Wind standen, um zu trocknen. Auch jetzt müssen wir hinein, um uns auszuziehen. Auch diesmal dürfen wir Schuhe und Gürtel behalten. Carrys Gürtel! Bis jetzt hat er mich beschützt. Wieder unter die kalte Dusche, zum ersten Mal seit einem Monat, daß wir uns wieder waschen können. Seife gibt es aber nicht. „Wenn man keine Seife hat, so soll man sich auch kein Konzentrationslager halten", hat jemand einmal gesagt. Wir brauchen auch nicht draußen zu warten, sondern werden von den Blau-Weißen in einen anderen Raum gejagt. „Schnell, schnell! Euer Zug wartet schon". Wir kriegen „neue" Kleidung. Wieder Hemd, Hose, Jacke und diesmal auch einen Wintermantel. Ich habe einen dunkelblauen, der vor langer Zeit elegant gewesen sein muß. Er paßt sogar, hat aber nur einen Knopf. Das Sakko ist das wichtigste, aus meinem anderen habe ich gestern auf der Latrine das letzte Stückchen Futter ausgetrennt. Jeder bekommt auch zwei Streifen Stoff. Das sind Fußlappen statt Socken, sagt ein Blau-Weißer. Wir werden geradezu liebevoll behandelt. In der offenen Tür des „Friesiersalon" steht einer und wünscht uns gute Reise. Es ist doch wirklich anders als bei der Ankunft. Vielleicht wird alles doch wieder gut, denke ich, während Fritz, wie immer ganz in der Nähe, mich ermunternd anschaut.

Die Ukrainer treiben uns vorwärts. Den Luxus von Fußlappen kennen wir noch nicht. Wir hatten uns gerade an ein Leben ohne Strümpfe gewöhnt. Daher gehen wir mehr schlecht als recht, man darf ja nicht stehen bleiben, um etwas zu richten. Jetzt sind wir an der Stelle, wo die Selektion stattfand. Links und rechts sehen wir die Krematorien 2 und 3, beide Schornsteine rauchen. Als wir ankamen, war nur Nummer 2 in Betrieb, Nummer 3 haben wir damals im Dunkeln nicht gesehen. Wenn man alles weiß, ist es hier grauenhaft. Jetzt ist alles peinlich sauber, kein Stückchen Papier oder irgend etwas, was jemand verloren hat, liegt auf dem Perron, während vor kurzer Zeit hier noch hunderte von Menschen gestanden sind, denn sonst würde das Krematorium nicht brennen. Hauptsächlich Juden aus Ungarn kommen jetzt, hat jemand erzählt. Weiter auf dem Perron links können wir jetzt in die Lagerstraßen schauen. Die Baracken stehen parallel zu den Schienen. Genau wie damals, als wir hier ankamen, sehen wir jetzt die beklagenswerten Menschen, wie sie in Lumpen herumgehen oder von einem SSler ausgepeitscht werden. „Glück gehabt", flüstert Fritz. In der Ferne steht ein längliches Gebäude mit einem Wachturm und darunter ein Tor, in dem die Gleise verschwinden. Dann ist da ein Güterwagen mit einer Rangierlok. Ich reibe mir die Augen. Da steht wirklich ein SSler und ein Blau-Weißer mit einem Brotkorb. Beim Einsteigen werden wir gezählt, jeder kriegt ein großes Stück Brot. Beim OSchaF meldet sich ein altes Männchen in einer abgetragenen Wehrmachtsuniform, Volkssturm. Er erhält eine Tasche mit Dokumenten, unterschreibt für den Empfang. Genau wie in Westerbork. Die Schiebetür wird geschlossen, Fritz und ich stehen zusammen in der Ecke bei einer offenen Luke. Als der Zug sich in Bewegung setzt, nehmen wir zusammen Abschied von der Hölle Birkenau. Vor genau einem Monat sind wir hier im Dunkeln angekommen, im Licht verlassen wir diesen Ort des Grauens.

Die Landschaft ist trostlos. Sie hat sich wie ein Chamäleon an Birkenau angepaßt. Ein kleiner Ort ganz in der Nähe. Derselbe Gestank, der über dem Lager hing, ödes Land. Dann viele Gleise, eine Stadt. Auschwitz, ein größerer Bahnhof, noch aus der k.u.k.-Zeit. Unser Waggon wird an einen planmäßigen Personenzug gekuppelt, in den auch Bürger, Männer, Frauen und auch Soldaten einsteigen. Niemand interessiert sich für uns, die glauben, der Hölle entronnen zu sein. Der Zug fährt ab. „Willkommen in der zivilisierten Welt", sagt einer der Tschechen.

Wir stehen noch immer vor unserer Luke. Weder von Auschwitz 1, wo, wie wir gehört haben, Steinbauten an Stelle von Baracken sind, noch von Birkenau ist etwas zu sehen. Nicht einmal die rauchenden Schornsteine. Es ist unvorstellbar. Auschwitz liegt nicht am Ende der Welt, sondern in einer bewohnten Gegend. Hat denn niemand gemerkt, daß hier hunderttausende Menschen vom Erdboden verschwinden? Haben die Eisenbahner niemandem erzählt, daß sie jede Nacht drei, vier, manchmal sogar fünf Züge mit Menschen in das Anschlußgleis Birkenau bringen und die leeren Waggons mitnehmen? Aber warum stelle ich mir diese Fragen. In Holland, wo es kaum Nazis gab, wo kein wirklicher Antisemitismus war, hat man auch ohne weiteres 100.000 Juden deportieren können. Am hellichten Tag, mit der Straßenbahn.

Der Zug fährt durch ein dreckiges Industriegebiet. Zwischen den Fabrikshallen sehe ich Baracken, mit Stacheldraht umgeben. Hie und da ein Blau-Weißer mit ein paar armen Schluckern, die schwere Lasten schleppen. Unwilllkürlich denke ich, daß dies zukünftige Muselmänner sind. Immer der graue Dunst, immer der Gestank, den die Schlote der Fabriken ausspucken. Ich möchte, daß der Zug schneller fährt. Ich will nichts mehr sehen von alldem. Ich möchte sitzen oder liegen, aber ich kann mich nicht losreißen von der diabolischen Landschaft, die in der langsam eintretenden Dunkelheit immer trostloser wird. Fritz zwingt mich, meinen Ausguck zu verlassen, ich setze mich neben ihn. Wir haben viel Platz, nur fünfzig Menschen in einem Waggon. Wir strecken uns auf dem Boden aus. Der ratternde Zug ist wie eine Massage nach 30 Nächten zu zehnt auf Holzplanken, und die Brotration war so groß, daß mir sogar noch ein Stück übriggeblieben ist. Mein blauer Wintermantel hat Taschen, darin kann ich das Stück Brot aufheben. Jetzt brauche ich nicht mehr von einem

Zug zu träumen. Wir fahren ja schon. Ich denke beim Einschlafen, daß es nicht mehr schlechter werden kann. Aber das haben wir auch gesagt, als wir von Eindhoven nach Westerbork kamen, als wir hungrig waren in dem saukalten Winter von 1941, als der Stacheldrahtzaun und die SS aus dem „Centraal Vluchtelingenkamp" das „Polizeiliche Durchgangslager Westerbork" machten und als die Transporte abgingen. Dann schlafe ich aber doch ein. So fest, daß ich nicht einmal merke, daß wir an einen anderen Zug gekuppelt sind. Das sehe ich erst, als ich am Morgen als erster wach bin und herausschaue. Ich stehe vor der Luke und genieße die Aussicht. Ein schönes Mittelgebirge. Ich kaue mein Stück Brot und bin zufrieden. Hier möchte ich bleiben, denke ich gerade, als wir eine Baustelle passieren. Schrittfahrt. Da sind sie wieder, die elenden Figuren in alten verschlissenen Kleidern, Blau-Weiße und auch Kapos mit ihren Peitschen. Die Häftlinge dürfen ausruhen, bis der Zug vorbeigefahren ist. Aber ich sehe ihre bleichen Gesichter und die Angst in den Augen vor dem, was gleich wieder kommt. Ist es also im Westen auch nicht besser?

Gegen Mittag fahren wir durch die Randgemeinden einer großen Stadt. Jetzt kann ich deutlich sehen, wieviel Schaden die Luftangriffe schon angerichtet haben. Doch geht augenscheinlich das gewohnte Leben weiter. Der Zug steht still, unser Waggon wird abgekuppelt und zu einem anderen Perron rangiert. Ich sehe ein Stationsschild „Leipzig" ... Mehr kann ich nicht lesen, weil ein Pfeiler davor steht. Ein anderes Schild zeigt an, daß der nächste Zug von diesem Bahnsteig nach Meuselwitz geht.

Dann geht die Schiebetür auf. Es sind zwei Volksstürmer, das sehen wir jetzt. Sie sind freundlich. „Wir fahren nach Meuselwitz, dort ist das Hasagwerk", sagt einer der beiden, während der zweite weitergeht. Der Waggon darf offenbleiben. Wenn aber jemand probiert zu flüchten, müßte er schießen. Wir stehen bei einer Treppe zum Fußgängerübergang. Reger Verkehr von gehenden und kommenden Leuten. Sie sehen unseren Waggon, schauen herein, sehen uns und gehen weiter. Wir sind Luft, existieren nicht. Es wird schon noch der Tag kommen, an dem sie merken werden, daß nicht wir, sondern sie selbst die Verlierer sind. Aber jetzt kommt der zweite Volksstürmer mit einem Eimer und einem sauberen Becher. „Trinkwasser", sagt er und stellt den Göttertrank in den Waggon. Der Becher geht von Mund zu Mund, es schmeckt herrlich. Ein Willkommenstrunk. Wenn das nicht ein gutes Zeichen ist! Der Anschlußzug geht erst in einer Stunde. Unsere Anwesenheit hat sich auf dem Bahnsteig herumgesprochen. Leute, die noch warten müssen, stellen sich hin und „besichtigen" uns. Am liebsten würde ich die Zunge herausstrecken, von meinem nackten Popo gar nicht zu reden. Aber Auschwitz hat mich gelehrt, solche Neigungen vorläufig zu unterdrücken. Zwei Hausfrauen mit Einkaufstaschen kommen die Treppe herunter. Sie stellen die Taschen auf den Boden. Nun wollen sie sich einmal die unterernährten, kahlgeschorenen, schmutzigen, in Lumpen gekleideten Untermenschen richtig ansehen. Bis jetzt hat noch keiner der Zuschauer etwas gesagt. Die zwei sind die ersten, die zögernd und leise reden. Weil sie nahe bei mir sind, kann ich sie Wort für Wort verstehen. In sächsischem Dialekt sagt die eine, daß es gut sein könnte, daß das Juden sind. Die andere glaubt es nicht, weil doch der Herr Gauleiter selbst feierlich erklärt hat, Leipzig und Umgebung sei judenrein. Kopfschüttelnd gehen die zwei weg: der Gauleiter kann sich doch nicht geirrt haben. Der gute Gauleiter, denke ich, konnte doch nicht wissen, daß wir nun ohne Judenstern wieder zurückkommen würden, um der etwas entgleisten Kriegsökonomie zu helfen. Warum hat außer den zwei Frauen niemand etwas gesagt? Haben sie vielleicht alle Angst vor den Greueln, von denen sie gehört haben, aber die sie nicht wahrhaben wollen?

Dann fährt der Zug ab, wir sind jetzt schon mehr als 24 Stunden von Auschwitz entfernt.

## Meuselwitz in Thüringen, November 1944

Die Landschaft zwischen Leipzig und Meuselwitz ist nicht besonders schön. Die Schiebetüre ist nicht mehr ganz geschlossen, die zwei Volksstürmer sitzen bei uns im Waggon, jeder auf einer Kiste, die sie irgendwo organisiert haben. Einer sagt, daß es nicht mehr lange dauern wird. Es ist aber nicht klar, ob er die Reise oder den Krieg meint. Er läßt auch eine Zeitung auf den Boden fallen, aber keiner von uns traut sich, sie aufzuheben. Auf den Feldern sehen wir Arbeiter in einer uns unbekannten Uniform. Französische Kriegsgefangene, die bei den Bauern arbeiten dürfen, sagt einer unserer Begleiter. In der Ferne sind Schachtanlagen zu erkennen. Kohlengruben, sagt er. Die gibt's auch in Meuselwitz. Ich weiß nicht, ob er sieht, daß wir erschrecken. Aber er fügt jedenfalls gleich hinzu, daß, soweit er weiß, da nur im Tagbau gearbeitet wird.

Wir kommen nach Meuselwitz, ich schaue wieder durch meine Luke hinaus. Nichts Besonderes zu sehen. Ein kleiner Bahnhof, ein paar Abstellgleise und ein Anschlußgleis für eine Seitenlinie. Diejenigen, die auf der anderen Seite standen, haben schon etwas von der Hasag gesehen. Moderne Hallen und auch ein paar saubere Baracken. Es sieht freundlich aus. Die Waggons werden abgekuppelt, und die Rangierlok fährt mit uns weg. Dieselbe Richtung, aus der wir gekommen sind, aber jetzt über ein Anschlußgleis der Hasag. Sobald wir an der Rampe stehenbleiben, kommt ein Arbeiter, der die Waggontüre ganz öffnet. Die beiden Volksstürmer steigen erst aus, dann kommen wir und stellen uns auf. Leger, ohne Kommando. Wir schauen uns um. Drei moderne Fabrikshallen, rechts von uns ein großes Gebäude im selben Stil, an der andern Seite der Eisenbahntrasse steht ein großer alter Fabrikskomplex mit einem Wasserturm, sicher

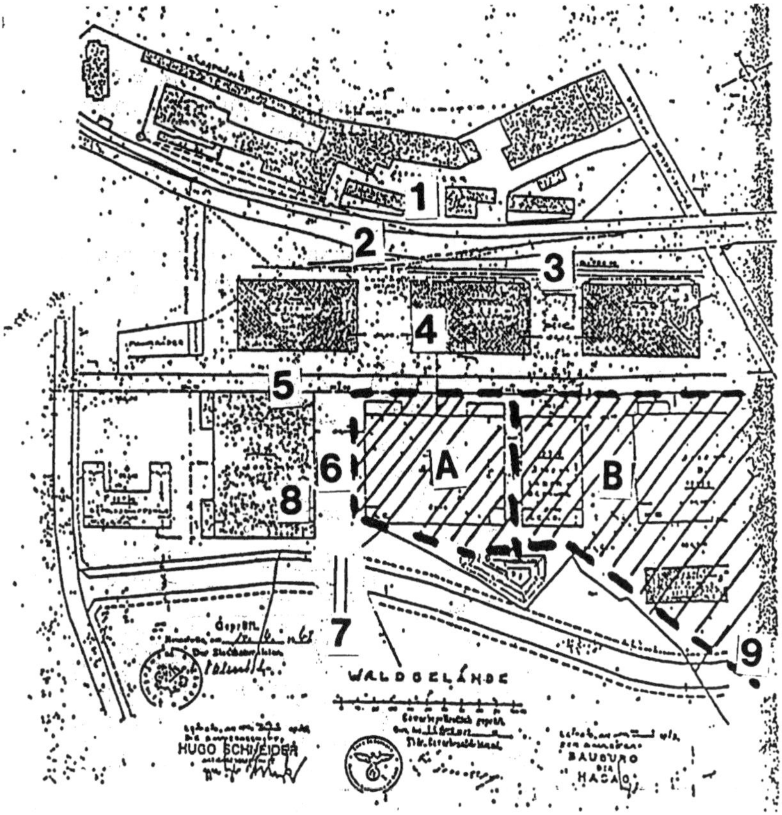


1 Altes Werk (ausgebrannt nach Volltreffer)
2 Bahndamm mit Werksanschlüssen
3 Rampe
4 Heizöllager und SS-Luftschutzkeller (Volltreffer)
5 Nordstraße (reger Verkehr, die Leute schauen gerne ins Lager hinein)
6 Straße zum Stollen (auch hier kann man gut ins Lager hineinsehen)
7 Stollen (Lager für Halbfabrikate und Luftschutzkeller)
8 Halle A/Werkzeugbau, im ersten Stock arbeite ich
9 Munition expoldiert bei Bombeneinschlag im Frauenlager
A Männerlager
B Frauenlager

*Das KZ eingezeichnet im Plan für das neue Hasag-Werk Meuselwitz 1942*

schon vor dem ersten Weltkrieg gebaut. Vom Perron kommen wir auf eine Straße, die durch das Fabriksgelände führt und als öffentlicher Weg benutzt wird. Schräg vor uns sind ein paar Baracken zu sehen. Hinter Stacheldraht, aber nicht elektrisch! Ein kleiner Wachturm. Die Straße geht entlang dem Lager, das Tor ist in einer Seitenstraße, die zu einem Berg führt. Wir bleiben beim Tor stehen, ich habe Zeit zu konstatieren, daß der Weg in einen Tunnel führt. Straße, Abzweigung und Berg sind drei Begrenzungen eines kleinen Lagers. Das Tor wird geöffnet. Oberscharführer Blume läßt uns abzählen, ohne jede Schikane, und verabschiedet dann die zwei Volksstürmer. Er ist Unterkommandant, auf einem Auge blind und wird uns gleich das Lager zeigen. Wir haben eine Baracke mit zwei Schlafsälen, wir können gleich hineingehen. Doppel-Betten, für jeden ein eigenes Bett! Für jeden ein Strohsack, den wir noch füllen müssen. Für jeden auch eine Decke und ein Handtuch. Seife gibt es leider nicht, aber in der Fabrik haben sie einen Seifenersatz, der als Schmiermittel beim Bohren und Fräsen verwendet wird. Mit dem kann man sich auch waschen, sagt Blume.

Er wird uns jetzt das Lager zeigen, unsere Strohsäcke können wir gleich zum Füllen mitnehmen. Zuerst der Waschraum mit Latrine. Schräg gegenüber unserer Baracke, auffallend sauber. Die Eierdose ist länglich, nur eine Reihe, und man sitzt mit dem Rücken zu einer Mauer, also etwas beschützter. Die Konstruktion ist aus Holz und für jedes Loch gibt es einen Deckel, daher stinkt es nicht. Drei Stufen höher ist der Waschraum. Zwei lange Reihen halb verzinkte Rohre mit Wasserleitung darüber. Wir probieren es alle zugleich. Nicht nur fließt das Wasser, es schmeckt auch ausgezeichnet. Ein paar Spiegel und Haken, um Kleider aufzuhängen. Unten, beim Ausgang, fragt jemand, ob es Klopapier gibt. Blume zeigt auf einen Packen alter Formulare. Jede Menge, sagt er. Duschen können wir in der Fabrik. Das ist ab und zu nach der Arbeit erlaubt. Uns scheint es, als ob wir eine Führung durchs Schlaraffenland miterleben. Oder glaubt Blume vielleicht, daß wir eine Kommission vom Roten Kreuz sind, der man was vormachen muß?

Wir überqueren den Appellplatz. Links ist das Tor, durch das wir das Lager betreten haben. Von hier aus kann man die Haupt- und die Seitenstraßen sehen, im Vordergrund die modernen Fabrikshallen, im Hintergrund das „Alte Werk", wie Blume es nennt. Eine Baracke entlang der Straße, ein paar weitere Baracken auf der anderen Seite des Platzes. Alle sind aus einer Art Schlackenstein gebaut, haben doppelte Fenster und Betondächer. „Splitterfrei, wichtig im Fall eines Fliegerangriffs", sagt Blume. Zum ersten Mal werden wir uns bewußt, daß wir bei einem Bombardement auf die Fabrik mittendrin sitzen. Vor uns ist ein Tor, dahinter ein Stacheldrahtzaun à la Auschwitz. Wir können nicht sehen, ob er auch elektrisch ist. Das ist das Frauenlager. „500 Weibsbilder aus Polen und

Rußland. Für euch strengstens verboten", wie Blume das ausdrückt. Beim Tor muß das Essen geholt werden, die Küche ist drüben. Wir sollen selbst ausmachen, wer Essen holen geht und wer es austeilt. Jetzt bekommen wir jeder einen sauberen Emailbecher, einen Essensnapf sowie einen Löffel. Dann gehen wir in einen Schuppen, in dem Ballen von Papierschnitzeln eingelagert sind. Damit können wir unsere Strohsäcke füllen, richtiges Stroh gibt's nicht mehr. Wir jonglieren mit unseren neuen Reichtümern zu unserer Baracke zurück. Unterwegs zeigt Blume uns noch den Kohlenbunker neben der Waschbaracke. Sobald es kalt wird, können wir uns dort Braunkohle holen, um den Ofen einzuheizen. „Nur schön vorsichtig sein, wenns den in der Nacht durchbrennen läßt, daß euch net vergast", sagt Blume und grinst.

Wir gehen rein, verteilen die Betten. Fritz und ich haben zwei Oberbetten nebeneinander. Neben meinem Bett ist der Ofen, neben Fritz ein Fenster. Vor jedem Fenster steht ein Tisch mit Bänken. Der Ofen ist aus Backstein gemauert, hat die Form eines Kachelofens, sodaß man auch etwas zum Trocknen drauflegen kann. Das Waschlokal reizt. Zum erstenmal seit einem Monat Klopapier, Wasser zum Waschen und auch ein Handtuch! Ich hänge den Wintermantel an mein Bett, lege meine Habseligkeiten an das Fußende und gehe hinüber, genau wie die anderen. Dann natürlich das Bett ausprobieren: Den Mantel als Kopfkissen, die Decke und die papiergefüllte Matratze: selbst die Prinzessin auf der Erbse würde da ungestört schlafen. Ich werde wach, weil Blume hereinkommt. Zwei sollen mitkommen, um Essen zu holen. Morgen, nach dem Appell kommen die Herren Werkmeister aus der Fabrik, um die Arbeit einzuteilen. Arbeitszeit ist für die Tagschicht von 6 Uhr morgens bis 6 Uhr abends, für die Nachtschicht von 6 Uhr abends bis 6 Uhr morgens. Appell jeweils eine halbe Stunde vor Arbeitsanfang. Sonntag wird im Betrieb nicht gearbeitet. Die Tagschicht, die Samstagabend von der Arbeit kommt, muß Sonntagabend zum Nachtdienst antreten. Stubendienst wird eingeteilt, sobald die Herren Meister ihre Auswahl getroffen haben. Unser Internist wird zum Lagerarzt ernannt. Dann wird Essen geholt, zwei Tschechen gehen mit Blume mit.

Ein Essenskübel, Modell Auschwitz, ein Schöpflöffel. Der Lagerarzt, kurzweg Herr Doktor genannt, wird das Essen austeilen. Dicke Suppe, schmeckt besser als in Birkenau. Vor allem, weil kein Dreck drin schwimmt und vereinzelt sogar eine Faser Fleisch zu erkennen ist. Dann gehen wir unser Geschirr abwaschen. Mit kaltem Wasser ist der Napf leicht sauber zu machen, viel Fett ist also nicht in der Suppe. Langsam ... Alle 50 kommen aus Theresienstadt, 15 aus Deutschland oder Österreich, 23 sind Tschechen und Slowaken. Die restlichen 12 kommen aus Westerbork, wovon 6 Emigranten sind, die wegen ihrer vermeintlichen Positionen im Lager von den „echten" Holländern gehaßt werden. Zusammen mit den Deutschen hassen wir alle aber die Tschechen und Slowaken, weil die in Theresienstadt die Vormachtstellung hatten. Hier soll das aber alles anders werden. Die große Verbrüderung fängt an. Bis das Licht ausgeht, sitzen wir zusammen und reden uns alles von der Leber.

Behaglich in meine Decke eingerollt, schlafe ich traumlos und fest, bis die Dampfpfeife uns weckt. In einer halben Stunde müssen wir zum Appell antreten. Es ist noch dunkel, Lampen beleuchten das Fabriksgelände und auch das Lager. Sie haben die ganze Nacht gebrannt, bei Luftalarm wird die Außenbeleuchtung zentral abgeschaltet. Im Waschraum trinke ich einen Becher Wasser in einem Zug aus und merke, wie sehr mir das in Auschwitz gefehlt hat. Merkwürdig, jeder hat immer von Essen und Bier oder Wein geredet, aber niemand hat über reines, klares Wasser phantasiert. Vor der Baracke steht schon ein Kübel mit Kaffee und ein Korb mit einer dicken Scheibe Brot und einem Stückchen Käse für jeden. Die Brotrationen sind mit der Maschine geschnitten und alle gleich. Mehr als in Birkenau, offensichtlich hat hier kein Kapo sich erst versorgt. Daher auch der Käse.

Um acht Uhr müssen wir wieder antreten. Blume kommt mit zwei Herren, beide tragen einen blauen Arbeitsmantel. Einer mit Hut, lang und mager, schaut finster drein, der andere trägt eine Baskenmütze und ist dick, er schaut freundlicher aus. Der Lange spricht erst. Er sagt, daß er der Meister von der Werkzeugmacherei ist und Leute braucht, die an einer Drehbank arbeiten und mit Kalibern und Schublehre umgehen können. Der Dicke braucht Arbeiter für die Vollautomaten, das ist einfacher. Die Prozedur ist so: Der Hagere geht der Reihe entlang und fragt jeden, was er kann. Bei mir sagt er: „Was sind Sie?" „Nähmaschinenmonteur." „Zuletzt wo?" „Textilfabrik in Westerbork." „Schon mal Ersatzteile machen müssen?" Ich bejahe das, er sagt: „In Ordnung", und schreibt meinen Namen auf. Ich bin einer der zwanzig, die er braucht. Je zehn für die Tag- und für die Nachtschicht. 26, also 13 für jede Schicht, werden vom Dicken aufgeschrieben und eingeteilt. Die Nachtschicht beginnt heute abend um sechs, die Tagschicht morgen früh. Fritz ist bei der anderen Gruppe, aber genau wie ich auch zur Tagschicht eingeteilt. Blume hat vier Mann abgesondert. Doktor und Apotheker und die zwei Tschechen, die als Stubendienst Essen holen und Waschraum und Latrine sauber halten müssen. Unsere Schlafsäle müssen wir selbst sauber machen.

Da wir erst morgen früh zur Arbeit gehen müssen, haben wir heute einen freien Tag. Das Wetter ist nicht allzu angenehm, neblig trüb und feuchtkalt. Also gehen wir in die Baracke. Die Nachtdienstler wollen schlafen, wir müssen also ruhig sein. Da gibt's dann nichts anderes, als auch auf dem Bett zu liegen, und die meisten schlafen auch gleich ein. Wir haben so viel nachzuholen! Ich bin noch wach und denke an Carry. Wie immer halte ich dann die Daumen, daß es ihr und ihrer Familie gelingt, in Theresienstadt zu bleiben. Etwas Besseres kann ich mir gar nicht mehr vorstellen. Dann fange ich an zu rechnen, wie lange es schon her ist, seit ich sie zum letzten Mal geküßt habe. Kopfrechnen macht benommen, ich schlafe beinahe ein. Aber mein Rechenzentrum macht weiter, denn plötzlich weiß ich, daß es der 31. Oktober 1944 ist und ich heute also 21 Jahre alt geworden bin. Ein schöneres Geburtstagsgeschenk als diesen ruhigen Tag hier hätte ich mir gar nicht wünschen könnnen. Später schleicht sich bei mir ein komisches Gefühl ein: es ist hier doch wie im Märchen, mit der guten Fee in der Person eines Oberscharführers! Oder träume ich das alles?

Spät nachmittags schauen wir uns draußen um. Tatsächlich ist zwischen uns und der „freien" Welt nur ein einfacher Stacheldrahtzaun. Kein Graben, keine andere Versperrung. Wir könnten die Passanten und Neugierigen, die am Zaun stehen und ins Lager glotzen, sogar anfassen, wenn wir das schon wollten. Genau wie in Leipzig schweigen die Männer, Frauen und Kinder. Da fällt mir ein, daß all diese Leute doch wissen müssen, was mit unseren Vorgängern geschehen ist. Das Lager ist peinlichst saubergemacht, aber es ist nicht neu. Hier haben vor kurzem noch Menschen gewohnt.

Das Abendessen ist die gleiche Suppe, die es gestern auch gab. Sie schmeckt, weil es an sich schon ein Vergnügen ist, aus einem eigenen Eßnapf mit eigenem Löffel essen zu können. Die Nachtschicht ist nach einem kurzen Appell zur Arbeit gegangen. Mit jeder der beiden Gruppen ist ein Volksstürmer mitgegangen. Durch den Zaun haben wir gesehen, daß die Leute für den Werkzeugbau (meine Abteilung) in das moderne Gebäude hier gegenüber gehen. Die anderen verschwinden um die Ecke. Es wird dunkel und kalt draußen. Wir gehen also in die Baracke. Das Licht, über jedem Tisch brennt eine Lampe mit einem Schirm, so wie sie bei Schneidern gebraucht wurden, wäre ausreichend, um zu lesen, aber wir haben leider keine Lektüre. Wir könnten auch Schifferlversenken oder etwas Ähnliches spielen. Papier gibt's genug in der Latrine, aber wir haben keinen Bleistift.

Daher quatschen wir miteinander. Der Doktor ist ein unangenehmer Zeitgenosse. Zu seiner Ehre sei gesagt, daß er das Essen mit größter Genauigkeit verteilt. Aber er kann es nicht lassen, stichelnde Bemerkungen über den deutschen Akzent einiger Kollegen zu machen. Als es mir zu blöd wird, fall' ich ihm ins Wort und sage in meinem besten, durch Carrys Pflege beinahe perfekten Holländisch, daß die anderen nichts dafür können, da seine Königliche Regierung sie ja seit 1939 in Lagern eingesperrt hat. Er schaut mich wie vom Blitz getroffen an, sagt dann aber, daß ich, wenn ich schon nicht höflich, doch wenigstens korrekt spreche. Ich bedanke mich für das Kompliment. Jeder lacht, und dann ist es Zeit, schlafen zu gehen.

Appell um halb sechs. Es ist kalt und dunkel, aber der „Kaffee" heiß und das Brot eingetunkt; schmeckt ausgezeichnet. Die Wurst und ein

Stück Brot hebe ich mir auf bis zur Mittagspause. Mal sehen, ob ich es so lange aushalte. Blume hat eine Liste mit allen Namen der Tagschicht. Fritz geht zu den Vollautomaten, Halle A, ich zum „Werkzeugbau" im ersten Stock. Auch jetzt kommt für jede Gruppe ein Volksstürmer. Ich wünsche Fritz viel Glück für seine Karriere im Metallgewerbe, sag' noch, daß er aufpassen muß, daß der Vollautomat ihn nicht auffrißt, dann marschiert seine Gruppe ab. Unser Arbeitsplatz ist gegenüber, wir gehen erst später weg, ich kann also noch schnell zur Latrine. Dann gehen auch wir. Ein ganz modernes Gebäude mit Stahlrahmen in Türen und Fenstern. Im Treppenhaus müssen wir warten, bis die Nachtschicht herunterkommt. Unser Begleiter sagt, daß im Keller die Duschen und die Luftschutzräume sind. Dann kommen die anderen herunter und sagen im Vorbeigehen ganz schnell, daß alles gut geht.

Rauf in den ersten Stock. Es ist warm im Gebäude, den Geruch von Maschinen und Öl erkenne ich sofort. Ein offensichtlich sehr großer Saal, von dem ein kleiner Teil durch einen Bretterverschlag mit einer großen Türe abgeteilt ist. Ich sehe schätzungsweise 15 Drehbänke, das Modell ist mir unbekannt. Wir sind jetzt alle herinnen, der Volkssturm als letzter. Der Meister kommt, sagt „Guten Morgen" und stellt zwei Mitarbeiter vor. Vaclav ist ein Tscheche, sicher kein Jude, wird wohl zum Arbeitseinsatz hier sein. Mario ist ein kleiner, rundlicher Italiener mit einem schwarzen Krauskopf. Die werden uns die nötigen Instruktionen geben und unsere Arbeit kontrollieren. Er will nur noch sagen, daß die Matrizen mit großer Präzision gefertigt werden müssen. Anfangs wird es noch langsam gehen, aber danach erwartet er eine hohe Produktion mit minimalem Ausschuß. „Wenn ihr eure Arbeit gut macht, werde ich dafür sorgen, daß man euch nicht belästigt." Mehr sagt er nicht, er läßt das Rätsel, wer uns wohl belästigen könnte, ungelöst.

Ich werde an der dritten Maschine in der ersten Reihe arbeiten. Mario ist mein Lehrmeister. Besser hätte ich es nicht treffen können. Er erklärt mir, wie man auf einer Revolverdrehbank arbeiten muß und wie ich mit den Schublehren und Kalibern umgehen soll. Er ist gut zu verstehen, seine Instruktionen sind deutlich.

Da ich in Westerbork bereits an einer Drehbank gearbeitet habe, dürfte es für mich nicht schwer sein, die Revolverbank zu bedienen. Es ist ein Halbautomat. Das heißt, daß die für jeden Arbeitsgang benötigten Werkzeuge bereits im Revolverkopf eingespannt sind. Es ist also nur eine Sache der Konzentration und von Fingerspitzengefühl, eine gute Matrize zu drehen. Mario macht es mir vor. In Halle 3 werden dann in die Matrizen aus Eisendraht Gewehrkugeln gepreßt. Daher muß diese Form spiegelglatt sein, und das gelingt nur dann, wenn bei der Arbeit kein übermäßiger Druck ausgeübt wird. Die letzte Zeit ist für unsere Kondition, Konzentration und das Fingerspitzengefühl nicht gerade günstig gewesen, aber Mario ist zuversichtlich. Er ist stolz, daß ich die Arbeit gut mache, sagt, daß ich erst ganz langsam anfangen soll, das Tempo kommt später. Ich habe den anderen voraus, schon etwas drehen zu können. Die meisten von uns haben das noch nie gemacht. Mario sagt, daß die es auch lernen werden.

Unser Volksstürmer sitzt auf einem Hocker bei der Heizung und schläft. Mit beiden Händen hält er das Gewehr fest, der Kopf ruht auf seinen Fäusten. Wenn ihm jemand die Waffe wegnehmen wollte, würde er vielleicht wach werden. 70 Jahre wird er wohl sein. Mario hat neben meiner Bank ein Kästchen aufgestellt. Reservebohrer, Fräsen, eine Schublehre und drei Kaliber sind drin. Die sind genau eingestellt, sodaß ich nach einiger Übung selbst ablesen kann, ob die Toleranz eingehalten ist. Wichtiger Tip von Mario: der Meister kommt öfters die Produktion kontrollieren. Zu viel Ausschuß ist schlecht, zu wenig Produktion ist schlecht, aber eine schlechte Matrize zwischen den guten ist Sabotage. Früher wurden die Gewehrkugeln aus Blei und Kupfer gemacht, heute aus Eisen. Dadurch ist den Matrizen kein langes Leben vergönnt und deswegen drehen hier 15 Bänke Tag und Nacht. Nach ein paar Stunden habe ich das Gefühl, daß es geht. Mario ist nur mehr ab und zu bei mir, die anderen brauchen ihn dringender. Der Meister kommt, nimmt ein paar Stück, hält sie gegen das Licht, um zu sehen ob sie glatt sind, kontrolliert mit seinem eigenen Kaliber, sagt nichts und geht weg. Später erzählt Mario, daß der Meister zufrieden ist.

Mittagspause. Wir müssen oben bleiben, setzen uns auf den Boden, den Rücken an die Heizung. Mario bringt einen Kübel Kaffee und ein paar Becher. Ich habe gar nicht mehr an das Brot und die Wurst gedacht, die in meiner Manteltasche stecken. Ich habe konzentriert gearbeitet. Es schmeckt herrlich. Die Tschechen haben inzwischen festgestellt, daß Vaclav aus Leitmeritz kommt. Das liegt genau gegenüber Theresienstadt, am anderen Ufer der Elbe. Von der Bastei aus konnte man es sehen. Unser Aufpasser kommt zurück. Wenn jemand aufs Klo will, kann er jetzt mit ihm mitgehen. Alle wollen. Wir gehen hinaus auf den Gang, er bleibt vor einer Türe stehen, winkt, daß wir hineingehen sollen. Ein weiß gekachelter Raum, Pissoirs, Waschtische mit warmem Wasser, hinter Türen richtige WCs mit Papier.

Die Bohrer und Fräsen werden geschmiert oder gekühlt mit einer künstlichen Seife. Die kann man, laut Mario, auch zum Waschen gebrauchen, aber sie ist schlecht für die Haut.

So schnell der Morgen vergangen ist, so langsam geht der Nachmittag vorbei. Ich bin so schrecklich müde, arbeite ganz langsam und vorsichtig. Nur keine Fehler machen, dröhnt es in meinem Kopf. Die Maschinen werden abgestellt. Arbeitsschluß. Auf der Stiege sagt der Volkssturm: „Morgen könnts duschen gehen."

Auf der Treppe begegnen wir wieder der Nachtschicht. Abermals keine Gelegenheit, miteinander zu sprechen. Wir hören nur, daß sie wenig geschlafen haben. In unserer Baracke wartet die Suppe schon. Fritz und Kollegen sind auch zurück. Die Suppe ist nicht mehr heiß, deswegen vielleicht etwas dicker und schmeckt ganz gut. Die Arbeit an dem großen Automaten, einer Riesenmaschine, die viel Lärm macht, ist uninteressant. Aber in der Halle ist es angenehm warm, die Meister und Arbeiter sind im Umgang korrekt, und auch dort gibt's saubere Toiletten und Waschgelegenheiten. Nur eine schlechte Nachricht heute: Jiři, der Essensholer und Stubendienst, erzählt, daß die Nachtschicht nicht richtig ausschlafen konnte, weil gegen 10 Uhr Blume mit einem *Hasag-Mann* kam und alle holte, um einen Waggon zu laden. Von einem Schuppen mußten sie Munitionskisten auf Handkarren zur Rampe bringen und im Waggon stauen. Richtige Schwerarbeit, da die Kisten 50 Kilo wogen. Am frühen Nachmittag kamen sie erschöpft zurück. Meinte der Meister das, als er von Belästigung sprach? Während ich mir darüber den Kopf zerbreche, schlafe ich ein. Ich werde erst wach, als wir aufstehen müssen. Ich habe die ganze Nacht von blinkend weißen Klosettschüsseln geträumt.

Den Tunnel, der hinter unserer Baracke in den Berg geht, nennt man hier „Stollen", schließlich ist der Bergbau hier zu Hause. In dem Stollen sind Lagerplätze für Fertigprodukte der Fabrik. Es ist also klar, warum immer Arbeiter hinein- und herausgehen. Man macht hier zum Beispiel den „Panzerschreck", einen großen Trichter, der wie eine Handgranate geschleudert wird. Man kann damit einen Tank verwüsten, muß ihn aber erst nahe herankommen lassen. Ein Übungsfeld ist hier in der Nähe. Immer wieder marschieren kleine Gruppen Volkssturm und Hitlerjugend, aber auch viele Frauen am Lager vorbei, die stolz so ein Ding tragen. Später hören wir es in der Ferne krachen, und dann kommen sie wieder zurück, ohne Panzerschreck, aber vielleicht froh, daß sie das Ding los sind. Ansehen kann man ihnen das nicht. Mario ist mein Freund, seit er weiß, daß ich schon zweimal in Venedig gewesen bin. Er war in der Nähe von Mestre, an der anderen Seite der Lagune, in einer Garnison. Als Italien vor einem Jahr Deutschland den Krieg erklärte, wurden alle italienischen Soldaten, die sich noch im von den Deutschen besetzten Norden befanden, zu Kriegsgefangenen erklärt. So wurden er und seine Kameraden in Mestre auf Transport gestellt. Durch verschiedene Konzentrationslager, deren Namen mir nichts sagen, kamen schließlich die überlebenden Italiener, es waren nur mehr 300, hier an. Das war vor einem halben Jahr. Auf meine Frage, wo die alle geblieben sind, gibt er keine Antwort.

Von Mario weiß ich auch, wie die Situation im Krieg ist. Bulgarien hat seinen Pakt mit Hitler gekündigt und ist jetzt auch im Krieg. Da die Russen nun via Bulgarien und Jugoslawien nach Albanien vorstoßen können, haben die Nazis ganz Griechenland aufgegeben. Halb Italien, nördlich der Apenninen, ist noch in deutschen Händen. Marios Eltern wohnen in der Nähe von Neapel. Er hat keine Nachricht von ihnen, er weiß nur, daß dort nach den Landungen der Amerikaner schrecklich gekämpft wurde.

Im größten Teil unserer Halle, hinter dem Holzverschlag, arbeiten Frauen aus dem Lager. Ich habe keine Idee, was die tun, man hört selten etwas von ihnen. Die Maschinen machen zuviel Lärm. Ich stehe mit Mario beim Arbeitstisch des Meisters, weil ich einen neuen Bohrer brauche. Den muß er nebenan holen und geht durch die Türe. Ich schau ihm nach und sehe ein Mädchen in einem braunen Kleid. Eigentlich sehe ich nur das Gesicht. Sie lacht mir zu, es ist Carry, denke ich. Die Türe ist schon lange wieder zu, aber ich bin wie festgenagelt. Das muß eine Vision gewesen sein, denn ich habe schönes langes Haar gesehen, und das gibt es nicht. Frauen sind genau wie wir kahlgeschoren. Mario stößt mich an: „Ist was?" „Was für Frauen sind hier nebenan?" „Nur Polen", sagt Mario. Am liebsten würde ich ihn umarmen.

Es ist Sonntag. Der erste freie Tag für uns alle. Wir von der Tagschicht waren ja schon gestern Abend fertig, die Nachtarbeiter sind aber erst heute früh nach Hause gekommen, die schlafen noch. Wir müssen heute Abend um 18.00 Uhr anfangen. Jeder hat also 24 Stunden frei. Vormittags kommt ein SSler, ein Kroate. Fünf müssen mitgehen. Nach ein paar Stunden kommen sie zurück. Nichts Besonderes, bei der SS-Kaserne einen Schuppen auskehren. Später, als alle wach sind, hören wir von der Nachtschicht, daß sie nie länger als bis vormittags schlafen konnten, denn dann wurden sie immer zur Arbeit geholt. Nicht aus Schikane, so wie jetzt der Kroate, nein, richtige Schlepparbeit in der Fabrik. Es gibt nämlich kaum interne Transportmittel. Gefangene oder andere Kulis tragen, schleppen oder ziehen alles, was bewegt werden muß. Waggons werden von Hand beladen oder gelöscht. Nur Schüttgut wird in Wagen geladen, aber das geschieht auch meistens mit der Hand.

Merkwürdig für so ein großes, modernes Werk wie die *Hasag Meuselwitz.* Die 500 polnischen Frauen und wir aus dem Lager, aber auch sehr viele deutsche Frauen und Mädchen arbeiten hier. Von den deutschen Männern in der Fabrik sind die meisten Invalide. Frontuntauglich nennt man das hier. Aber auch damit ist man nicht mehr so zimperlich. Laut Mario kann man ohne Hand und Fuß noch zur Front. Wenn man aber kein Hirn mehr hat, muß man zur Partei. Es sind aber auch viele Männer und Frauen beschäftigt, die genauso schäbig aussehen wie wir und die auf der linken Brust einen weißen, rechteckigen Fleck tragen. Darauf steht mit großen schwarzen Buchstaben: „OST".

Die Ärmsten sind Verschleppte aus den Gebieten im Osten, die die deutsche Wehrmacht besetzt hat. Das weiß ich auch von Mario. Der sagt, daß die zwar nicht hinter Stacheldraht leben, aber behandelt werden „wie der letzte Dreck". Mit seinem italienischen Akzent klingt das weniger tragisch, als es ist. Sie sind die Parias dieser Gesellschaft, die, da die Juden nun weg sind, einen anderen Prügelknaben braucht. Genau wie wir nach Birkenau wissen, was aus unseren Familien, Freunden und Bekannten geworden ist, haben auch sie die Gewißheit, daß sie niemanden von denen, die sie zurückgelassen haben, wiedersehen werden. SS, Grüne Polizei und Wehrmacht waren auch da sehr gründlich. Übrigens hat Mario immer noch nicht gesagt, wo seine Kameraden geblieben sind.

Ich bin sehr neugierig, wie mir die erste Nachtschicht bekommen wird. Am Anfang ist es nicht anders als bei Tag. Appell und Arbeitsbeginn im Dunkeln. Die erste Schwierigkeit ist, daß ich mir vom Frühstück Brot aufgehoben hatte, genauso, wie ich es sonst zur Mittagspause mitnehme. Das hätte ich für Mitternacht aufheben wollen. Das aber ist mir nicht gelungen. Doch werde ich mich daran gewöhnen müssen, denn das Dilemma werde ich jetzt bei jeder Nachtarbeit haben. Am Anfang geht es ja, die warme Suppe noch im Magen, heute gab es sogar einen Nachschlag. Die Arbeit macht Freude, der Meister und Mario sind zufrieden. Ich schaffe schon beinahe das vorgeschriebene Pensum. Dann krieg' ich Hunger und denke an Essen. Am Mittwoch bekamen wir eine Art Milchsuppe, dick eingekocht. Erst schauten wir einander an, jeder dachte an die Salzsuppe in Birkenau, kostete ganz vorsichtig vom ersten Löffel, aber sie schmeckte wirklich vorzüglich. Jetzt erkenne ich erst, daß ich später nichts zu essen haben werde.

Pause. Mario bringt Kaffee. Die meisten sind disziplinierter als ich und haben sich etwas zum Essen aufgehoben, ich habe nichts. Also probiere

*Altes Werk, Hasag, Meuselwitz*

ich ein Nickerchen zu machen, lehne mich in einer dunklen Ecke an die Heizung. Es gelingt beinahe. Dann merke ich, daß jemand bei mir steht. Mario, er steckt mir ein Stück Brot in die Tasche und geht weg. Niemand sieht ihn.

Die fertigen Exemplare stehen auf einem Tisch neben mir. An der Anzahl kann ich schätzen, wie spät es ist. Gegen Morgen scheinen die Stunden endlos. Der Meister kommt auf seiner Runde zu mir und mißt einige Matrizen nach, dann ruft er Mario. Ich fürchte schon, daß etwas mit der Qualität nicht in Ordnung ist. Ganz im Gegenteil, einwandfrei, aber zu langsam. Daher scheint es, daß die Zeit nicht vergeht. Mario muß auf meiner Maschine schnell den Rückstand einholen. Ich soll inzwischen einen Vorrat Bolzen holen, dabei sehe ich Vaclav auch bei einer Maschine arbeiten. Als ich zurück bin, hat Mario 10 Stück gefertigt, ich kann also ruhig weiterarbeiten. „Nur nicht hetzen", hat der Meister gesagt. Das tue ich auch nicht, aber ich habe Mühe, mich zu konzentrieren. Endlich schaltet der Meister die Maschinen ab. Aufräumen, Drehbank saubermachen, auskehren. Das geht schon automatisch. Der Volkssturm sagt, daß wir jetzt zur Dusche gehen. Wir trauen uns nicht zu jauchzen, aber wir freuen uns schon recht. Aus einem Stück Papier mache ich eine kleine Tüte und lasse etwas von der weißen Schmierflüssigkeit reinlaufen.

Zwei Treppen runter und wir stehen vor einer verschlossenen Eisentüre, auf der „Waschraum" steht. Daneben ist eine zweite mit der Aufschrift „Luftschutzkeller", die offen ist. Ein endlos langer Gang mit Bänken an beiden Seiten, schlecht beleuchtet; lädt nicht gerade zum Besuch ein. Der Volkssturm sperrt die Türe zum Baderaum auf: geräumig, hell und sauber. Rechts stehen Bänke mit Kleiderhaken, auf der anderen Seite sind Duschen und auch Fußwaschbecken. Der Volkssturm bleibt beim Ausgang stehen, Gewehr bei Fuß, verläßt seinen Platz aber, um den Wasserhahn aufzudrehen. Herrlich warm. Wir haben uns, seit wir hier sind, doch schon einigermaßen waschen können, aber so wie jetzt, mit warmem Wasser und Seife war es noch nie. Schon nicht mehr seit Theresienstadt, also ist das schon bald zwei Monate her. Eigentlich ist es auch das erste Mal seit Monaten, daß wir Zeit und Gelegenheit haben, unsere nackten Körper zu betrachten. Alle konstatieren wir, daß wir zwar noch keine Gerippe, aber ganz schön abgemagert sind. Jedenfalls genießen wir das warme Wasser, bis der Volkssturm auf seine Uhr schaut und sagt, daß es schon höchste Zeit ist.

Genau wie wir gestern ist Fritz mit seiner Gruppe heute zum Duschen gegangen, auch er ist sehr zufrieden zurückgekommen. Er hat bei der Gelegenheit aber festgestellt, daß die Seife, die beim Automaten dauernd auf seine Hose spritzt, doch bis auf die Haut durchdringt und beim Schienbein schon Rötungen verursacht. Da unser Ofen seit heute geheizt wird, hat er seine Hose ausgewaschen, und sie liegt jetzt zum Trocknen oben. In der Baracke ist es schön warm, auch der Waschraum mit Latrine ist geheizt.

Die Woche Nachtschicht haben wir beide gut geschafft. Seit dem zweiten Abend bekommen wir alle zur Suppe auch ein Stück Brot für die „Mitternachtspause", offensichtlich hatte man das erst vergessen. Der Rhythmus der Nachtarbeit hat sich bald eingestellt, sodaß ich eigentlich die letzten Nächte keine wirklichen Probleme mehr hatte, obwohl wir doch fast jeden Tag zwischendurch zur Arbeit geholt wurden. Abgesehen davon, daß es sich um blödsinnige Schleppereien handelt, ist es doch interessant, in den verschiedenen Abteilungen der Fabrik herumzuschauen. Außerdem geschieht es oft, daß Fritz und ich zur selben Arbeit eingeteilt werden, sodaß wir zusammensein können. Natürlich fehlt der Schlaf, der uns gestohlen wird. Aber irgendwie gewöhnt der Körper sich daran. Sicher ist auch die Brotration, die wir zur Nachtschicht bekommen, sehr wichtig. Im allgemeinen ist die Stimmung hier gut. Jeder findet die Arbeit erträglich, nur bleibt die Angst, daß man das verlangte Pensum nicht schafft. Aber auch bei den anderen Abteilungen haben die Meister und deren Gesellen immer Hilfestellung geleistet. Bis jetzt haben wir über das Hasag-Personal nicht zu klagen.

Zusatzarbeit nach dem Zwölfstundendienst in der Fabrik gibt's auch für andere. Unsere zwei Meister (Tag- und Nachtschicht) bemannen zusammen mit vier anderen als Brandwache einen Hochsitz am Schornstein einer Textilfabrik in der Stadt. Alle 24 Stunden vier Stunden Wachdienst bei Luftalarm. Den gibt es immer öfter. Wenn wir keinen Dienst haben, müssen wir in der Baracke bleiben. Nur diejenigen, die an der Arbeit sind, gehen mit dem Volkssturm in den Keller. In der Baracke ist es nicht so arg, besonders dann nicht, wenn man es schon ein paarmal erlebt hat. Wir erkennen jetzt schon, daß Flugzeuge weit weg vorbeifliegen, das ist ähnlich, wie wir es aus Westerbork kennen. Eine Armada Flugzeuge auf dem Weg zum Ziel. Heute aber mußten wir in den Keller, das ist scheußlich. Die schweren Metalltüren und Betongewölbe sind hoffentlich bombensicher, schalldicht sind sie jedenfalls. Also hört man nichts und weiß nicht, was sich über einem abspielt. Außerdem fehlt uns ja die Erfahrung, wie es im Falle eines Angriffs in einem Keller zugeht. Hoffentlich bleiben wir unwissend. Heute jedenfalls wohl. Die Entwarnung kommt, wir können wieder hinauf zur Arbeit. Der „Duft" von Maschinen und Öl ist wohltuend nach dem Mief von all den ängstlichen Menschen, die schon jahrelang bei Luftalarm in dem Keller eingeschlossen sind. Luftschutzkeller gibt es unter jeder Halle, aber auch der Stollen hinter unserer Baracke wird verwendet, und es scheint auch einen Stollen hinter dem Frauenlager zu geben.

Vaclav hat unserem Kollegen aus der ČSR versprochen, daß er seinen Vater bitten wird, aufzupassen, ob und wohin Transporte aus Theresienstadt gehen. Der Mann scheint etwas mit der Bahn zu tun zu haben.

Vaclav kann das nicht schriftlich erledigen, aber er darf auf Weihnachtsurlaub nach Hause fahren und wird es dann besprechen. Wir überlegen uns, ob er nicht einen Kassiber nach Theresienstadt schmuggeln könnte. Eine Idee, die wir sofort fallen lassen, weil sie für uns, für unsere Lieben dort und sicher für ihn lebensgefährlich wäre. Wir werden uns also noch mehr als einen Monat gedulden müssen.

Ich habe heute Nachtdienst, also mußte ich vormittags eine Karre langer Eisenbolzen vom Magazin zur Halle 1 bringen. Ich vermute, daß man dort eine Sägemaschine hat und daraus die Bolzen macht, die wir später verarbeiten werden. Es dauerte nicht lange, und ich habe mich wieder ins Bett gelegt. Es ist Nachmittag, als wir vom Luftalarm geweckt werden. Irgendwie ist es heute anders, weniger Flugzeuge als sonst, aber niedriger fliegend, und wir hören sie viel deutlicher als sonst. Zum ersten Mal hören wir die Flak. Das bedeutet auch, daß die Flugzeuge näher kommen. Jetzt können wir sie deutlich hören, es sind nicht viele, nur ein paar, abgezweigt von der Armada. Sie fliegen über uns hinweg. Plötzlich ist es wie ein Orkan, es pfeift, es tobt und dann plötzlich ein schweres Dröhnen, alles kracht. Wir liegen unter den Betten, schauen hinauf auf das splitterfreie Dach, es zittert, aber hält. Dann ein paar Einschläge ganz in der Nähe. Das Fensterglas wird aus den Rahmen gedrückt, eine Säule Staub wirbelt herein. Ich höre jemanden schreien. Dann ist es vorbei. Die Flugzeuge sind weg, die Sirene gibt die Entwarnung. Wir laufen hinaus. Gerrit, der Marktkaufmann aus Amsterdam, blutet am Ohr. Gott sei Dank nur eine Schnittwunde, ein Glasscherben hat ihn getroffen. Bei uns in der Nähe ist weiter nichts passiert, weiter weg wohl, wir hören Feuerwehr und Polizei. Wir räumen unsere Baracke auf, die Glasscherben sind glücklicherweise nicht auf unseren Betten gelandet.

„Ihr habt mal wieder Glück gehabt", sagt Blume. Im Frauenlager ist es viel ärger. Eine Bombe hat im Lager eingeschlagen, und als die Frauen in Panik in den Stollen wollten, hat es dort auch gekracht. Eine Rettungsaktion ist im Gange. Der Doktor und der Sanitäter müssen mitkommen. Fritz meldet sich freiwillig, aber Blume winkt ab. „Ihr werdet nachher alle noch genug zu tun haben", sagt er.

Die Tagschicht ist sofort nach Entwarnung ins Lager zurückgekommen. In der Fabrik wird jetzt nicht gearbeitet. Pünktlich, trotz Luftalarm, gibt's Suppe. Aber der Doktor ist noch im Frauenlager, also müssen wir warten. Als die beiden zurückkommen, sind sie aschgrau. Nicht vom Staub, sondern von dem, was sie da vorgefunden haben. Es ist grauenhaft. Die Leichen hängen in den Bäumen. Eine Explosion muß die Gruppe Frauen, die in den Luftschutzstollen rannten, auseinandergerissen haben. Für ihn und den Apotheker gab es dort nichts mehr zu helfen.

Gerade als wir uns zur Nachtschicht fertig machen, kommt Blume. Keine Nachtschicht heute. Er teilt neu ein: alle aus unserem Saal zum

Bahndamm, die anderen zur Halle 4. Abmarsch, sobald die Eskorte da ist. Was gibt's denn in Halle 4? Ich weiß, daß es ein Magazin ist, zufällig haben wir heute vormittag dort die Eisenstangen abgeholt. Eine große Lagerhalle, die fast leer ist. Jemand sagte, daß durch die dauernden Bombenangriffe die Materialzufuhr oft stockt und die Vorräte daher immer kleiner werden. Dann sagt der Doktor, daß er gehört hat, daß man die toten Frauen zur Halle 4 bringen soll. Was sollen wir mit toten Frauen? Keiner von uns glaubt ihm, daß er nicht mehr weiß. Was wir am Bahndamm machen sollen, wird sich zeigen.

Abmarsch. Wir haben wieder unseren alten Volkssturm, er ist für die Nacht etwas wärmer gekleidet. Unterwegs beim Frauenlager begegnet uns eine Gruppe Frauen, die schwere Karren ziehen und schieben, bei ihnen ist ein SS-Offizier. Peitsche in der Hand. Die andere Hand ist eine schwarze Prothese. „Halt." Wir stehen stramm, Mützen in der Hand. Auch der rechts von uns stehende Volksstürmer steht Habtacht. „Zum Bahndamm." „Jawohl, Herr Untersturmführer." „Sind die anderen schon zur Halle 4?" „Jawohl, Herr Untersturmführer." „Vorwärts Marsch." Der UStuF (Untersturmführer) knallt mit der Peitsche. Die Frauen in zerfetzter Kleidung, die Gesichter schmutzig und verschmiert, als ob sie geweint hätten, ziehen an, und die Karren rollen wieder. Wir marschieren Richtung Bahndamm, in der Ferne glänzt das Licht von Bogenlampen. „OStuF Bergmayer ist der Kommandant", sagt unser Begleiter. Das haben wir uns schon gedacht. Er scheint kein angenehmer Zeitgenosse, außerdem ist er der Sprache nach zumindest ein Bayer. Glücklicherweise hat er mehr Interesse am Frauenlager, er ist noch nie bei uns gewesen.

Wir gehen im Dunkeln über einen schmalen Weg und sehen im grellen Licht der Lampen ein paar Waggons, einen Kranwagen, ein Aggregat und Menschen. Ein ganzes Stück vom Bahndamm ist weggerissen. Jetzt erkennen wir, daß dort ein Hilfszug der Reichsbahn steht, mit Personal, Werkzeug und allem, was sonst gebraucht wird. Wir werden zur Arbeit eingeteilt. Ich muß mit einer Schubkarre Sand fahren. Oben auf der Strecke sieht alles noch viel ärger aus. Die Gleise liegen verbeult durcheinander, die Schwellen sind weit weg geschleudert, und obwohl der Damm gar nicht so hoch ist, ist der Boden des Bombenkraters im Dunkeln nicht zu sehen. Die Leute von der Reichsbahn haben so etwas natürlich schon oft gemacht. Sie arbeiten ruhig und schnell, ich muß Schritt halten. Aber es wird nicht geschrien oder gar geschlagen. So geht die Zeit schnell vorbei, selbst die kalte Nachtluft habe ich nicht gemerkt. Ein Pfiff, es ist Brotzeit. Die Arbeiter, die übrigens noch kein überflüssiges Wort mit mir gesprochen haben, gehen in Schlange das Gleis entlang, ich werde mitgeschoben. Im beleuchteten Fenster eines Waggons steht ein Koch mit weißer Mütze. „Eintopfgericht", sagt ein Eisenbahner vor mir. Für uns wohl nicht, denke ich. Aber als ich vor dem Koch stehe, nimmt er einen Teller und schaufelt eine Riesenportion drauf. „Laß es dir nur gut schmecken", sagt er. Mit meinem Teller voll „Götterspeise" setze ich mich und schwelge. Es riecht herrlich und schmeckt auch so. Meine einzige Sorge ist, vielleicht nicht alles aufgegessen zu haben, bevor die Pause zu Ende ist. Gott sei Dank, jeder von uns hat eine doppelte Portion bekommen.

Der Vorarbeiter schmunzelt, als er sieht, wie uns das Essen schmeckt. „Bei der Bahn wissen wir, daß zur guten Arbeit auch a guats Essen gehört", sagt er zu mir. Zu seinem Nebenmann aber sagt er auf sächsisch, daß er nicht verstehen kann, daß man Männer, die doch arbeiten sollen, so schlecht behandelt. Der reagiert sofort. „Kannst besser schweigen, sonst bringst dich und vielleicht auch uns an die Ostfront oder ins KZ." Wir arbeiten weiter, die Sonne geht auf. Die Hände tun weh, ich werde Blasen haben von der Schubkarre; wenn ich nur meine Maschine bedienen kann. Ich bin so schrecklich müde und laufe ganz mechanisch meinen Weg, immer denselben: voll hin, leer zurück. So fertig bin ich, daß ich nicht einmal merke, daß meine Karre nicht mehr vollgeschippt wird. Erst als der Vorarbeiter mir zeigt, daß ich zum Küchenwagen gehen soll, sehe ich wieder klar und schließe mich der Schlange an. Es gibt für jeden noch einen Becher Kaffee und ein Stück Brot. Es ist geschafft, die Bahn kann wieder fahren. Es freut uns eigentlich nicht, denn es steht hier auf Waggons, Bahnhöfen und Viadukten geschrieben: *Räder müssen rollen für den Sieg.*

Für uns aber bedeutet die Tatsache, daß wir uns einmal richtig satt gegessen haben, schon einen Sieg im Kampf um das Überleben.

Wir marschieren zurück. In der Ferne sehen wir Meuselwitz liegen, es ist nur eine kleine Stadt. Beim Lagertor steht Blume. Diejenigen, die zur Tagschicht gehören, gehen sofort mit dem Volkssturm zu ihren Arbeitsplätzen. Die Nachtschichtler, die erst heute abend antreten müssen, folgen ihm zur Halle 4. Es ist nicht weit weg, gleich um die Ecke. Da stehen zwei Lastkraftwagen mit offenem Laderaum. Auf jeder Seite von den Wagen muß einer von uns hinaufklettern, die anderen werden dann Planen heraufreichen, die wir darüberziehen und festmachen müssen. Wenn das Raufklettern nicht schnell genug geht, zeigt OSchaF Blume zum ersten Mal sein wahres Gesicht: er brüllt, schimpft und flucht. Aber er schlägt nicht. Auf einen Wagen sind Hans Reis an der einen und ich an der anderen Seite geklettert. Ich stehe auf dem hinteren Kotflügel und muß mich beinahe übergeben. Nackte Leichen und Teile von nackten Leichen. Lauter Frauen, getötet und zerfetzt durch die Explosionen. Man reicht die Planen rauf, ich muß mich gut festhalten, um nicht vom Wagen zu fallen. Wir ziehen sie vorsichtig, wie einen Vorhang über das grauenhafte Bild. Diejenigen, die unten stehen und noch nicht wissen, warum wir so blaß geworden sind, ziehen eine Schnur durch die Ösen.

Als wir kreidebleich wieder unten stehen, schaut Blume mich an und schreit: „Schauts das ham eure Freunderl angerichtet, da habts es ihr Saujuden.” Das ist das erste Mal, daß er das Wort Jude ausgesprochen hat, während ich dachte, daß Meuselwitz ein Märchen ist mit einem OSchaF als „Guter Fee”. Jetzt wissen wir aber: der Blume ist genauso ein fanatischer SSler und Betrüger wie seine Chefs, die Rahms, Gemmekers und wie sie alle heißen. Die Geschichte, daß alles unsere Schuld ist, kennen wir schon. Das regt uns nicht mehr auf. Aber daß Blume plötzlich ein anderer Mensch sein kann, wissen wir jetzt. Und wir müssen auf der Hut sein.

Die Planen sind festgemacht, wir gehen in unsere Baracke zurück. Noch ein paar Stunden Schlaf wenigstens. Aber daraus wird nichts. Wir treffen unsere Freunde, die in Halle 4 waren, in einem schrecklichen Zustand. Bleich, viele haben sich übergeben, als sie wieder zurückwaren. Es ist auch unbeschreiblich, was sie tun mußten. Als sie in die Halle kamen, lagen da Frauenleichen, und es kamen immer mehr, auf Karren, von Frauen gezogen. Dann kam mit den letzten Karren Herr Untersturmführer Bergmeyer und gab Auftrag, daß die Männer alle Körper und Körperteile völlig zu entkleiden hätten, kein Stückchen Textil durfte verloren gehen.

Die ganze Nacht haben sie die grauenhafte Arbeit gemacht. Der Untersturmführer und ein paar SSler haben amüsiert zugeschaut. Gegen acht Uhr morgens kamen dann die Lastautos, und sie mußten die Leichen hinaufwerfen. Als alles geladen war, durften sie endlich weg. Bergmeyer hatte inzwischen der SS Auftrag gegeben, „Weiber” aus dem Lager zu holen, um die Halle sauber zu machen und die „Kleider” zu sortieren. Da die Frauen genau wie wir in Fetzen gekleidet waren, wovon durch die Explosionen nicht viel übriggeblieben ist, kann das doch nichts anderes sein als Schikane. Deswegen durften die armen Toten nicht in den Lumpen, die sie trugen, kremiert werden, mußte selbst ein Ärmel von einem abgerissenen Arm gezogen werden, mußten Männer die toten Frauen ausziehen und wir, die vom Bahndamm kamen, die Planen über die Lastkraftwagen ziehen. Es ist eine Qual für die Frauen, die Kleiderreste von ihren Mithäftlingen, vielleicht auch von Freundinnen oder Familienangehörigen anfassen zu müssen. Den 1. Dezember 1944 werden wir nie vergessen.

Wir haben kaum noch geschlafen und müssen jetzt zum Nachtdienst. Die heiße Suppe ermuntert ein bißchen, und beim freundlichen „Buona Sera” von Mario geht's mir schon viel besser. Ich arbeite ruhig, trotz der 12 Stunden mit einer Schubkarre machen meine Hände keine Schwierigkeiten. Später, als der Meister bei mir zwei gerade gedrehte Matrizen mit seinem eigenen Kaliber nachmißt, sagt er erst: „Sehr gut”, aber dann: „Ist bei euch was geschehen?” „Nein”, sage ich, ohne die Arbeit zu unterbrechen, „aber bei den Frauen ...” Er läßt mich nicht aussprechen und sagt irritiert: „Das war Munition”, und geht weg. Beim Eingang zum Luftschutzstollen war Munition eingelagert, niemand wußte davon, erzählt Mario nachher. Von den Frauen hier nebenan fehlen viele. Ich denke, daß ich die vielleicht heute früh auf dem Wagen gesehen habe, aber spreche das nicht aus, man muß vorsichtig sein. Die anderen hören von Vaclav, daß niemand weiß, wieso das Tor offen war und Frauen herauslaufen konnten. Wir werden nie erfahren, wie es wirklich war, fühlen aber, daß sowohl der schweigende Meister als auch die gute Fee USchaF dadurch aus der Rolle gefallen sind. Trotz guten Willens ist die Produktion heute zu klein. Vaclav und Mario helfen also mit. Der kleine Italiener arbeitet an meiner Maschine. Während er dreht, messe ich die Fertigen nach. Das geht gut, und die Zeit vergeht schnell, obzwar es in den frühen Morgenstunden doch kritisch wird. Aber dann sagt der Volkssturm, der mit uns am Bahndamm war und genau wie wir nun schon 24 Stunden Dienst hat, daß wir nachher duschen dürfen.

Ausschlafen nach zwei schlaflosen Nächten ist uns nicht vergönnt. Gegen elf Uhr kommt Blume und sagt, daß wir übersiedeln müssen, denn die kaputten Fenster können nicht repariert werden. Die andere Baracke ist gegenüber, auch am Appellplatz, und steht parallel zur Hauptstraße, einen halben Meter vom Zaun entfernt. Sie gleicht genau der Baracke, in der wir jetzt wohnen, aber sie hat nur an einer Seite Fenster. Zur Straße sind sie zugemauert. Wir nehmen die gleichen Betten, die wir drüben auch hatten. Die Übersiedlung dauert nicht lange, unsere Habseligkeiten, Strohsack, Handtuch, Decke und Eßgeschirr sind schnell eingepackt.

Wenn man ein Messer hätte, dann könnte man seine Brotration in Scheiben schneiden und würde beim Brechen kein Krümel verlieren. Also bittet einer der Tschechen Vaclav, beim Meister zu fragen, ob wir aus alten Sägeblättern Messer machen dürfen. Der hat nichts dagegen, aber der Volkssturm sagt, daß wir die Erlaubnis vom USchaF brauchen. Der Doktor fragt Blume, und der sagt ja, aber die Messer dürfen nicht größer sein als handbreit und nicht spitz. Mario hat von der Sägemaschine im Nebensaal gebrauchte Blätter geholt, die Produktion kann in der nächsten Pause beginnen.

Ein Sonntag wie jeder andere, dachten wir. Morgens werden wir zur Arbeit geholt. Es ist kalt draußen, es liegt schon etwas Schnee, aber die Sonne scheint, das macht alles freundlicher. Wir gehen zur Automaten-Halle, wo Fritz sonst arbeitet. Da gibt's was aufzuräumen. Nichts Besonderes, außer daß ich jetzt Fritzens eigene Automaten sehen kann. Wirklich, es sind Riesen, viel unpersönlicher als meine kleine Revolverbank. Außerdem sind diese Goliaths nicht einmal stubenrein, denn überall tropft es und es gibt kleine Lachen. Daran ist die Seife schuld, dagegen ist nichts zu machen. Laut Fritz liegt das daran, daß die Viskosität des richtigen Schmiermittels eine andere ist als von dem Surrogat, das jetzt verwendet wird. Ich mache mir Sorgen, fast täglich wäscht Fritz seine Hose aus und legt sie zum Trocknen auf den Ofen. Aber es hilft doch nicht. Gegen das Ekzem gibt es hier kein Mittel. Diejenigen, deren Haut die Seife nicht verträgt, sind schlecht dran. Was eigentlich das Normalste wäre, Arbeit an einer anderen Maschine zu verlangen, ist hier reiner Selbstmord. Also bleibt nur die Hoffnung, daß der Krieg bald zu Ende ist.

Am Nachmittag schaut der Doktor nach, ob wir Läuse haben. Wie ein Faustschlag trifft es uns: bei allen findet er sie; allerdings nicht auf dem Körper, sondern in den Nähten unserer Hemden. Wir tragen jetzt schon sechs Wochen lang dieselbe Kleidung Tag und Nacht, dann kann man doch nichts anderes erwarten. Das ist eine Katastrophe, denn wir haben kein Mittel, um die Läuse zu bekämpfen. Wir untersuchen sofort alle Nähte in unserer Kleidung genau. Wir finden die „Untermieter", zerdrücken sie, aber wir wissen, daß wir die Eier nicht erreichen können. Am ärgsten ist das Dilemma für den Doktor. Er müßte es natürlich Blume melden, aber die Konsequenz wäre, daß die Hasag Entlausung verlangt und die SS uns dann in das nächstgelegene KZ schickt. Was das bedeutet, traue ich mich gar nicht zu denken. Wir verabreden, die größtmögliche Hygiene zu halten, der Doktor wird nichts rapportieren.

Vaclav leiht uns in der Halle einen Eimer. Darin weichen wir ein paar Hemden in einer Seifenlösung ein. Der Meister versteht sehr gut, daß wir einmal etwas waschen wollen und hat nichts dagegen. Die Prozedur ist einfach, nach der Schicht nehmen wir die nassen, seifigen Hemden mit unter die Dusche, dann sind sie gespült, nachts hängen sie an dem Ofen.

Heute früh ist die Enttäuschung groß: die Läuse leben noch. Natürlich setzen wir den Kampf gegen die Viecher erbittert fort. Jeden Tag alle Nähte und Schlupfwinkel in der Kleidung gründlich nachsehen, vor allem an Stellen, wo es warm ist, wie zum Beispiel unter den Achseln. Selbst am Sonntag nachmittag, wenn wir Holländer wie gewohnt in unserer Ecke sitzen und jemandem zuhören, beschäftigen wir uns inzwischen mit der Jagd. Einer sagt: „Meine Frau strickt immer, wenn ein spannendes Hörspiel im Radio ist. Dann kann sie sich besser konzentrieren." So eine Handarbeit haben wir also auch: Läuseknacken.

Die Kälte draußen stört uns nicht. Der Appell ist im allgemeinen kurz, in der Baracke und im Waschlokal heizen wir selbst mit Braunkohlebriketts. Besser nicht mehr an Birkenau denken, wie es dort jetzt sein muß bei dem schneidenden Wind, und nirgendwo die Möglichkeit, um sich auch nur einen Moment zu wärmen. Wie mag's jetzt in Theresienstadt sein? Wie geht es Carry? Ich denke so oft an sie. Wir sind jetzt doch nicht mehr als 150 bis 200 Kilometer voneinander entfernt. Wenn es uns vergönnt ist, das Kriegsende hier zu erleben, werde ich sie dort abholen, das habe ich mir vorgenommen. Jiři hat beim Essenholen eine der Frauen in der Küche gefragt, wo die Italiener geblieben sind, die vor uns in diesem Lager waren. Sie hat geschaut, ob niemand sie hören konnte, und dann gesagt: „Alle tot", und kein Wort mehr. Also habe ich heute Mario zugesetzt, mir doch zu sagen, wo seine Kameraden sind. Er hielt die flache Hand an die Kehle und ging wortlos weg.

Wieder einmal Sonntag. Wir haben den Nachtdienst gut überstanden und werden wie üblich von zwei SSlern aus dem Bett geholt. 15 Leute brauchen sie. Aus einem Magazin holen wir Besen, dann stellen wir uns am Appellplatz auf. In Reih und Glied, wie sich das gehört. Abzählen, in Dreierreihen aufstellen. Die Besen schultern, wie ein Gewehr bei einem Garderegiment. Die Passanten am Zaun lachen. Linksum, rechtsum, immer mehr Leute bleiben stehen, auch an der Seite beim Tunnel ist es jetzt voll. Die SSler bieten den Leuten ein Sonntagsvergnügen. Es ist immer etwas auszusetzen. Wir sind zwar gedrillt in „Mützen auf und Mützen ab", aber richtig exerzieren können wir nicht. Also gibt es immer einen Grund, grob einzugreifen. „Halt." Einer der beiden kommt auf mich zu, wahrscheinlich weil ich nahe am Zaun stehe und einen dunkelblauen Mantel und Mütze trage. Er brüllt: „Mach das nicht so blöd du, du schaust ja sowieso aus wie ein Rabbiner." Die guten deutschen Bürger am Zaun lachen wegen des „Rabbiners". Dann geht ein SSler zum Tor und macht es auf. Mit dem anderen an der rechten Flanke marschieren wir, die Besen noch immer geschultert, durch ein Spalier von bösartig lachenden Menschen zur Pforte hinaus.

Das Ziel des Sonntagsausfluges bleibt unklar. Wir sind aus dem Städtchen raus, die SS kümmert sich nicht um uns, wir können also miteinander reden. Neben mir geht Hans Reis, ich habe noch nicht eher mit ihm gesprochen. Er ist zwei Jahre jünger als ich und kommt auch aus Wien. 1942 ist er von dort mit seinen Eltern nach Theresienstadt gekommen und in ein Jugendheim eingewiesen worden. Dort durfte er bleiben, als seine Eltern deportiert wurden. Als er 18 war, mußte er aus dem Heim und wurde Ordonnanz. Eigentlich hat er noch unheimliches Glück gehabt, daß er nicht mehr im Jugendheim war, denn die ganze Jugendgruppe, mein Neffe Herbert war ja auch dabei, wurde sofort bei Ankunft vergast. Ihm ist das erspart geblieben, aber er trauert um seine Kameraden, mit denen er zwei Jahre aufgewachsen ist. Aus Wien kannte ich ihn nicht, wir haben auch keine gemeinsamen Bekannten. Hans hat seinen Vater oft russisch sprechen hören. Im Heim hat er auch noch illegal Stunden gehabt, offiziell war es ja streng verboten, Kinder zu unterrichten. Also spricht er etwas russisch. Hie und da lesen wir an Häusern oder Fabriksgebäuden Parolen wie „V = Viktoria" und „Deutschland siegt auf allen Fronten", aber die sind schon sehr verblichen. Ein kurzer Anstieg durch einen Wald, und dann stehen wir vor einem Tor mit der Aufschrift: *Sportplatz der KdF Hasag.*

Hinter der Pforte ist auf dem Spielfeld ein kleines Lager gebaut. Mit Stacheldraht. Die Umkleidekabine ist zur Waschgelegenheit und Latrine, die Kantine zur Küche umfunktioniert worden. Baracken, so wie wir sie jetzt bewohnen, ein Appellplatz. Das Lager ist fertig, wir müssen die Stuben ausfegen. Eine typische Sonntagsarbeit. Die zwei SSler sitzen in der Sonne auf einer Bank und rauchen. Ein Reichtum: Zigaretten!

Wir sind fertig, die beiden haben uns nicht einmal schikaniert. Dann sagt einer: „Ihr werdet hier raufziehen. Es ist zu gefährlich mitten in der Fabrik." Ob das etwas mit dem Luftangriff zu tun hat? So viel Sorge um uns ist unverständlich. Es sei denn, daß die *Hasag* die eingearbeiteten Kräfte nicht verlieren will. Aber warum hat man dann die 300 Italiener umgebracht? Am Rückweg sagt der Apotheker, daß ich mein Brot in ganz dünne Scheiben schneiden und jede dann einzeln ganz langsam kauen soll. Dadurch braucht man lange, bis das Brot aufgegessen ist, und das Hungergefühl bleibt länger aus. Er macht das und ist auch der einzige, der während der ganzen Pause noch etwas zu essen hat.

Ich wache auf, weil Blume ruft, daß er 10 Leute braucht für den Sportplatz. In zehn Minuten antreten am Appellplatz. Wir wissen aus Erfahrung, daß es besser ist, mit Blume arbeiten zu gehen, als später von der SS geholt zu werden. Außerdem bin ich doch wach, also gehe ich. Sofort raus, keine Gelegenheit, erst richtig wach zu werden. Es ist kalt aber windstill, eine blasse Sonne scheint auf die zehn ausgezehrten Männer, die mit dem OSchaF zum Sportplatz unterwegs sind. Da oben? Aber da sind wir doch schon gewesen? Niemand versteht, was los ist. Blume hat Eile: „Ihr werds schon sehn, gehts a bisserl schneller, seids net so faul", sagt er.

Dann sind wir oben. Was wir sehen ist unglaublich. Vom Lager ist nichts übrig. Das Schild am Tor hängt wie eine müde Fahne herunter, ein Pfahl ist umgefallen. Die Baracken sind alle eingestürzt, Kantine und Waschraum sind weggeblasen, am anderen Ende ist ein Fußballtor zu sehen. Das war hinter der letzten Baracke stehengeblieben. Jetzt ist es das einzige, was noch unbeschädigt ist. Blume sagt, daß hier in der Nähe eine Luftmine gefallen ist. Vor ein paar Tagen, als wir auch Luftalarm hatten.

Wir gehen über den Appellplatz. Durch den Luftdruck sind die Baracken wie Kartenhäuser zusammengefallen. Die schweren, splitterfreien Betondächer, die uns hätten schützen sollen, haben aus allem, was sich darunter befand, Preßpakete gemacht. Tische, Bänke und Betten sind wie Zündhölzer geknackt. Gott sei Dank wohnten wir noch nicht drin, schon wieder hat mein Schutzengel uns behütet.

Wir kommen zu einem Haufen Braunkohlebriketts. Die zwei SSler vom vorigen Mal stehen auch dort. Ein Pferdewagen mit Kutscher kommt gerade. „Das war der Kohlenvorrat für das neue Lager, den müssen wir jetzt schnell wegführen, bevor jemand anders ihn organisiert", sagt Blume. Schaufeln liegen auf dem Wagen. Wir fangen an. Die großen Briketts stapeln wir mit der Hand, der Rest geht mit der Schaufel. Es kommt noch ein zweiter Wagen. Als alles geladen ist, gibt Blume der SS den Auftrag, mit den Kutschern ins *Hasag-Lager* zu fahren. „Und paßts guat auf, daß unterwegs keiner probiert, was vom Wagen zu stehln. Nicht daß sich da aner a extra Kohlenzuteilung hol'n kummt. Dann müßts glei schießen." Er lacht, aber irgendwie wird er schon einen Grund haben, so etwas zu sagen.

Selbst mit den Gruben vor der Tür ist im Dezember 1944 ein Brocken Braunkohle einen Diebstahl wert. Wir sehen aus wie Neger, als wir in die Stadt kommen. Blume sieht einen Volkssturm und schickt ihn mit uns zum Baden. Da steht ein kleiner Eimer mit Seifenersatz, wir waschen uns gründlich, auch unsere Fußlappen und die Hemden. Dann rennen wir über den kalten Appellplatz in unsere Baracke. Da ist es schön warm. Unsere Wäsche hängen wir an den Ofen.

Fritz hat Essen für mich geholt. Rund um den Ofen erzählen wir den anderen, was wir gesehen haben und was uns erspart geblieben ist. Aber Jiři hat auch Neuigkeiten für uns. In Kürze werden wir wöchentlich eine Ration Zigaretten bekommen, vielleicht auch ein paar Pfennige Taschengeld, um in der Kantine etwas kaufen zu können. Geld und Zigaretten sollen von der *Hasag* kommen. Im Frauenlager ist das schon eingeführt. Ob die SS es für uns erlaubt, ist noch nicht klar. Wie kann Jiři das wissen? Aus der Küche natürlich. Die Frauen wissen alles, von der SS und auch vom Volkssturm, die sind Stammgäste, weil es da immer was zu futtern gibt. Die Frauen kennen sie alle und können unterscheiden, was wahr und was unwahr ist.

Jiři ist genauso wie Erwin in Westerbork. Auch der hörte immer irgendwo etwas und wußte schließlich, auf welche Information man sich verlassen kann. Jetzt gibt's also etwas, um sich darauf freuen zu können: Zigaretten, kaum zu glauben! Außerdem hat Jiři gehört, daß die Amerikaner zusammen mit den Franzosen Metz und Straßburg besetzt haben.

Was wir an Nachrichten hören, zeigt, daß der Krieg wirklich nicht mehr so lange dauern kann. An allen Fronten scheinen die Deutschen zu verlieren, aber wir haben auch keine Zeit. Ich weiß nicht, wer es länger aushalten kann: Hitler oder wir? Für uns wird es langsam höchste Zeit. Wir sehen das jedesmal, wenn wir in den Baderaum gehen. So wie zum Beispiel an Pane Bedrič, einem lieben, älteren Herrn, immer freundlich und gut aufgelegt. Er spricht nur ein paar Worte Deutsch, er hatte ein Gasthaus, irgendwo in der Provinz. Er war sicher sein bester Gast, denn er hatte ein kugelrundes Bäuchlein. In den paar Monaten, die wir ihn nun kennen, wird Bedrič immer schlanker, und sein Bauch schrumpft zusammen zu einer Art Lendenschurz, der seine Genitalien bereits ganz bedeckt. Auch bei uns kommen die Rippen immer mehr heraus. Nachts merke ich, daß ich immer kürzer auf einer Seite liegen kann, und beim Umdrehen tut alles sehr weh, weil wir eben allen Fettansatz unter unserer Haut verzehrt haben, und der papiergefüllte Strohsack inzwischen hart geworden ist.

Es spricht sich herum, niemand weiß, woher es kommt, daß wir zu Weihnachten zwei volle Tage frei haben werden, weil die Fabrik dann schließt. Auch sagt man, daß wir ein Rot-Kreuz Paket bekommen werden. Mario hat auch einmal eines bekommen, obwohl er doch kein Kriegsgefangener war, sondern aus deutscher Sicht ein Deserteur. Manche wissen schon, was in so einem Paket drinnen ist. Bei jedem, der es weiß, ist der Inhalt anders. Aber alle fangen an mit einer Büchse Fleisch. Warum? Die, die es zu wissen glauben, sagen, daß in den KZ-Küchen immer Büchsenfleisch verwendet wird, sofern in diesen Suppen überhaupt Fleisch vorkommt.

Statt der Erfüllung dieser beinahe wollüstigen Träume von arbeitsfreien Tagen und Paketen vom Roten Kreuz gibt es heute einen außerordentlichen Appell. Bergmeyer mit Peitsche in der Hand erscheint, hinter ihm ein komischer Aufzug: als erster ein Mann, schätzungsweise 50, gedrungen, in tadellosem, blau-weißem Anzug, nach Maß geschneidert. Hinter ihm ein langer Kerl, mit rötlichen Stoppeln, in einer verschlissenen polnischen Uniform, dann drei Herren in dunkelblauen Wintermänteln mit Baskenmützen in gleicher Farbe. Der UStuF stellt vor: der Gestreifte ist der Kapo, das war mir gleich klar, der Lange ist der Sanitäter, die Funktionen der drei anderen werden nicht genannt. Es ist sicher, daß diese fünf Herren schwer auf unsere Rationen drücken werden. Bergmeyer sagt auch noch, daß die *Hasag* für jeden wöchentlich eine Ration Zigaretten zur Verfügung stellt. Die Verteilung dieser Rationen sowie des Essens geschieht durch den Herrn Kapo, der auch alle anderen organisatorischen Angelegenheiten übernimmt. OSchaF Blume braucht also nicht mehr so oft in das Männerlager zu kommen. Bergmeyer verschwindet, der Kapo übernimmt das Kommando, gleich weht ein grausiger Birkenauwind um uns. Er ist der Kapo, sagt er. Dieses Lager ist ein Außenkommando von Buchenwald, er und seine Helfer kommen von dort. Er ist der typische Kapo. Auch ihm fehlen ein paar Vorderzähne. Sicher ist auch er ein freigelassener Schwerverbrecher. Der Krankenpfleger heißt Lody, aber traue dich nicht, ihn anders als „Herr Sanitäter" anzusprechen. Von den drei anderen ist einer der persönliche Schneider des Kapos, die zwei anderen werden Essen verteilen und sonst zu seiner besonderen Verfügung stehen. Der Kapo bewohnt ein Zimmer im vordersten Teil der Baracke, nahe beim Haupttor, daneben ist ein Zimmer für die drei. Auf Kommando des Kapos marschieren wir ab. Lody, der Pole, voran. Wir fühlen uns wie geschlagene Hunde. Eine schöne Bescherung vor Weihnachten.

Eigentlich fängt es gar nicht so schlecht an. Wir kriegen jeder 5 Zigaretten pro Woche. Lody richtet ein Revier ein und wird dort auch wohnen. Er hat unserem Doktor bereits klar gemacht, daß ihn die Arbeit im Frauenlager viel mehr interessiert. Der Doktor behält also seinen Posten bei uns, der Apotheker ist ja schon zur regelmäßigen Arbeit eingeteilt.

Der Schneider und seine zwei Gesellen sind ungarische Juden, nette Leute übrigens. Sie erzählen, daß die Deportationen dort erst vor ein paar Monaten angefangen haben. Bis dahin konnte die ungarische Regierung und das ungarische Volk sie verhindern. Erst als Ungarn den Russen die Kapitulation angeboten hat, haben die Deutschen die Regierung gestürzt. Sofort danach ist Eichmann in Budapest erschienen und hat mit einer Riesenaktion noch hunderte von Transporten weggeschickt. Am Sonntagnachmittag sprechen wir darüber, wie merkwürdig es ist: jeder wußte, daß die Ungarn richtige Antisemiten sind, aber sie haben die Deportationen so lang wie möglich vermeiden können. Bei uns in Holland gab es eigentlich keine, und doch hat praktisch die ganze Bevölkerung zugeschaut, wie man hunderttausend Menschen deportiert hat.

Wir merken nicht viel vom neuen Regime. Hoffentlich schützt die *Hasag* uns. Das Programm, das die Fabrik vorschreibt, ist so strikt, daß selbst der Appell kaum länger dauert. Die Rationen sind nicht merkbar kleiner geworden. Baci, der das Brot bringt, teilt nun auch das Essen aus, und er macht es nicht schlechter als der Doktor. Kapo und Hospik sind meistens im Frauenlager und kommen dann gut gelaunt zurück. Die Sittlichkeitsvorschriften in einem Konzentrationslager kenne ich nicht, aber eines ist sicher: dort sind keine jüdischen Frauen, sodaß sie sich wegen Rassenschande keine Sorgen zu machen brauchen. Ob der Bergmeyer etwas dagegen hat? Wir wissen es nicht, aber es könnte schon sein.

Gabor, der zweite Ungar, hat uns die Zigarettenration gebracht. Tatsächlich fünf für jeden. Gleichzeitig hat er vorgeschlagen, Brot gegen Zigaretten zu tauschen. Das ist sauer, denn das Brot, das er uns geben würde, ist doch sicher erst von unserer Ration abgeschnitten. Nun, Gabor macht das sicher nicht auf eigene Faust. Das Brot kann auch irgendwie aus der Zentralküche, also aus dem Frauenlager kommen. Jedenfalls ist es von Gefangenen gestohlen. Es sei denn, daß die SS Zigaretten haben will, auch in Auschwitz liefen diese Tauschgeschäfte zwischen Kapo und SS. Es kann aber auch ein Fallstrick sein. Wir wissen, daß in Birkenau Juden totgeschlagen wurden, nachdem der Kapo sie bei Schwarzhandel, den er erst vorgeschlagen hatte, „entdeckte". Danach bekam der ganze Block als Kollektivstrafe keine Zigarettenration. Natürlich gibt es unter uns auch Raucher, die gerne eine kostbare Schnitte Brot für eine Zigarette geben wollen.

Jedenfalls heben wir uns eine Zigarette für den Sonntag nachmittag auf. Das ist unser „Ausgehabend", ich freue mich schon die ganze Woche darauf. Jedesmal gibt's einen interessanten Vortrag, oft mit hitzigen Diskussionen nachher. Wir trachten, Politik und auch das Kriegsgeschehen an diesen Nachmittagen zu vergessen. Heute geht das aber nicht, wir haben in der Zeitung gesehen, daß die Deutschen durch eine Überraschungsoffensive in den verschneiten Ardennen versuchen, nach Antwerpen durchzubrechen. Gemäß Wehrmachtbericht mit viel Erfolg. Gleichzeitig gibt man aber zu, daß die Amerikaner im Aufmarsch von Südfrankreich in den Westwall eingedrungen sind. Wir sind geneigt, das erste nicht, das zweite wohl ernst zu nehmen. Aber die Tatsache, daß nun wieder so weit im Westen gekämpft wird, macht Angst. Auch besprechen wir den Vorschlag von Gabor, uns jedem nur eine Zigarette, aber eine Extra Brotration zu geben. Wir beschließen, den Vorschlag zu akzeptieren. Ganz offiziell.

Ferdies Vater war schon ein paar Tage krankgeschrieben und ist so schwach, daß er kaum noch gehen kann. Wir sorgen uns alle sehr um ihn. Heute hat der Sanitäter ihn ins Revier gebracht, er ist der erste Patient. Ferdie, der ihn besucht hat, sagt, daß es ihm gutgeht. Er hat ein richtiges Bett und Lody hat aus der Küche eigens Essen für ihn geholt. Hoffentlich hilft das dem alten Herrn. Das Krankenzimmer ist im vordersten Teil unserer Baracke, aber an der Straßenseite, neben den Zimmern vom Kapo und den Ungarn.

Ein merkwürdiger Bericht ist in der Halle aber auch bei uns am Appellplatz angeschlagen: jeder Gefangene, der ausgelernter Facharbeiter ist und bereits bei der *Hasag* oder in einem gleichartigen Betrieb gearbeitet hat, soll sich sofort bei seinem Werkmeister oder der Kommandantur melden. Die *Hasag* braucht also dringend Fachleute. Offensichtlich wird dieser Aufruf in allen Lagern angeschlagen. Von uns kommt keiner in Frage. Schade, es wäre doch interessant zu wissen, was das bedeutet.

Unsere Traumwünsche sind nicht erfüllt worden. Der Werkmeister sagt, daß die Feiertage einfach durchgearbeitet wird, Tag- und Nachtschicht. Ein Weihnachtspaket gibt es auch nicht, auch keine Extraration. Stattdessen ist es jetzt saukalt, und es schneit. Appell und aller Außendienst sind nun eine richtige Qual. Glücklicherweise ist es der SS auch zu kalt draußen, also läßt man uns in Ruhe. Nur das Ein- und Ausladen von den Waggons geht immer weiter. Es wird immer schwerer, die Munitionskisten auf der Schulter zu tragen. Es ist, als ob die Knochen durch die Haut schneiden. Bei dem Stapel Kisten steht ein Mann, der zeigt, was geladen werden muß. Er kommt auf mich zu, zieht einen Fetzen Jute aus seiner Tasche und legt den auf meine Schulter unter den Mantel, sodaß niemand es sehen kann. So geht es viel besser. Als ich mich bedanke, sehe ich den weißen Fleck „OST" auf seiner Brust.

Weihnachten: für uns Juden kein Fest, also versäumen wir nichts. Für die anderen muß das schrecklich sein. Laut Mario ist es das erste Mal, daß durchgearbeitet wird, und auch, daß in der Fabrik nirgends eine Weihnachtsverzierung angebracht ist, vielleicht in der Kantine, aber dorthin geht er nicht. Vaclav durfte auf Urlaub nach Hause. Das scheint eine Expedition zu sein im Dritten Reich, eine Reise so weit wie von Amsterdam nach Eindhoven. Mario darf nicht weg, seine Heimat ist schon lange von den Amerikanern befreit worden. Der Volkssturm sagt, daß es dieses Jahr viel weniger Lebensmittel zu kaufen gibt als früher, auch keine Extrarationen zu Weihnachten. Dann pfeift er das Lied vom Lieben Augustin. Ob er uns sagen will, daß alles hin ist?

Am Tag nach Weihnachten läßt der Meister eine neue Zeitung offen auf seinem Tisch liegen. Deutlich können wir alle sehen, daß die Wehrmacht die Ardennenoffensive erfolgreich beendet hat und sich jetzt in schweren Kämpfen zurückzieht. Von einem Russen (Arbeitseinsatz, so wie bei uns

Vaclav) in seiner Abteilung hat Hans gehört, daß die deutschen Truppen auch im Osten eine schwere Niederlage erlitten haben.

Neujahr ist vorbei. Es fällt uns auf, daß die Bürger, die hier vorbeikommen, vor allem die Frauen, immer verbitterter aussehen. Aber sie interessieren sich noch immer für unser Wohlbefinden. Selbst in der größten Kälte bleiben sie stehen und schauen zu. In der Reihe-Stehen beim Essenholen, der Appell, alles ist interessant. Am schönsten aber ist es, wenn einer zur Latrine rennt, weil er Durchfall hat. „Gleich macht er in die Hose", höre ich eine Frau rufen. Noch schöner wäre es allerdings, wenn Ben es tatsächlich täte. Gestern standen wir beim Appell. Ausgerichtet. Weil einer von uns nicht gerade stand, rief einer der Zaungäste: „He, du hast die falsche Richtung!" Worauf Lody, vorne in der Reihe, zurückschreit: „Wir net, ihr habt die falsche Richtung." Der Herr Sanitäter kann sich das erlauben, wir würden eine schreckliche Tracht Prügel dafür bekommen.

Morgens müssen wir raus. Das Thermometer an der Halle zeigt minus 20 Grad. Einen Waggon Ziegel löschen. Es liegt Schnee drauf, aber sie sind nicht festgefroren. Jeder kriegt ein Stück Leder zum Anpacken. Es ist eine grauenhafte Arbeit, die Hände sterben einem ab. Endlich fertig. In der Baracke sagt der Doktor: „Nicht zum Ofen, erst Übungen machen." Es tut wahnsinnig weh, wenn das Blut zurückkommt. Immer weiter, trotz Schmerzen. Dann hinlegen, Fritz legt seine Decke auf meine, mit den Händen zwischen den Beinen schlafe ich endlich ein. Als ich wach werde, gibt's heiße Suppe.

24. Jänner 1945. Heute hat Carry Geburtstag. Immer denke ich an sie, aber an so einem Tag stimmt es mich traurig. Vier Monate ist es schon her, seit wir Abschied genommen haben. Wie lange wird es noch dauern? Vaclav hat berichtet, daß seit Oktober keine Transporte aus Theresienstadt abgegangen sind. Das ist ein Trost, aber er weiß nichts über den Zustand im Ghetto. Jedenfalls wird sein Vater ihn informieren, wenn es etwas Neues gibt. Unsere Lage verschlechtert sich. Hans liegt mit Diarrhö im Revier, aber es geht ihm schon besser. Lody bekommt von den Frauen in der Küche immer was extra für seine Patienten, aber Medikamente gibt es kaum. Unser Doktor ist mit der Behandlung zufrieden. Trotzdem sieht Ferdie, daß sein Vater jeden Tag schwächer wird. Es gibt auch keine Salbe gegen das Ekzem, das immer stärker an beiden Beinen von Fritz und ein paar anderen Kollegen, die an den Automaten arbeiten, auftritt. Mir fehlt nichts. Natürlich habe ich Hunger, wir haben gelernt, mit diesem Gefühl zu leben. Aber ich fürchte mich schrecklich vor einem Bombenangriff. Wenn ich Flugzeuge höre und dann in der Ferne das Donnern folgt, als ob es ein schweres Gewitter ist, dann möchte ich mich am liebsten irgendwo verkriechen. Wir schauen dann hinaus und sehen eine schreckliche Glut am Himmel. Am nächsten Tag hören wir, daß es Leipzig, Gera, Zeitz oder eine der anderen Städte in der Nähe gewesen ist. Beinahe jede Nacht, und

immer öfter auch tagsüber brennt es irgendwo. Wir mußten seit dem Angriff im November in der Arbeitszeit immer in den Luftschutzkeller. Seit ein paar Wochen gilt das nicht mehr. Der Volkssturm bringt uns bei Alarm zum Tor, dann rennen wir in die Baracke und er in den Stollen.

Wir kennen die Umgebung schon ein bißchen. Sonntags oder nach der Nachtschicht, wenn wir zur Außenarbeit eingeteilt sind, kommen wir häufig an Mieten vorbei, wo Steckrüben eingelagert sind. Oft sehen wir, daß die guten Reichsbürger, mit oder ohne Uniform, sich nicht genieren, ein paar mitgehen zu lassen. Uns läuft das Wasser im Mund zusammen, aber mit der SS dabei trauen wir uns nicht, ebenfalls zuzugreifen. Jetzt, wo nur noch Volkssturm mitgeht, und wir die Männer gut genug kennen, kann man schon was machen. Natürlich nicht jeder eine, aber ein paar in Stücke zerteilt, das erlaubt er ohne weiteres. Unterwegs oder während einer Marschpause aufessen ist auch eine Lösung. Die meisten von den Volksstürmern sind nett. Ich zweifle nicht daran, daß sie vor zehn Jahren noch fanatische Nazis gewesen sind, aber wer war das nicht oder hat zumindest seinen Mund gehalten? Heute versteht jeder, was Hitler über sein Land gebracht hat. Mitleid mit uns haben sie keineswegs, dafür umso mehr mit sich selbst.

Sonntag nachmittag haben wir darüber gesprochen, wie wir so sparsam wie möglich mit unserer Energie umgehen können. Ich habe Glück gehabt, meine Arbeit kostet wenig Kraft, verlangt aber viel Konzentration. Fritz dagegen hat körperlich schwere Arbeit zu leisten. Die Theorie der dünnen Brotscheiben hilft vielleicht, das Hungergefühl zu verdrängen, aber der Apotheker, der immer sehr schlank war, ist jetzt nur mehr ein Skelett. Bedrič, der einst das kugelrunde Baucherl hatte, ist erschöpft und liegt im Revier. Eine Lösung ist nicht zu finden. Man kann nur sagen, daß die meisten unserer Gruppe das Glück hatten, erst ein bis zwei Jahre später nach Theresienstadt zu kommen und dadurch die ärgste Zeit dort nicht mitgemacht haben. Unsere Kondition ist daher besser.

Heute nachmittag war Luftalarm. Flugzeuge, tiefer als sonst. Es war aber schnell vorüber, wir konnten wieder zur Arbeit. „Aufklärungsflugzeuge", sagt Mario und ist ängstlich. Auch der Meister ist nervös, sie erkennen irgendein Symptom, das für uns neu ist. Offensichtlich ist das in anderen Orten auch so gewesen. Es ist klares Wetter, und es friert. Beim Appell zittere ich, ich weiß nicht, ob es vor Kälte oder Angst ist. Nicht lange danach gibt es wieder Alarm. Die Nachtschicht wird vom Volkssturm zum Lagertor gejagt.

Die Beleuchtung ist aus, die Leute rennen zum Stollen und schreien, daß die Amis kommen.

Die Nachtschicht hat vom Volkssturm gehört, daß die Luftwarnung im Radio ziemlich genau das Ziel angibt, daher ist jeder so nervös. Wir haben alle Fenster aufgemacht, liegen unter den Betten und Tischen, unsere

Strohsäcke über uns. Ich höre Flugzeuge, nur wenige. Nicht an die eingestürzten Dächer am Sportplatz denken. Es wird Licht, rotes Licht, Leuchtfackeln sind abgeworfen, genau über unserem Lager. Sind wir das Ziel? Wieder Flugzeuge, plötzlich ist alles so hell wie am Tag, man könnte lesen. Aber die roten Leuchtkugeln hängen noch immer über uns. Jetzt kommt eine große Menge Bomber, haben sie ihr Ziel gefunden? Das weiße Licht ist plötzlich aus, aber dann beginnt ein Höllenspektakel, es pfeift und kracht, die Erde schüttelt sich, wie wenn sie sich aufbäumen will, Einschläge, weit weg und ganz nahe. Staubwolken, die hereinwirbeln. Alles zittert. Immer wieder Expolsionen. Dann ist es plötzlich totenstill. Brandgeruch, das Geräusch von einstürzendem Mauerwerk. Wir stehen auf. Wir sehen den roten Schein draußen und glauben, daß das noch immer Leuchtkugeln sind. Aber es kommt keine Entwarnung. Wir schauen uns um, bei uns ist nichts passiert. Selbst die Fenster sind heil geblieben. Staub und Dreck schüttle ich von mir ab, ich kann noch immer nicht glauben, daß es vorbei ist. Lody kommt und sagt, daß im Lager nichts geschehen ist. Vielleicht waren es die roten Fackeln, die über dem ganzen Lager hingen? Wir gehen mit ihm hinaus. An der Ecke der Baracke, dort wo der Kapo wohnt aber jetzt nicht ist, kann man das Inferno sehen. Das „Alte Werk" brennt wie eine Fackel. Das drei Stock hohe stattliche Gebäude ist teilweise schon eingestürzt, der Turm hat eine brennende Haube auf. Links von mir sehe ich, daß die Halle einem großen Vulkan gleicht, rote Flammen, schwarzer Qualm. Die Halle brennt von einen Ende zum anderen. Was hinter diesen beiden Gebäuden in der Stadt geschehen ist, können wir von hier aus nicht sehen.

Wir stehen schon eine ganze Weile, als wir in der Ferne eine Sirene hören, die Entwarnung bläst. Sie kommt immer näher, jetzt fährt sie durch unsere Straße, auf einem Auto montiert. Sonst geht zugleich mit der Entwarnung auch das Licht wieder an, jetzt bleibt es dunkel. Vermutlich ist die Zentralschaltanlage getroffen. Die Stadt liegt an der anderen Seite der Eisenbahn. Also sehen wir nicht, was sich da abspielt, umso besser aber bei Halle A. Da ist die Betriebsfeuerwehr voll im Einsatz. Große Aufregung, jetzt ist auch Bergmeyer dort zu sehen, aber niemand interessiert sich für ihn. An der rechten Seite der Halle kommt der stinkende Qualm aus einer roten Glut. „Ausbrennen lassen!" klingt es aus einem Lautsprecher. „Alle Schläuche zur anderen Seite." Da brennt es noch richtig. Jetzt können wir auch sehen, daß alles sich auf den Ausgang des Luftschutzkellers konzentriert, aber erfolglos. Jetzt kommt der Qualm zu uns herüber, wir können nichts mehr sehen. Jiři sagt, daß es besser ist, wenn wir in die Baracke gehen. Weil er es sagt, tun wir es. Warum? Weiß er was? Ja, früher, als wir noch in die Luftschutzkeller durften, war er einmal mit Blume unterwegs. Als Luftalarm kam, hat der OSchaF ihn in diesen Keller unter der Halle A mitgenommen. Da stand auf der Eisentüre „Luftschutzkeller ausschließlich für SS". Blume hat ihn noch lachend darauf hingewiesen, als sie hineingingen. Über diesem Keller brennt es jetzt, und offensichtlich können sie die Leute nicht herausholen. Auf der anderen Seite der Halle, sagt Jiři, der alles weiß, ist im Keller das Ölmagazin für die ganze Fabrik, und das brennt. Daher der schwarze Qualm. Das brennende Öl grenzt an den Luftschutzkeller, wo die SS eingeschlossen ist. Könnt ihr euch vorstellen, was sich in dem glühend heißen Keller jetzt abspielt? Wir gehen schlafen, die rote Glut von draußen und aus unserem Ofen ist unser Nachtlicht. Im Halbschlaf vermischt sich der schwarze Rauch aus dem Schornstein in Birkenau mit dem Qualm aus der Halle A. Wieder sehe ich den SSler, der uns damals aufklärte über den Rauch aus dem Krematorium. Er zeigt auf den Qualm, aber jetzt brüllt er: „Was soll man denn sonst machen mit euch dreckigen ..."

Während die Halle A noch immer Hitze, Ruß und Qualm ausstößt, sind wir, die Tagschicht, wieder zur Arbeit gegangen. Bei uns, im ersten Stock, ist wenig passiert, eigentlich merkwürdig bei einem solchen Angriff. Halle A und das „Alte Werk" sind die einzigen Teile des *Hasag-Werks,* die wirklich beschädigt sind. Selbst das Kesselhaus in Halle B ist unbeschädigt. Allerdings fehlt das Öl, das jetzt in den unterirdischen Tanks in Halle A ausbrennt. Wir hier oben brauchen nur den Verputz, der vom Plafond heruntergefallen ist, abzuwischen und Dreck, der von draußen hereingeweht ist, aufzuräumen. Arbeiten können wir noch nicht, Kraftstrom gibt es nicht, nur die Notbeleuchtung brennt. Also fangen wir an, die Maschinen zu putzen, Schneidewerkzeuge zu erneuern, damit, wenn es wieder losgeht, alles in Ordnung ist. Der Meister schaut abwesend drein, er kümmert sich um nichts, spricht auch nicht. Als er weg ist, erzählt Mario mir, daß der Meister heute nacht aus seinem Luftschutzhochsitz am Schornstein hilflos mit angesehen hat, daß ein Volltreffer in sein Haus, in dem seine Frau und seine Tochter im Keller waren, gekracht ist. Er mußte aber sofort vom Dienst zur Arbeit in die Fabrik. Also weiß er nicht, ob man sie schon gefunden hat und ob sie noch leben. Vom Volkssturm hören wir, daß nur über dem Lager rote Lichtkugeln hingen. Also ist auch im Frauenlager nichts passiert. Die roten blieben auch noch an, als die weißen Magnesiumfackeln schon ausgebrannt waren und der richtige Bombenangriff begann. „Ich war im Tunnel", sagt er, „Gott sei Dank nicht in der Halle A." Mehr will er nicht sagen. Man wird in Kürze mit Notaggregaten die Kraftstromversorgung aufnehmen, sodaß wieder gearbeitet werden kann. Das ist für mich eine große Erleichterung, die ganze Nacht machte ich mir Gedanken über die SSler, die jetzt lebend geröstet werden, und über das, was uns erwartet, wenn das *Hasag-Werk* nicht mehr arbeiten könnte.

Heute ist der 1. März 1945. Wir sind also schon vier Monate hier, es ist jetzt eine Woche seit dem Luftangriff, in der Zeit hat sich hier viel geändert. Halle A stinkt und raucht noch immer. Sie können den Brand in den

Öltanks nicht löschen, und daher können sie auch die Leichen aus dem Keller nicht bergen. Tatsächlich sind es Männer und Frauen vom SS-Bewachungsbataillon, das viel größer ist, als wir vermutet hatten, natürlich wegen des Frauenlagers. Es gibt keinen Zweifel mehr über deren Los, es steht keine Wache mehr vor dem eingestürzten Eingang. Lody, der Sanitäter, sagt, daß diesem Tod gegenüber Zyklon B ein humanes Mittel ist. Der Doktor hält das für eine blöde Redensart, will aber keine Diskussion. Im „Alten Werk" ist der Brand gelöscht, Bergung von noch brauchbaren Teilen und Maschinen sowie Abbruch der gefährlichen Mauerteile beginnt jetzt. Es ist in der Fabrik also wahnsinnig viel zu tun. Der Rückstand, der durch den Angriff entstanden ist, muß eingeholt werden. Durch das Ausfallen von Halle A und der Produktion im „Alten Werk" muß viel umgestellt werden. Für uns bedeutet das nun sicher, jeden Tag nach der Nachtschicht um zehn Uhr antreten und bis vier Uhr schleppen, tragen oder schaufeln, um dann um sechs Uhr wieder zur Nachtschicht anzutreten. Sonntag ist ganz offiziell Arbeitstag für uns alle. Gestern wurde ich sogar von der Maschine weggeholt, um einen Waggon Matrizen zu laden. Holzkistchen, 50 Kilo schwer, auf der Schulter tragen und im Waggon absetzen. Ich wiege sicher schon viel weniger als so ein Kistchen. Im Laufschritt zurück zur Maschine, die Produktion muß weitergehen. Ausschuß ist verboten. Fünf fehlerhafte Matrizen pro Schicht sind erlaubt. Nach so einem Ausflug mache ich aber zumindest vier schlechte, bis ich wieder das Fingerspitzengefühl zur Präzisionsarbeit zurückhabe. Der Meister schützt uns immer noch, er weiß, wie schwer es ist. Er ist wütend, wenn wir bei unserer Arbeit gestört werden, aber er ist machtlos. Heute gibt's wieder Stunk. Ein Wehrmachtsoffizier kommt zum Meister. Zwei Große und zwei Kleine braucht er, der Meister sagt, daß das nicht geht. Aber ein paar Minuten später stehen wir dennoch unten.

Unten beim Ausgang steht Blume, da liegt auch eine Tragbahre, die müssen wir mitnehmen. Vier gleich große Männer wären doch geschickter gewesen, denke ich. Der Offizier, ich kenne seinen Rang nicht, hat ein EK1, genau wie Onkel Heinrich. Aber der ist inzwischen schon vergast. Wir gehen ein Stück in die Stadt hinein, zum ersten Mal, daß ich etwas davon sehe. Einige Häuser eingestürzt, Menschen, hauptsächlich Frauen, räumen mit den Händen ganz vorsichtig den obersten Schutt weg. Durch eine Toreinfahrt von einem Haus, das unbeschädigt aussieht, gehen wir in den Innenhof. Jetzt sehen wir ein großes Loch im Dach. Blume ist vor dem Haus geblieben, er hat seine Pistole griffbereit. Erwartet er, daß einer von uns fliehen würde? Der Offizier geht uns vor. „Zum Keller" steht auf der Türe. Eine Wendeltreppe, weiß verputzt, führt hinunter. „Runtergehen, Tragbahre mitnehmen." Die Treppe ist schmal und schlecht beleuchtet. Der Held mit seinem EK1 auf der Brust bleibt in der Hälfte der Treppe hinter einem Pfeiler stehen. Unten erwartet uns ein Blindgänger. Eine richtige

Bombe, die leider nicht explodiert ist. Sie schaut mich an, so etwa wie ein Seehund im Zoo. Wenn ich ein Stück zur Seite gehe, scheint sie mir zu folgen. Alle haben wir dasselbe Gefühl. Der Held oben kommt hinter seinem Pfeiler hervor und ruft, daß wir sehr vorsichtig sein müssen, da das Ding nicht entschärft ist und circa 150 Kilo wiegt. Wir sollen sie ganz vorsichtig auf die Tragbahre rollen und rufen, wenn wir's geschafft haben. Er zieht sich hinter seinen Pfeiler zurück. Der Schweiß rinnt uns über die Stirne obgleich es kalt ist im Keller. Wir schaffen es. Der mit dem EK1 steckt den Kopf um die Ecke und sagt, daß die zwei Kleinen voran gehen müssen, die andern hinten. Das ist auf der Treppe besser. Der Herr sieht, daß ich Angst habe, jetzt wird er ganz groß. Auf gut preußisch schnauzt er mich an: „Hast du Angst?" Keine bessere Lüge als die Wahrheit, also antworte ich: „Jawohl." „Brauchst keine Angst zu haben. Sterben mußt du doch." Dann zieht er sich zurück, und als er oben in Sicherheit ist, kommandiert er: „Kommen." Die Bombe ist uns gnädig, sie will dem Schuft da oben nicht die Freude machen, uns in die Luft zu jagen. Unversehrt kommen wir ans Tageslicht, wir laden die Bombe zärtlich zwischen Strohballen. Unser Held läßt sich inzwischen von den Bewohnern huldigen. Wir aber gehen mit Blume, der seinen Revolver wieder weggesteckt hat, zur „Abteilung Werkzeugbau". Sogar der Meister zeigt, daß er froh ist, uns wiederzusehen. Schon wieder einmal Glück gehabt. Das zeigt sich, als Blume abends ins Lager kommt und erzählt, daß die Bombe auf einem Feld außerhalb der Stadt spontan explodiert ist.

Genau vor sieben Jahren hat das Unglück in Wien angefangen, war das schöne Wien plötzlich unsichtbar hinter einem Urwald von Hakenkreuzfahnen. Und als die Wiener hinter den Fahnen hervorkamen, hatten die „g'müatlichen" Österreicher ihr Gefühl für Menschlichkeit und gute Sitten verloren. Sie schleppten alte Männer an ihren Bärten durch die Strassen, ließen gebrechliche Alte mit Zahnbürsten Gehsteige schrubben, ja sie schlugen Menschen tot, die ihnen niemals etwas zuleide getan hatten. So übten sie, um schließlich in den Konzentrationslagern die versiertesten Sadisten und Henker zu sein, weit besser selbst als die Kroaten und Ukrainer.

Jetzt, wo die Amerikaner über den Rhein gelangt sind und die Russen schon in Deutschland sind, kann es doch nicht mehr lange dauern. Ob wir das Ende noch erleben, daran zweifeln wir jetzt. Heute kamen 15 Russen, begleitet von SS, hier an. Sie waren in einem grauenhaften Zustand und wurden in einer Baracke beim Frauenkamp eingeschlossen. Drei kamen ins Revier. Lody hört von ihnen, daß sie aus einem Lager in Polen kommen. Im Februar, gerade bevor die Russen sie befreien konnten, mußte die ganze Belegschaft des Lagers abmarschieren. Zu Fuß, durch Eis und Schnee. Wer nicht weiterkonnte, wurde von der SS umgelegt. Sie sind grün und blau geschlagen, tragen nur Fetzen. Wie viele sie waren, wissen sie nicht. Nur, daß sie die letzten sind, die es überlebt haben, das ist sicher.

Wer kann sich das vorstellen: die Belegschaft eines Lagers im wahrsten Sinn des Wortes auf Transport „gehen" zu lassen, das ist doch unmöglich. Sonntag nachmittag sprechen wir darüber. Der Doktor sagt, daß die Leute erschöpft sind und wahrscheinlich halluzinieren.

Gestern mußten die Kranken wieder zu ihrer Gruppe zurück. Heute früh kommt Bergmeyer zum Appell, große Aufregung, ein Russe ist geflüchtet. Während wir alle stehenbleiben müssen, der Nachtdienst nicht schlafen gehen darf und wir nicht zur Arbeit, wird das ganze Lager durchsucht. Es dauert Stunden, in der eisigen Kälte. Die paar Baracken sind doch schon längst durchgekämmt. Die Russen stehen an der anderen Seite vom Platz und reagieren nicht auf das Schreien und Toben vom UStuF. Das regt ihn immer mehr auf, und unter Peitschenknallen läßt er die Russen tiefe Kniebeugen machen. Wir können abmarschieren, die Nachtschicht geht in die Baracke, wir zur Arbeit. Da hören wir von Vaclav, daß Anfang Februar ein Transport aus Theresienstadt abgegangen ist. Ein merkwürdiger Zug: eine D-Zug Garnitur, fein säuberlich geputzt, fährt in Richtung Nürnberg und nicht wie sonst üblich nach Dresden. Aber das kann uns nicht überzeugen, es kann wieder einmal ein Fallstrick sein.

Bei Arbeitsschluß kommt Blume herauf. Wir dürfen nicht unter die Dusche, sondern müssen sofort ins Lager. Antreten, die Nachtschicht steht noch an, die Russen wie heute früh drüben. Oder stehen sie noch immer dort? In Auschwitz wäre so etwas üblich gewesen, aber hier? Totenstille. Bergmeyer ist da, der Kapo steht bei ihm. In der Mitte vom Platz steht ein Bock, wie im Turnsaal. Ein paar Eimer stehen daneben. Da kommt Blume mit einem SSler. Sie schleppen einen Russen mit. Sein Mund hängt schief, an seiner Nase klebt Blut. Sie haben ihn also erwischt. Er wird zum Bock gebracht, als er sich wehrt, kriegt er einen Tritt in den Hintern. Dann wird er auf den Bauch gelegt und festgebunden. Bergmeyer gibt dem Kapo eine Knute und auf „Los geht's" schlägt er drauf. Die gellenden Schreie des Opfers gehen durch Mark und Bein. Doch ist es dem Bergmeyer nicht genug. Er nimmt die Peitsche und schlägt selbst drauf, er hat nur eine Hand, aber er schlägt wie ein Besessener. Ein gräßlicher Schrei, dann ist es still. Gott sei Dank, aber Blume packt den ersten Kübel und schüttet das Wasser auf den Armen. Er hebt den Kopf, erwacht. Sofort fängt der SSler an, er schlägt wieder mit der Knute, genau so schnell wie sein Chef. Das Brüllen wird immer ärger, dann ist der Mann still. Wieder einen Eimer, der Kapo ist wieder an der Reihe. Beim dritten reagiert der Russe nicht mehr. Untersturmführer Blume und SSler gehen lachend weg. Der Kapo läßt uns einrücken, die Nachtschicht geht mit dem Volkssturm, der die ganze Zeit mit bleichem Gesicht zugesehen hat, zur Arbeit. Der nasse Mann bleibt in der frostigen Nacht festgebunden liegen. Am Zaun haben unzählige Männer, Frauen und Kinder dem Schauspiel zugeschaut. Aber sie haben wenigstens nicht geklatscht. Immerhin schon etwas.

Die Suppe war schon kalt gestern abend, ich konnte sie nicht hinunterkriegen, also habe ich sie auf den Ofen gestellt, zum Frühstück. Aber heute früh war sie sauer und absolut ungenießbar. Schade drum. Am Arbeitsablauf würde man nicht merken, daß die Fabrik bombardiert ist. Alles geht im selben Tempo, solange genug Material da ist. Aber es geschieht nun immer öfter, daß wir keine Bolzen zum Verarbeiten haben. Dann gehen wir ins „Alte Werk" und helfen aufräumen. In der Lagerhalle liegen viel mehr Fertigprodukte als sonst. Keine Waggons, sagt der Volkssturm. Wenn aber ein Zug kommt, müssen wir alle in irrsinnigem Tempo Rohmaterial löschen, die Produkte laden und dann schnell wieder Matrizen und Granaten machen gehen. Unterwegs sehen wir auf Plakaten, daß der Jahrgang 1929 zum Heer einberufen wird. Die sind ja gerade erst 16, die sollen an die Front?

Seit einigen Tagen merke ich schon, daß mein rechter Schuh nicht mehr wasserdicht ist, aber heute früh beim Anziehen sehe ich die Katastrophe im ganzen Umfang. Der Schuh ist einfach hin. Die Sohle ist locker. Es ist ein komischer Anblick, und vor Schreck muß ich wahnsinnig lachen, sodaß jeder mich anstarrt. Ich lache aus Verzweiflung, ich bin mir bewußt, daß dies mein letzter Schuh vor Kriegsende ist. Wie lange dauert das noch, wie lange kann man es ohne Schuhe in der Kälte und im Schnee aushalten? Aus dem Lachen wird ein Weinen. Fritz tröstet mich: „Du wirst schon was finden, du weißt doch immer was", sagt er. Der Optimist, der es doch schon so schwer hat mit den großen Ekzemen, die immer ärger werden auf seinen Beinen. Oben, in der Halle, finde ich ein Stück dünnen Draht. In der Pause nähe ich damit die Sohle an das Oberleder fest. Es hält, ich kann so gehen, so lange wird's auch nicht mehr dauern. Das Weinen liegt schon wieder hinter mir. Außerdem kriegen wir seit dieser Woche außer den fünf Zigaretten (von denen vier durch den noch immer gültigen Tauschvertrag in Brot verwandelt sind) jetzt von der *Hasag* jeder eine Prämie von 20 Pfennig pro Woche. Wir können uns nichts für das Geld kaufen, weil die Kantine im Frauenlager ist. Wir sparen also „für die Zukunft", wie Franz so schön sagt. Aber Ferdie hat eine andere Idee. Die Suppe würde sicher besser schmecken, wenn man Salz hätte. Salz gibt's in der Kantine zu kaufen, hat der Volkssturm gesagt, ein Päckchen für eine Mark. Wenn wir nun zusammen einen Vorrat Salz anschaffen würden? Wir legen also das Geld zusammen und bitten den Alten, das Salz mitzubringen. Wenn es Salz gibt, wird's vielleicht auch Pfeffer geben oder vielleicht Paprika. Wie gut würde die Suppe dann wohl schmecken! Erst mit dem Salz probieren. Morgen kauf' ich's euch, hat er gesagt, aber es nicht mitgebracht. Ist er senil und hat's vergessen, oder ist er ein Schuft? Wir trauen uns nicht, ihn direkt zu fragen, er kann es nicht vergessen haben! Die Zehnpfennigstücke in seiner Tasche müssen ihn doch erinnert haben. Er reagiert auch nicht auf Anspielungen, also essen wir unsere Suppe ungesalzen und probieren uns vorzustellen, wie sie geschmeckt hätte, wenn er uns auch (keinen) Pfeffer mitgebracht hätte. Übrigens schmeckt die Milchsuppe am Mittwoch noch immer herrlich.

Das Salz haben wir nicht gekriegt, es ist schon mehr als eine Woche her. Heute nacht hörten wir Geschrei, Fluchen und auch das Knallen von Peitschen. Man zieht dann seine Decke über die Ohren und denkt nicht nach. Aber morgens stellte sich heraus, daß die Russen weg sind, wohin? Auch Lody weiß es nicht. Mein Schuh hält, er ist zwar nicht wasserdicht, aber daran war ich schon gewöhnt. Niemand spricht hier darüber, wie es den japanischen Bundesgenossen geht. Heute sehe ich in einer alten Zeitung, daß die Japaner die Philippinen aufgegeben haben. Hilft's uns was? Immer öfter sind wir jetzt im „Alten Werk" zu finden. Das Aufräumen der Ruine ist eine Art Arbeitsbeschaffung. Soweit ich das beurteilen kann, wird der Arbeitsplatz nur dadurch bestimmt, wo der Volkssturm am besten in der Sonne sitzen kann. Wir tun also auch nicht viel, außer wenn ein SSler vorbeikommt und brüllt. Angenehm ist es, daß in dieser Ruine an vielen Stellen Haufen von Steckrüben liegen, wie wenn Leute sich da Vorräte gemacht hätten. Teilweise sind sie angebrannt oder sogar im Feuer geröstet, aber das schmeckt scheußlich. Übrigens schneidet unser Volkssturm sich auch gerne eine Scheibe von einer frischen Rübe ab und ißt. „Mit Salz würde es noch besser schmecken", sagen wir dann, aber er reagiert nicht. An manchen Stellen der Ruine kann man vom Erdgeschoß durch all die Stockwerke und das Dach bis in den blauen Himmel schauen. Die Träger und Treppen aus Gußeisen, die Maschinenteile, die hier und da in der Luft zu schweben scheinen, sind wie ein Mahnmal. Es erinnert mich an Friedas verwüstete Fabrik in Amsterdam. Die Nazis kriegen doch ihren Lohn ins Haus gebracht. Auch für Birkenau?

Wir haben Glück. Ein frühes Frühjahr, Ende März und der Winter scheint schon vorbei zu sein. Am blauen Himmel sehen wir dauernd Flugzeuge, nicht immer ist Luftalarm. Vielleicht ist es so, daß weniger Bombenangriffe auf Städte als auf strategische Ziele ausgeführt werden. Manchmal fliegen sie so niedrig, daß man sogar den Stern der Amerikaner sehen kann. Vereinzelt ist es so einer mit einem doppelten Rumpf, wie der, der uns in Westerbork beschossen hat. Die deutliche Überlegenheit des Feindes in der Luft, die völlige Abwesenheit der vielgerühmten Luftwaffe und vor allem die schlechten Nachrichten aus dem Osten machen Herrn Bergmeyer nicht freundlicher. Er kommt jetzt regelmäßig zum Appell, dadurch dauert alles viel länger, vor allem auch weil der Kapo sich dann auch wichtig machen muß. Dann sieht man, daß der ein richtiger Giftzwerg ist, und wir sind froh, wenn er wieder Richtung Frauenlager verschwindet.

Ferdies Vater ist vorgestern gestorben. Er ist ruhig eingeschlafen. Als Ferdie von der Arbeit zurückkam, hat man es ihm gesagt. Die Leiche war da aber schon weg, irgendwohin in ein Krematorium geschafft. Ein Toter in unserer Gruppe, der erste, seit wir aus Auschwitz weg sind. Außerdem gehörte er zu unserem holländischen Klub, und das gibt eine besondere Bindung. Wir sind alle froh, daß ihm ein Ende als Muselmann erspart geblieben ist.

In unserer Abteilung wird nur mehr auf sechs Maschinen gearbeitet. Die übrigen werden geputzt und zerlegt. Passende Kisten kommen aus dem Magazin. Jeder Teil, jedes Kugellager wird mit öligen Lappen abgerieben, fein säuberlich in Papierwolle eingepackt und in die Kiste gelegt. Der Meister kontrolliert, ob alles drin ist, füllt ein Formular aus, das er persönlich in die Kiste legt. Dann wird sie zugenagelt. Schließlich wird mit Schablone ein Kode draufgemalt. Den Kode liest der Meister aus einem Buch vor. Das Dritte Reich hat auch seinen Rückzug gut organisiert. Oder konservieren wir die Maschinen schon für das Vierte Reich? Davor sollte Gott uns doch behüten. Wir wechseln uns ab. Kisten holen, Kisten einpacken, Kisten wegschleppen, dann wieder an der Maschine. Mario ist immer bei den Drehbänken, Vaclav immer beim Einpacken. Auch Werkzeuge, Bohrer, Fräsen und Meißel werden liebevoll mit Öl abgerieben und in Papierwolle eingewickelt. Danach gehen sie in blaue Pappschachteln. Derselbe Ritus: Formular rein, Dose verschließen, Kode draufpinseln.

Mario glaubt, daß die Frau und die zehnjährige Tochter des Meisters tatsächlich tot aus dem Keller geborgen wurden. Sicher ist es nicht, man kann es dem Mann auch nicht ansehen. Die SSler und Aufseherinnen aus dem Frauenlager, die im Keller unter Halle A liegen, sind noch nicht geborgen. Niemand scheint sich mehr dafür zu interessieren. Täglich fällt es mehr auf, daß der Gesichtsausdruck der Menschen eine Maske wird. Gleichgültig, ob es die sind, die am Zaun beim Lager stehen und schauen, oder die, die wir in der Stadt sehen, wenn wir irgendwas aufräumen müssen. Nur die Kinder, die jetzt eingerückt sind und durch unsere Straße zum Truppenübungsplatz marschieren, haben ein Gesicht. Der Stahlhelm reicht bis auf die Schultern, die Uniformen sind zu groß, das Gewehr mit Bajonett scheint von einem Riesen zu sein. Aber sie gehen stramm im Schritt, so wie sie das in der Hitlerjugend gelernt haben, und die Augen strahlen, wenn sie singen:

*„Wir werden weiter marschieren*
*bis alles in Scherben fällt*
*denn heute (ge)hört uns Deutschland*
*morgen die ganze Welt."*

Manchmal singen sie auch: *„Wenn das Judenblut vom Messer spritzt ..."*

Immer aber wollen sie kämpfen und sterben für den Führer und das Vaterland.

Luftangriffe auf benachbarte Städte sind nicht mehr zu hören. Stattdessen gibt es jetzt dauernd ein Dröhnen und Donnern, als eine Art Hintergrundmusik. Jeder sagt, daß das der Lärm einer Schlacht sein muß, ob es nah oder fern ist, weiß niemand. Merkwürdigerweise geht das Leben hier an beiden Seiten des Stacheldrahts wie gewohnt weiter. Die Passanten stehen und schauen zu uns herüber, die alten Männer, Frauen und Kinder marschieren zum Übungsplatz, wir halten Appell, gehen zur Tag- und Nachtschicht, wie wenn nichts los wäre.

In der Halle werden weitere Drehbänke zerlegt und eingesargt. Daher gehen wir jetzt öfter zum „Alten Werk", um dort noch Maschinenteile zu bergen. Blume ist gerne dort. Er bestimmt, welche Maschinenteile abmontiert und fein säuberlich behandelt werden müssen und was auf den Schrotthaufen gehört. Ich traue mich nicht, ihn zu fragen, was er in seinem Privatleben gemacht hat, aber irgend etwas mit Maschinen oder Altmetallen muß es wohl gewesen sein. Heute mußte ich mit ihm hinauf in den Turm. Die Eisentreppe, etwas verbeult durch die Hitze, trägt uns noch bis in den verbrannten Dachstuhl. Von hier aus hat man eine grandiose Aussicht. Weit weg sehe ich den Bahndamm, wo wir gearbeitet haben, dort drüben muß der Sportplatz mit dem verwüsteten Lager sein. Unter mir die verbrannte Halle und beinahe daneben unsere Baracken, wirklich ein Wunder, daß uns nichts geschehen ist. Blume läßt mich herumschauen, dann zeigt er mir eine Transportkette, die hier oben über ein großes Rad läuft. Ich habe einen schweren Vorschlaghammer mit heraufgeschleppt. Blume zeigt auf einen Bolzen, den ich aus der Kette schlagen muß. Auf dem engen Raum, mit der grinsenden Tiefe vor mir ist es schon ein Wunder, daß ich den schweren Hammer überhaupt schwingen kann. Es gelingt, und ich treffe tatsächlich den Bolzen. Aber nicht mit dem gewünschten Resultat. Die Kette bricht und fällt mit einem unheimlichen Krach fünf Stockwerke tiefer auf den Boden. Blume gibt mir eine Ohrfeige. Während ich nachzähle, ob ich alle Zähne noch im Mund habe, schreit er: „Stell dir nur vor, wenn deine Kollegen da drunten gestanden hätten."

Die Produktion von Matrizen ist eingestellt. Wir sind jetzt dabei, die letzten Drehbänke zu demontieren. Die dritte Maschine in der ersten Reihe, das war meine, und während ich zusammen mit Mario anfange, die Treibriemen abzunehmen, danke ich in Stille den beiden, die mir mehr als fünf Monate Schutz und Schirm gewesen sind. Mario sagt, daß die Amerikaner jetzt binnen ein paar Tagen hier sein werden. Wir bilden uns ein, daß die Geräusche der Front immer näher kommen. Aber wirklich ermessen können wir es natürlich nicht.

In den Hallen sind jetzt Lautsprecher aufgestellt, durch welche Goebbels die Bevölkerung immer wieder aufruft, standhaft zu sein, denn der

Führer wird „die Juden und die Bolschewisten" vernichten, eventuell zusammen mit den aufrückenden Amerikanern. Auch im *Völkischen Beobachter* ist soetwas gestanden. Eine Art Einladung an die Amerikaner, um gleich weiterzumarschieren, um die Russen zusammen mit der siegreichen Wehrmacht zurückzuschlagen. Das stimmt uns nicht fröhlich. Auch wenn niemand es glaubt, es könnte eine Verstimmung zwischen beiden Bundesgenossen geben, die Zeitverlust bringen würde, und das können wir gerade jetzt, wo das Ende so nahe ist, sicher nicht gebrauchen.

Etwas ist jedenfalls los. Als wir ins Lager zurückkommen, sehen wir, daß die Nachtschicht nicht in die Fabrik gegangen ist. Sie stehen noch auf dem Appellplatz, wir müssen auch antreten. Wir haben Hunger, sehen die Suppe dampfen, dürfen aber nicht weg. „Wir warten auf den Herrn Untersturmführer", sagt der Kapo. Das ist ein komplizierter Satz für ihn, seine Konversation besteht meistens aus eindeutigen Wörtern wie Arschloch, Drecksau und derartigem.

Als Bergmeyer kommt, fällt mir sofort auf, daß er keine Peitsche in der Hand hat. Er ist das erste Mal ohne, sieht geradezu nackt aus. Er stellt sich auf seinen Platz, Blume und Kapo stehen neben ihm.

„Ich habe eine wichtige Mitteilung", sagt er. „Der Feind hat Buchenwald besetzt und der Höhere SS-Führer hat mich beauftragt, auch dieses Lager an die amerikanischen Truppen auszuliefern. Das wird dieser Tage geschehen. Ich muß jedoch ausdrücklich davor warnen, daß jemand versuchen sollte, die ordnungsgemäße Übergabe zu stören oder vorzeitig mich oder meine Leute anzugreifen, weil dann sofort scharf geschossen wird. Bis zur Ankunft der feindlichen Truppen bleibt alles, so wie es ist. Wegtreten." Die Nachtschicht geht zur Arbeit, wir zur Suppe. Das einzige, das unseren Freudenrausch stört, ist, daß auf dem Wachturm jetzt wirklich ein Maschinengewehr zu sehen ist.

Wir haben nicht viel geschlafen heute nacht, die Aufregung war zu groß. Morgens Appell, Kaffee und Brot mit Beilage wie immer. Dann hinauf in die Halle. Der Meister scheint nicht zu wissen, daß die Amerikaner schon so nahe sind. Was macht's, vielleicht sagt er nicht die Wahrheit. Ganz unerwartet kommt Blume: alle müssen sofort zurück zum Lager. Wir sind die letzten, die er abgeholt hat. Alle stehen schon am Appellplatz. Wir schauen uns um, sind die Amerikaner schon da? Wir dürfen noch in die Baracke, um unsere Habseligkeiten zu holen. Auch Decke und Handtuch können wir mitnehmen. Abmarsch, Blume voran, der UStuF zuletzt. Zur Rampe, da steht ein langer Zug bereit. Es sind Kohlenwaggons.

## Wieder verschleppt, 14. April 1945

Hatten die Optimisten unter uns noch irgendwelche Illusionen, so sind jetzt alle Hoffnungen zunichte. Der Bahnsteig ist von SS und Volkssturm umzingelt. Vorne eine Lokomotive unter Dampf, am Zugsende ein Personenwagen. Wir werden zu einem Waggon getrieben, der mit Braunkohle beladen ist. „Bestimmungsstation Verona", lese ich auf dem Laufzettel. Dort wird man uns wohl nicht hinschicken. Wir löschen die Ladung. Glänzende Briketts gehen von Hand zu Hand. Ich sehe, daß einige Russen, die scharf bewacht werden, in einen Waggon erst Kisten und danach eine ganze Menge Kommmißbrote stauen. Dann wird der Wagen sorgfältig mit einer Plane abgedeckt. Wir sind inzwischen auch fertig. Bergmeyer schreit, daß wir einsteigen müssen. Er hat jetzt wieder seine Peitsche in der schwarz-ledernen Hand und trägt einen Tornister. Ich denke immer noch an das Brot. Ich bilde mir ein, daß ich es riechen kann. Nur zwei Wagen mit Kohle trennen mich davon. Ich kann die Persenning deutlich sehen. 50 Mann in einem Kohlenwaggon, gerade genug Platz, um zu stehen oder um uns alle im Türkensitz niederzulassen. Der Kapo und die Ungarn sind nicht dabei. Lody, der Sanitäter, schon. Wir fahren. Jeder schaut noch einmal zum *Hasag-Gelände.* Der Abschied tut weh. Nicht nur, weil es uns hier relativ gutging, vor allem weil mir die Komödie von gestern abend und der Auftritt heute eine Riesenangst einflößt. Wir stehen noch, als der Zug auf einem Seitengleis hält. *Hasag Altenburg* steht auf einem Schild. In der Ferne sehe ich auf einem Hügel Wachtürme und Stacheldraht. Aus dem Tor wälzt sich eine endlose Schlange. Wir erkennen, daß es Frauen in denselben braunen Fetzen sind, die sie auch bei uns trugen. Sie werden von SSlern und Helferinnen in grauen Uniformen eskortiert, die mit ihren Peitschen grausam auf die Hilflosen dreschen. Wer umfällt, muß von den anderen in den Straßengraben geschleppt werden. Wer nicht schnell genug in die Waggons klettert, dem wird mit Schlägen und Tritten nachgeholfen. Wem es doch nicht gelingt, der wird vom Bahndamm heruntergeworfen. Die SSler steigen ein, das Fluchen der Bewachung und das Jammern der Frauen verstummt. Man hört nur das Winseln jener Armen, die liegengeblieben sind. Während der Zug abfährt, sehen wir, daß die Weiber in den grauen Uniformen sich über die Opfer in den Gräben beugen. Was sie tun, können wir nicht sehen, aber ich kann es mir vorstellen. Das Gruseln läuft mir über den Rücken.

Fritz und ich sitzen in einer Ecke. Dadurch können wir ab und zu aufstehen und hinausschauen. Der Zug steht länger als er fährt. Brücken, Viadukte, Dörfer, Städte. Alles ist verwüstet. In diesem Tohuwabohu haben wir merkwürdigerweise Vorrang. Oft überholen wir Züge mit Zivilisten, die auf einem Nebengleis warten müssen. Wehrmachtzüge sehen wir überhaupt nicht. Einmal kommt auf dem anderen Gleis ein Gegenzug: Kohlenwaggons wie unsere, vollgestopft mit Gefangenen, so wie wir, teilweise Blau-Weiße, alle aber sehen schrecklich aus. Grün und blau geschlagen, blutig und völlig unterernährt. Obzwar die Züge einander im Schritt passieren, können wir nicht herausfinden, wo sie herkommen. Die Leute sind ganz apathisch. Es wird dunkel. In einem Slalom zwischen Bombentrichtern, ausgebrannten Gebäuden und Waggons nähern wir uns einer großen Stadt. „Chemnitz Gleis 3" lese ich. Auf Gleis 4 steht eine Lokomotive mit vier verbeulten Waggons, die Fenster sind alle zerbrochen: Frauen, Kinder und alte Männer kämpfen um einen Platz im Zug. Flüchtlinge, wohin? Eine Uhr zeigt neun an, wir fahren also mit einer Durchschnittsgeschwindigkeit von 10 Kilometern pro Stunde nach Südosten, rechnet jemand aus. Vielleicht sind die Amerikaner doch schneller! Tiefschwarze Nacht. Funkenregen der Lokomotive beleuchtet unsere ausgemergelten, rußigen Gesichter. Zusammen mit dem Rauch und Gestank gibt das ein höllisches Bild.

Bei Sonnenaufgang sehen wir, daß wir jetzt in den Südwesten fahren. Gestern ging es nach Südost. Aber das hat nichts zu bedeuten. Immer wieder hält der Zug, weil ein Bahnwärter mit einer Fahne winkt. Dann bekommt der Maschinist neue Instruktionen. Offensichtlich funktionieren die Signale nicht mehr. Gegen Mittag, die Sonne steht schon hoch am Himmel, hält der Zug außerhalb des Bahnhofs von Klingenthal. Unser Deutschlandkenner sagt, daß wir jetzt an der früheren Grenze der Tschechoslowakei sind, ganz nahe bei Eger, wo Wallenstein ermordet wurde. Eger? Theresienstadt liegt doch auch an der Eger, das kann also nicht weit weg von hier sein. Ich bin ganz aufgeregt, aber diesmal ist Fritz der Pessimist: nichts Gutes ist jetzt zu erwarten. Aber dann öffnet ein „Volksstürmer" die Ladetüren von unserem Waggon, wir dürfen aussteigen. Links und rechts ein Bewaffneter, vor uns ein paar Treppen hinunter zu einem hellen Bächlein. Wir dürfen uns waschen, aber keinen Schritt weiter, sonst wird sofort geschossen. Daran denken wir gar nicht: helles, klares Wasser zum Trinken und zum Waschen und das Meuselwitzer Handtuch sind Gold wert. Während ich mich abtrockne, schaue ich hinauf zum Zug. Ein „Volksstürmer" steigt auf das Trittbrett vom Brotwagen, macht die Plane los und nimmt ein paar Brote heraus. Er kommt zu uns und teilt Brot aus. Es schmeckt herrlich, aber ich schaue immer wieder hinauf, weil ich gemerkt habe, daß er die Schlinge an der Plane nicht festgemacht hat. Während wir hinaufklettern zu unserem Waggon, bilde ich mir ein, daß die Lasche mir fröhlich zuwinkt.

So schön die Fahrt auch ist, durch tiefschwarze Wälder und grüne Auen, ich sehe immer wieder den Mann vor mir und wiederhole die Schritte, die er gemacht hat, um das Brot zu erreichen. Das müßte ich auch können. Unsere Ecke im Waggon ist die ideale Ausgangsposition. Wir fahren durch Graslitz, man kann am Bahnhofsgebäude noch deutlich sehen, daß es früher Kraslice geheißen hat. Wir sind also schon in Böhmen. Graslitz-Vorstadt heißt der Bahnhof, wo wir stehenbleiben. Blume geht vorbei und hört vom Maschinisten, daß wir hier warten müssen. Die Strecke ist einspurig und ein Zug kommt aus dem Süden herauf. Es ist ein Militärzug, lauter kleine Buben, so wie wir sie in Meuselwitz gesehen haben. Damals sangen sie. Heute sehen sie aus, als ob sie am liebsten nach ihrer Mutti rufen möchten. Die Stahlhelme reichen bis auf die Schultern, große Angstaugen schauen uns an. So alt war ich, als ich aus Wien wegmußte, denke ich. Aber zu einer weiteren Reaktion habe ich keine Zeit mehr, denn in dem Augenblick, als der Zug stillsteht, kommen zwei amerikanische Tiefflieger. Sie sind dem Zug gefolgt und feuern sofort auf die Lokomotive. Und weil die gerade neben unserem SS-Waggon gehalten hat, kriegt der auch eine Ladung mit. Einmal kommen die Flugzeuge noch zurück, dann ist alles still. Einige Menschen sind über die Waggonwand geklettert und haben die Türen von außen aufgemacht, sodaß wir alle jetzt heraus- und in Deckung gehen können. Viele rennen die Böschung hinauf, und weil die SS genug mit sich selbst zu tun hat, läßt man sie gehen. Ich erkenne Franz und den Verleger, die zusammen oben im Wald verschwinden.

Fritz will nicht weg vom Zug, weil es doch viele Verwundete gibt und er vielleicht helfen könne. Also bleiben wir, obzwar es sich herausstellt, daß die SS den Bahnsteig beim SS-Waggon abgeriegelt hat. Wir hören rufen, daß Dr. Rössl da ist, ich sehe einen hohen SS-Offizier mit einem Koffer. Das wird er wohl sein. Dann kommen auch Krankenwagen. Der Maschinist hat unsere Lokomotive abgekuppelt und ist in Richtung Eger abgedampft. Bergmeyer und Blume, denen nichts passiert ist, sind nun wieder die Helden. Die Frauen werden in die Waggons gejagt, wir müssen auch wieder hinein. Er zählt aber nicht nach, daher entgeht es ihm, daß 10 von unseren Kameraden geflüchtet sind. Hoffentlich kommen sie alle gut zu den Amerikanern. Als es dunkel wird, stellt man hinten beim SS-Waggon Bogenlampen auf. Wir schlafen gut: 20 Prozent mehr Platz, und der Zug fährt nicht.

## Graslitz, April 1945

Wir haben gestern abend nichts mehr zu essen oder zu trinken bekommen. Dennoch haben wir die Nacht nach allen Aufregungen gut geschlafen. Eigentlich erkennen wir jetzt erst, wieviel Glück wir wieder einmal gehabt haben, denn wenn die Tiefflieger unsere Lokomotive getroffen hätten, wäre es uns schlecht gegangen.

Morgens dürfen wir wieder hinaus auf den Bahnsteig, müssen aber in der Nähe bleiben. Lody teilt Brot aus und hat Neuigkeiten. Volltreffer in die Lokomotive des Militärzugs und in unseren SS-Waggon. In den nächsten Waggons 20 Frauen getötet, aber sonst niemand verletzt. Wie das möglich ist, weiß Lody nicht. Jedenfalls hat Dr. Rössl, der Graslitzer SS-Arzt, ihm nicht erlaubt, die Toten zu sehen, sondern noch gestern abend russische Arbeiter kommen lassen, die ein Massengrab ausgehoben haben. Die Anzahl der Toten und Verletzten bei der SS ist nicht bekannt.

Was weiter geschehen wird, weiß auch Lody nicht. Unsere Lokomotive ist inzwischen mit dem Militärzug „heim ins Reich" gefahren. Bergmeyer ist froh, denn er fürchtet sich sehr vor Luftangriffen. Ohne Lokomotiven sind die nicht zu befürchten. Er wartet jetzt auf Instruktionen. Es wird wohl ein Fußmarsch werden. Wir, die Männer, dürfen hinter dem Gebüsch am Rand des Bahnsteigs austreten, aber immer nur zwei zugleich. Die Wachmannschaften sind manchmal doch Menschen. Wir sprechen drüber, ob man von hier flüchten kann. Nachts aus dem Waggon klettern ist ohne weiteres möglich, aber auf dem Bahnsteig wird patrouilliert. Es gibt also keine Möglichkeit, die steile Böschung zu erreichen. Auf der anderen Seite, dort wo der Militärzug stand, geht neben dem Gleis ein Steilhang hinunter zu einem reißenden Bach. Die Seite wird nicht bewacht, eine Flucht ist unmöglich. Aber vielleicht kann ich wenigstens zum Furagewagen kommen. Ich bespreche alle Einzelheiten mit Fritz. Als es dunkel wird und wir wieder in den Waggon klettern müssen, stellt Fritz sich in unserer Ecke auf, ich setze mich zu seinen Füßen. Unsere Freunde stehen um uns herum. Das fällt gar nicht auf, denn die Holländer sind doch immer beisammen. Sobald es ganz dunkel ist, klettere ich über die Wand. Während ich mit beiden Händen am Eisenrand hänge, finde ich mit den Füßen das Trittbrett, auf dem der Rangierer beim Verschieben steht. So warte ich, bis Fritz mir das Zeichen gibt, daß die Patrouille bei uns vorbeigegangen ist. Dann lasse ich mich vorsichtig herunter. Im selben Schritt wie die Wache gehe ich den Zug entlang, bis ich die Plane über mir sehe. Der Mond hilft mir. Ich ziehe mich auf das Trittbrett und finde die Lasche. Ein Griff unter die Persenning, und ich habe ein ganzes Brot in der Hand. Totenstille, aber ich muß zurück. Das geht ohne Schwierigkeiten, es ist keine Wache unterwegs. Ich stehe schon auf unserem Trittbrett, als mir bewußt wird, daß ich die Lasche nicht befestigt habe. Ich muß zurück. Denn wenn die morgen den Diebstahl bemerken, gibt es Tote. Also noch einmal probieren. Eigentlich geht es ganz einfach, bis ich mit meinem kaputten Schuh an einem Stein hängenbleibe. In meinen Ohren klingt es wie ein Böller, aber es rührt sich nichts. Da ich doch beim Waggon bin, nehme ich ein zweites Brot, dann muß ich allerdings balancieren, um die Lasche gut festzumachen. Ich höre zwei Leute sich laut auf sächsisch unterhalten, aber das ist so weit weg, daß ich ruhig bis zu unserem Waggon gehen kann. Ich klettere aufs Trittbrett, gebe Fritz das zweite Brot. Jemand zieht mich über den Rand und ich falle auf die sitzenden Menschen. Ich merke es kaum, ich bin total erschöpft, aber auch unheimlich stolz, daß ich es geschafft habe. Die Brotverteilung überlasse ich den anderen, zwei Brote für 40 Mann ist nicht viel, eine dicke Schnitte für jeden. Die schmeckt aber besonders gut vor dem Einschlafen. Wer weiß, vielleicht kommen die Amerikaner heute nacht. Wir hören das Kriegsgetümmel immer näher kommen.

Sie sind heute nacht nicht gekommen. Im Morgengrauen scheint das Donnern und Krachen weiter weg denn je. Lody holt zusammen mit Jiři einen Eimer Wasser. Sie bringen sogar einen Becher mit, sodaß wir der Reihe nach trinken können. Brot bekommen wir nicht. Gut, daß wir uns heute nacht einen Vorschuß genommen haben. Wir dürfen am Bahnsteig bleiben, pinkeln hinter dem Gebüsch und gucken hinauf zu den Bäumen, die über der grünen Böschung herunterschauen. Da oben ist die Freiheit, denken wir uns. Aber der Schein trügt. Drei Tschechen, die vorgestern geflüchtet sind, sind zurückgebracht worden. Bergmeyer hat keine Strafmaßnahmen angeordnet. Wahrscheinlich paßt es ihm gut, daß wir hören, daß eine Flucht unmöglich ist, weil die deutschen Bauern jeden sofort ausliefern.

Auch die fünf Nächte danach sind die Amerikaner nicht erschienen. Ab und zu sehen wir Flugzeuge, auch Tiefflieger. In der Ferne hören wir es donnern, sonst ereignet sich nichts. Wir bekommen Wasser und Brot, sitzen am Rand des Perrons im Gras und genießen das wunderbare Frühjahrswetter. Seit ein paar Frauen versucht haben, durch den Fluß zu entkommen, wird nun auch das andere Gleis bewacht, sodaß es unmöglich ist, noch einmal um Brot zu gehen. Am Bahnhof weht eine Hakenkreuzfahne. Richtig, heute ist der 20. April, Hitlers Geburtstag. Kein Festtag für uns, denn Blume kommt und sagt, daß wir uns zum Abmarsch aufstellen müssen. Wer nicht mitgehen kann, muß mit Lody und zwei Wachmännern hierbleiben. Fritz darf bleiben. Aber er will unter allen Umständen mitgehen. Blume hat nichts dagegen. Hans Reis, Ferdie Kaufmann und ein paar Tschechen sind die einzigen, die nicht mitkommen. Die Frauen werden aus den Waggons gejagt, mit Schlägen und Peitschenknallen. Sie werden viel schlechter behandelt als wir. Wir stellen uns in Dreierreihen auf, vorne und hinten je zwei „Volksstürmer", und marschieren weg, den Zug entlang. Vorne ist tatsächlich ein frisch geschaufeltes Massengrab. Vorbei an der ausgebrannten Lokomotive und dem schwer beschädigten SS-Waggon gehen wir über die Gleise und eine Brücke. Drüben folgen wir dem Fluß. Und da unsere Eskorte genau wie wir keine Eile hat, geht es ganz gemächlich. Wir werden überholt: Bergmeyer und die Frauen. Der UStuF schreit irgendwas, einer unserer Bewacher salutiert. Zumindest 20 SSler begleiten eine große Gruppe Frauen, alle in demselben braunen Kittel, in straffem Marschtempo. Blume als letzter. Der OSchaF schaut sich noch einmal nach uns um und verschwindet dann in der Staubwolke, die die Kolonne aufgewirbelt hat. Die Straße macht eine Kurve nach links, eine Böschung entlang. „Jetzt!" sagt Fritz, und im Nu sind wir beide im Gebüsch verschwunden. Unbeweglich bleiben wir stehen und schauen der Gruppe nach, bis wir sie nicht mehr sehen können.

Vorsichtig klettern wir in den steilen Wald. Nicht leicht zu begehen, unsere Kondition ist sehr schlecht, und unsere Schuhe sind dafür nicht geeignet. Dazu kommt die Angst, einen Fehltritt zu machen. Am Anfang geht alles sehr mühsam, aber langsam wird es besser. Als ob die alte Liebe zum Wald und zu den Bergen uns weiterhilft. Das Terrain wird leichter, wir kommen auf einen schon lange nicht mehr gebrauchten Waldweg. Weiß-rot-weiße Markierung auf den Bäumen. In guten Zeiten sind hier wahrscheinlich Wanderer heraufspaziert, war Graslitz einmal eine Sommerfrische? Stimmt, wir kommen zu einem verfallenen Kiosk, sogar ein paar Bänke sind noch da. Man hat eine gute Aussicht von hier. Unten im Tal liegt der Ort, dort steht der Zug und weiter hinten, beim Schuppen, Lody und eine Gruppe Männer und Frauen. Wir ziehen uns ins Gestrüpp zurück, damit wir uns nicht verraten. Jedenfalls sind wir noch nicht hoch genug. Bevor es dunkel wird, sollten wir außerhalb der bewohnten Welt sein. Daß wir noch nicht so weit sind, zeigt sich, als wir auf einen Fahrweg kommen, der von Graslitz heraufführt. Fritz versteckt sich hinter einem Felsen, ich folge der Straße. Sie führt zu einem völlig ausgebrannten Haus. Es ist totenstill hier oben, selbst vom Krieg ist nichts zu hören.

Keine Menschenseele ist zu sehen. Es hat keinen Sinn hierzubleiben. Als ich mich umdrehe, sehe ich ein Kleidungsstück liegen. Es ist eine Jacke aus grauem Tweed. Die müßte mir passen. Ich ziehe meinen blauen Auschwitzer Mantel aus und schlüpfe hinein: perfekt. Ich werfe den Blauen in eine Grube und gehe ganz stolz zurück. Fritz erschrickt erst, er hat den Kleiderwechsel nicht erwartet. Dann stellt er fest, daß ein Revers ganz verbrannt ist. Daher hat der gute Geber die Jacke weggeworfen. Jedenfalls aber ist sie besser, als das, was ich bis jetzt hatte.

Wir klettern weiter. Der Mischwald wird jetzt zu Nadelwald, ab und zu mit Felsen. Moosboden, das geht angenehmer, als wenn Unterholz da ist. Wir sind jetzt schon einen halben Tag unterwegs und haben außer Eichhörnchen und Vögeln noch niemanden gesehen. Dann stehen wir am Rand einer kleinen Alm. Ein altes Weiblein bearbeitet den Boden mit einer Spitzhacke. Offensichtlich ist sie alleine, Telephon hat sie auch keines, sonst würde man die Leitung sehen. Also wagen wir, sie anzusprechen. Sie hebt vor Schreck die Hacke wie eine Waffe. Wir nehmen unsere Mützen ab, zeigen unsere kahlen Köpfe. Sie hat es verstanden, sagt so etwas wie „warten” und geht ins Häuschen. Für jeden von uns bringt sie ein Stück Brot und eine große Mohrrübe, zeigt in den Wald und sagt: „Woda, Woda”, und macht uns klar, daß wir verschwinden müssen. Im Wald finden wir tatsächlich eine Quelle, muß wohl einmal eine Viehtränke gewesen sein. Wir essen unser Brot, trinken das herrliche Wasser. Die Karotte ist ein erstklassiger Nachtisch. Dann waschen wir uns gründlich, ruhen noch ein bißchen, danken in Stille dem Wurzelweibchen und machen uns wieder auf den Weg. Es ist gar nicht mehr weit zum höchsten Punkt. Als wir oben sind, fängt die Dämmerung gerade an. Beschützt unter ein paar Latschen richten wir uns zur Nacht ein. Wir sind auf der Hut, als wir Stimmen hören. Jedenfalls ist es kein Deutsch. Welche Sprache wissen wir nicht, aber es ist noch Licht genug, um zu sehen, daß es drei russische Frauen in den braunen Kitteln sind, die sicher aus unserem Zug kommen. Die drei finden einen Schlafplatz in einer Mulde. Aber erst bewundern wir alle den Sternenhimmel im Westen, ein Farbenspiel, wie in einem Kaleidoskop. Dort muß wohl die Front sein, gar nicht so weit von hier.

Die ganze Nacht haben wir den Lärm gehört, aber schließlich steht die Sonne schon hoch am Himmel als wir wach werden. Die Frauen sind schon weg. An den Spuren im Gras können wir sehen, daß sie dort hinuntergegangen sind, wo wir heraufkamen. Zu essen ist hier nichts zu finden. Nur unreife Preiselbeeren, also pflücken wir junge Tannensprossen und kauen sie. Dann gehen wir in die Richtung, aus der gestern der große

*Graslitz*

Lärm kam. Zu unserer Enttäuschung aber bricht der Bergrücken steil ab. Wir müssen also erst ins Tal hinunter. Es sieht ziemlich unbewohnt aus. Genau wie auf der anderen Seite gibt es Erdbeeren und auch Heidelbeeren im Überfluß, aber sie sind noch nicht reif. Wohl finden wir eine Quelle mit herrlichem Wasser, das scheint auch zu sättigen. Aus der Quelle wird ein fröhliches Bächlein, das mit uns zu Tal springt. Fritz singt gedämpft vom Bächlein, das er rauschen hörte. Vielleicht kann der gute Schubert uns ein bißchen helfen. Wald, Bächlein und Schubert waren so friedlich, daß unsere Aufmerksamkeit nachgelassen hat. Das Bächlein ist inzwischen ein Bach geworden. Der letzte Schritt aus dem Wald bringt uns in eine Dorfstraße, und da steht ein Mann mit einem Revolver. Es gibt keinen Ausweg, denn das Tal wird vom Bach abgeschlossen. Keine Brücke, um ans andere Ufer zu kommen. Der Mann steht da, als ob er auf uns gewartet hätte. Unsere einzige Hoffnung ist, daß er sich jetzt nicht mehr auf irgendwas einlassen wird, wo die Amerikaner doch jeden Augenblick kommen können. „Haltet 's Maul", sagt er mit einem unangenehmen süddeutschen Tonfall. „I hab da auf drei Frauen gwartet, die was gestern hinaufgstiegen sind. Daß i jetzt zwei Männer gfangen hab, des is a Gaudi!" und lacht gemein.

Der Mann steckt seine Waffe in den Halfter, hält aber die Hand drauf, und befiehlt uns, vor ihm zum Zug zu gehen. Er weiß also genau, wo wir herkommen. Wir folgen dem Bach durch das ganze Städtchen. Der Mann genießt seinen Triumphzug. Vor allem bei einem Gasthof, wo man ihm ein Krügel Bier reicht und er dem versammelten Publikum erklärt, daß drei Frauen hinaufgegangen und zwei Männer heruntergekommen sind, was zu schmutzigen Bemerkungen führt. Ich schaue mir die Leute an: jeder einzelne wäre imstande, diesem aufgeblasenen Helden mit einem Faustschlag das Handwerk zu legen, aber niemand rührt sich. Im Gegenteil, eine halbe Stunde sind wir das Gespött der Leute. Dann gehen wir weiter. Aus Graslitz hinaus, an einem Fabriksgebäude vorbei, über die Brücke, rechts ist das Grab der Frauen. Die Türen vom Furagewaggon sind offen, er ist leer. Ich freue mich, daß wir wenigstens noch zwei Brote gestohlen haben. Unsere Freiheit hat genau 24 Stunden gedauert.

Unser Bewaffneter befiehlt, daß wir weitergehen sollen. Er bleibt bei den zwei „Volksstürmern", die das Gelände absichern. Er hat wieder von seiner Heldentat erzählt und ich höre ihn gerade noch sagen: „Und wenn i net allein gwesen wär, dann hätt i die Weiber auch gschnappt."

Bei Lody sind circa vierzig Leute am Bahnsteig. Meist Frauen aus dem Zug und Russen, die, wie er sagt, aus einem Arbeitslager abgehauen sind. Ferdie und Hans sitzen beim Schuppen auf einer Bank, sonst ist von unserem Waggon niemand mehr da. Heute früh war ein Lastwagen mit zwei SSlern hier, die haben den Furagewaggon entladen. Sie haben Lody Brot gegeben und gesagt, daß der Transport morgen abend weitergehen wird. Übrigens interessieren sich die SSler viel mehr für die Kisten als für das Brot oder uns. Der Sanitäter kennt den Mann, der uns gebracht hat: Gestapo.

Hans und Ferdie haben entdeckt, daß an der Rückseite des Schuppens eine Schiebetüre nicht verschlossen ist. Hans kennt Lody gut, weil er einige Zeit im Revier gelegen ist und ihm helfen durfte. Der wird uns ein Zeichen geben, wenn es drauf ankommt. Sollte tatsächlich ein Autobus kommen, werden wir uns zu viert im Schuppen verstecken. Es ist beinahe dunkel, als wir ein Lastauto auf der Straße hören, ein wenig später fährt es über die Brücke. Lody gibt das verabredete Zeichen, ein kurzer Sprint, dann verschwinden wir im Schuppen. Niemand hat uns gesehen. Es ist dunkel drin, aber durch die staubigen Fenster scheint das Licht der Laterne, die jetzt auf dem Bahnsteig brennt. Die Leute klettern auf den Wagen. Wer das nicht selbst kann, wird von anderen hinaufgeschoben. Lody sehen wir nirgends, es scheinen mehrere Leute zu fehlen. Der SS-Fahrer hat keine Lust, im Dunkeln zu suchen. Er schreit die zwei „Volksstürmer" an, die steigen schnell ein, der Wagen fährt ab. Totenstille am Bahnhof Graslitz-Vorstadt. Man hört nicht einmal die Front. Am 22. April 1944 haben wir uns zum zweiten Mal befreit.

Bei Tageslicht sehen wir uns den Schuppen von innen an. Offensichtlich ist hier schon lange niemand gewesen. Ein kleines Büro mit einem Waschbecken, am Schreibtisch liegen ein paar alte Frachtbriefe. Auf unserer Runde entdecken wir einige Bündel gebrauchter Säcke, die werden wir als Matratze benutzen. Etwas zu essen finden wir aber nicht. In einer Ecke sind getrocknete Rinderfüße, beim Knie abgehackt, wie Brennholz bis an die Decke aufgestapelt. Wozu? Man könnte vielleicht Suppe daraus kochen, aber wir haben kein Kochgeschirr und auch kein Feuer. Also begnügen wir uns damit, daß wir draußen auf der Wiese Sauerampfer und derartiges pflücken und kauen. Das Versteck ist gut. Wie wir etwas Richtiges zu essen bekommen sollen, ist uns aber noch ein Rätsel. Schließlich gelingt es Hans mit seinem Messer, eine dicke Sehne in einem Rinderfuß freizulegen und in Stücke zu schneiden. Es riecht muffig, und es ekelt einen eigentlich. Aber wir kauen es wie Kaugummi, und irgendwie sättigt es.

Unsere Absicht ist es, heute in der Dämmerung einzeln die Böschung hinaufzuklettern. Wir haben gestern von drüben gesehen, daß da oben niemand wohnt, es wird kein Problem sein, den Waldrand zu erreichen. Im Wald wollen wir uns verstecken und bei Sonnenaufgang zu zweit in westlicher Richtung weitergehen. Fritz und ich, Hans und Ferdie zusammen. Hans schneidet noch ein paar Stücke „Kaugummi" als Reiseproviant.

Aber es kommt anders. Es ist nachmittags, wir lutschen und kauen an der Rindersehne und lauschen den aufmunternden Klängen der amerikanischen Kanonen. Ferdie geht durch die Hintertüre austreten. Er ist noch draußen, als die Vordertüre aufgeht. Wir sind vollkommen überrascht, sie war doch zugesperrt! Das Sonnenlicht blendet uns, aber dann sehen wir den Mann von der Gestapo. Diesmal hat er einen Helfer mitgebracht. Er erkennt Fritz und mich, ist überrascht, daß wir jetzt zu dritt sind, sucht aber Gott sei Dank nicht weiter. „Mitkommen!" Wir haben wieder keine Wahl. Wir gehen denselben Weg zurück, diesmal aber nur bis in die Ortsmitte. Neben einem großen Gebäude, offensichtlich das Rathaus, steht an einem Tor auf einem Messingschild: „Der Befehlshaber der Sicherheitspolizei".

In Kaldenkirchen stand das auch an der Türe, jedenfalls besser als SS und SD. Tatsächlich ist es so. Der Gefängniswärter ist ein kleiner, freundlicher Mann, der uns, gleich nachdem die Gestapo weg ist, ins Waschlokal bringt. Jeder bekommt ein Handtuch und ein Stück Seife. Wir haben eine Zelle zu dritt, anständige Betten mit einer Decke. Dann bringt er Kaffee und Brot und bleibt selbst auch noch, um zu plaudern. Wir sind jetzt die einzigen Gefangenen, die anderen sind schon weg. Wohin? Er weiß es nicht oder will es nicht sagen. Aber die Amis werden ja bald kommen, besser als die Russen. Er muß mit „Herr Gefreiter" angesprochen werden. Zu Franz Josefs Zeiten hat er hier als Wärter angefangen, bei Masaryk ist er es geblieben: „Wie die Deutschen einmarschiert sind, war das Gefängnis immer voll. Da hab' ich auch nicht an die Front gehen müssen, weil sie mich immer gebraucht haben. Und wenn die Amerikaner kommen, werden sie mich vielleicht auch haben wollen", sagt unser Wärter. Dann sieht er die Schienbeine von Fritz, rennt weg und kommt mit heißem Wasser und Soda zurück. Es hilft natürlich nicht, ist aber jedenfalls gut, um die Wunden richtig sauberzumachen. Abends bekommen wir eine dicke Suppe. Inzwischen hat die Gestapo drei Russen gebracht. Sie kommen auch vom Zug, sind gestern abend geflüchtet und nicht weit gekommen. Sie kriegen die Zelle neben uns, bekommen auch Suppe, aber kein Handtuch und keine Seife. Die feine Nuance: von uns weiß er vielleicht nicht, daß wir Juden sind, die Russen erkennt er aber.

Heute ist schon der dritte Tag hier, es gefällt uns immer besser. Der „Herr Gefreite" könnte als Frosch in der Fledermaus auftreten. So wie es jetzt ist, ist es ein fideles Gefängnis: wahrscheinlich weil Frosch die Amerikaner erwartet. Heute müssen wir arbeiten gehen. Frosch an der Spitze, wir sechs folgen. Auf einem kleinen Hügel machen wir halt, hier soll eine Panzerfalle ausgehoben werden. Er ist schon mit Pflöcken abgesteckt, Schaufeln liegen daneben. Wir fangen zu graben an, Frosch sitzt im Schatten unter einem Baum und stopft seine Pfeife. Wir lehnen auf unseren Spaten, genießen die gute Luft und die schöne Aussicht. Ab und zu arbeiten wir etwas, bis Frosch eine große Taschenuhr zieht (Dienstuhr, noch aus der k.u.k.-Zeit) und sagt, daß wir gehen müssen. An der Hintertüre von einem Gasthof steht ein Essenskübel, den wir zum Gefängnis tragen. „Eintopfgericht", sagt Frosch und gibt jedem eine große Portion. Dann kommen neue Gäste: Lody und drei Frauen aus unserem Transport, man hat auch sie geschnappt.

Ob Lody und die drei Frauen in einer Zelle geschlafen haben, weiß ich nicht. Frosch tat sehr empört, als wir danach fragen. Jedenfalls gehen sie nicht mit uns zum Schanzenbau, wohl aber acht Russen, die heute nacht angekommen sind, Flüchtlinge aus einem Arbeitslager. Die Burschen sind richtige Schwerarbeiter, wir aber beschränken uns darauf, das schöne Wetter zu genießen. Frosch ist einverstanden, er sitzt unter seinem Baum und hat heute ein kleines Flascherl mit. Hans spricht mit unseren neuen Kollegen. Es freut sie, daß jemand dolmetschen kann. Beim Gasthof gibt's heute zwei Essenskübel. Drei Russen müssen sie tragen. Der Herr Gefreite teilt das Essen aus. Reihenfolge: erst Lody und seine drei Damen, dann wir und schließlich die elf Russen. Wer ist Lody? Zu uns ist er so nett, wie ein Pole zu einem Juden sein kann. Am Bahnsteig war er der Chef, er wußte, wann man flüchten konnte, hier im Gefängnis hat er seinen Harem, braucht nicht zu arbeiten, aber bekommt als erster sein Essen.

Am Abend sagt Frosch, daß wir drei morgen nicht zum Schanzenbau zu gehen brauchen. Es sind wieder Russen angekommen, und er braucht den Platz im Gefängnis. Er wird mit uns zum Arbeitsamt gehen, damit wir richtige Arbeit bekommen. Da wir das nicht verstehen, zitiert er, mit Nummern und Buchstaben, die Verfügungen, wonach Westarbeiter und Ostarbeiter nicht zusammen untergebracht werden dürfen. Lody wird im Krankenhaus arbeiten. Wir sollen in Privatquartiere übersiedeln, wenn wir Arbeit gefunden haben. Die Russen können dann im Gefängnis bleiben. Als er weg ist, gratuliert Fritz uns, weil wir von KZ-Häftlingen nun plötzlich zu Westarbeitern geworden sind.

Lody bringt die Russen zum Schanzenbau: ein Abmarsch wie im KZ. Bei Frosch ging das legerer. Der geht mit uns zum Arbeitsamt. Dort ist man nett und zuvorkommend. Fritz kann sofort beim Radio-Fachgeschäft anfangen, Hans wird in der Bücherei arbeiten, und für mich wäre vielleicht in Bablave, dem nächsten Ort, ein Posten als Monteur frei. Aber dort gibt's kein Telephon, um nachzufragen. Der Sachbearbeiter schlägt vor, mich heute nach Arbeitsschluß mit hinaufzunehmen, er wohnt auch dort. Alles ist ganz schnell gegangen. Fritz hat sich im Radiogeschäft vorgestellt. Der Eigentümer, ein älterer Herr, ist froh, jemanden aus der Philipsstadt Eindhoven zu bekommen. Er hat auch ein kleines Zimmer für ihn. Die Frau von der Bibliothek kann Hans gut brauchen. Beim Nachbarn drüben ist ein Doppelzimmer frei. Zum Spaß sagt sie, daß ich eventuell auch dort schlafen kann, wenn oben in Bablave kein Platz für mich ist. Ich muß mir die Adressen von Fritz und Hans gut merken, denn sie kennen meine Anschrift nicht. Wir gehen zurück ins Gefängnis, Abschied nehmen von Frosch, der uns jedem noch einen großen Teller Eintopf gibt. „Denn wer weiß, ob ihr heute noch etwas kriegt", sagt er. Ich werde ein gutes

Stück zu gehen haben, es dauert eine Stunde steil bergauf. Dann gehen wir. Das Geschäft von Fritz ist in einer Seitengasse. Dort nehmen wir Abschied. Mit Hans spaziere ich noch zu seinem Haus, und dann begebe ich mich zum Arbeitsamt. Mein Begleiter wartet schon auf mich. „Alois Werba", stellt er sich vor und gibt mir die Hand. „Fredl Schwarz, sehr angenehm", sage ich. Jeden Tag einen Schritt weiter auf dem Weg zur Zivilisierung. Er fragt, ob ich kein Gepäck habe und schweigt, als ich sage, daß alles verlorengegangen ist. Mein äußerer Zustand und mein kahler Schädel müssen ihn doch nachdenklich stimmen. Aber er hat mich von Frosch, einer Autorität in Graslitz, übernommen und braucht sich keine Sorgen zu machen. „Ob der Fredl Schwarz vielleicht aus einem KZ kommt", sagt er so vor sich hin. Ich schaue ihn an und sage einfach: „Ja." Leugnen hat keinen Sinn. Er schweigt und schüttelt den Kopf. Er geht steil hinauf, und er mäßigt seinen Schritt. Der Waldweg, den wir gehen, ist ein Abschneider einer Straße, deren Kurven wir mehrfach kreuzen. Wir sprechen über Holland, über die Holländer, die so nette Leute sind. Das hat er von einem Schwager gehört, der 1942/43 dort war. Daß die Deutschen sich sehr schlecht benommen haben, sage ich nicht.

Je höher wir kommen, desto stärker dringt der Kriegslärm zu uns herüber. Werba scheint es nicht zu merken. Er ist in Jugoslawien gewesen und schwerverletzt zurückgekommen. „Dort hörte man den Krieg nicht so, es war wirklich totenstill. Auf einem Waldweg wie diesem: auf einmal waren Partisanen im Unterholz, mit Messern. Ich war der erste, bekam einen Stich und wurde ins Tal gestoßen. Die anderen von der Patrouille wurden alle still getötet." Seine Kameraden, die ihn unten beinahe verblutet fanden, hatten nichts gemerkt. „Die Partisanen und die Russen, das sind die einzigen, vor denen man Angst haben muß", sagt er. „Wenn nur die Amerikaner bald kommen!" Ich bin erschöpft, kann mit ihm nicht mehr Schritt halten, also geht er noch langsamer. Er schaut auf meine Schuhe, und ich sage, daß ich schon monatelang so gehen muß. Selbst in Eis und Schnee. „Es wird bald besser werden", sagt Werba.

Vom Waldrand aus sehen wir das Dorf. Hier oben dröhnt der Kriegswirbel, im Wald hatten wir kaum etwas gehört. Vor uns ein Bauernhof, auf einem Nebengebäude steht: „Feinmechanische Werkstätte". Wir gehen hin, eine Bauernfrau steht auf dem Hof. Ich soll warten, sagt Werba, und geht zu ihr. Ich verstehe kein Wort, sehe aber, daß die Frau immer in die Richtung weist, woher der Lärm kommt, den Kopf schüttelt und Werba schließlich stehen läßt. „Bedaure sehr", sagt Werba zu mir, „unter den heutigen Umständen braucht sie keinen Monteur mehr. Außerdem würde sie doch niemals jemanden ohne Ausweis einstellen. Es könnte ja auch ein Deserteur sein."

Alleine gehe ich hinunter nach Graslitz. Werba hat mir angeraten, zu Hans zu gehen. Man wird dort sicher noch ein Bett für mich haben. Einerseits bin ich enttäuscht. Es wäre da oben doch eine Herausforderung gewesen. Andererseits finde ich, daß Fritz und ich zusammenbleiben müssen, gerade jetzt, in den entscheidenden letzten Tagen. Morgen früh soll ich mich wieder bei Werba melden, er wird schon etwas für mich finden. In Graslitz ist eine Textilfabrik, die hatte sogar ein eigenes Frauen-KZ, ein Außenkommando von Flossenburg. Die sind alle, am Tag an dem unser Zug beschossen wurde, zu Fuß evakuiert worden, hat Frosch uns erzählt. Aber dort will ich keinesfalls arbeiten. Bergab geht es schnell. Ich will unten sein, bevor es im Wald dunkel wird. Das gelingt, und ich finde noch in der Dämmerung das Haus, wo Hans wohnt. Ich kann im zweiten Bett in seinem Zimmer schlafen. Es stört mich, daß Fritz glaubt, daß ich in Bablave bin. Hoffentlich kann ich ihn morgen früh erreichen. Wir haben alles so gut organisiert. Wir hatten alle miteinander Zettel mit Kontaktadressen ausgetauscht. So kennen unsere Eltern, Carry, Ferdie und Hans die Adressen von Verwey und Jaffé. Die Adresse von Carrys Tante in Nimwegen kenne ich auswendig. Von Ferdie haben wir eine Adresse in Limburg. Hans hat niemanden auf der Welt. Über seine Eltern redet er nicht. Ich weiß nur, daß sein Vater russisch sprach und er daher auch einigermaßen die Sprache kennt. Er ist im Jugendheim in Theresienstadt aufgewachsen.

Das Kopfzerbrechen ist überflüssig: Klopfen an unserer Türe weckt uns. Draußen steht wieder der Mann von der Gestapo und grinst uns an. Wir sollen uns anziehen und mitgehen, Fritz hat er auch schon. Der hatte sich ein Fahrrad ausgeliehen, wollte nach Bablave fahren, um zu sehen, wie es mir geht. Aber an der ersten Ecke ist er dem Schurken in die Hände gefallen. Bald danach sitzen wir zu dritt in der Zelle, die Lody und sein Harem gestern verlassen haben. Die Freiheit hat wieder nur einen Tag gedauert. Der Mann will Frosch anzeigen, weil er uns losgelassen hat. Aber der hat ihn einfach stehenlassen. Zu uns sagte er später: „Der kann mich mal ... In ein paar Tagen ist alles doch zu Ende." Wir sitzen hier komfortabel, nur im Falle eines Bombentreffers wäre es fatal. Frosch versteht das und schließt unsere Zelle nicht mehr ab. Die von den Russen aber läßt er keinen Augenblick offen. „Die schneiden uns allen sonst sofort den Hals ab", sagt er.

Also stehen wir heute wieder in der Morgensonne und schauen zu, wie die Russen arbeiten. Hans spricht regelmäßig mit ihnen. Es sind nette Burschen, die durch die vielen Jahre Gefangenschaft und Behandlung als „Untermenschen" mürbe gemacht sind. Die Tatsache, daß wir zu dritt eine Zelle haben, während sie zu zweit eine Pritsche teilen müssen, gibt ihnen das Gefühl, daß wir Leute sind, mit denen sie sich gutstellen müssen. Daß Hans mit ihnen spricht, ohne zu fluchen und zu schreien, ist etwas, was sie in den drei Jahren Arbeitslager noch nicht erlebt haben.

Wir stellen gerade fest, daß wir heute 14 Tage in Graslitz sind und alles doch gar nicht so schlecht gegangen ist, als Frosch mit der Mitteilung kommt, daß er uns zum Arbeitseinsatz nach Karlsbad bringen muß. Wir überlegen fieberhaft, wie man dem entgehen kann. Aber selbst die offene Zellentüre hilft uns nichts, denn in Graslitz sind wir nun schon bekannt genug, um sicher von irgend jemandem verraten zu werden. So bleibt uns also nichts anderes übrig, als nach dem Mittagessen in den Autobus einzusteigen, in dem schon die 20 Russen sitzen. Vorne sind drei Plätze frei, Frosch sitzt beim Fahrer. Beim Einsteigen gab es auch keine Möglichkeit zu entwischen, eine Mauer unfreundlicher Gesichter stand uns gegenüber. Die Autobusfahrt ist schön. Es wäre eine friedliche Landschaft, wenn wir es vor uns nicht brennen sehen würden. „Das war mal Falkenau", sagt Frosch. Weit weg hinter uns wird offensichtlich gekämpft, dort ist Deutschland. Wir fahren durch kleine Dörfer. Wenn der Fahrer ein Flugzeug hört, stellt er den Wagen unter die Bäume, aber niemand interessiert sich für uns. Auch nicht das Arbeitsamt in Karlsbad. Das ist bereits geschlossen, „weil morgen der 1. Mai ist", hört Frosch. Wohin also mit uns? Wir dürfen nicht zurück nach Graslitz. Eine Streife der Feldgendarmerie kommt Frosch zu Hilfe. Er weiß jetzt wohin. Nach kurzer Fahrt hält der Autobus vor einem modernen, weißen Gebäude. Frosch steigt aus und geht hinein. Wir können deutlich das Messingschild sehen, es ist das gleiche wie in Gralsitz. „Wird schon gut sein", sage ich zu Fritz. Aber wenn ich mal optimistisch bin, ist es immer verkehrt. „Schau mal gut hin", sagt er. Ich lese auf einem kleinen, weißen Emailschild: „Abteilung IV geheime Staatspolizei". Aber der Umfang der Katastrophe wird uns erst klar, als ein paar SSler erscheinen und uns aus dem Autobus jagen. Durch das Tor auf den Innenhof. Es fehlt uns an Routine, die wir in Auschwitz entwickelt hatten, um den Tritten und Schlägen auszuweichen. In Dreierreihen aufstellen. „Habtacht!" kommandiert ein Oberscharführer, geht weg und läßt uns so stehen. Lange-Habtacht-Stehen ist eine grausame Strafe bei Leuten mit einer schlechten Verfassung. Gott sei Dank erscheint ein Rangälterer und erlöst uns. Das ist aber nur Schein. Er hat ein anderes Spielchen vor. In dem bei diesem Schlag von Leuten gängigen Wienerisch fragt er, ob auch Juden dabei sind. Niemand meldet sich. Dann läßt er abzählen, auch das Spiel kennen wir, immer schneller ... 21, 22, 23, 24. „Halt!" kommandiert er und schreit: „Juden Hände hoch!" Es klingt wie ein Schuß. Aber niemand fällt darauf herein. Namen nennen: der erste sagt: „Apfelgrün". Ich erstarre. Das ist ein richtig polnisch/jüdischer Name. Wer ist der Mann? Ich habe ihn bei unseren 20 nie gesehen. Sind wir deswegen jetzt 24, wo kommt er her? Des Rätsels Lösung werden wir nie erfahren, denn im selben Augenblick kommt ein OStuF mit der Liste aus Graslitz. Die Komödie hat lange genug gedauert: morgen gehen wir zum Arbeitsamt. Wir werden in zwei Gruppen geteilt, einmal 12 und einmal 11. Jede Gruppe bekommt eine Zweibett-Zelle. Also doch 23, Apfelgrün ist nicht dabei. War er ein agent-provocateur?

Wir drei sind zusammen mit 9 Russen in einer Zelle. Modern eingerichtet, mit Wasserklosett und Waschbecken. Je vier Mann sitzen auf einem Bett, einer auf der Toilette, drei liegen am Boden. Trinkwasser, aber kein Essen, ein grelles Licht brennt die ganze Nacht.

Es juckt einen überall, die Zelle ist voller Ungeziefer. Aber auch diese Nacht geht vorbei. Am Morgen öffnet ein SSler die Zelle. Nicht etwa mit Kaffee, sondern mit einer Liste. Er verliest neun Namen: „Alle mitkommen." Alle neun sind weg. Hans, Fritz und ich bleiben alleine übrig. Ausgerechnet wir, die einzigen Juden! Wissen sie es also doch? Es muß schon nachmittag sein, als sie endlich zurückkommen. Sie waren beim Arbeitsamt. Überall in den Straßen Fahnen, viele Hakenkreuzfahnen! Unerklärlich ist das.

Noch immer haben wir nichts zu essen bekommen. In der überfüllten Zelle sitze ich am Boden und lehne mich an die Türe. Als die plötzlich aufgerissen wird, taumle ich beinahe gegen ein Paar SS-Stiefel. An Stelle des erwarteten Trittes kommt die Frage: „Du sprechen deutsch?" „Jawohl", antworte ich dem Kroaten. „Mitkommen", also gehe ich mit. Neben dem SSler durch den Gang, zur Treppe glaube ich, aber wir fahren mit dem Lift. „Das darfst du doch gar nicht", sagt eine innere Stimme. Der Kroate merkt nichts an mir, vielleicht findet er einen Lift auch noch aufregend! Fünfter Stock, aussteigen. Ein langer Korridor mit Büros. Dritte Türe rechts. Er klopft an, ein Namensschild, von dem ich gerade noch SD lesen kann, dann werden wir hereingerufen. An einem Schreibtisch sitzt der OStuF, der uns gestern gerettet hat. „Setzen", sagt er, beinahe glaube ich nicht, daß er mich meint. Ich sehe, daß in diesem Raum an verschiedenen Tischen Männer in Uniform und auch Zivilisten sitzen. Das Verhör beginnt: wie ich heiße, wo ich herkomme, wieso ich so gut deutsch spreche. Da ich gesagt habe aus Holland zu kommen und Holländer zu sein, ist die Frage nicht abwegig, und die kommt immer wieder. „In der Schule gelernt", „ja, man lernt in Holland sogar drei Fremdsprachen in der Schule", „viel Deutsch gelesen." Endlich ist er zufrieden. „Heute abend fahren Sie alle zum Schanzenbau nach Komotau", sagt er, „und Sie sind der Transportführer. Was zu fragen?" Tief Atem holen, dann frage ich, wie das geht. Das ist einfach: Die Grüne Polizei holt uns hier ab und bringt uns zum Zug, und in Komotau melde ich mich mit den Leuten beim Arbeitsamt. Deswegen bekomme ich einen Marschbefehl, den der OStuF unterschreibt und weil ich sage, daß wir auch keine Personalausweise haben, läßt er für jeden einen Zettel schreiben, auf dem steht, „daß ... am 2. Mai 1945 aus dem Gefängnis der Gestapo in Karlsbad entlassen worden ist." Alle Dokumente tragen den runden Stempel mit Adler und Hakenkreuz. Da alles so gutgeht, frage ich, während er unterschreibt, wie lange man nach Komotau fährt. Wie wenn ich einen blendenden Witz erzählt hätte, brüllt er vor Lachen. „Mensch, Sie kommen wohl vom Mond. Wer weiß denn heute noch, wie lang man unterwegs sein wird. Auch wenn es nur 50 Kilometer sind, es kann eine ganze Nacht dauern." Weil er noch immer lacht, traue ich mich, Reiseproviant zu verlangen. „Marschverpflegung", ruft er. „Nur für den Transportleiter, Herr Obersturmführer?" höre ich von hinten fragen. „Für den ganzen Transport", sagt mein Gönner, gibt mir den Marschbefehl und die 23 Bescheinigungen. Der Kroate bringt mich hinunter.

Als die Zellentüre hinter mir verriegelt ist, erzähle ich erst schnell auf deutsch wie es gegangen ist. Dann lasse ich Hans die Zettel aussortieren und jedem Russen in unserer Zelle seinen geben. Dabei stellen wir fest, daß es heute früh reiner Zufall war. Die Russen standen alle vor uns im Alphabet. Dann erzähle ich langsam, sodaß Hans übersetzen kann, wie es weitergehen wird. Es dauert nicht lange, dann erscheint der Kroate wieder, diesmal mit einem Wagen, worauf 23 große Portionen Wurst und Brot liegen. Ich bitte ihn, die andere Zelle zu öffnen, damit ich die Leute entsprechend informieren kann. Also fangen wir dort an, Brot und Wurst auszuteilen. Jeder bekommt auch seinen Entlassungsschein, während Hans auf russisch erzählt, daß wir heute abend nach Komotau fahren werden. Wir gehen wieder in unsere Zelle, einer der Russen sagt zu mir: „Du gut Freund."

Es ist jetzt ruhig in unserer Zelle, jeder ißt. Ein großes Stück Wurst und ein halbes Brot sind ein wahrer Reichtum, man kann sich leicht etwas auf-

*Komotau*

heben. Erst als jeder gegessen hat, fängt das Plaudern wieder an. Ich erzähle Fritz und Hans, wie es oben zugegangen ist. Hans hört mit einem halben Ohr zu, was die Russen sagen. Irgendwie scheinen sie mich zu ihrem „Häuptling" ernannt zu haben. Gar nicht schlecht. Wir werden die Disziplin auf der Reise vielleicht noch brauchen. Aber immer wieder taucht die Frage auf, was die Fahnen draußen bedeuten. Wenn ich die Stimmung oben gut beurteilt habe, wohl nichts Freudiges für die Deutschen.

Bald werden wir es wissen. Der kroatische SSler erscheint und öffnet unsere beiden Zellen. Mit der uns in Birkenau angelernten Angst versuchen wir Brot und Wurst, wovon natürlich noch etwas übriggeblieben ist, zu verstecken. Aber das ist nicht nötig. Heute interessiert die SS sich nicht mehr für uns. Zu dritt aufstellen. Vorwärts Marsch, durch den Gang zum Treppenhaus. Wir drei voran, der SSler am Ende. Eine Treppe hinunter bis zu einer Türe. Die geht auf, wir stehen in dem Innenhof, wo uns der SD gestern das Gruseln gelehrt hat. Zwei von der Grünen Polizei warten auf uns. Da ich nun eine Rolle habe, will ich sie auch spielen: „Bringen Sie uns zum Bahnhof?" frage ich den einen, der mehr Abzeichen hat. „Jawohl", sagt er und geht neben mir zum Tor. Ein Schlagbaum geht auf, niemand hat uns gezählt. Ob sie das nicht eigentlich schade finden, das Abzählen war doch immer eine so schöne Gelegenheit, um Gefangene zu piesacken.

Draußen sehen wir sofort, was los ist. Die Fahnen ja, aber die Fahnen hängen auf Halbmast. Irgendetwas muß los sein. Ich frage es meinen Grünen. Der sagt schlicht: „Ein Großer ist gestorben", und geht weiter nicht auf das Thema ein. Also wende ich mich an Fritz und zusammen kommen wir zum Schluß, daß nur einer groß genug sein kann für so viele Fahnen. Wir marschieren durch Karlsbad. Der Name hat einen Zauberklang für uns, denn „in der guten alten Zeit" ging die Verwandtschaft hierher zur Kur, aber auch, um die Hautevolée von Europa zu bestaunen. Durch dieses Karlsbad kommen wir aber nicht. Der Grüne sagt: „Das liegt weiter hinten im Tal, streng bewacht vom SD und von der Gestapo, aber die suchen jetzt nur noch Deserteure." Jetzt verstehe ich auch, warum die so auf meinem guten Deutsch herumgeritten sind.

Wir sind jetzt aus der Stadt draußen. In einer Seitenstraße stand ein schlampig geschriebenes Schild „Zum Bahnhof". Den sehen wir jetzt vor uns: am Waldrand eine Baracke und eine Zuggarnitur aus alten Waggons, die alle ziemlich kriegsbeschädigt sind. Nur das erste Abteil hat Glasscheiben, die anderen Fenster sind zumindest teilweise mit Karton ausgebessert. Ich weiß nicht, wer sich mehr wundert: wir oder die Grünen. Ist das der Zug nach Komotau? Der Stationschef, in ordnungsgemäßer Uniform mit roter Kappe, kommt zu uns und bestätigt, daß dieser Zug nach Komotau fahren wird. Falls eine Lokomotive kommt. Eigentlich nicht für meine Ohren bestimmt, sagt er zu dem Grünen, „daß es so doch nicht mehr weitergehen kann." Mein „Marschbefehl" hat einen merkwürdigen Einfluß auf ihn. Er rennt sofort zum Zug, reißt die Türe vom ersten Abteil (dem mit Glas) auf und schmeißt ganz einfach die Passagiere hinaus. Wenn einer nicht schnell genug geht, ruft er, daß das Abteil für den Herrn Transportführer und seinen Stab gebraucht wird. Das zweite und dritte Coupé ist für je zehn Russen bestimmt. Die Passagiere, die übersiedeln müssen, sind hauptsächlich alte Männer und Frauen, die mit ihren Siebensachen auf der Flucht sind. Eigentlich ist es genant, aber ich sehe es mit Vergnügen: vielleicht haben sie oder ihre Verwandten sich in der Vergangenheit auch bei Transportzügen auf Kosten der heruntergekommenen Häftlinge amüsiert. Jedenfalls hat es die Grünen nicht gestört. Die haben uns gute Reise gewünscht und sind verschwunden. Wir steigen ein. Für die Russen scheinen zehn Mann pro Abteil richtige Luxusklasse zu sein.

Die Lokomotive, auf die wir warten, bringt den Gegenzug aus Komotau. Meinetwegen braucht sie nicht zu kommen. Wir wollen hier gerne auf die Amerikaner warten. Es ist schon dunkel, ein Abteil zu dritt lädt zu einem Nickerchen ein. Ich werde wach, weil draußen eine Bogenlampe brennt. Der Zug kommt: ratlose Menschen mit Koffern und Bündeln, mit ihren letzten Habseligkeiten, stehen wie verloren auf dem improvisierten Bahnsteig. Wie ein Transport in Westerbork. Nur tragen sie keinen Stern auf ihren Kleidern, denn sie sind das Herrenvolk selbst. Ich fühle kein Mitleid, denn ich zweifle nicht daran, daß die meisten von ihnen uns auch heute noch der Gestapo ausliefern würden.

Die Lokomotive pfeift, der Zug fährt durch die Nacht, wenn er nicht irgendwo stehenbleibt oder im Schritt über notdürftig reparierte Gleise schleicht. Jetzt verstehe ich, warum niemand mehr weiß, wann ein Zug gehen soll und wann er ankommt. Wir sitzen im ersten Coupé hinter der Lokomotive und hören die Gespräche der Weichensteller und der Menschen auf den Bahnhöfen. Signale funktionieren nicht mehr, alles geht nach mündlicher Instruktion. Wenn der Zug auf den kleinen Bahnhöfen hält, steigen nervöse Leute aus, aber niemand steigt ein. Wer würde noch nach dem Osten fahren, jetzt, wo die Russen kommen? Nur wir drei, wir müssen, wohl oder übel.

Irgendwo wird die Lokomotive abgekuppelt. Sie muß auf einem anderen Gleis Wasser aufnehmen. „Hier ist alles kaputt", sagt ein Rangierer, der Sprache nach ein Böhme. Inzwischen sind ein paar Russen aus dem Waggon gesprungen. Ich kann und will sie nicht zurückhalten. Aber sie sind gleich wieder da, einer bringt Hans zwei Konservendosen. Sie hatten am anderen Gleis einen beschädigten Waggon gesehen, den haben sie sich einmal angeschaut. „Konserven waren drin, Fleisch. Auch für euch", sagt er und verschwindet in seinem Abteil. Hans hat alles übersetzt und beginnt jetzt mit seinem Messer, die erste Dose zu bearbeiten. Es ist die fixe Idee jedes KZ-Häftlings, daß in Konservendosen Fleisch ist. In unseren Dosen sind jedoch Karotten und Erbsen, schmecken aber auch gut. Rührend, unsere Kameraden vergessen uns nicht.

Ab und zu hören wir ein Flugzeug. Der Maschinist ruft irgendetwas und bremst, aber der Flieger hat es nicht auf uns abgesehen. Jetzt rattert der Zug über eine kaum noch brauchbare Brücke, stöhnt und keucht, als wir schließlich an einem schlecht beleuchteten Bahnsteig halten. Wir sind in Komotau, es ist vier Uhr früh. Wir sind zehn Stunden im Zug gesessen und sind 50 Kilometer weiter östlich gelandet.

## Komotau, der Wendepunkt. 3. Mai 1945

Wie so vieles in dieser Gegend ist auch der Bahnhof Komotau aus der Zeit von Kaiser Franz Joseph. Der erste Perron ist breit und hat große Warteräume. Aber ich lasse Hans den Russen sagen, daß wir uns erst hier draußen aufhalten werden, bis ich drinnen Weiteres erfahren habe. Man ist einverstanden. Ich gehe also zum Stationschef. Der Wartesaal erster Klasse sieht sehr verkommen aus und ist gesteckt voll mit Menschen. Hinten sehe ich eine große Türe, darüber steht in zierlichen Buchstaben „Stationschef". Ich klopfe an, eine müde Stimme sagt: „Herein!" An einem Schreibtisch, in einem großen Raum, der vollgestopft ist mit Möbeln und Sachen, die jemand hier in Sicherheit gebracht hat, sitzt ein älterer Herr. So wie seine Stimme klingt, so sieht er auch aus: ein Staatsbeamter, dem kurz vor Ende seiner glänzenden Karriere sein ganzes Gebäude zusammenbricht. Ich gebe ihm meinen Marschbefehl. Sicher hat er das Formular schon hunderte Male gelesen. Er weiß, daß es ihn dazu verpflichtet, mir in jeder Weise Hilfestellung zu leisten. Auch um 20 Russen zum Schanzenbau zu bringen, wo die Russen beinahe hier sind? Er denkt nach.

„Wer weiß ...", sagt der Stationschef und unterbricht sich selbst. Aber ich fühle, was er sagen wollte: wer weiß, ob man es ihm morgen noch abnimmt, daß er einem Befehl der Gestapo Folge geleistet hat. Er denkt weiter nach, dann hat er die Lösung. Er bläst sich auf, plötzlich ist er ganz groß und schreit: „Jazek!" „I kum glei", tönt es aus dem nächsten Zimmer. Ich soll mich setzen, der Jazek kommt gleich, verdeutscht der Chef. Es dauert einige Zeit, bis der inzwischen wieder zusammengeschrumpfte Beamte aufs neue „Jazek!" brüllt. Dann erscheint der Mann. Hatten wir in Graslitz den Frosch, ist es hier der Schweijk in höchsteigener Person. Vor allem, wenn er fragt, ob der Herr Chef vielleicht gerufen hat. Der gibt Jazek den Marschbefehl und sagt, daß er mir behilflich sein muß. „Wenn er es Ihnen nicht recht macht, können Sie sich bei mir beschweren." Mit einer müden Handbewegung winkt er uns aus seinem Heiligtum.

Das erste, was ich draußen im Gang tue, ist, daß ich mir meinen Marschbefehl zurückgeben lasse. Schweijk schaut mich an und fragt, was ich eigentlich von ihm will. „Ich muß mit 20 Russen zum Arbeitsamt”, sage ich. „Aber die schlafen ja noch, und ich möcht' auch mei Ruah haben”, sagt Jazek. Da ich ihm die Ruhe aber nicht gönne, sagt er, daß es von hier vier Kilometer zum Arbeitsamt sind, daß die um sieben Uhr aufmachen und daß es besser ist, nicht hier am Bahnhof zu bleiben, denn die Wartesäle sind bummvoll, und wenn da eine Bombe einschlägt wie letztens da drüben, dann ist es unvorstellbar gefährlich. Im übrigen wäre es besser, wenn ich ihm einen Schnaps zahlen würde, drüben beim Wirt, denn dort hört uns niemand. Als ich sage, daß das nicht geht, weil ich der Transportführer bin und außerdem kein Geld habe, sagt er: „Is scho guat”, schaut mich an und sagt mir ins Ohr: „Ich tät aber nicht zsamma mit die Russen gehen!” und ist schon unterwegs zum Wirt. Noch einmal schaut er sich um, hält mir den Daumen und lacht. Schweijk weiß, wer ich bin.

Zuerst Kriegsrat halten. Niemand will im Dunkeln in die Stadt gehen, also bleiben wir hier. Die Russen ziehen sich zurück, wir drei setzen uns auf eine Bank am Bahnsteig. Ich wiederhole mein Gespräch mit dem Chef und mit Schweijk. Der Mann hat eine Bauernschlauheit, er hat mich durchschaut und hat sicher einen Grund, uns zu warnen, zusammen mit den Russen zu gehen. Im selben Augenblick kommt einer unserer Schützlinge und gibt Hans ein Stück Speck, danach ein anderer mit Brot und ein dritter mit Wurst. Hans fragt, wo das alles herkommt. Die Russen antworten, daß die Deutschen genug haben. Wir schauen durch ein Fenster im Wartesaal. Er ist wirklich zum Platzen voll. Auf und unter den Tischen, am Boden, auf den Öfen, überall sitzen Menschen. Immer derselbe Typ: verängstigte Leute, die hoffen, daß es diese Nacht vielleicht doch noch einen Zug geben würde, der sie irgendwohin bringen könne. Zwischen diesen Leuten spazieren meine Untertanen und stehlen, was sie können. Ein Uniformierter sitzt auf seinem Tornister, im Tornister ist eine Wurst, er kriegt einen Schubs, fällt beinahe, setzt sich wieder: Wurst weg, er merkt es nicht einmal. Die Bande kann im Zirkus auftreten. Die Deutschen sind die Opfer ihres eigenen Krieges. Sie haben selbst die Russen hierher gebracht und zu „Untermenschen” gemacht. Wir haben kein Mitleid, aber wir müssen etwas tun, bevor hier eine Schlägerei ausbricht und man mich verantwortlich macht. Was tun?

Wir haben eine prachtvolle Idee: Hans ruft einen der Russen, und im Nu stehen alle 20 bei uns in der Ecke am Perron. Ich spreche, Hans dolmetscht: wir drei werden zum Arbeitsamt gehen und sehen, ob alles in Ordnung ist. Wenn ja, werden wir sie holen kommen oder holen lassen. Wenn wir bis zum Mittag nicht zurück sind, dann können sie hier entlang der Bahn verschwinden. Keinesfalls dürfen sie aber noch am Bahnhofsgelände sein, denn wenn einer von ihnen erwischt wird, hängen alle. Zusammen suchen wir einen Platz, einen verwilderten Garten, wo schon lange niemand mehr gewesen ist, dort sollten sie nicht auffallen.

Dann verabschieden wir uns. Die 20 geben jedem von uns die Hand, wir wünschen einander viel Glück. Ich glaube, daß sie gar nicht daran denken, auf uns zu warten. Umso besser. Wenn man beim Arbeitsamt fragt, wo die Leute sind, werde ich Jazek nennen. Der liegt bis dahin schon unter dem Tisch in der Kneipe, sonst wird er sich sicher herausreden.

In der Dämmerung sind noch nicht viele Menschen unterwegs. Wir haben keine Eile, setzen uns an den Straßenrand und essen als Frühstück den Rest des Brotes, der uns von gestern übriggeblieben ist. Wir gehen durch Vororte. Hie und da liegt ein von Fliegern getroffenes Auto im Graben. Komotau steht wohl auf der Liste von Städten, die noch bombardiert werden sollen. Aber so weit wird es hoffentlich nicht mehr kommen. Jazek hat mir gesagt, daß das Arbeitsamt ganz in der Nähe vom Marktplatz ist. Wir sind noch früh dran, also schauen wir uns erst auf dem Markt um. Die meisten Stände sind noch nicht besetzt. Bäuerinnen verkaufen Gemüse vom eigenen Hof. Hans besitzt noch ein paar Pfennig, dafür kaufen wir eine prachtvoll schöne rote Rübe. Wir setzen uns auf den Gehsteig, die Füße im Rinnsal. Hans schneidet Scheiben ab. Die sind glänzend rot, saftig und riechen gut. Sie schmecken uns, nur brennt es nachher im Hals. Aber dennoch kauen wir und schauen uns die Menschen an. Ich versuche meinen Schuh wieder herzurichten, es geht kaum noch. Der Eisendraht schneidet in das Leder und hat keinen Halt mehr. Während ich es doch noch probiere, klopft jemand auf meine Schulter. Eine blonde Frau, vierzig vielleicht. „Entschuldigen bitte", sagt sie, „ich sehe, daß Ihr Schuh kaputt ist. So können Sie doch nicht gehen." Da ich nicht weiß, was ich antworten soll, fährt sie fort, daß sie mir ein Paar Schuhe schenken wird, wenn ich nur einen Augenblick warten will. „Bitteschön", sage ich und stehe auf. Aber sie ist schon weg und kommt gleich wieder mit einem Paar wunderbaren Wanderschuhen. „Von meinem Buben", sagt sie. „Er ist an der Front gefallen und war doch erst siebzehn! Tragen Sie sie, bitte." Ich sehe Tränen in ihren Augen, aber bevor ich mich bedanken kann, ist sie schon im Haus und schlägt die Türe hinter sich zu. Es verschlägt uns dreien die Stimme.

Ich trage die neuen Schuhe, als wir zum Arbeitsamt gehen. Ein rühriges Büro. Während wir am Schalter warten, höre ich an einem Schreibtisch jemanden telephonieren. Die Verbindung ist schlecht, also schreit er schließlich. Er braucht zwei Autobusse bei der Rolandshalle, um Gefangene zum Schanzenbau zu bringen. Als ich an der Reihe bin, sagt die Dame, nachdem sie meinen Marschbefehl paraphiert und abgelegt hat, daß wir alle zusammen uns bei der Rolandshalle melden sollen. „Was ist denn das, die Rolandshalle?" frage ich ganz dumm. „Das ist eine Sporthalle mit Sportplatz, die jetzt als Lager eingerichtet ist." Froschs Weisheit hilft mir: „Ein Lager?" frage ich. „Ja, für Ostarbeiter, die früher hier in den Fabriken gearbeitet haben", sagt sie. Ich möchte sie küssen. „Dort können Sie uns drei aber nicht hinschicken", sage ich, „wir sind nämlich aus Holland. Sie kennen die Verordnung doch." Das stimmt, aber sie hat kein anderes Lager für uns. Fritz sagt, daß wir Facharbeiter sind, wir können doch irgendwo wohnen. „Privat, meinen Sie? Ja, das geht, aber dann müssen Sie schon einen Stock höher sein." Sie füllt ein Formular aus und schickt uns hinauf zu Frau Dreher. An die 20 Russen denkt sie gar nicht mehr.

Frau Dreher ist sehr nett, hat vermutlich mehr begriffen als ihre Kollegin unten. Sie zerbricht sich den Kopf, wie sie uns am besten helfen kann. Auf Kosten des Amtes ein Dreibettzimmer bei Privatleuten, passende Arbeit wird gesucht (lohnt das noch? sagt sie halblaut), wir bekommen einen Vorschuß, außerdem Lebensmittelkarten. „Kleidung auch?" fragt sie und schaut auf meine verbrannte Jacke. „Ausgebombt, alles verloren", sage ich traurig. Dann müssen wir eben auch zur Wohlfahrt gehen. Wenn wir noch etwas brauchen, können wir ruhig wieder bei ihr vorsprechen.

Jeder ist hilfsbereit. Ob es daran liegt, daß am Marktplatz Lautsprecher verkünden, daß die Amerikaner und die Russen beide nur noch circa 50 Kilometer von Komotau entfernt sind? Die Leute beten in der Kirche, daß die Amerikaner kommen sollen. Zum dritten Mal haben wir uns befreit. Jetzt haben wir sogar unsere Identität zurückbekommen. Eingeschrieben beim Arbeitsamt zusammen mit dem Zettel von der Gestapo sind wir respektable Bürger. Wer sonst kann schon beweisen, daß er aus dem Gestapogefängnis entlassen worden ist. Sehr viele haben den Aufenthalt dort gar nicht überlebt. Unser Zimmer ist nett, die Hausfrau wundert sich, daß wir kein Gepäck haben. Meine verbrannte Jacke hilft. Sie bringt uns Handtücher und sogar ein Stück Seife. Geld haben wir, Lebensmittelkarten auch genug. Was wir von den Zuteilungen sicher nicht brauchen können, geben wir der Hausfrau. Die freut sich sehr. „Man weiß ja nicht, was noch kommen wird", sagt sie. Bei der Wohlfahrt (es steht noch „Winterhilfe" auf der Türe) bekommen wir jeder eine Jacke, Hose, ein Hemd und Socken. Unterwäsche gibt es nicht.

Es gefällt uns gut hier. Im Gasthof am Marktplatz gibt es genug zu essen, auf der Speisekarte steht alles, vom Kaiserschmarrn bis zu Gulyas mit Nockerln, wenn man nur Lebensmittelkarten und Geld hat. Da wir wissen, daß es nur für kurze Zeit ist, können wir von unserem Vorschuß gut leben. Wir hören jeden Tag, wenn wir essen gehen, wo die Fronten sind. Die Amerikaner kommen nicht weiter voran, die sind noch immer bei Karlsbad, aber die Russen sind nur mehr 30 Kilometer von hier. Wir werden uns bald entscheiden müssen, was wir tun wollen. Ich möchte am liebsten nach Theresienstadt, das ist nur 60 Kilometer von hier entfernt. Vielleicht kann ich Carry irgendwie helfen. Aber die anderen sind nicht bereit, an diesem Abenteuer teilzunehmen. Es ist ein Irrsinn, durch die Frontlinie zu schleichen und dann den Russen in die Hände zu fallen. Also stimme ich zu, daß wir uns sobald wie möglich wieder nach Karlsbad begeben werden.

Heute früh hören wir, daß die Russen nur mehr 25 Kilometer von hier entfernt sind, und beschließen, sofort wegzugehen. Auf unsere Lebensmittelkarten hatten wir Brot und Kunsthonig gekauft, alles was wir nicht mitnehmen können, haben wir hergeschenkt. Gepäck haben wir nicht. Also wandern wir unbeschwert von Komotau weg und sind dankbar für alles, was wir hier erlebt haben. Zum Bahnhof getrauen wir uns nicht, die Chance, daß noch ein Zug fahren wird, ist doch gering. Am Stadtrand geht der Weg steil bergauf, wir gehen langsam. Ein Lastkraftwagen hält, ob wir mitfahren wollen? Erst als Fritz und Hans schon in der Kabine sitzen und ich auf dem Trittbrett beim Fahrer stehe, sehe ich den Totenkopf auf seinem Kragen und ein Band „SS-Standarte ..." am Ärmel. Wir fahren, also machen wir gute Miene zum bösen Spiel. Wo wir herkommen, wollen die wissen. „Aus Holland." „Da haben wir auch gekämpft", sagt der Fahrer, „den Bahnhof in Herzogenbusch verteidigt." Plötzlich bremst er scharf. Ein deutscher Wachposten steht mitten auf der Straße: „Sofort zurück, bei der nächsten Kreuzung sind schon die Russen!" Während der Wagen auf dem schmalen Weg umkehrt, haben wir die Gelegenheit auszusteigen. Kein angenehmer Gedanke, beinahe auf einem SS-Wagen einem russischen Posten in die Hände zu fallen.

Wieder haben wir unwahrscheinliches Glück gehabt. Wir folgen einem Bach in westlicher Richtung dem Steilhang hinunter. Als wir aus der Sicht der Straße sind, setzen wir uns hin und essen Brot mit Honig. Wir gehen weiter, aber sind bald müde. Das Abenteuer mit dem SS-Auto hat uns zugesetzt. Wir suchen uns ein dichtes Gebüsch am Wasser, wo wir einigermaßen versteckt schlafen können und werden erst wach, als die Sonne hoch am Himmel steht. Wir finden wilden Rhabarber, der schmeckt mit Kunsthonig roh sehr gut. Als wir aufbrechen, hören wir Lärm, ein Wagen mit jauchzenden Soldaten fährt gegen Westen. Wir können aber nicht erkennen, ob es Freund oder Feind ist.

Nach kurzer Zeit kommen auch wir an die Straße. Der Bach verschwindet unter einer Brücke. Wir folgen dem Fahrweg und sehen bald ein Dorf vor uns. „Brunnersdorf" steht auf dem Schild an der Gemeindegrenze. Auf der Kreuzung mitten im Ort steht ein russischer Soldat, der uns ruft. Ein Glück, daß Hans ein guter Dolmetsch ist. Der Soldat hört ihn an und zeigt auf unsere eingefallenen Wangen. Dann sagt er auf russisch, daß wir überall Proviant verlangen können, aber keinesfalls bei den wenigen tschechischen Bauern, die es hier noch gibt. Die Deutschen haben kapituliert, sagt er, wir umarmen einander, die Freude übermannt uns. Fritz kann kaum noch gehen. In der Nähe ist der Bahnhof, „Brunnersdorf-Kaden" lese ich auf dem Schild. Fritz und Hans, der auch nicht mehr so gut beisammen ist, setzen sich auf eine Bank am Bahnsteig. Genau die gleiche wie in Komotau. „Ich gehe ins Dorf einkaufen", sage ich zu meinen Reisegefährten.

Der erste Bauernhof, den ich sehe, ist auch der größte im Dorf. „Der wird wohl nicht von einem Tschechen sein”, denke ich mir. Ohne zu klopfen gehe ich hinein. Das erste was ich sehe, ist, daß vor mir schon andere da waren. Eierschalen kleben an den Wänden, Eiweiß und Dotter sind zu Dekorationen ausgelaufen, ein Teil der Möbel ist kurz und klein geschlagen. In einer Ecke sitzt der Bauer mit seiner Frau auf einer Bank. Als ich die Türe aufgemacht habe, konnte ich sehen, daß er zusammenzuckte, Angst hatte. Jetzt, wo er mich sieht, kriegt er Oberwasser und brüllt, daß ich verschwinden soll. Ich gehe auf ihn zu und sage ganz ruhig: „Der russische Kommandant hat mich geschickt, um für vier Leute Essen zu holen, und die Bäuerein soll dafür sorgen, daß es vom Feinsten ist. Wenn nicht, wird er seine Leute nochmals schicken, das wird Ihnen wohl nicht passen?” Dabei zeige ich auf die zerbrochenen Möbel und die Eiergarnierung. Er will noch etwas sagen, allzu gerne hätte er mich zusammengeschlagen, aber das traut er sich nun doch nicht mehr. Daher sage ich, daß die Zeit von Konzentrationslagern und Untermenschen nun endgültig vorbei ist. Dann setze ich mich auf einen der wenigen nicht demolierten Sessel und schaue dem Bauern ins Gesicht. Er gibt es auf. Die Bäuerin ist schon in die Küche gegangen und ruft die Minna. Aus der Küche kommen Kochgeräusche und -düfte, die meine Nase kitzeln, den Bauern aber noch mehr verärgern. Aber er sagt nichts. Durch die Fenster sehe ich, daß es ein großer Bauernhof ist, mit einem schönen Obstgarten.

Gerade als ich mir überlege, ob er vielleicht einen Wagen für uns hat, geht die Küchentüre auf. Hinter der Bäuerin folgt eine Dienstmagd, die in jeder Hand einen großen Korb trägt, fein säuberlich mit weißen Tüchern abgedeckt. Die Frau öffnet die Straßentüre und sagt: „Minna wird warten, bis die Herren aufgegessen haben, und dann die Körbe mit zurücknehmen.” „Danke vielmals!” sage ich. Die beiden würden mich gerne zur Hölle schicken, aber da komme ich ja gerade her. Minna geht hinter mir her, so erscheinen wir auf dem Bahnsteig. Fritz und Hans schauen fasziniert zu. Sie nimmt die Tücher weg: es gibt die herrlichsten Sachen. Gebackene Eier, den feinsten Prager Schinken, frisches Bauernbrot, Liptauer und schließlich auch noch Mehlspeise. Wir essen, und Minna ißt mit uns mit. Sie kommt aus Mähren und ist hier „zum Arbeitseinsatz.” Sie ist die Sklavin des Bauern, und wenn wir richtig verstehen, hat sie hier ihr eigenes KZ. Ob ihr nicht bange ist, wenn die Russen kommen, fragt Fritz. „Nein, die können mir auch nicht mehr antun als der Grobian mir schon angetan hat”, sagt sie, „und dann darf ich endlich nach Hause.” Das Essen ist beendet, nur ein Stück Kuchen ist übriggeblieben. Minna ist zu „ihrem” Bauern zurückgegangen. Dann beginnen Fritz und Hans unbändig zu lachen. „Warum?” frage ich. Aber wenn einer etwas sagen will, fangen sie wieder an zu grölen. Schließlich beruhigen sie sich. Es muß ein mehr als komisches Schauspiel gewesen sein, als ich, eine Kreuzung aus Landstreicher und Vogelscheuche, mit einem Dienstmädchen mit Picknickkörben auf dem Bahnsteig erschien. Chaplin hätte es nicht besser gekonnt.

Die Spannung der letzten Tage, die Frage, ob es uns gelingen wird die Freiheit nun wirklich festzuhalten, entlädt sich nach diesem Festmahl auf dem Bahnsteig in Brunnersdorf-Kaden. Wir brüllen vor Lachen, als ich erzähle, wie ich den großen Bauern in die Zange genommen habe. Vor allem aber lachen wir aus Freude, daß der Krieg nun wirklich vorbei ist. Aber wie kommen wir hier weg?

Ich gehe zum Stationschef. Er sitzt alleine in dem Raum, wo auch die Fahrkarten verkauft und die Weichen gestellt werden. Ein Dorfbahnhof. Der Chef hat uns beim Göttermahl beobachtet. Also stelle ich ihm das letzte Stück Mohnkuchen vor die Nase und sage: „Guten Appetit." Wie wenn das selbstverständlich ist, fängt er zu essen an. Plötzlich schaut er mich an uns sagt: „Ich möchte doch gerne wissen, wie ihr den Kranzlhofner dazu gebracht habt, euch so ein Essen zu spendieren? Der ist doch so geizig, daß er selbst das Schweinefutter auffressen möcht!" „Das ist doch ganz einfach: man muß halt nett sein zu den Leuten." Deswegen habe ich ihm auch das Stück Kuchen gebracht, das wir extra für ihn aufgehoben haben, weil er hat zuschauen müssen. Er lacht und fragt, was ich nun wirklich von ihm will. Ganz einfach, wir wollen nach Karlsbad, und mein Bruder ist nicht mehr imstande, zu Fuß zu gehen. Der Chef ist ein netter Kerl. „Heute kommt sicher kein Zug mehr. Wenn ihr morgen früh hier am Bahnsteig seid, werde ich sehen was ich für euch tun kann." Geld für die Fahrkarten haben wir nicht, aber die muß die Bahn halt mit Herrn Hitler verrechnen, der schuldet uns noch einiges. Er lacht und sagt, daß ich mir deswegen den Kopf nicht zerbrechen soll. Schlafen können wir gratis nebenan im Gasthof. Der Wirt hat heute früh, als er von der Kapitulation gehört hat, seine Sachen gepackt und ist abgehauen. So eine Eile hat er gehabt, daß er nicht einmal das Haus zugesperrt hat.

Wir gehen hinüber. Der Gasthof „Am Bahnhof" ist verlassen. Die Leute sind Hals über Kopf geflüchtet. In den Zimmern sind die Betten für die Gäste hergerichtet, wir können gleich einziehen. Jeder nimmt also ein Zimmer, am Toilettentisch ist sogar ein kleines Stückchen Seife, die Kanne in der Waschschüssel voll frischem Wasser. Unten im Haus ist ein Kaufladen, da ist schon geplündert worden. Ein großes Faß mit einer klebrigen Substanz ist aufgebrochen, der ganze Boden pickt. Alles gibt es hier, aber ich sehe nur eines. Das nehme ich und verschwinde mit meinem Schatz. Ich weiß nicht einmal, was die anderen genommen haben. Ich aber besitze nach acht Monaten wieder eine Unterhose!

Heute nacht werden wir in weiß überzogenen Betten schlafen, unter einer Tuchent, so wie früher bei Großmama Quittner. Fritz sagt, daß er was Kräftiges zum Feiern haben will und steigt in den Keller hinunter. Er kann beinahe nicht mehr gehen, aber er bringt zwei Flaschen Kümmellikör herauf. Hans öffnet einen großen Schrank in seinem Zimmer, der ist von oben bis unten voll mit eingemachtem Obst. Jedes Glas richtig beschrieben mit Inhalt und Datum. Bei der letzten Ernte im Herbst hat man noch fleißig eingekocht, jetzt wartet es hier auf die Russen. Von meinem Fenster aus schaue ich auf den Bahndamm. Rechts geht es nach Karlsbad, nach links aber in Richtung Theresienstadt. Ich liege auf dem Bett und träume von einem Zug, der nach Leitmeritz geht. Ich könnte mitfahren, aber bevor ich mich entscheide, werde ich wach, weil Fritz und Hans hereinkommen. Hans hat Gläser, Schüsseln und Löffel organisiert, Fritz hat einen Korkenzieher gefunden. Wir essen Marillen, Kirschen und Pfirsiche und trinken Kümmellikör dazu. Noch bevor es dunkel ist, schlafen wir alle fest. Der Zug nach Theresienstadt kommt nicht mehr.

Mitten in der Nacht werde ich wach. Ich höre Musik, eine alte Weise. Erst glaube ich, daß ich träume. Dann erinnert es mich an eine russische Grammophonplatte, die wir zu Hause hatten. Während ich nachdenke, schlafe ich wieder ein und werde erst wach, als Fritz an die Türe klopft: „Breakfast is ready." Ein gesundes Obstfrühstück.

Wir setzen uns wieder auf unsere Bank am Bahnhof. Die Sonne scheint, es sind jetzt viele Leute unterwegs. Einbahnverkehr, alles nach Westen. Der Chef sagt, daß der Zug nicht vor heute nachmittag kommen kann. Das russische Lied habe ich nicht geträumt: der einzige Gast außer uns dreien ist ein Russe mit Filzstiefeln. Der hat ein Grammophon, aber nur eine Platte, und die hat er die ganze Nacht und auch noch heute früh gespielt, während Hans versucht hat, mit ihm zu sprechen. Ich gehe ins Dorf, die beiden bleiben am Bahnhof.

Mitten im Ort ist ein russischer Kontrollposten eingerichtet. Ein bunter Aufzug zieht an mir vorbei. Kriegsgefangene in Uniformen mit abgerissenen Rangabzeichen aus allen möglichen Ländern, deutsche Soldaten, eine Menge KZ-Gefangene, ausgemergelte, wandernde Gerippe. Nur ganz wenige Frauen. Wie ist das möglich? Es gab doch so viele Frauenlager? Jeder darf passieren, nur die Russen müssen zur Seite treten. Deutsche werden untersucht: Ringe, Uhren, Füllfedern, Geld und manchmal auch die Mütze müssen sie abgeben, dann dürfen auch sie durch. Der russische Soldat hat schon beide Arme bis zur Schulter voller Armbanduhren, jetzt wirft er die, die er abnimmt, in eine deutsche Offzierskappe. Wer will, kann eine Uhr von ihm bekommen. Aber was soll ich mit einer Uhr, die ein Deutscher vielleicht erst einem Juden gestohlen hat? Es gibt aber kein Verkehrsmittel, das uns nach Karlsbad bringen könnte. Alle Fahrzeuge im Dorf haben die Nazibonzen vorgestern requiriert und sind damit geflüchtet. Am Bahnhof höre ich, daß heute sicher kein Zug kommen wird. Der Eisenbahner scheint gut informiert zu sein. Ich kann mich auf ihn verlassen, sagt er und rät mir, zur Backstube zu gehen, weil es dort vielleicht Brot gibt. Fritz und Hans gehen zum Hotel, ich zum Bäcker, nicht weit von unserem Quartier. Es war ein guter Rat, denn um das Plündern zu vermeiden, teilen sie jetzt den Vorrat aus. Also komme ich mit einem Kilo Brot ins Hotel zurück. Eingemachtes Obst an Stelle von Marmelade schmeckt ausgezeichnet auf Brot.

Auch unser dritter Tag in Brunnersdorf beginnt am Bahnhof, auf der Bank, in der Sonne. Obgleich ich sehr gut geschlafen habe, döse ich, denn ich bin sehr müde. Aber ich bin glücklich, daß meine Kondition gut genug ist, daß ich für drei sorgen kann. Der Stationsvorsteher gibt mir ein Zeichen, daß der Zug jetzt kommt. Er zeigt mir genau, wo wir uns aufstellen sollen. Für alles Weitere wird er sorgen. Nur in einer Filmaufnahme über Indien habe ich einen Zug gesehen, der so aussieht wie dieser, der jetzt hier einfährt. Die Menschen liegen auf den Dächern der Waggons und hängen wie die Trauben an allen Griffen. Mit Hilfe des Chefs, der jetzt eine rote Kappe trägt, und durch einige Faustschläge finden wir Platz. Wir opfern gerne die letzte halbe Flasche Likör, um Fritz einen Platz auf dem Balkon zu besorgen. Hans sitzt auf der obersten Treppe und ich unten auf dem Trittbrett. Ein Bub von vielleicht 16 Jahren in Militäruniform, eine Auszeichnung auf der Brust, macht mir meinen Platz streitig. Ich bin stärker als er. Es tut mir leid, ich muß mit diesem Zug mitfahren. Ich habe ein Rendezvous mit Carry in Holland.

Sitzen auf dem untersten Trittbrett verlangt Konzentration, weil man die Beine immer in die Höhe ziehen muß, aber auch das ist eine Sache der Routine. Wir fahren durch eine hübsche Landschaft, in der Nacht haben wir die nicht gesehen. Es geht viel schneller. Der Zug hält kaum, es gibt auch keinen Gegenverkehr und keinen Aufenthalt durch Fliegeralarm. Der Zug bremst, ich erkenne die Baracke: wir sind in Karlsbad. Der Stationschef erkennt mich: „Haben Sie schon wieder einen Marschbefehl?" fragt er lachend, worauf ich antworte, daß wir jetzt endlich nach Hause wollen. Er sagt mir, wie wir am besten gehen können, und wirklich finden wir bald eine Schultafel auf der mit Kreide steht: *Dp Registration Office* und ein Pfeil. Fritz meint, daß „Dp" displaced persons heißt, und deswegen gehen wir voll guten Mutes in die angegebene Richtung.

Wir wundern uns, daß so viele Deutsche in unserem Zug saßen. Aber alle drei haben wir Fetzen eines Gesprächs gehört, das Leute auf der Plattform von unserem Waggon geführt haben. Wir kombinieren, was wir wissen, und dann stellt sich heraus, daß dieser Zug von Nazibonzen organisiert ist, um noch nach dem Westen entkommen zu können. Für uns ist es eine gewisse Genugtuung, daß wir auch mitreisen konnten, aber es juckt einen doch, daß solche Leute vielleicht jetzt neben oder hinter uns gehen, ohne daß wir sie erkennen können.

Wir folgen dem Weg zurück, den wir am 2. Mai mit der Grünen Polizei und unseren 20 Russen gegangen sind. Damals waren wir beinahe frei, jetzt sind wir es wirklich. Dann stehen wir vor einem großen Schild „Registratur" mit einem Pfeil nach rechts. Alle drei erkennen wir das Schild: in Wien, Westerbork und in Theresienstadt standen sie auch. Massenfabrikation, die Amerikaner haben den Ladenhüter vom SD übernommen. So kommen wir auf einen Platz mit einem Reiterstandbild und einem kleinen Palais. Dort ist das *Dp Registration Office*, unser Ziel. Es ist jetzt viertel fünf, das Büro schließt aber um vier Uhr. Wir müssen also bis morgen früh warten. Was macht das nach mehr als 5 Jahren Odyssee noch aus? Der Reiter ist sicherlich einer unserer tapferen österreichischen Vorfahren. Deswegen setzen wir uns voll Vertrauen auf das untere Stück seines Marmorsockels. Immer mehr Menschen strömen hier zusammen. Es ist deutlich zu sehen, was DP bedeutet: es sind keine Kriegsgefangenen, keine Zivilarbeiter, keine Ostarbeiter, kein Arbeitseinsatz und auch keine Freiwilligen. Es sind beinahe ausschließlich KZ-Häftlinge: verwahrloste, beinahe tote Überlebende, in Fetzen gehüllt. Wenn ich uns drei dabei betrachte, muß ich zugeben, daß wir etwas besser aussehen, wir hatten wirklich viel Glück.

Gegen abend werden vom Kellergeschoß aus braune Kartons verteilt. Effizient, jeder bekommt einen. *Emergency ration* steht drauf und in der Ecke auch noch *Dinner.* Die Dosen sind mit Paraffin behandelt, also wasserdicht, aber der Verschluß ist so, daß man sie auch im Dunkeln öffnen kann. Alles ist drin: gepreßtes Fleisch, Käse, Brot, Trockenobst, Kaugummi, Zigaretten, Streichhölzer und WC-Papier, aber auch Suppenpulver, das in kaltem Wasser löslich ist. Alles schmeckt wunderbar, dabei gibt es noch Varianten, denn auf unseren Dosen stehen verschiedene Kodenummern. Aber einen echten Amerikaner haben wir noch nicht gesehen. Der kommt noch. Als die Dämmerung einbricht, hören wir ein Säuseln und glauben, daß so ein amerikanisches Luxusauto, so ein großes wie im Film, kommt. Es ist aber ein Tank, der sich vor dem Gebäude aufstellt. Die Besatzung steigt aus, Jungs in schneidiger Uniform. So ausgemergelt die Menschen auch sind, sie produzieren einen Riesenjubel zur Begrüßung. In Brunnersdorf hatte ich einen russischen Tank gesehen, der war schon etwas anderes: eine Rammelkiste.

Heute wird sich hier also nichts mehr ereignen. Beschützt durch einen amerikanischen Tank und zu Füßen irgendeines österreichischen Helden, schlafen wir auf dessen Marmorplatten noch besser als unter der Tuchent in Brunnersdorf. Beim Einschlafen danke ich nochmals dem Stationschef dort für seine uneigennützige Hilfe.

Am frühen Morgen stellen wir uns schon an und sind schnell an der Reihe. Alles ist gut organisiert, die Formulare sind einfach. Nur wesentliche Fragen werden gestellt. Beweisstücke hat doch beinahe niemand, also basiert die Identifikation ausschließlich auf den Aussagen des Opfers selbst. Zuletzt kann man noch Fragen stellen. Wir wollen so schnell wie möglich nach Hause, was sollen wir tun? „Sorry", sagt der Amerikaner, „your government has to take care of that". Vorläufig werden wir uns also selbst helfen müssen. Von Theresienstadt hat der gute Mann noch nie gehört. Beim Ausgang bekommt jeder wieder so eine braune Dose: *Breakfast* steht drauf.

Der Amerikaner den wir zuletzt sprachen sagte, daß Dp-Lager eingerichtet werden, sodaß jeder abwarten kann, bis es Transportmöglichkeiten gibt. Darauf werden wir nicht warten. In ein Lager gehen wir sowieso nicht mehr, auch nicht, wenn es von den Amerikanern ist. Also werden wir uns selbst helfen müssen. Mit der Freiheit kommen eben die Probleme. Beim Büro ist eine große Glasvitrine, früher wurde in solchen Kästen der „Stürmer" und andere antisemitische Propaganda ausgehängt. Jetzt hängt da ein Bildbericht über die Befreiung von Buchenwald, dem ersten Konzentrationslager, das die Amerikaner erreicht haben. Es sind auch Fotos dabei. Grauenhaft, so grauenhaft haben wir es nie gesehen. Berge von Leichen. Eisenhower steht auf einem der Bilder, und wer steht neben ihm? Feldmann, unser Feldmann! Er hat es doch geschafft. Wir sind glücklich und machen uns wohlgemut auf den weiten Weg nach dem Westen.

Beim Dorfbrunnen von Chodov essen wir, was uns vom *Breakfast* übriggeblieben ist. Die Zigaretten heben wir auf, vielleicht können wir sie gegen irgend etwas eintauschen. Chodov hat einen Bahnhof, an dem gerade ein Zug hält. Aus der Ferne gesehen wie eine Spielzeugeisenbahn: eine kleine Tenderlokomotive, sechs Waggons mit halbrunden Dächern und offenen Balkons. Der Zug führt eine riesige französische Flagge. Außer Atem kommen wir auf den Perron und wollen einsteigen. Das wird äußerst grob verhindert, obwohl der Zug nicht einmal voll ist. Es sind französische Offiziere, gut angezogen, sie sehen aus, als ob es keinen Krieg gegeben hätte. Aber wir dürfen nicht mitfahren. Wir rufen, daß wir aus dem KZ kommen, daß wir Juden sind. Das hilft schon gar nicht. Beim letzten Waggon klettern wir auf die Puffer, Fritz auf die Kupplung. Aber auch da lassen sie uns nicht in Ruhe. Als die Lokomotive pfeift, rennen sie zu ihren Waggons und steigen ein. Dann erscheint ein hohes Tier auf der Plattform und sagt, daß wir bei der nächsten Station den Zug verlassen müssen. Fritz sagt auf englisch, daß wir leider kein Französisch verstehen, daß wir Holländer sind, also Bundesgenossen, und nicht aussteigen werden. Bei der nächsten Station kommt eine ganze Horde, einer fuchtelt sogar mit einem Revolver herum, aber dann fährt der Zug wieder ab, der Gong rettet uns. In Graslitz-Vorstadt fährt der Zug durch. Wir sehen unsere Waggons, das Massengrab wie im Traum. Aber am Bahnhof Graslitz weichen wir der Gewalt und klettern herunter. Wir stehen am Bahnsteig, die Offiziere sind zufrieden eingestiegen, die Lok pfeift, und wir springen auf die Plattform. Es ist bequemer hier als auf den Puffern, aber einer mit vielen Sternen und einer gezogenen Pistole sagt auf englisch, daß seine Geduld nun vorbei sei. In dem Augenblick halten wir abrupt in Klingenthal. „Alles aussteigen, der Zug fährt nicht weiter", ruft der Stationschef.

Schadenfreude ist doch die schönste Freude. Denn während die Herren Offiziere ratlos herumstehen und nicht wissen was sie tun sollen, folgen wir einem Wegweiser auf dem steht: *Transfer to Plauen for Dp's only.* Zwar kennen wir Plauen nicht, aber jedenfalls werden die Amerikaner uns dorthin bringen. Bei einem Schild „Dp Transfer" setzen wir uns auf eine Mauer. Ein kleines komisches, viereckiges Auto kommt durchs Gras eine steile Böschung herunter und hält an. Der amerikanische Soldat ruft, daß wir noch ein Stückchen weitergehen müssen, dann schießt er wie ein Pfeil wieder hinauf. Wir kommen zum Sammelplatz. Da stehen schon Leute herum, dasselbe Kaliber wie wir. Dann kommt ein großer LKW, sein Motor summt wie der Tank gestern. Eine Leiter wird heruntergelassen, sodaß wir einsteigen können. Ein offener Wagen, die Planen sind nicht angebracht. Es sind Bänke aufgestellt und außerdem Stricke gespannt, sodaß man auch stehen kann. Wir bekommen jeder wieder eine Dose, *Lunch* steht drauf. Erst essen, dann fahren wir ab. Es ist eine wilde Fahrt durch Wald und Feld. Nachts sind wir in Plauen: im Mondschein fahren wir durch eine Ruinenstadt, kein Licht, kein Mensch, ausgestorben.

Ein großer Kasernenkomplex, soweit wir jetzt sehen können, ohne Bombenschaden. Merkwürdig in einer so verwüsteten Stadt. An gedeckten Tischen bringt man uns große Teller mit einer herrlichen Suppe, danach bekommen wir jeder ein Handtuch und ein Stück Seife, schnell waschen und dann schlafen. Alles Weitere geschieht morgen früh. Die Betten im Schlafsaal sind gut, ich liege noch kaum und schlafe schon. Hektische Träume: eine wilde Jagd mit dem LKW über Stock und Stein, Franzosen schießen, Carry, die irgendwo am Straßenrand auf mich wartet. Mit Kopfschmerzen wache ich auf. Wir gehen zu dritt frühstücken. Große Becher amerikanischen Kaffees, mit viel Milch, gutes Brot, Butter und Marmelade, aber auch Eierspeis mit Speck, Schlaraffenland.

Bei der Registratur wird Fritz wegen seiner Beine sofort zum Sanitätsposten geschickt. Hans und ich gehen zur ärztlichen Untersuchung. Ich bin zuerst dran und stehe gleich wieder draußen. Ich hatte Joey, der für unseren Flur verantwortlich ist, versprochen zu dolmetschen, wenn jemand ihn nicht versteht. Aber das erste, was er mir erzählt, ist, daß Fritz soeben ins Krankenhaus gebracht wurde. Mehr weiß er aber nicht. Ich renne zum diensthabenden Arzt, der schickt mich weiter. Ich glaube, daß ich schließlich alle Gebäude von innen und außen gesehen habe, bis ich endlich erfahre, daß man Fritz in den Krankenbau und von dort wegen hohem Fieber und schlechter Verfassung ins Spital gebracht hat. Heute darf ich das DP-Camp noch nicht verlassen, morgen vielleicht.

Ich schlafe unruhig, und beim Aufstehen sagt Hans, daß ihm schlecht ist. Joey schickt ihn noch vor dem Frühstück zum Arzt. Mir schmeckt das Essen gut, vor allem, weil ich zum ersten Mal in meinem Leben Corn Flakes mit Zucker und Milch gegessen haben. Eine Götterspeise, die muß ich mir merken. Zurück im Schlafsaal höre ich von Joey, daß man auch Hans ins Krankenhaus gebracht hat. Plötzlich überfällt mich panische Angst: alles haben wir durchgestanden, und nun soll es doch schiefgehen? Joey sagt, daß ich mich nicht unnötig aufregen soll, es ist nun einmal strenger Befehl, daß beim geringsten Zweifel jeder sofort ins Krankenhaus gebracht werden muß. Aber er wird gleich feststellen, wo die beiden liegen und mir einen Passierschein bringen. „Sie sind im Stadtkrankenhaus Plauen. Jeder weiß, wo es ist, brauchst keine Adresse", sagt Joey und gibt mir einen Apfel mit für unterwegs. Der ist glänzend rot-weiß. In Wien heißen sie „Amerikaner", weil sie, wie man sagte, importiert wurden. Scheint also wahr zu sein. Ich bin bald in der Innenstadt, es ist nicht weit. Nur die Trümmerhaufen versperren einem oft den Weg. Deswegen sind die Auskünfte der Leute, die ich nach dem Weg frage, auch undeutlich. Straßen, die sie mir nennen, existieren einfach nicht mehr. Auf dem Marktplatz, oder wie der heißen möge, sehe ich einen Turm, der wie ein Bleistift umgefallen und so im Ganzen liegengeblieben ist. Tagsüber sieht es nicht besser aus als in der Nacht, aber wie in einem Ameisenhaufen wimmelt es von Leuten zwischen den Ruinen. „Die leben alle in den Kellern", denke ich. Plötzlich stehe ich wieder vor der Kaserne. Ich habe das Krankenhaus nicht gefunden. Ich kann gerade noch den Schlafsaal und mein Bett erreichen.

*Plauen*

Als ich erwache, liege ich auf einer Tragbahre. Ich habe ein weißes Nachthemd an und schaue in lauter fremde Gesichter. Sie sprechen französisch, das ängstigt mich. Ich frage, wo ich bin. „Stadtkrankenhaus Plauen, Stadtkrankenhaus Plauen" dröhnt es von allen Seiten. Alles dreht sich, und ich sehe erst wieder klar, als ich von der Trage auf ein Bett gehoben werde. Ein wunderbares Bett, ein großes Zimmer. Ruhig, nicht so, wie in einer Baracke. Dann sehe ich plötzlich zwei Betten: in einem liegt Fritz, im anderen Hans. Beide liegen sie totenstill und sind ganz bleich. So haben die Franzosen also doch ... Ich schreie vor Angst. Eine kühle Hand auf meiner heißen Stirne beruhigt, die Aufregung läßt nach. Eine ältere Dame in Weiß sitzt neben meinem Bett. „Ich bin Oberschwester Mayer", sagt sie, „und werde euch drei gut betreuen, damit ihr bald nach Hause fahren könnt".

Als ich wach werde, geht es mir besser. Schwester Mayer sitzt wieder neben meinem Bett, oder hat sie die ganze Nacht hier gesessen? „Ihr habt alle drei Typhus, Bauchtyphus, um genauer zu sein. Deswegen dürft ihr nichts essen, nur trinken", sagt sie. „Weil ich viel Erfahrung mit solchen Patienten habe, wollen die französischen Ärzte, daß ich mich ausschließlich um euch kümmere." Also habe ich gestern doch nicht geträumt, daß ich Französisch hörte. Die Schwester erklärt mir, daß dies ein französisches Militärkrankenhaus in der amerikanischen Zone ist. Warum rege ich mich darüber so auf? Soll ich einer Deutschen die Geschichte vom Zug nach Klingenthal erzählen? Ich lasse es bleiben. „Bauchtyphus ist leichter zu heilen als Flecktyphus, was bei Leuten aus den KZs viel öfter vorkommt. Nur Ruhe, regen Sie sich nicht auf. Mit Geduld und Spucke", sagt sie mit Berliner Akzent, „wird alles wieder gut. Auch wenn vieles Ihnen komisch vorkommt." Gerade in dem Augenblick beginnt Fritz, der bisher bewegungslos im Bett lag, zu murmeln. Er ist gut zu verstehen, aber nicht zu begreifen. Er spricht reinsten Unsinn. Hans, der bis jetzt auch kein Lebenszeichen gegeben hatte, scheint ihn zu verstehen, antwortet, aber auch er redet Stuß. „Das nun meinte ich gerade", sagt die Schwester.

Als sie das Zimmer verläßt, sitzt Carry auf dem Sessel, wo sie gerade gesessen hat. Sie kommt aus Theresienstadt und wollte bei mir sein. Ich kann ihr doch nicht recht antworten, aber es ist wunderbar, daß sie da ist. Auch Papa und Mutti kommen zu Besuch. Manchmal weiß ich, daß ich nur an jemanden zu denken brauche und er kommt uns besuchen. Jetzt, mitten in der Nacht steigt Fritz aus seinem Bett, in der Nachtbeleuchtung glaube ich, daß ich es träume. Aber er kommt zu mir, versucht mich aus dem Bett zu ziehen. „Ich muß zum Kapitän", sagt er, „es sind Wesen in meine Decke eingenäht. So hilf mir doch!" Er, der bis jetzt noch kein Glas Wasser selbst aufheben konnte, ist so kräftig, daß ich nur mit Mühe der Schwester läuten kann. Frau Mayer kommt selbst, mit viel Anstrengung gelingt es ihr, Fritz wieder ins Bett zu bringen, aber dann ist er wieder wie eine Mumie, so wie er schon die ganze Zeit regungslos liegt. Eines Tages, Fritz und Hans geht es schon soweit besser, daß wir alle drei ein Gespräch führen können, sagt Hans, daß er von Feldmann schöne Grüße bestellen muß. Er hat ihn heute nacht in der Kärntnerstraße gesehen. Wir diskutieren, ob Hans tatsächlich in Wien gewesen sein kann, können aber keine Lösung für das Problem finden. Als eine Pflegerin, unter Aufsicht der Oberschwester, uns wäscht, führt Mayer ein angeregtes Gespräch mit Fritz. Es hört sich komisch an: sie sagt was über das Wetter, er antwortet sehr höflich, spricht aber von einer Theatervorstellung. Hans, in tiefster Ruhe, setzt sich plötzlich auf und sagt: „Schwester, ich verstehe wirklich nicht, wie man mit so einem Verrückten so normal reden kann." Mir kommt das Gruseln: wie kann es jemals in Fritzens Gehirn wieder gut werden. Die Oberschwester tröstet und sagt, daß er genauso helle Momente hat wie ich, „nur wissen Sie das eben selbst nicht!" – aber es wird schon werden.

Ganz verstehe ich es noch nicht, aber ich habe volles Vertrauen in Frau Mayer. Warum? Ich weiß es nicht, aber ich kann sonst niemanden fragen. Die drei französischen Ärzte, die morgens die Runde machen, kommen nie weiter als bis zur Zimmertür, sagen „Wie geht's?" und verschwinden, bevor ich etwas sagen kann. Die Oberschwester erzählt, um mich aufzumuntern, daß drei Holländer hier im Krankenhaus sind und jetzt nach Hause gehen. Ich darf ein paar Zeilen auf einen Zettel schreiben und an Frau Jaffé und Frau Verwey adressieren, sie wird ihn mitgeben.

Wir sind jetzt zwei Wochen hier im Krankenhaus, und seit ein paar Tagen geht es uns allen wesentlich besser. „Die Krise ist vorbei", sagt Mayer. Wir bekommen jetzt einen Brei, der täglich etwas dicker ist, aber er schmeckt nicht. „Das ist das letzte Stadium", tröstet die Oberschwester, „in ein paar Tagen gibt es richtiges Essen".

Das richtige Essen schmeckt gut. Erst nur ganz kleine Portionen, aber jetzt geht's schon richtig los. Wir können es brauchen, denn ich wog kaum noch 35 Kilo und die beiden anderen auch nicht viel mehr. Weil es hier kein Briefpapier gibt, hat Frau Mayer mir ein Diätformular vom Krankenhaus gebracht, auf der Rückseite kann ich einen Brief an Papa und Mutti schreiben. Die alte italienische Feldpostnummer in Dalmatien habe ich mir gemerkt. Am 5. Juni fange ich also zum ersten Mal wieder an: „Geliebte Eltern ..." Es tut wohl zu schreiben. Hoffentlich erreicht der Brief sie bald. Vor allem jetzt, wo doch die ganze Welt nun weiß, was hier geschehen ist.

Daß unsere Genesung so schnell fortschreitet, ist besonders wichtig, denn in Kürze müssen wir weg von hier. Plauen liegt in dem Gebiet, das in Jalta den Russen zugesprochen wurde, und die Amerikaner müssen sich zurückziehen. Die Leute hier sind alle entsetzt. Sie hatten gehofft, den Russen entgangen zu sein. Ich darf schon aufstehen und im Garten

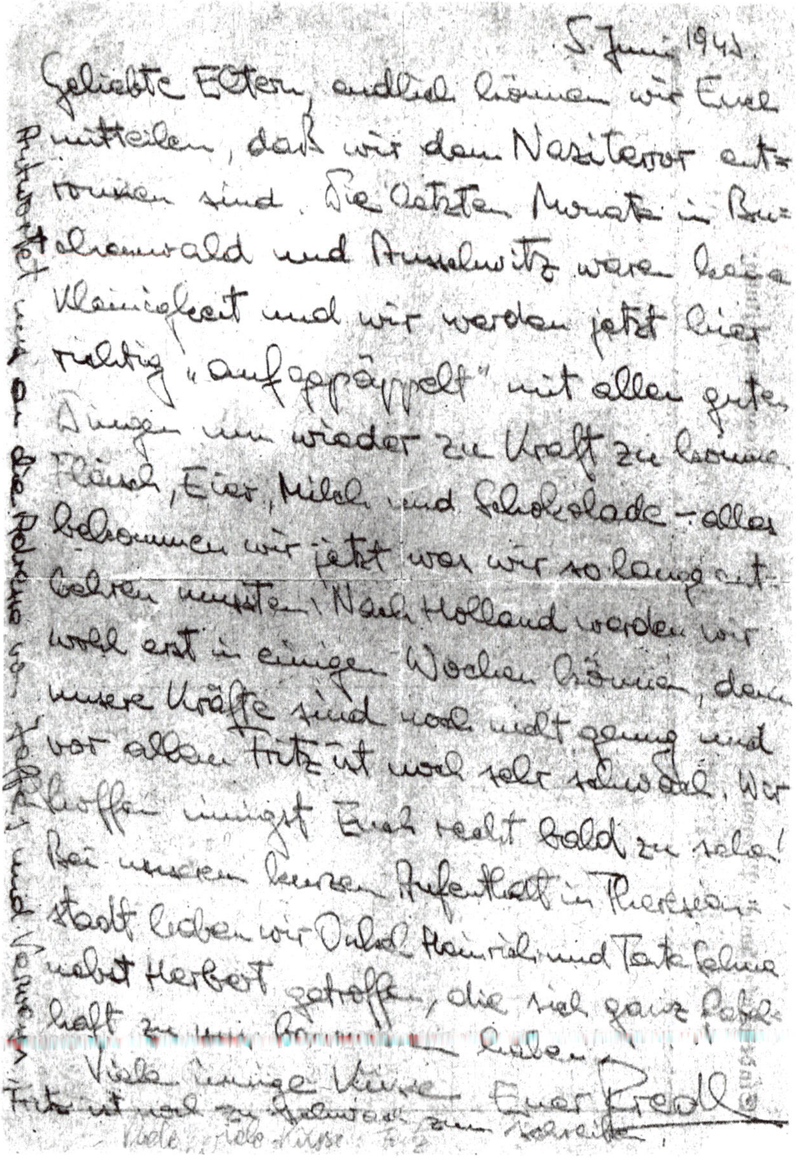
5. Juni 1945.

Geliebte Eltern, endlich können wir Euch mitteilen, daß wir dem Naziterror entronnen sind. Die letzten Monate in Buchenwald und Auschwitz waren keine Kleinigkeit und wir werden jetzt hier richtig „aufgepäppelt" mit allen guten Dingen um wieder zu Kraft zu kommen. Fleisch, Eier, Milch und Schokolade – alles bekommen wir jetzt was wir so lange entbehren mußten. Nach Holland werden wir wohl erst in einigen Wochen können, denn unsere Kräfte sind noch nicht genug und vor allem Fritz ist noch sehr schwach. Wir hoffen innigst Euch recht bald zu sehen! Bei unserem kurzen Aufenthalt in Theresienstadt haben wir Onkel Heinrich und Tante Selma nebst Herbert getroffen, die sich ganz fabelhaft zu uns benommen haben.

Viele innige Küsse Euer Friedl

Fritz ist noch zu schwach zum schreiben.

Viele, viele Küsse Fritz

Antwortet mir an die Adresse von [illegible]

Mein Brief an Papa und Mutti, 5. Juni 1945

spazierengehen. Fritz und Hans sind noch nicht so kräftig. Die dürfen noch nicht weiter als mit den Beinen über die Bettkante. Aber am allerwichtigsten ist für uns, daß die Anfälle von Geisteskrankheit völlig verschwunden sind. Wie mein Zustand war, weiß ich natürlich nicht. Jedenfalls war es schön, Carry so oft zu sehen. Jetzt nagt wieder die Angst um sie an mir. Gräßlich war es aber, den Bruder und den Freund in einem solchen Zustand hilflos sehen zu müssen.

## Speyer: das letzte Etappenziel auf dem Weg nach Hause? 8. Juni 1945

Wir haben heute früh herzlich Abschied von Oberschwester Mayer und ihren Mitarbeitern genommen. Die Ärzte, die offensichtlich noch Angst vor einer Infektion haben, stehen auf einem Balkon und winken. Wir sind die letzten, die anderen Kranken sind bereits weg, für uns war bis jetzt das Risiko einer solchen Reise zu groß. Nur zwei Autos. Ein Krankenwagen mit je einer Liege für Fritz und Hans, einem Krankenpfleger und dem Fahrer, ein zweiter Wagen für den Arzt, den Fahrer und mich. Ich habe durchgesetzt, daß ich nicht auf einer Bahre transportiert werde, ich wollte mir die Sensation einer Reise quer durch Deutschland doch nicht entgehen lassen. Sicherheitshalber liegen neben mir Decken und ein Kopfkissen, aber es müßte mir schon sehr schlecht gehen, wenn ich nicht mehr zum Fenster hinausschauen will.

Eine prachtvolle Fahrt, bei schönem Wetter, in einem amerikanischen Personenauto. Der Arzt, der vom Krankenhaus unsere Krankengeschichte mitgenommen hat, liest sie unterwegs und sagt zu mir: „This old lady did a hell of a job, she saved your lives." Dann denke ich an den lieben Menschen, der uns schon am ersten Abend versprochen hat, alles für uns zu tun, und bin nicht mehr böse, weil wir so einen schrecklichen Hunger hatten, als wir erst gar nichts essen durften und später nur ein bißchen Brei bekamen. „Das war", sagt der Militärarzt, „der Grundstein zur Besserung, vor allem, weil kaum Medikamente zur Verfügung standen und eure Kondition saumäßig war". Während des ersten Aufenthalts zeigt der Fahrer mir auf der Karte, wie wir fahren werden. Aber alles ist nur Theorie, denn die Straßen sind vom Krieg verwüstet, Brücken gesprengt und die Durchfahrt durch Städte gesperrt. „Ob wir wohl in Speyer bleiben werden?" will ich wissen. „Ich möchte mir den berühmten Dom so gerne einmal ansehen. In der Schule haben wir gelernt, daß es die größte romanische Kirche von Deutschland ist, aus dem 13. Jahrhundert, nota bene. Ich hoffe nur, daß er nicht beschädigt ist." Der Chauffeur und der Doktor sind schon öfters mit Krankentransporten dort gewesen. „Yes, a big church, I remember, very old but nothing special", sagen sie. Der Fahrer hält bei einem verwüsteten Bauernhof. Die Äste an den Bäumen biegen sich voll mit prachtvollen Kirschen. Sie schmecken wunderbar.

Die Reise ist herrlich. Tod und Verderben, die man hier überall sieht, stören mich kaum. Ich bin abgestumpft durch alles, was wir mitgemacht haben. Übrigens erzählen die Amerikaner, daß es östlich von Berlin, wo die Russen und die Deutschen ihre letzten Schlachten gekämpft haben, noch viel schrecklicher aussieht. Gegen Abend wird gegessen. „Wo?" frage ich. „Hier natürlich", sagt der Fahrer und zaubert für jeden aus einem Karton einen kleinen Brenner und eine Konservendose hervor. „Gehört auch zu den Notrationen, Trockenspiritus und Streichhölzer sind auch dabei." Die Mahlzeit besteht aus „meat and vegetables" aus der Büchse. Nicht gerade etwas für einen Feinschmecker, aber so verwöhnt sind wir nicht und haben einen gesunden Appetit. An den Halteplätzen dürfen Fritz und Hans aufstehen und ein bißchen herumgehen, das tut ihnen gut.

Gegen elf Uhr nachts kommen wir in Speyer an. Ich bin übermüdet von allen Eindrücken. Beim Eingang vom „Diakonissenspital" weht die Tricolore am Mast. Es ist also auch ein französisches Militärkrankenhaus. Beim Aussteigen ist mir nicht gut, der Doktor merkt es. „Entweder ist es von der Überanstrengung oder vom Fleisch mit Gemüse", sage ich. „If you ask me", sagt der Doktor, „es sind die Kirschen, mein Lieber!" Lachend nehmen wir Abschied von unseren amerikanischen Reisegefährten.

Wir haben ein Zimmer zu viert. Unser Zimmergenosse heißt Hermann, kommt aus Den Haag und ist lange Zeit in Auschwitz I gewesen. Er ist Rekonvaleszent und wartet auf eine Equipe vom Roten Kreuz, die ihn nach Holland mitnehmen soll. Jetzt, wo wir dazugekommen sind, werden sie vielleicht eher kommen. Die ersten Tage sind wir noch sehr abgespannt von der Reise, faulenzen also und genießen das gute Essen und den Wein, wovon es hier reichlich gibt. Eine Flasche zu viert zum Mittag- und zum Abendessen. Kaffee und Tee bekommen wir und auch Zigarettentabak, allerdings kein Papier. Dazu verwenden wir, so wie die Russen, die Zeitung. Die Pflegerinnen, hauptsächlich deutsche Mädchen, die Französisch sprechen, sind hübsch und sehr nett zu uns. Manchmal treffen wir Holländer, die auf eigene Faust unterwegs sind, sie bekommen hier etwas zu essen oder Erste Hilfe. Ich gebe jedem einen Zettel für Verwey und Jaffé mit. Im Krankenhaus in Plauen hat man unsere Habseligkeiten wegen Ansteckungsgefahr verbrannt. Dabei sind alle Dokumente aus Karlsbad, Komotau und Plauen verlorengegangen. Wie schade, vielleicht könnte ich später einmal ein Buch schreiben. Das einzige, was wir jetzt besitzen, ist eine Bescheinigung der amerikanischen Militärbehörde, die in Plauen ausgestellt worden ist. Das ist aber kein Dokument, mit dem man reisen kann.

Wir dürfen heute zum ersten Mal ausgehen und sind natürlich zum Dom unterwegs. Kurz bevor wir zum Stadttor kommen, gehen wir über ein Viadukt. Unter uns die Eisenbahn, in der Ferne der Bahnhof. Dort steht ein Zug: es reizt uns, aber es hat keinen Sinn zu probieren, mit der Bahn nach Holland zu fahren. Wir haben keinen Paß und nochmals illegal, nein, das sicher nicht! Der Dom macht einen tiefen Eindruck auf mich. Die Stadt sieht nett aus und ist kaum beschädigt. Nur hinten bei der Judengasse liegt so viel Schutt, daß wir nicht schauen können, ob von der Synagoge noch etwas übriggeblieben ist.

Für den 18. Juni haben die Franzosen ein großes Fest angesagt. Es jährt sich der Tag, an dem General de Gaulle 1940 gesagt hat, „daß Frankreich eine Schlacht aber keinen Krieg verloren hat." Speyer gehört zur französischen Besatzungszone, also hängen überall blau-weiß-rote Fahnen. In der Maximilianstraße, nicht weit vom Dom, ist ein Unteroffzierskasino. Wir haben da freien Eintritt. Meistens spielt auch schon nachmittags eine kleine Band. Wein, Limonade und – ausgerechnet – Brot mit Ölsardinen sind gratis. Es gibt nichts anderes als das Sardinenbrot, aber vorläufig schmeckt uns noch alles. Wir spazieren zurück zum Diakonissenhaus, sind sehr müde, wir sind einer Stadt noch nicht gewachsen.

Die Zeit vergeht, immer wieder versuchen wir, irgendwie und irgendwo etwas zu tun, um unsere Repatriierung zu beschleunigen. Nichts hilft. Die Registratur im Krankenhaus schwört, daß sie unsere Personalien an die Zentralstelle in Paris weitergeleitet hat, und ohne die läuft nichts. Wir versuchen Kontakt mit dem holländischen Konsulat aufzunehmen, aber die reagieren nicht. Wir bitten um den Besuch eines französischen Heeresrabbiners, der ist nicht zu erreichen. Wir versuchen eine Dame vom Internationalen Roten Kreuz, die das Krankenhaus besucht, zu becircen: einerseits weil wir gerne nach Hause fahren möchten, andererseits weil wir doch wenigstens etwas von unseren Eltern und über Theresienstadt wissen wollen. Das Rote Kreuz erliegt unserem Charme nicht.

Also freuen wir uns wenigstens, als der 18. Juni heranbricht. Das Fest fängt schon früh an: noch bevor der Herr Doktor seine – überflüssige – Runde macht, steht ein hoher Offizier bei uns im Zimmer und bringt für jeden eine Schachtel extra in Ägypten aus goldblondem Tabak angefertigter Zigaretten und eine Anstecknadel mit dem Lothringer Kreuz. Außerdem wünscht er uns im Namen von „le Général" gute Besserung. Er ist schon aus dem Zimmer, bevor wir ihn fragen können, ob „le Général" uns vielleicht nach Hause schicken kann. Kurz danach kommt der Herr Doktor und sagt, daß wir heute zum ersten Mal auch abends ausgehen dürfen, nur müssen wir um zehn Uhr wieder zurück sein.

Die ganze Stadt ist ein Fahnenmeer. Flaggen gab's ja genug im Dritten Reich, die Franzosen brauchten nur weißen und blauen Stoff zu liefern und aus den Hakenkreuzfahnen wurden französische, die der Einfachheit halber an denselben Masten aufgehängt werden konnten. Die Bevölkerung in Speyer stört das nicht. Schon viele hundert Jahre sind sie vertraut mit französischen Besetzungen. Sie leben nahe genug zur französischen Grenze, um die Leute da zu kennen. Für die Soldaten hier ist es auch keine schlechte Garnison, freundliche Menschen und nicht weit weg von zu Hause. Also ist die Stimmung gut, überall spielt Musik auf. Zum ersten Mal sehe ich in einer Kapelle wieder einen Schellenbaum. Im Kasino wird abends immer wieder der Lothringermarsch gespielt, und jedes Mal folgt darauf ein lautstarker Toast auf de Gaulle. Zum Schluß, um dreiviertelzehn, spielt die Band die Marseillaise. Wenn sie es so meinen, wie sie es spielen, ist es die reinste Sabotage.

Stundenlange Wanderungen durch die Stadt vertrage ich ohne weiteres, ich fühle mich wohl, habe wieder mein normales Gewicht. Das einzige, was mich stört, ist, daß ich bei der kleinsten Anstrengung sofort wahnsinnig schwitze, daß mir immer ein Tropfen an der Nase hängt und mein Gesicht voller Pusteln ist. So etwas hatte ich noch nie. Der Doktor sagt bei seiner Runde, daß ich mir keine Sorgen zu machen brauche. Das ist eine Reaktion eines Körpers, der in gut sechs Wochen aus schwerstem Elend emporgestiegen ist. Ich soll mir keine Sorgen machen, das hört alles von selbst auf. Inzwischen freuen wir uns schon auf das nächste Fest, Quatorze Julliet, den Nationalen Freudentag in Frankreich, der jetzt, fünf Jahre nach dem Debakel, besonders gefeiert wird.

Die letzten Tage ist es wahnsinnig heiß, zu warm für Spaziergänge in der Stadt, auch wenn es unten im Domgarten am Wasser etwas kühler ist. Wegen erhöhter Ansteckungsgefahr dürfen wir nicht schwimmen gehen. Die Tage werden uns lang. Um halb acht Uhr müssen wir schon angezogen beim Frühstück sein. Richtiges déjeuner: 2 Kipfel, etwas Butter, ein bißchen Marmelade und Kaffee. Dazu braucht man nicht lange. Dann aber, gemäß der Hausordnung auf dem Flur bleiben, bis der Herr Doktor seine Runde gemacht hat. Das lösen wir wie folgt: drei setzen sich in den wohligen Schatten eines Baumes im hübschen Garten des Krankenhauses, einer bleibt im Zimmer und pfeift wenn Gefahr droht. So auch heute: Hermann pfeift, wir rennen hinauf und gehen in unser Zimmer, als ob wir gerade von nebenan kommen.

Als wir im Zimmer sind, sehen wir zwei Männer in Unifom, aber im selben Augenblick auf den Uniformen auch das Zeichen vom Roten Kreuz und darunter deutlich: *Nederland*. Bevor die beiden Herren etwas sagen können, sind alle Verwünschungen, die wir dem Roten Kreuz zugedacht haben, widerrufen; wir möchten sie umarmen. Aber es sind eben Holländer, also geht alles sehr formell. Ja, sie kommen um uns abzuholen, alle Papiere sind in Ordnung, schon in der Registratur abgezeichnet. Jeep und Ambulanz warten unten. Wir packen unsere Habseligkeiten ein. Hermann ist schon fertig, er war ja im Zimmer und hat gepfiffen. Hans darf nicht mitfahren. Er steht nicht auf der Liste, und die ist heilig. Er ist wirklich die einzige displaced person von uns vieren. Er wird nach Wien zurückmüssen, wo er niemanden kennt und dann hoffentlich bald nach Palästina fahren, wo er auch niemanden kennt, aber sicherlich viel bessere Möglichkeiten hat. Die drei Monate seit unserer gemeinsamen Flucht in Graslitz haben uns zu einer Einheit geschmiedet, die jetzt schwer zu brechen ist. Er wird uns sehr fehlen. Ganz schnell Abschied nehmen. Das Tempo der Rot-Kreuzler macht es uns leicht, wir müssen sofort weg. Hans bleibt oben, alleine im Zimmer. Unten an der Treppe steht der Doktor. „Merci bien et au revoir", sagen wir. Dank für alles, was die Leute für uns getan haben. Wir tragen alle drei dunkelblaue Trainingsanzüge, die wir von den Franzosen bekommen haben, ideale Reisekleidung.

Wir fahren nach Heidelberg. Dort sollen wir einen zweiten Krankenwagen treffen, der irgendwo vier Leute holen muß. Unsere Equipe wird dann aus einem Jeep für die Offiziere und zwei englischen Ambulanzen bestehen. Viereckige, hohe Krankenwagen mit geschlossenen Seitenwänden, hinten eine Doppeltüre mit zwei kleinen Fenstern. Nur dort kann man hinausschauen. Wir sitzen zu dritt mit einem Krankenpfleger auf Bänken in der Längsrichtung. Seit Kriegsende macht er diese Fahrten. In letzter Zeit finden sie immer weniger Leute. Viele, die auf den Listen stehen, nach denen gearbeitet wird, haben das Warten nicht überlebt. Andere haben die Geduld verloren und sind einfach weggegangen. Viele von ihnen haben aber unterschätzt, was es heißt, auf eigene Faust durch ein verwüstetes Land zu reisen, wo in vielen Unterkünften nur noch das Recht des Stärkeren gilt. In Heidelberg dürfen wir aussteigen. Unterwegs habe ich beinahe nichts sehen können, aber jetzt umso mehr. Wir stehen am Ufer des Neckar bei einer alten Brücke, und drüben ist das Panorama von Heidelberg. Wir sind früh dran und setzen uns auf eine Bank mit der schönsten Aussicht, die man sich vorstellen kann. „Wie eine Ferienreise, dabei sind wir unterwegs nach Hause", jauchzt es in mir drinnen. Nur haben wir Hunger. Aus einem Metallkanister, auf dem *Welfare Bisquits* steht, bekommen wir jeder ein großes Keks, dann wird die Dose, so wie sich das in Holland gehört, zugemacht und weggestellt. „Wir sind wieder zu Hause", flüstert Hermann. „Englische Notrationen", sagt der Chef d'équipe. Sein Stellvertreter ist mit dem anderen Krankenwagen unterwegs. Der dritte Offizier ist Arzt. Dann gibt's für jeden der drei Wagen einen Fahrer und für die Krankenwagen je einen Pfleger, der notfalls auch fahren kann.

Der zweite Krankenwagen ist angekommen. Sie haben nur zwei Repatrianten finden können. Die sehen sehr schlecht aus, man merkt ihnen noch das KZ an. Sie essen schweigend die Kekse, trinken Wasser. Ihre Hände zittern, so müssen wir in Graslitz ausgesehen haben. Mit dem Pfleger haben sie unterwegs nichts gesprochen und untereinander nur ein paar Worte, die er aber nicht verstehen konnte. Als alle Formalitäten erfüllt sind, steigen wir ein. Fritz überläßt mir seinen Platz hinten am Fenster, er weiß, wie gerne ich hinausschaue. Wir fahren durch eine Weinbaugegend, Umleitungen durch kleine Orte, die Hauptstraße ist wahrscheinlich verwüstet. Dann sind wir am Ziel, ein freundliches Städtchen. Die Kolonne hält bei einem großen Gebäude. Soweit wir sehen können, ist es unbewohnt. Wir finden es unheimlich, oder kommt das, weil wir müde sind?

Wir werden in einem Seitenflügel empfangen, kommen durch große Räume, in denen die Fenster auffallend hoch über dem Fußboden beginnen, lange Gänge mit Zwischentüren, über denen in Nischen Lampen hängen. Überall sind Schlösser und Riegel. In einem Saal sind drei Tische für uns gedeckt, zwei große und ein kleiner. Fritz versteht es sofort: die Herren Offiziere haben zu dritt einen Tisch, die Pfleger und Fahrer zu fünft einen und die Ex-Gefangenen auch einen. Kaum zu glauben: die Leute reisen nun schon seit Monaten durch das ärgste Elend, und noch immer können sie nicht zusammen an einem Tisch sitzen? „Glaubst du, daß Schol das anders gemacht hätte?" fragt Fritz. Das Essen ist ausgezeichnet, aber es schmeckt nicht mehr so gut, wenn man die Geschichte dieses Gebäudes hört. Es war ein großes Irrenhaus, von dem man sagt, daß hier die ersten Patienten vergast wurden. Primitiv noch, in einem luftdichten Schuppen, an den der Auspuff eines LKWs angeschlossen war. Nachher fand man hier bessere Methoden, dann ging alles viel „zivilisierter" und schneller. Die Frau, die uns das Essen serviert hat, wohnt schon lange hier, sie weiß, worüber sie spricht. Natürlich fragen wir, ob die Bevölkerung es wußte, und was die Leute getan haben. „Jeder wußte davon, die meisten arbeiten hier. Andere kannten Patienten, die hier gewesen sind. Niemand hat das Maul aufgemacht, und heute tun sie, als ob sie jetzt zum ersten Mal davon gehört haben!" sagt sie. „Aber trotz der großen Wohnungsnot seit der schweren Luftangriffe will niemand in diesem Komplex wohnen. Die alten Weiberl sagen, daß es hier spukt."

Nach dem Essen gehen Fritz und ich noch ein bißchen spazieren. Jetzt, wo wir es wissen, ist alles klar. Die Spuren in den Gebäuden zeigen Spülküchen, Waschräume, Badestuben, Krankenzimmer, Zellen. Aber alles ist abmontiert, jeder Wasserhahn ist weg. Also hat auch die Obrigkeit diesen Komplex nicht einmal als Krankenhaus verwenden wollen. Ob die wohl doch ein schlechtes Gewissen hatten? Für uns bedeutet es, daß wir an einem der Orte sind, wo die Generalprobe stattgefunden hat. Und damit wir es niemals vergessen, hat das Los uns jetzt hierhergebracht.

Kein warmes Wasser. Wir sind schon so verwöhnt, daß Duschen mit kaltem Wasser uns nicht mehr paßt. „Wenigstens kein Gas", sage ich. Alle drei sind wir froh, als wir den Ort hinter uns lassen. Schade, es schien uns so ein liebes Städtchen! Wir sind unterwegs nach Mainz, da werden wir zu Mittag essen. Mitten in der Stadt, alles ist in Trümmern, schaut aus wie

Plauen und all die anderen deutschen Städte, die wir inzwischen gesehen haben. Wir steigen aus und stehen vor dem prachtvollen Mainzer Dom. Soweit wir sehen können, nicht schwer beschädigt, während die ganze Umgebung in Trümmern liegt. Im Konsistorium ist für uns gedeckt, wieder an drei Tischen. Nicht viel Zeit, wir müssen weiter. Wenn alles gutgeht, sind wir übermorgen in Holland. Vielleicht sogar in Eindhoven. Aber das hängt davon ab, in welchem Empfangszentrum Platz ist. Wir fahren Richtung Bingen, alles ist hier verwüstet. Der Krankenpfleger weiß, daß von hier aus die Amerikaner die letzte Offensive begonnen haben, die sie schließlich bis nach Karlsbad gebracht hat. Schon wieder etwas, was mit unserer Geschichte zu tun hat.

Ein kleines Kloster in Bingen ist unser Nachtquartier. Von hier stromabwärts beginnt die weltberühmte Strecke den Rhein entlang. Ob wir die fahren können, weiß der Fahrer noch nicht, Umleitungen sind an der Tagesordnung. Wir fahren auf dem Ostufer, es muß da sehr schön sein. Aber durch die kleinen Fenster in den Türen sieht man eigentlich nur Kai und Hafengelände, zerstörte Kräne und Stationsgebäude, ausgebrannte Waggons und Trümmerhaufen, nicht anders als überall. Gestern, als wir vor Mainz eine zerstörte Eisenbahnbrücke passierten, erzählte der Pfleger, daß die Deutschen sie gesprengt haben in dem Augenblick, als ein eigener Verwundetentransport mitten auf der Brücke war. Die Trümmer der Waggons sollen im Fluß noch zu sehen sein.

Weil eine Passage durch Koblenz unmöglich ist, müssen wir mit einer Fähre über den Rhein. Wir trinken inzwischen Milch, die wir aus Bingen mitgenommen haben und essen Bisquits, der Chef hat uns großzügig eine eigene Dose mit ins Auto gegeben. Das Schiff ist nicht das modernste. Vorsichtshalber öffnen wir die Türen. Wenn's aber schiefgeht, wird das nicht helfen. In der Umgebung von Lahnstein kommen wir zu einem Betrieb, der Mineralwasser herstellt. Es sind Holländer. In den weiß gekachelten Räumen warten sie uns mit einem richtig holländischen Essen auf. Eintopf aus Möhren, Zwiebeln und Kartoffeln mit geräucherter Wurst. Das schmeckt zwar richtig gut, aber sicherheitshalber frage ich nicht, wie sie es hier den ganzen Krieg ausgehalten haben. „Wir sind schon beinahe zu Hause", sagt Hermann. Wir nehmen uns ein paar Flaschen Mineralwasser mit in den Wagen, auf den staubigen Wegen tut das sehr gut. Dann eine moderne Fähre, wenig Wartezeit und wir fahren wieder weiter. Plötzlich zweigen wir von der Straße ab. „Aussteigen", sagt der Pfleger. Wir stehen vor den Trümmern eines großen Brückenportals; zwischen den zwei Türmen steht: *In memoriam: Franklin D. Roosevelt – Bridge.*

Es verschlägt uns die Stimme, wir wußten nicht, daß er tot ist. Der Chef d'équipe sagt, daß er hier immer halten läßt, weil die Remagener Brücke die erste war, die den Alliierten beinahe unversehrt in die Hände gefallen ist und dadurch ein Brückenkopf am Ostufer eingerichtet werden konnte.

Er sagt: „Dies und die Tatsache, daß Präsident Roosevelt den Sieg nicht mehr erleben durfte, ist einige Minuten des Gedenkens sicher wert."

In einem kleine Ort in der Nähe von Köln übernachten wir in der Dorfschule. Viele Gruppen, auch Belgier schlafen manchmal hier. In dieser schwer getroffenen Gegend ist sonst kaum eine Unterkunft zu finden. Während wir draußen unsere Beine noch ein bißchen strecken, sagt der Krankenpfleger irgendetwas von einer Hilfsaktion für den Bezuidenhout, einem dicht besiedelten Stadtviertel in Den Haag. Ich habe es noch nicht einmal so gut verstanden, aber Hermann schnappt es sofort auf. Er hat eine Mischehe, seine Frau und sein Töchterchen wohnen im Bezuidenhout. Ja, die Amerikaner haben sich geirrt: sie sollten die deutschen V1, die aus dem Benoordenhout (nördlich des Stadtwaldes) abgeschossen wurden, bombardieren, trafen aber irrtümlicherweise den Bezuidenhout (südlich des Stadtwaldes). „Wo wohnt deine Familie?" fragt der Pfleger. Hermann nennt einen Straßennamen, den ich nicht verstehe. „Nee", sagt der andere, „dort ist nichts geschehen". Jetzt erkenne ich erst, daß Carry von den Deutschen aus dem Bezuidenhout verschleppt wurde. „Die Hendrik Zwaardecroonstraat?" frage ich. „Ist auch nichts passiert, es war weiter drüben." Mich regt das nicht so sehr auf, aber Hermann hat keine ruhige Minute mehr. Der Pfleger kann sich doch irren. Was sagt ein Straßennamen schon, in einem ganzen Stadtviertel, wo es Hunderte Tote gegeben hat!

Beim Frühstück, selbst unter diesen einfachen Umständen an drei Tischen, sagt der Chef d'équipe, daß wir nach Eindhoven fahren. Um dort heute nachmittag noch anzukommen, wird keine Mittagspause gehalten. Kekse, Obst, das wir von hier mitnehmen, und Wasser müssen genügen. Schnell alles einpacken, einsteigen und abfahren. Jede Stunde zählt jetzt, jeder Kilometer bringt uns näher zum Ziel. Wir beide sind froh, daß wir nach Eindhoven fahren. Denn wenn es Probleme bei der Einreise geben würde, kann Verwey uns sicher helfen. Vielleicht weiß sie auch schon etwas von Carry und von den Eltern. Von Carry? Ich habe die ganze Zeit so fest daran geglaubt, daß sie da sein wird, wenn wir nach Holland zurückkommen. Vor allem als mein Streben, um aus Komotau nach Theresienstadt zu gehen, mißlungen war. Aber wer sagt mir, daß der Barneveldstempel auch später noch geholfen hat, daß das Ghetto nicht genauso evakuiert wurde wie Meuselwitz und all die anderen Lager, und daß sie am Ende nicht soviel Glück gehabt hat wie wir beide!

## Wiedersehen in Eindhoven, 15. Juli 1945

Bei jedem Kilometer, den wir hinter uns lassen, wird meine Angst größer. Der Kölner Dom, den wir aus der Ferne sehen, lenkt mich ab. Ein Wahrzeichen das über die Trümmer einer Stadt herausragt. Die Trümmer der in der „Kristallnacht" verwüsteten Kölner Synagoge, die wir seinerzeit gegenüber dem jüdischen Kaffeehaus in der Glockengasse gesehen haben, fallen jetzt wohl nicht mehr auf, denke ich mir. Was aus den Leuten geworden ist, die uns geraten haben, wieder nach Wien zurückzufahren? *Mönchen Gladbach,* mit dem Zug nach Kaldenkirchen sind wir da durchgefahren. Damals, am 1. Dezember 1938, hatte ich auch Bauchweh vor Angst, Angst um mich selbst. Aber heute fürchte ich mich vor der Wahrheit, die jede Minute näher heranrückt. Die holländische Grenze: wir werden nicht mit Blumen erwartet, nicht einmal ein freundliches Wort. Die Häupter werden gezählt, weiterfahren. Weert, hier ist Carry 1923 geboren. Eindhoven rückt immer näher, die Gegend ist mir bekannt, bin hier oft auf dem Tandem mit Herrn Hass gewesen. Mein Gedächtnis hat durch Typhus nicht gelitten. Ich erkenne jedes Haus, jeden Stein. Aber ich sehe niemanden, den ich kenne. Auch nicht in Eindhoven, obwohl wir langsam und mit offenen Türen durch die Stadt fahren. Aber wie soll ich denn, nach fünf langen Jahren? Der einzige Bekannte ist der vergoldete Heilige auf der Turmspitze der Paterskerk, der Klosterkirche vom heiligen Herzen. Die Equipe ist am Ziel, langsam fahren wir in den Klosterhof. Weil wir das letzte Auto sind, habe ich Zeit, die Leute am Zaun zu betrachten. Ich sehe ein Mädchen, im selben Augenblick hält unser Wagen. Ich springe herunter, will dorthin rennen, ein Berserker hält mich fest. Erst zur Registratur. Ein Bursch steht da, ich rufe ihm zu, daß an der Ecke vorne ein Mädchen mit einer weißen Bluse und einem braunen, plissierten Rock steht. Wenn sie die Schwester von Lilly (in der Aufregung habe ich ihren Familiennamen vergessen) ist, soll sie bitte gleich zu mir kommen. Der Bub rennt weg, der Kerl hält mich noch immer fest. Verdammt, ich war fünf Jahre eingesperrt, vielleicht auch durch seine Schuld. Da er mich in Güte nicht loslassen will, sage ich ganz ruhig, daß ich gerade Typhus gehabt habe und es vielleicht besser ...: mehr braucht er nicht, er ist verschwunden. Im selben Augenblick steht sie vor mir. Henny, die Schwester von Lilly. „Ja, Carry ist hier in Eindhoven, ihre Mutter ist gerade heute früh nach Den Haag zu ihrem Mann gefahren. Ronnie ist auch hier in der Paterskerk, in Quarantäne." Carry wohnt in einem Lagerhaus von Philips. Das ist weit weg, aber Henny weiß, wie man sie benachrichtigen kann und schon ist sie wieder weg. Ich gehe hinein und lasse mich registrieren. Die Formalitäten dauern lange, ich habe keine Ruhe, obzwar ich weiß, wie weit das „Veemgebouw" von der Paterskerk entfernt ist.

Schließlich darf ich wieder hinaus, aber das Kloster nicht verlassen. Fritz habe ich nicht mehr gesehen, seit ich aus dem Auto gesprungen bin. Aber Hermann sagt, daß er eine Möglichkeit sucht, Verwey anzurufen. Unsere Autos sind abgefahren. Ich stehe vor dem Eingang und schaue hinüber zum Tor. Viel schneller, als ich es für möglich gehalten habe, sehe ich Carry: eine hellbeige Bluse, ein braunbeiger Rock, eine Sonnenbrille und Schultertasche: ewig wird dieses Bild in mir verankert sein. Wir haben einander zugleich erkannt, stürmen aufeinander zu, unsere Lippen finden sofort zueinander. Zehn Monate getrennt zu sein, ist eine Ewigkeit, aber in dieser einen Sekunde ist alles vergessen. Wir setzen uns auf eine Bank, nur einander festhalten, gar nichts sagen, nur fühlen, daß es wirklich wahr ist. Fritz kommt, er hat Frau Verwey gesprochen. Papa und Mutti sind gesund in Ägypten, Carry ist in Eindhoven. Er wollte mir schnell die freudige Botschaft bringen. „Die freudige Botschaft sitzt bereits neben mir", sage ich, und jetzt erst erkennt Fritz in der modisch gekleideten Dame meine Carry. Er küßt sie und strahlt selbst, weil wir so glücklich sind.

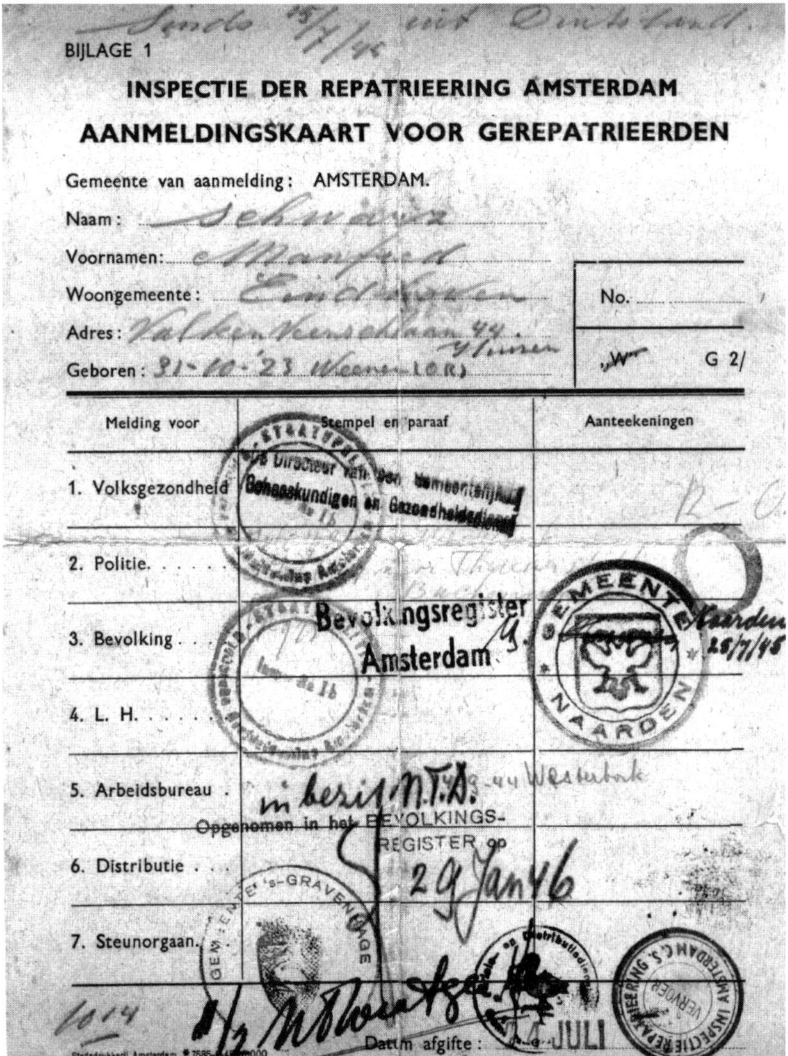
BIJLAGE 1

INSPECTIE DER REPATRIEERING AMSTERDAM

AANMELDINGSKAART VOOR GEREPATRIEERDEN

Gemeente van aanmelding: AMSTERDAM.

Naam: Schwarz

Voornamen: Manfred

Woongemeente: Eindhoven

Adres: Valkenswaardschlaan 44.

Geboren: 31-10-'23 Weenen (Ö.R.)

No.

"W" G 2/

| Melding voor | Stempel en paraaf | Aanteekeningen |
|---|---|---|
| 1. Volksgezondheid | Geneeskundigen en Gezondheidsdienst | |
| 2. Politie. | | |
| 3. Bevolking | Bevolkingsregister Amsterdam | Gemeente Naarden, Naarden 25/7/45 |
| 4. L. H. | | |
| 5. Arbeidsbureau | in bezit N.T.A. | |
| 6. Distributie | Opgenomen in het BEVOLKINGS-REGISTER op 29 Jan 46 | |
| 7. Steunorgaan. | Gemeente 's-Gravenhage | |

Datum afgifte: JULI

Stadsdrukkerij Amsterdam

*Anmeldungskarte für Repatriierte*

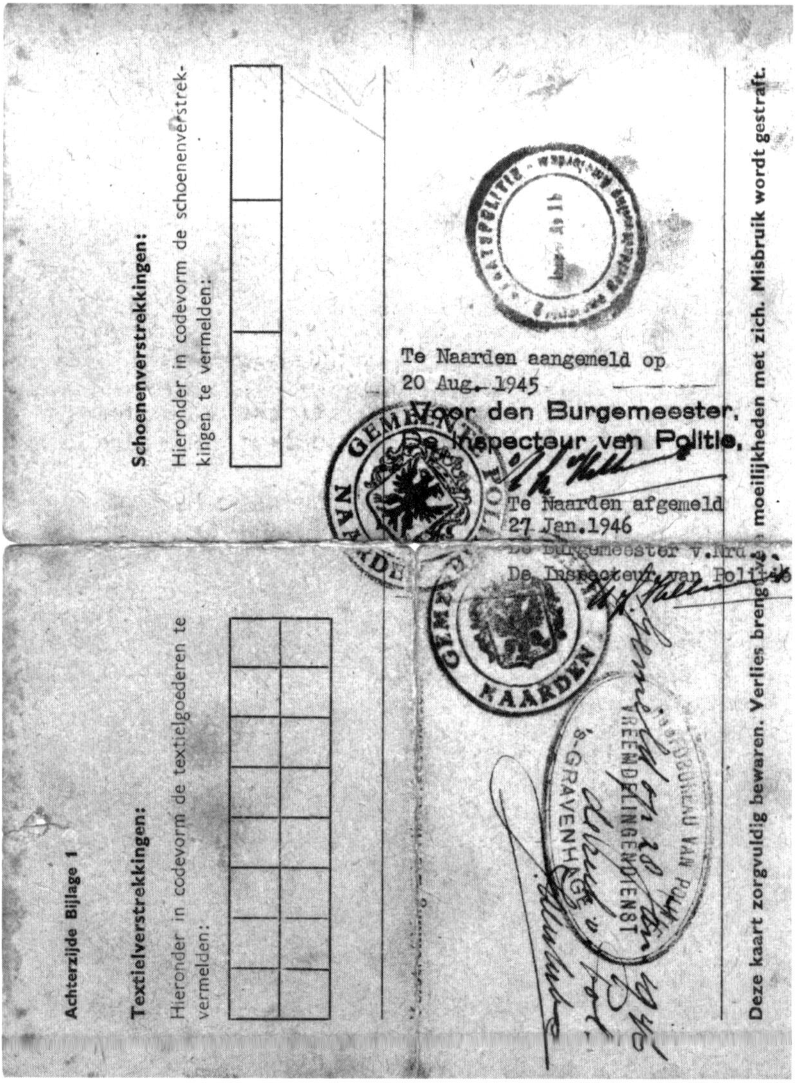
Achterzijde Bijlage 1

Textielverstrekkingen:

Hieronder in codevorm de textielgoederen te vermelden:

Schoenenverstrekkingen:

Hieronder in codevorm de schoenenverstrekkingen te vermelden:

Te Naarden aangemeld op
20 Aug. 1945
Voor den Burgemeester,
De Inspecteur van Politie,

Te Naarden afgemeld
27 Jan.1946
De Burgemeester v.Nrd.
De Inspecteur van Politie

VREEMDELINGENDIENST
'S-GRAVENHAGE

NAARDEN

Deze kaart zorgvuldig bewaren. Verlies brengt moeilijkheden met zich. Misbruik wordt gestraft.

*Anmeldungskarte für Repatriierte*

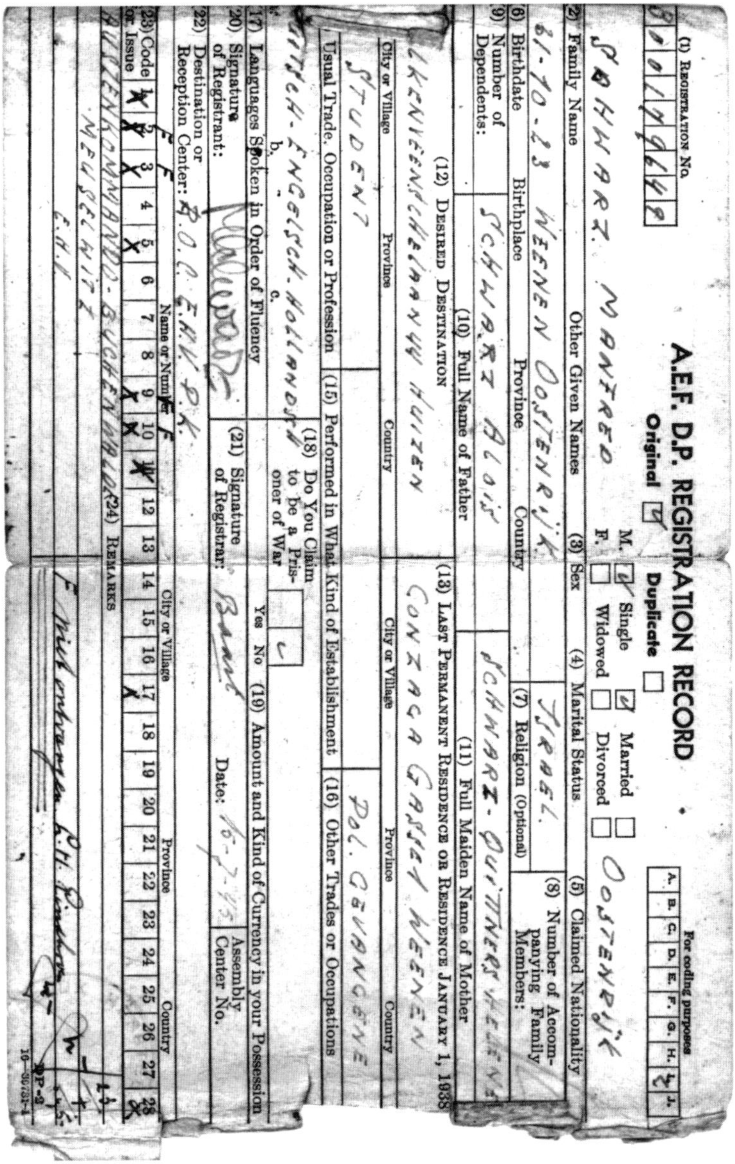

A.E.F. D.P. REGISTRATION RECORD

Original ☑ Duplicate ☐

(1) Registration No.

(2) Family Name: SCHWARZ — Other Given Names: MANFRED — (3) Sex: M. ☑ F. ☐ — (4) Marital Status: Single ☑ Married ☐ Widowed ☐ Divorced ☐ — (5) Claimed Nationality: OOSTENRIJK

(6) Birthdate: 31-10-23 — Birthplace: WEENEN — Province — Country: OOSTENRIJK — (7) Religion (Optional): ISRAEL — (8) Number of Accompanying Family Members:

(9) Number of Dependents: — (10) Full Name of Father: SCHWARZ ALOIS — (11) Full Maiden Name of Mother: SCHWARZ-QUITTNER HELENE

(12) Desired Destination — (13) Last Permanent Residence or Residence January 1, 1938: GONZAGA GASSE WEENEN

City or Village — Province — Country

(14) Usual Trade, Occupation or Profession: STUDENT — (15) Performed in What Kind of Establishment — (16) Other Trades or Occupations

(17) Languages Spoken in Order of Fluency: DUITSCH-ENGELSCH-HOLLANDSCH — (18) Do You Claim to be a Prisoner of War: Yes — No — (19) Amount and Kind of Currency in your Possession

(20) Signature of Registrant: — (21) Signature of Registrar: — Date: 10-7-45 — Assembly Center No.

(22) Destination or Reception Center: — Name or Number — City or Village — Province — Country

(23) Code or Issue: 1 2 3 4 5 6 7 8 9 10 11 12 13 14 15 16 17 18 19 20 21 22 23 24 25 26 27 28

(24) Remarks

For coding purposes: A. B. C. D. E. F. G. H. I. J.

DP-2

*Registration record*

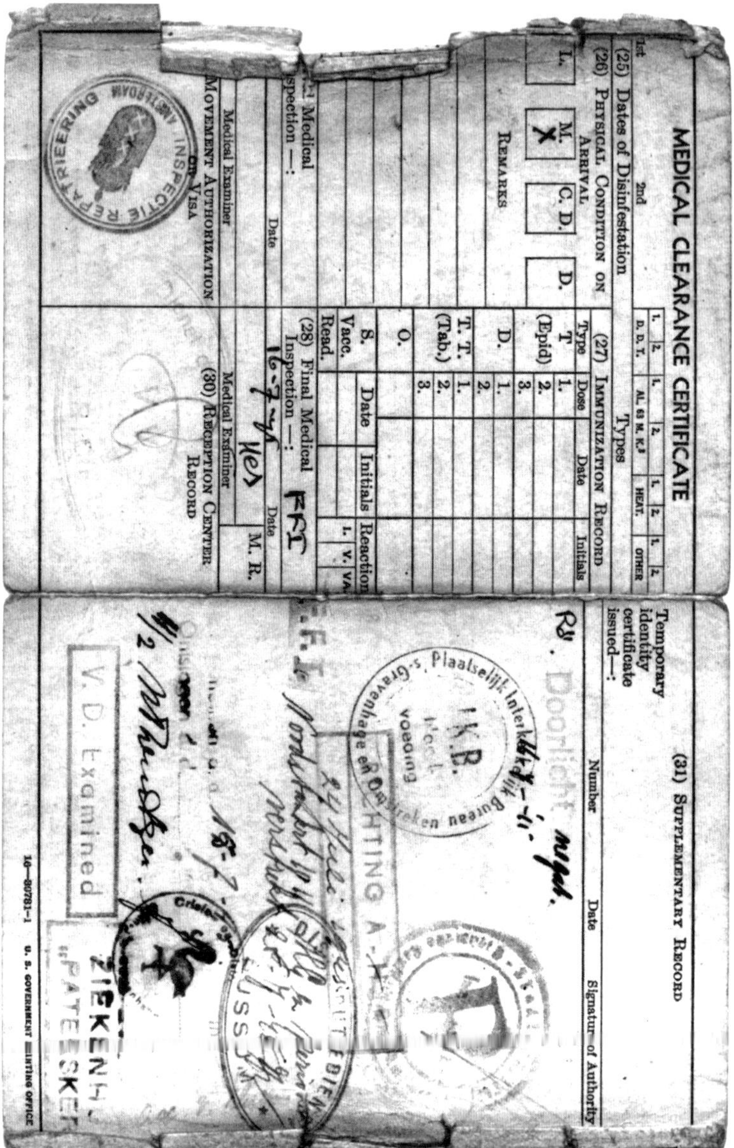

MEDICAL CLEARANCE CERTIFICATE

(25) Dates of Disinfestation — 1st — 2nd

(26) Physical Condition on Arrival — L. — M. X — C. D. — D.

Remarks

Final Medical Inspection —: Date — Medical Examiner

Movement Authorization — Visa

(27) Immunization Record — Types — L. 2. D. D. T. — AL. 63 M. K.J — HEAT. — OTHER

| Type | Dose | Date | Initials |
| --- | --- | --- | --- |
| T (Epid) | 1. 2. 3. | | |
| D. | 1. 2. | | |
| T. T. (Tab.) | 1. 2. 3. | | |
| O. | | | |

| S. | Date | Initials | Reaction |
| --- | --- | --- | --- |
| Vacc. | | | I. V. VA. |
| Read. | | | |

(28) Final Medical Inspection —: Date — 16-7-45 — Medical Examiner — FFI — M. R.

(30) Reception Center Record

Temporary identity certificate issued—:

(31) Supplementary Record — Number — Date — Signature of Authority

V. D. Examined

16—59781-1 U. S. GOVERNMENT PRINTING OFFICE

Registration record

*Mutti, Tante Elsa, Großpapa und Großmama Quittner, cirka 1900*

*Fred als Wölfling, Fritz als Pfadfinder, circa 1933*

# Nachwort

## *Die Überlebenden:*

***Papa und Mutti*** Nach der Kapitulation der Italiener wurden die jüdischen Flüchtlinge durch die jugoslawischen Partisanen von der Insel Rab auf einem Fischerboot evakuiert. Sie fuhren in der Nacht, versteckten sich tagsüber auf einer der vielen Inseln. In der Nähe der Insel Lissa (Vis) wurden sie von einem englischen Kriegsschiff aufgenommen. Über Bari ging die Reise nach Alexandrien und von dort in ein Zeltlager in der Wüste Sinai. Nach beinahe zwei Jahren wurden sie schließlich wieder nach Bari gebracht. Dort blieben sie, bis es, nach vielen abschlägigen Bescheiden der holländischen Behörden, einem Rechtsanwalt gelang, für sie ein Einreisevisum nach Holland zu bekommen. Am Bahnsteig des Grenzbahnhofs Roosendaal sahen am 20. Dezember 1947 die Eltern ihre beiden Söhne zum ersten Mal nach neun schweren Jahren wieder.

***Familie van Leeven*** Da die Barneveldliste, genau wie die Protestantenliste in Theresienstadt ihre Gültigkeit behalten hatte, wurden Carry und ihre Familie nicht nach Auschwitz deportiert. Im Februar 1945 wurden sie, zusammen mit circa 800 anderen, im Zuge eines Austauschgeschäftes in die Schweiz gebracht. Übrigens mit jenem Zug, von dem der Vater von Vaclav berichtet hatte. Carry kam am 10. Juli 1945 nach Holland zurück, zufälligerweise in das Auffanglager Eindhoven. Dort hörte sie von Herrn Verwey, daß wir beide, zwar noch krank, aber jedenfalls lebend auf dem Weg nach Holland waren. Obgleich kein Grund zur Annahme war, daß wir bald, und dann auch noch in Eindhoven (es gab viel mehr Lager) ankommen würden, beschloß sie doch, auf mich zu warten. Am Tag, an dem sie hätte abreisen können, kamen wir …
Leneke blieb mit ihrem Mann bis Kriegsende in Westerbork. Jettie kam allein zurück, Julius war in Biberach umgekommen.

***Fritz*** Emer. Professor und Dekan der Medizin. Fakultät Utrecht.

***Familie Hass und Nichte Lia*** Aufgetaucht, nach unserer Rückkehr gastfreundlich wie eh und je.

***Hans Reis*** Von Speyer tatsächlich nach Wien, danach vermutlich Israel.

**Onkel Oskar, Tante Irma und Susi** Haben bei den jugoslawischen Partisanen den Krieg überlebt.

***Fritz und Ruth Stein*** Zusammen mit dem ältesten Sohn Bergen-Belsen überlebt, die beiden jüngeren Buben sind aufgetaucht.

***Dan (E.H.) Kampelmacher*** Aufgetaucht, emer. Professor L.U., Direktor R.I.V.

***Ignaz Feldmann*** Von Buchenwald nach Wien zurückgekehrt.

***Lore*** Von KL Vught nach Ravensbrück, von dort nach Schweden.

***Heinz*** Aus Auschwitz I zurück nach Holland, Dipl. Ingenieur.

***Hans (mit der Trompete)*** Hat als einer der wenigen den ersten Transport von Westerbork nach Auschwitz (15. Juli 1942) überlebt.

Von uns zwölfen in Meuselwitz ist, soweit ich feststellen konnte, jeder mit heiler Haut nach Hause zurückgekommen, mit Ausnahme des Vaters von Ferdie, der dort gestorben ist.

***Bernd, Erwin, Kurt, Mickey, Floh und Werner*** blieben bis zum Kriegsende in Westerbork.

## *Die Verschollenen:*

***Rolf Barasch und Leo, der Spengler.*** Sind zusammen auf einem Evakuierungstransport gesehen worden. Seither fehlt jede Spur, sie sind als vermißt gemeldet.

***Onkel Heinrich und Herbert***
***Tante Selma*** folgte ihnen später freiwillig nach Birkenau.
***Onkel Oskar und Tante Elsa*** In die Slowakei geflüchtet und von dort deportiert.

***Herr de Heer,*** der ein deutsches Gefängnis in Holland nicht überlebte.

***Flip, Frieda, Irene, Liesje und Walter,*** von denen keine Spur mehr zu finden war.

Durch sie gedenke ich der Hunderttausend die durch Westerbork gegangen sind, und deren schreckliches Los uns im allerletzten Augenblick erspart blieb.

## Mein besonderer Dank gilt:

*Carry,* die in Westerbork und Theresienstadt genau ein Jahr mit mir Lieb und Leid geteilt hat. Die immer davon überzeugt war, daß ich zurückkommen würde, selbst in der Schweiz, als sie wußte, daß wir in die Hölle gefahren sind. Die in Eindhoven auf mich wartete und danach mich immer wieder meine Geschichte hat erzählen lassen, sodaß ich sie jetzt, nach 50 Jahren, problemlos niederschreiben kann. Ich kann nur versuchen, mir vorzustellen, wie schwer das für sie gewesen sein muß. Trotzdem hat sie gerne die Aufgabe übernommen, jedes Blatt des holländischen und des deutschen Manuskriptes minutiös zu korrigieren.

*Fritz,* der immer, und gerade in der höllischen Zeit, ein wahrhafter Kamerad gewesen ist. Der, durch seinen Optimismus und eine positive Haltung in jeder Situation, mir die Kraft gab, zusammen mit ihm alles bis zum guten Ende durchzuhalten. Daß das Band zwischen unseren beiden Familien auch heute noch so stark ist, gibt mir eine große innere Befriedigung.

*Frau Dr. H. Verwey-Jonker,* der ich gewissermaßen dieses Buch widme. Sie war es, die im Dommelhuis weit über 100 jungen Buben, die nach der „Reichskristallnacht" in einem jämmerlichen Zustand nach Holland kamen, eine geistige Basis gegeben hat, um allem, was sie noch erwartete, standhalten zu können. Außerdem waren Herr und Frau Verwey es, die unseren Eltern und Carry von unserem Überleben berichten konnten.

*Dr. P. Jaffé* und seiner Gattin *C. Jaffé-Pierson* für alles, was sie für mich während und für unsere Familie nach dem Krieg getan haben.

*Inge und Walter Lehmann, Eva Geber* sowie allen anderen, die sich darum bemüht haben, daß diese Geschichte nicht vergessen wird.

*Walter R. Wybrands,* dessen Verlag „De Bataafsche Leeuw" die holländische Version „Treinen op dood spoor" herausgegeben hat.

*Thomas C. Cubasch,* dem ich voll Vertrauen das Manuskript übergeben habe, weil ich weiß, wie nahe ihm und seinem Verlag Der Apfel dieses Thema steht.

*Fred Schwarz*
*Badhoevedorp, Frühjahr 1995*


„Treinen op dood spoor" schrieb ich zwischen Juli 1992 und August 1993
„Züge auf falschem Gleis" von August 1993 bis Oktober 1994

## Photos, Pläne, Zeichnungen etc.

Mem. Kamp Westerbork: 100, 103, 135, 136, 144, 188, 189 und 244
Adriaen Louman, Zaandam: Der Autor, 218, 250, 251 und 352
Rijks Instituut voor Oorlogsdocumentatie, Amsterdam: 213
Jules Schelvis, Tricht: 215 (Zeichnung Odyssee)
Ghettomuseum Theresienstadt: 220
Jüdische Gemeinde Böhmen und Mähren, Prag: 225
Panstwowe Muzeum Auschwitz-Birkenau: 248
Stadtarchiv Meuselwitz in Thüringen: 263, 272
Stadtarchiv Plauen im Vogtland: 329
Gemeinde Markt Piesting: 21
Alle anderen: Archiv der Familie Schwarz

*Was von Birkenau übrig ist, 1993*